丁钢　李梅 等◎著

The International Influence of China's Educational Research

中国教育研究的国际影响力探究

华东师范大学出版社
·上海·

图书在版编目(CIP)数据

中国教育研究的国际影响力探究/丁钢等著. —上海：华东师范大学出版社，2021
ISBN 978 - 7 - 5760 - 2361 - 9

Ⅰ.①中…　Ⅱ.①丁…　Ⅲ.①教育研究—中国　Ⅳ.①G52

中国版本图书馆 CIP 数据核字(2021)第 280607 号

项目来源：国家社会科学基金教育学重点课题
"中国教育研究的国际影响力研究"(ADA170009)

中国教育研究的国际影响力探究

著　　者　丁　钢　李　梅　等
策划编辑　彭呈军
责任编辑　孙　娟
特约审读　程云琦
责任校对　王丽平　时东明
装帧设计　卢晓红

出版发行　华东师范大学出版社
社　　址　上海市中山北路 3663 号　邮编 200062
网　　址　www.ecnupress.com.cn
电　　话　021 - 60821666　行政传真 021 - 62572105
客服电话　021 - 62865537　门市(邮购)电话 021 - 62869887
地　　址　上海市中山北路 3663 号华东师范大学校内先锋路口
网　　店　http://hdsdcbs.tmall.com

印 刷 者　上海盛隆印务有限公司
开　　本　787×1092　16 开
印　　张　25.75
字　　数　397 千字
版　　次　2022 年 7 月第 1 版
印　　次　2022 年 7 月第 1 次
书　　号　ISBN 978 - 7 - 5760 - 2361 - 9
定　　价　118.00 元

出 版 人　王　焰

目　录

前　言

中国教育研究既是中国人文社会科学研究的重要组成部分，也是世界教育知识体系不可或缺的有机组成部分。进入21世纪以来，国内外学者对于中国教育研究的关注显著提高，中国教育研究走向国际舞台的步伐不断加快，中国教育研究的学术发表及其影响力在国际上呈现上升趋势，与此同时，中国教育学者研究成果的显示度与影响力也在逐步提升，本土学术力量和海外华人学者的力量日渐凸显使研究主体走向多元化。中国教育研究的国际发表既有利于向世界讲述中国教育政策、实践和中国经验，提升中国教育研究的国际话语权，同时也促进了世界教育知识繁荣。

随着中国教育改革实践国际影响的逐步显现，中国教育研究是否具有同样的影响力，以及如何看待中国教育研究的国际影响力，在本土教育经验的体认基础上如何提升中国教育理论的话语权，成为研究的出发点。本研究围绕何谓中国教育研究的国际影响力、中国教育研究如何形成国际影响力、如何评价中国教育研究的国际影响力三个核心问题展开研究，探讨中国教育研究国际影响力的内涵、主要特征及成因，从学术价值、政策意义和实践作用等方面理解中国教育研究的国际影响力。本研究采用现象解释和实证论述互相补充的方法，建立了国际上中国教育研究的多元系列数据库，从全球化理论和政策的角度思考与评价中国教育研究的国际影响力及其提升机制；运用文献计量法和知识图谱、社会网络分析、内容分析、案例研究等质性和量化多元研究方法，提升本研究的质量及其价值。本研究从中国教育研究的数量规模、研究主体、主题与前沿、研究影响力与贡献、研究范式等方面整体勾画了在国际学术舞台上的中国教育研究的样貌特征及其演变规律，围绕中国内地学者在中国教育研究全球学术共同体中的位置和影响力及其关键影响因素，探讨国际教育知识生产体系中的中国教育研究合著网络的结构特征、关键学者及其合著方式、国际中国教育研究主题的特征、研究方法和理论方面的创新性，深入考察中国教育研究的关键作者及其学术合作关系特征，探索知识网络与社会网络之间的关系。另外，对国际知名教育学者和知名华人教育学者进行深度访谈，为中国教育研究提供独特视角，展现华人学者在教育研究中的双重局内人身份，探究国际学者和华人学者对中国教育研究现状、特征、制度和文化等诸方面的观察和思考，并进行了国内外知名教育学者的专家评估。本研究围绕21世纪以来中国内地教育学者在国际发表中体现于研究内容、研究方法、理论创新性等方面的特点进行分析，希望为提升中国教育研究的国际影响力提供更为合理和科学的学术依据，并探讨提升中国教育研究国际影响力的路径与策略。

从加快提升中国教育研究国际影响力的角度出发，其必要性与意义既体现在中国当前教育研究的国际地位和受关注程度，也体现在中国教育研究及自身体系成熟和完善的现实需要。本土教育研究需要完善学术文化与学术规范，提升学术研究质量，拓展中国教育研究的国际发展空间，并从世界教育学术知识的学习者转变为建构者之一。

由此，我们真诚地希望此研究成果可为相关研究提供借鉴，为后续研究开启更宽阔的研究视域，提供理论和方法参考，并推进国内乃至国际学界对于中国教育研究国际影响力的认识，促进理论、政策和实践界思考中国教育研究国际影响的当前现实和未来前景。

本书所呈现的是基于国家社科基金教育学重点课题“中国教育研究的国际影响力研究”的研究成果，是我们与课题组经数年研究所取得的共同成果。本课题研究由丁钢主持并设计整体的研究计划和写作框架。各章主要执笔者如下：第一章：丁钢、李梅、丁笑炯；第二章：王独慎、李梅、丁钢；第三章：李梅、徐阳、苏淑丽；第四章：李琳琳、王独慎、冯燕；第五章：王文智；第六章：吴寒天、李琳琳、李梅；第七章：吴寒天；第八章：徐阳、李梅；第九章：李超然、朱小虎；第十章：闫温乐、张培菡；第十一章：周慧敏、崔一鸣；第十二章：袁慧、黄兴丰；第十三章：丁钢、缪锦瑞；第十四章：丁钢。全书由丁钢和李梅统稿。

在此成果即将付梓之际，我们谨向参与、支持和关心课题研究的学界同仁致以诚挚的谢意。感谢上海师范大学张民选教授、香港大学杨锐教授参与研究设计、研讨研究思路，为课题顺利推进和取得成果提供了有力的专业支撑。研究得以顺利开展也得益于一批知名的国际教育学者、海外华人学者、国内教育学家的全力支持，无论在访谈或专家评估中，他们的专业智慧和多元视角，启发了研究的思路。同时，感谢河南大学的兰国帅博士在数据库建立以及数据分析方法上提供的专业支持。

最后，要特别感谢《教育发展研究》《现代大学教育》《复旦教育论坛》为阶段性成果的发表以及交流提供了平台。华东师范大学出版社的彭呈军和孙娟为本书出版提出了宝贵建议。

本研究属于一个宏大而复杂的前沿议题，因主客观等原因所限，研究尚存不足之处，还请学界同行惠正。

作者　识于沪上

2021 年 8 月 15 日

第一章

中国教育研究国际影响力的反思与前瞻

进入 21 世纪，提升中国教育研究国际影响力①已经成为中国由一个教育大国和教育研究大国向教育强国和教育研究强国迈进的必由之路。提升中国教育研究的国际影响力，一是与当今中国政治、经济、文化教育的国际地位以及国际上对于中国文化教育的关注程度和了解意愿相契合；二是中国教育研究自身成熟和完善的必要前提，不仅要融入世界视野和教育知识体系，更要使中国教育研究成为世界教育知识体系和经验系统不可或缺的重要组成部分；三是有利于扭转长期以来中国教育研究偏重从国外输入教育研究概念体系、工具方法、理论成果的境况，重视在世界舞台上展示中国经验和教育研究成果，形成双向交流与对话的理想图景。

第一节　中国教育研究国际影响力的反思

如何在国际教育知识体系中确立中国教育研究的文化立场、理论思想、话语体系和研究范式，坚持从中国教育的实践与发展出发，提升中国教育研究的国际影响力？教育学界在 20 世纪末已经开始了反思。

一、对国内教育研究国际影响力的反思

（一）中国教育研究界有关国际影响力的自我反思

自 20 世纪 90 年代起，中国教育学界对中国教育研究如何形成国际影响展开了讨

① 中国教育研究国际影响力，一是指国内教育研究的国际影响力，既包括国内教育研究与国际上主要的研究主题、话语体系、研究范式、研究规范的关系，也包含国内教育研究的国际显示度和影响程度；二是指国际上的中国教育研究的影响力，即国际上对于中国教育发展的关切，及其研究趋势和研究成果的影响程度。

论。鲁洁在1992年出席加拿大多伦多大学举办的“跨文化知识：东西方大学”国际会议时，强调“中国的教育学要着重研究在中国这一特定空间和条件下的教育问题”，“探索中国教育运行的特殊规律，在此基础上形成我们的理论框架、研究方法和知识体系”，为丰富世界教育学知识宝库作出独有贡献。①

进入21世纪，中国教育研究的理论视角渐趋多样化，包括话语分析、全球化理论以及跨文化视角分析等，并重点探讨全球化视野下中国教育研究面临的新挑战、新问题以及展现的新特征、新路向。丁钢、周勇对全球化视野下的中国教育研究进行了系统梳理，提出需要破除“世界主义—民族主义、传统—现代、中国—西方”这种二元分割和对立的思维方式，建构多元文化共存融合和互动的视角。② 文娟、李政涛提出当代中国教育研究的全球视野应该包括“问题的全球性”“眼光和视角的全球性”“方法的全球性”和“思维方式的全球性”，需要基于中国本土实践和中国经验，形成全球视野下的国际化转化能力和表达能力。③

提倡中国教育研究话语体系的文化自觉一直是主流观点之一。陈兴德、潘懋元认为，19世纪末至20世纪早中期，中国教育学科处于建立和发展阶段，对于域外教育学研究具有相对的依附性。而随着中国教育实践和教育政策的深入发展，中国教育研究渐趋本土化，自主性日渐加强，乃至摆脱了对于国外教育研究的一味依附和引进。④ 李承先、陈学飞则指出，西方的教育话语存在明显的霸权，中国教育本土化的逻辑前提就是要打破西方教育话语霸权，使中国本土的教育话语得以觉醒与重构，使中国教育的真实需要得到符合传统与现实的正确表达。⑤ 张忠华、贡勋指出，“中国特色教育学是建立在中国教育历史传统的基础上，结合中国教育实际，用先进的教育理念与方法，建构出具有中国文化特质的教育学，它是共性与特性的有机结合，其价值取向立足‘由内而外’‘本土创生’，亦即教育学本土化的实质拓展”。⑥ 总体而言，随着中国

---

① 鲁洁. 试论中国教育学的本土化[J]. 高等教育研究，1993(1)：33—35.

② 丁钢，周勇. 全球化视野与中国教育研究[M]//丁钢. 中国教育：研究与评论(第10辑). 北京：教育科学出版社，2006：1—37.

③ 文娟，李政涛. 当代教育研究中的全球视野、跨文化能力与中国特色[J]. 全球教育展望，2013(7)：43—51.

④ 陈兴德，潘懋元. “依附发展”与“借鉴-超越”——高等教育两种发展道路的比较研究[J]. 高等教育研究，2009，30(7)：10—16.

⑤ 李承先，陈学飞. 话语权与教育本土化[J]. 教育研究，2008(6)：14—17，23

⑥ 张忠华，贡勋. 教育学“中国化”、“本土化”和“中国特色”的价值取向辨析[J]. 高校教育管理，2015(6)：46—53.

进入世界格局的步伐加快、进程推进，中国本土教育研究更需要确定东西方双向交流和互动的理论视角与考察维度，关注中国教育实践及中国教育研究对于世界的影响和贡献，在中国特色的教育实践基础上推进中国教育研究及其国际影响力研究。

（二）本土教育学期刊国际影响力评价

中国人文社会科学研究期刊的国际化问题一直是中国人文社会科学研究者和出版界关注的重要议题。中国出版的 7 000 多种学术期刊，是中国科技水平提高的重要标志。而中国国际学术论文主要流向国外期刊，从国外大型检索系统收录中国学术期刊情况、引文分析来看，中国学术期刊的国际影响力非常有限，与中国学术研究规模很不相称。①

可以说，考察中国教育学期刊的国际影响力是分析中国教育研究走向世界的重要方面。为了更为全面、客观、公正地反映我国学术期刊的国际影响力，从国际角度全面揭示、客观评价我国学术期刊的学术影响力，中国知网自 2012 年起开始编制《中国学术期刊国际引证年报》（*Annual Report for International Citation of Chinese Academic Journals*，CAJ - IJCR）。《中国学术期刊国际引证年报》将评价指标简化为总被引频次和影响因子两个基础评价指标（总被引频次反映的是国际影响广度，期刊影响因子反映的是国际影响深度，从质和量的角度反映期刊影响力），从文献计量学角度，向国内外作者、读者推介中国学术期刊的国际品牌，促进各学科领域学术期刊与中国学术研究成果更好更快地走向世界。程军、姜博以中国知网（CNKI）《中国学术期刊国际引证年报》2014 年统计源选定的范围为标准，按照 CNKI 中的影响因子查询排序，选择了 350 种国内教育学期刊，包含北京大学编制的中文核心期刊要目和南京大学编制的《中国社会科学引文索引》（CSSCI）来源期刊中的教育学部分期刊，运用科学计量学的分析方法全面呈现 2012—2014 年国内教育学期刊的国际影响力。结果显示，中国教育学期刊的国际影响范围呈扩大趋势，刊均总被引频次逐年递增，由 2012 年的刊均 12.0 次上升至 2014 年的刊均 25.8 次。但期刊学术质量亟待提升，与国内其他人文社科期刊的国际影响力相比，教育学期刊总体处于中等水平；与国际教育学期刊相比，少量国内教育学期刊开始与国际权威教育学期刊接近，但整体仍存在不小差距。由此他们提出了质与量均衡发展、注重传播语言载体的作用、多主体参与、专业化和特色化研

---

① 戴维民. 中国学术期刊国际影响力分析[J]. 复旦学报（社会科学版），2004(1)：111—118.

究以及完善评价体系，是提升我国教育学期刊国际影响力的重要途径。①

中国目前已经成为全球英文学术论文的第二大产出国，近年来国内学者也主编了多种教育学英文期刊，并在全球出版。如2006年高等教育出版社创办和发行《中国教育学前沿》(*Frontiers of Education in China*，季刊)、2012年清华大学创办《中国教育国际期刊》(*International Journal of Chinese Education*，半年刊)等。从发表的研究成果来看，其中既有中国学者也有国际学者做的中国教育研究，反映的不仅仅是中国教育问题，更多的是国际教育理论与实践的共同问题与趋势。然而，虽然教育学外文期刊的影响力在逐步提升，但由于起步晚、数量少，发展还受到各种客观条件的限制，需要深入思考如何提升和开发作者资源、扩充队伍、规范审稿程序和标准以及促使传播范围和读者群的国际化，使这些新兴的英文期刊受到国际同行的关注和重视，成为其考察中国教育研究的知识参照。②

二、对国际上中国教育研究影响力的评鉴

(一) 中国教育研究从思考历史到关注现实

在20世纪，由于受到以历史研究为主要领域的国际汉学的影响，国际上中国教育研究也以历史研究居多。从中国历史社会的研究延伸到中国教育历史与现实社会的研究，成为在中国教育研究尤其是中国教育史的研究中历史学者居多的原因。其中有代表性的学者包括秦博理(Barry Keenan)、玛丽安·巴斯蒂(Marianne Bastid)、保罗·贝利(Paul Bailey)等。丁钢在《中国教育的国际研究》一书中，从中国教育传统及其价值、中国近代教育与中外交流、中国当代教育与国际关系三个方面，对国外学者对中国教育的研究做了研究和评论，呈现了20世纪以来国外学者对中国教育不同的研究领域和侧重点。③ 李弘祺的《中国教育史英文著述评介》一书则以专题书评的方式，介绍了2005年以前美国对中国教育传统以及中国近代教育史的研究状况。该书从文化史、思想史、社会学和经济史角度，介绍了美国学者对中国传统教育的认识，包括中国

---

① 程军，姜博. 2012—2014年中国教育学期刊国际影响力现状及思考——基于《中国学术期刊国际引证年报》的统计分析[J]. 中国高教研究，2015(7)：41—47.

② 郑瑞萍. 中国人文社会科学学术期刊国际化的理论与实践探析[J]. 社会科学管理与评论，2010(3)：44—49.

③ 丁钢. 中国教育的国际研究[M]. 上海：上海教育出版社，1996.

人人格养成的特点、价值理念的形成以及考试制度的形成和影响等方面。①

随着中国改革开放进程的加快，越来越多的国外教育学者开始关注中国当代教育的发展，不仅研究数量不断增长，而且研究领域日益广泛。相关的国际知名教育学者的中国教育研究成果在国际教育学界产生了重要影响。这些学者中有欧美的许美德(Ruth Hayhoe)、彭恩霖(Lynn Paine)、保罗·贝利、骆恩典(Stanley Rosen)、海迪·罗丝(Heidi Ross)、约翰·霍金斯(John Hawkins)、曹诗弟(Stig Thogersen)，澳大利亚的安东尼·韦尔奇(Anthony Welch)、西蒙·马金森(Simon Marginson)，日本的金子元久和大冢丰等人。他们的研究领域包括中国的高等教育、师范教育以及农村教育等。其中，许美德的《中国大学 1895—1995：一个文化冲突的世纪》(*China's Universities 1895—1995：A Century of Cultural Conflict*)②，《思想肖像：中国知名教育家的故事》(*Portraits of Influential Chinese Educators*)③，《21 世纪中国大学画像：迈向大众高等教育》(*Portraits of 21st Century Chinese Universities：In the Move to Mass Higher Education*)④等著作影响显著。在有关中国学者著作的外译和外推方面，有许美德对顾明远文集的译介⑤和挪威学者阿里·谢沃(Arild Tjeldvoll)关于潘懋元高等教育研究思想的研究著作⑥等。雷文、商丽浩对 1994—2003 年中国和美国的国际教育研究进行了量化分析，认为美国关于中国教育的论文增加与中国国际关系的改善和国际地位的提高高度相关，这些论文主要关注中国高等教育，其次为中等和初等教育。⑦

国际学者对于中国教育不同领域的研究，以及关于中国教育学者教育思想的译介，不仅提高了国际教育学界对于中国教育研究的关注程度，也推动了中国教育研究

---

① 李弘祺. 中国教育史英文著述评介[M]. 台北：台湾大学出版中心，2005.

② Ruth Hayhoe. China's Universities 1895—1995：A Century of Cultural Conflict [M]. New York：Garland Press，1996.

③ Ruth Hayhoe. Portraits of Influential Chinese Educators [M]. Dordrecht：the Netherland Springer，2007.

④ Ruth Hayhoe，et al. Portraits of 21st Century Chinese Universities：In the Move to Mass Higher Education [M]. Hong Kong：Comparative Education Research Centre，The University of Hong Kong，Springer，2011.

⑤ Mingyuan Gu. Education in China and Abroad：Perspectives from a Lifetime in Comparative Education [M]. Hong Kong：Comparative Education Research Centre，the University of Hong Kong，2001.

⑥ Arild Tjeldvoll，Maoyuan Pan. A Founding Father of Chinese Higher Education Research [M]. Norway：Norwegian University of Science and Technology，2005.

⑦ 雷文，商丽浩. 中美国际教育研究的交互视域：近十年教育期刊论文分析[J]. 教育发展研究，2005(8)：64—66.

的国际影响力提升。

关于中国教育研究的现状及其如何融入世界知识体系问题，杨锐发表了系列英文文章，如《中国教育研究的国际化与本土化》(Internationalisation, Indigenisation and Educational Research in China)①、《儒家文化背景下的教育研究：方法论反思》(Educational Research in Confucian Cultural Contexts: Reflections on Methodology)②、《中国高等教育发展再审视：聚焦学术文化》(Reassessing China's Higher Education Development: A Focus on Academic Culture)③等。这些文章涉及中国教育传统的价值、中国教育研究中的问题与挑战、学术文化以及研究规范和方法上如何与国际规则协调、中国教育知识和人文社会科学研究在国际上的地位和作用等多个方面。而冯海颖等学者考察了中国政府科研政策对于教育学术研究国际化的影响，认为中国政府繁荣人文社会科学研究的政策从重视知识的“引进”转向强调知识的“引进—输出”并重，以此增强了中国在国际上的文化软实力与话语权。④

（二）国际期刊中的中国教育研究

为考察国际上中国教育研究的整体面貌和发展动态，有研究者对于社会科学引文索引(Social Science Citation Index, SSCI)来源期刊上的中国教育研究论文进行了系统梳理和计量分析，数据显示，进入21世纪，关于中国教育研究的SSCI来源期刊论文数呈快速增长趋势。李甜的硕士学位论文共分析了1978—2008年30年间发表于SSCI期刊上的关于中国教育研究的1 892篇论文。其中1978—1992年、1993—2000年和2001—2008年三个历史时期分别有论文370篇、499篇和1 023篇，年均篇数分别为25篇、62篇和128篇。主要的研究领域为基础教育(777篇)、高等教育(210篇)、国际交流与合作(144篇)、职业与成人教育(85篇)、教师教育与师范教育(72篇)以及教育综合管理及其他(496篇)。论文分为独立作者和合作发文两类，独立作者来源地主

① Rui Yang. Internationalisation, Indigenisation and Educational Research in China [J]. Australian Journal of Education, 2005, 49(1): 66 - 88.

② Rui Yang. Educational Research in Confucian Cultural Contexts: Reflections on Methodology [J]. Comparative Education, 2011, 47(3): 395 - 405.

③ Rui Yang. Reassessing China's Higher Education Development: A Focus on Academic Culture [J]. Asia Pacific Education Review, 2015, 16(4): 1 - 9.

④ Haiying Feng, Beckett, G H, Huang, D W, et al. From "Import" to "Import-Export" Oriented Internationalization: The Impact of National Policy on Scholarly Publication in China [J]. Language Policy, 2013, 12(3): 251 - 272.

要为中国香港地区(313 篇)、美国(234 篇)、中国内地(174 篇)、加拿大(45 篇)和澳大利亚(37 篇)。这些论文分布于 550 种期刊之中,有 31 种期刊发表了 10 篇以上的中国教育研究论文,发文数排在前五位的期刊分别为《中国教育与社会》(*Chinese Education and Society*, 125 篇)、《比较教育评论》(*Comparative Education Review*, 63 篇)、《中国季刊》(*China Quarterly*, 62 篇)、《比较教育》(*Comparative Education*, 60 篇)、《国际心理学杂志》(*International Journal of Psychology*, 57 篇)。可见,中国教育研究论文分布具有集聚性,集中于两类期刊,一是以"Chinese"或"China"命名的期刊,二是以比较和国际研究为主题的期刊。①

SSCI 来源期刊中关于中国教育研究的整体发文状况不太理想。沈英、刘明对于国际上的教育学和中国教育学在 SSCI 来源中的发文数量进行了绝对数和百分比分析,发现 2001—2008 年,中国教育学在教育与教育研究、教育心理学和特殊教育学三个领域的 SSCI 发文分别居世界的第 7 位、第 11 位和第 13 位,发文数量为 532 篇、156 篇和 51 篇,分别占世界同类领域整体 SSCI 发文的 1.83%、1.68%、0.94%。② 姚云、康瑜同样采用 SSCI 来源期刊论文计量统计方法考察中国教育研究成果的国际显示度。教育类刊源集中在美国、英国、荷兰、德国、澳大利亚等国家,各洲的分布也不均衡,美洲、欧洲所占刊物最多,亚洲只有韩国和日本两个国家;SSCI 收录了中国研究的期刊 8 种。作者认为,中国教育研究要走向国际,必须树立教育研究成果的国际意识,遵守共同的学术规范并加强学术期刊的国际交流。③ 吴玫、李盛兵考察了 1980—2010 年中国学者在主要的 5 种国际高等教育英文期刊上的发文表现,发现内地学者论文发表的数量和比例呈上升的趋势,但总体上仍呈现数量少、比例低的特点。2006—2010 年华人学者共发表论文 65 篇,所占比例为 5.14%,其中中国内地学者发表的论文数为 19 篇,所占比例为 1.57%。华人学者的论文发表情况按比例由高向低依次是:海外华人学者(占 1/2)、中国内地学者(占 1/4)、中国香港学者(占 1/5)和中国台湾学者(1/15)。④

而从长时段的考察来看,外文教育期刊上中国学者的研究发文数量稳步增长,影

---

① 李甜. SSCI 收录的有关中国教育的研究成果的统计分析(1978—2008)[D]. 上海:华东师范大学,2009.

② 沈英,刘明. 基于 SSCI 统计数据(2001—2008)对中国教育学研究国际地位与现状的分析[J]. 外国教育研究,2010(1):33—36.

③ 姚云,康瑜. 中国教育科研成果如何走向世界:基于对 SSCI 数据库分析的启示[J]. 比较教育研究,2007,28(1):43—48.

④ 吴玫,李盛兵. 我国高等教育研究国际化的现状分析:基于五份国外学术期刊发表论文的统计[J]. 广东工业大学学报(社会科学版),2011(4):1—5.

响不断提升。丁智善(Jisun Jung)和霍塔(Hugo Horta)对于1985—2012年Scopus平台上的高等教育论文进行了统计，考察日本、韩国和中国的发文贡献。在1248篇高等教育论文中，中国内地学者的论文有389篇，其中包含独立作者论文132篇(33.9%)，合作发文257篇(66.1%)，占发文总数的31%。[①]

(三) 21世纪国际中国教育研究的新进展

2001年中国加入WTO以后，国际上对中国教育的研究呈快速增长之势，这表明随着中国社会经济的持续发展，中国教育领域与国际上的交流和合作不断深化，国际学术界对于中国教育政策、实践、思想理论发展的关注和研究日渐深化。首先，国际中国教育研究数量持续增长，研究主题大幅拓展，涵盖教育学科的各个领域，但仍然存在主题集中和不平衡的现象，如对高等教育、比较教育和教育政策的研究较为集中。其次，研究人数增多，研究主体发生转变。研究主体从20世纪中后期的以外国研究者为主，转变为外国研究者和华人研究者持平，且华人学者有后来居上之势。华人学者和中国留学生成为海外从事中国教育研究的两个重要群体。进入21世纪，研究中国教育的外国中青年研究者并未呈现兴起之势，而中青年华人研究者开始处于学术舞台中央，如李成、杨锐、曹聪、黄福涛、查强、林静、李辉等，从而影响了海外的中国教育研究发展，从数量和质量上予以推进。最后，留学海外的教育专业中国留学生的硕士和博士学位论文对扩大中国教育研究的国际影响力也起到了推动作用。由此，国际中国教育研究者的国际地位和受关注程度不断提高。从近年来华人学者多次获得比较与国际教育学会(Comparative and International Education Society, CIES)优秀论文的荣誉中可见一斑。

更为重要的是，进入21世纪以来，大型国际教育研究项目尤其是教育测评和比较研究项目日益增多，中国政府和中国学者也参与其中，发挥作用。如上海分别于2009年和2012年参与经济合作与发展组织(OECD)发起的“国际学生评估项目”(Programme for International Student Assessment，简称PISA)，两次均获得阅读、数学和科学的第一。PISA测试结果引起了世界各国政府、媒体和教育界的关注，美国国家教育与经济研究中心主任马克·塔克(Marc S. Tucker)撰写了《超越上海》(*Surpassing Shanghai*:

① Jisun Jung, Hugo Horta. The Contribution of East Asian Countries to Internationally Published Asian Higher Education Research: The Role of System Development and Internationalization [J]. Higher Education Policy, 2015, 28(4): 419 - 439

An Agenda American Education Built on the World's Learning Systems)①,OECD应美国政府邀请编写“教育系统中的成功者与变革者”(Strong Performers and Successful Reformers in Education)②,专章阐述了上海的教育发展经验。以此为契机,上海教育乃至中国教育成为各国教育界争相研究的对象。受到各国学者和媒体关注的内容包括“面向全体学生的教育”“抗挫学生”“教师专业发展及教研制度与活动”“委托管理”“教育规划”与“数学教育”等。由于上海职业学校学生在PISA测试中的优异表现,美国国家教育与经济研究中心代表团专程来沪考察并撰写了《中国制造:中国职业教育培训的挑战与创新》(*Made in China: Challenge and Innovation in China's Vocational Education and Training System*)。③ 2016年2月18日,OECD公布了教与学国际调查2013年TALIS(Teaching and Learning International Survey,简称TALIS)调查结果,上海教师在教师职前准备、在职专业发展、教育先进理念、教学实践方法、社会学校支持诸方面的十余项指标中都名列世界第一,大部分指标远超世界平均值。这引发了各国对上海教育乃至中国教育研究的一个高潮,如中英政府间合作开展的“中英数学教师合作交流项目”,美国国家教育与经济研究中心出版了张民选教授的《上海教师专业发展》(*Developing Shanghai's Teachers*)④等。2013年世界银行设立了“提升教育质量的系统研究”项目,上海师范大学应邀参加该项目,并与世界银行专家共同完成了题为《上海是如何做到的》(*How Shanghai Does It: Insights and Lessons from the Highest-Ranking Education System in the World*)的研究报告。⑤

三、中国教育研究国际影响力研究的现状

(一) 中国教育研究国际影响力研究尚待加强

中国教育研究国际影响力的研究一直是较少受关注的领域,其中更多是基于中国

---

① Marc S Tucker. Surpassing Shanghai: An Agenda for American Education Built on the World's Learning Systems [M]. Harvard Education Publishing Group, 2011.

② OECD. Strong Performers and Successful Reformers in Education [R]. Paris: OECD, 2012.

③ NCEE. Made in China: Challenge and Innovation in China's Vocational Education and Training System [M]. Washington DC: NCEE, 2014.

④ Minxuan Zhang. Developing Shanghai's Teachers [M]. Washington DC: NCEE, 2016.

⑤ Xiaoyan Liang, et al. How Shanghai Does It: Insights and Lessons from the Highest-Ranking Education System in the World [M]. Washington DC: World Bank Publications, 2016.

教育研究的理论反思和研究范式建构。其关涉的主要问题是中国教育学科的本土化和自主性。正因为中国教育学从学科建构之初就具有西化气质，因此，中国教育学者的危机意识和反思意识尤为强烈，这也是中国教育研究走向成熟的必由之路。但坚持从具有中国教育特色的实践与发展出发，提升中国教育研究的国际影响力，中国教育研究国际影响力研究依然需要在研究主题、话语体系、研究规范、研究方法等方面予以加强。

（二）研究的深度与广度仍显不足

对于中国本土和国际上中国教育研究的考察，主要关注期刊论文，特别是对 SSCI 和 CSSCI 来源期刊上所发表论文的研究，对本土中国教育研究的国际引证、国际发表、外文学术期刊等方面均有涉及，但无论是从数据分析和质量分析还是教育话语分析等方面，都有待加强和深入。无论是从分析的深度和内容的覆盖面，还是从统计分析方面而言，尚处于起步阶段。我们不仅需要更加深入地探讨国际中国教育研究的总体情况，包括学者、论著与机构等，还需要进一步研究国际中国教育研究的关注领域及其走向、重要成果与影响，以便更为深入而全面地评价国际中国教育研究及其影响力。

（三）研究方法上注重采用文献计量评价

对于中国教育研究国际影响力的评价，在研究方法上偏重文献计量法，比较国内外教育研究的差异和影响力的差距，为研究提供了基础和借鉴，但存在以量化评价质量、贡献和影响力的局限性，难以全面展现国内外中国教育研究的国际影响力的整体状况及其内在复杂的变化。在量化研究的手段、工具和方法上还可以拓展，可以综合运用文献计量分析方法、信息可视化分析和知识图谱等量化方法，对有关中国教育研究的专著与学术论文数量、发表时间、研究领域、研究方法、发表期刊、引用与被引、参与研究的国家和研究机构、科研人员，以及中外合作研究的类型等诸多方面开展统计分析与研究。

第二节　中国教育研究国际影响力研究面临的挑战

世界知识体系的建构性和不平等性，决定了中国教育研究提升国际影响力不可能一蹴而就。作为参与者，中国教育研究无法完全脱离世界教育学界的知识体系和知识生产制度环境，而是必须加入而且客观上已经深度卷入世界教育学界的知识系统之中。在20世纪90年代之前，中国教育是西方教育学的学习者。随着中国本土教育学科建制的日趋完善，本土教育政策和实践的深入发展，中国教育研究开始成长为世界教育学知识体系的建设者、合作者和对话者，长期目标是成为世界体系的建构者之一。中国教育研究在从世界知识的边缘走向中心的进程中，面临以下挑战。

第一，世界知识体系的不平等关系。英语学术体系的霸权地位长期存在，但中国教育学者成果的显示度正在逐步提升。学术研究的语言不仅是学术思想的载体和工具，更具有世界学术结构和等级体系建构的功能。从已有研究来看，美国、英国等以英语为母语的国家处于教育学知识生产的核心地位，中国教育研究在世界知识体系之中尚处于弱势地位。除语言表达的障碍之外，这种状况还与世界的知识和学术成果的评审者主要为英语国家的学者有关。

第二，教育学界的学术文化和学术规范亟待完善。学术文化和学术规范问题是中国人文社会科学普遍面临的重要问题。教育学术研究相对于其他社会科学研究的独立自主性，和中国本土教育学术研究相对于国际教育学术研究的自主性，以及教育学术研究相对于市场和经济逻辑、相对于外在力量的独立自主性，是亟待重视的问题。获得自主性与遵守国际学术规范是中国教育学研究融入世界教育学研究的必然途径。

第三，面向国际的学术发表体制与平台尚需完善。中文教育学期刊的国际化以及中国境内英文教育学期刊有待进一步发展，它们将是中国教育研究走向世界的重要平台和载体。这关涉到中国教育研究成果交流平台和传播渠道的国际化问题，是中国教育研究走向世界、扩大国际影响力的重要机制和载体。建立符合国际学术规范的论文评审机制和发表程序尤其重要。同行评议是国际上普遍采取的科研项目申请、学术人员晋升、学术成果发表最为重要的机制，需要在中国进一步推广普及。

第四，中国悠久的历史文化传统及丰富的本土教育实践尚未得到充分挖掘与使用。在研究范式、研究视角、理论基础和研究方法上需要增强自主创新和本土自觉，加强中国教育研究的本土文化认同感、历史和实践的相关性，形成自主的教育研究体系。另外，中国教育学界要遵从国际规范，加强平等对话，提升在国际学术体系的话语权和影响力。

随着中国教育研究的声音和话语体系走向世界，中国本土的教育研究将给世界教育研究提供视野、方法和理论思想参照，为世界教育知识体系贡献我们的智慧和实践路径。

一、研究问题与方法

(一) 研究问题

本研究将围绕三个核心问题展开：(1)何谓中国教育研究的国际影响力？从国内外以及国际合作的中国教育研究的关系研究中探讨中国教育研究国际影响力的内涵、主要特征及成因；(2)中国教育研究如何形成国际影响力？从学术价值、政策意义和实践作用等方面理解中国教育研究的国际影响力，阐明国内外两个学术空间的中国教育研究对国内和对国外的双向影响力及其表现形式、作用方式；(3)如何建立一个中国教育研究的国际影响力评估体系？从全球化理论和政策的角度思考与评价中国教育研究的国际影响力及其提升机制，采用解释和实证互相补充，质性和量化两种研究方法来评价中国教育研究的国际影响力。

围绕本研究的总体问题，关键把握以下问题：国内外及其国际合作的中国教育研究存在什么样的关系？中国教育研究国际影响力的内涵和表现、特征和成因存在于哪些方面？如何理解中国教育研究的国际影响力的生成根源、学术价值、政策意义和实践作用？如何从全球化和政策自主的角度思考与评价中国教育研究的国际影响力形成与制约及其提升机制？我们的研究将围绕这些关键问题进行回答。

(二) 研究概念

就概念理解而言，中国教育研究国际影响力一是指国内教育研究的国际影响力，既包括国内教育研究与国际上主要的研究主题、话语体系、研究范式、研究规范的关系，也包含国内教育研究的国际显示度和影响程度；二是指国际上的中国教育研究的影响力，即国际上对于中国教育发展的关切，及其研究趋势和研究成果的影响程度，也是指国际中国教育研究对于不同主体、不同对象、在不同维度和范围内所产生作用和形成影响的程度，以及影响所带来的变化和意义。

(三) 研究对象与时段

研究对象主要包括中国教育研究领域国际学者及其论著的关注领域及影响力、中国教育研究领域中国学者及其论著的国际关注与影响和国际发表所产生的国际关注与影响，以及中国参与重要国际教育项目所产生的成果与中外政府及学者的研究合作所产生的成果及其影响力等。

随着我国国力迅速增强和大国地位的确立，以及教育改革开放的不断深入，从21世纪初开始中国教育研究进入一个蓬勃发展时期，在国际教育界也引起强烈关注与研究热潮，同时从本研究课题设立的要求出发，研究时段将集中在2000年至2018年，并适当兼顾改革开放元年到新世纪开端，即1978年到1999年。

(四) 研究方法

本研究由于具有内在的结构，涉及内容复杂而多元，需要运用适当的方法论。

1. 方法论的考虑

量化研究与质性研究相结合。本课题需要在一定程度上借鉴国内外已有的研究成果，如分类检索筛选统计的计量分析、期刊国际影响力指数CI等，来进行描述与解释；更重要的是，研究不是仅仅停留在数据的堆积和现象的描述，还必须深入到研究的内容、趋势、认知与评论等方面，以形成量化与质性相结合的交互分析。从多维度、系统全面和动态性考察中国教育研究的影响力，反映中国教育研究国际影响力研究的基本状况，以此构建中国教育研究的国际影响力评估体系，以及以国际影响力的基本因素、内涵、实践路径为核心的提升机制。

2. 量化方法

本研究运用文献计量法、信息可视化分析和知识图谱绘制等量化方法，主要通过建立相关数据库来分析中国教育研究的国际发文特点及其学术影响。数据采集路径以科学网(Web of Science, WoS)核心合集的SSCI(Social Science Citation Index)中的"Education Educational Research"和"Education Special"为学科对象，时间上涵盖2000年1月1日至2018年9月6日，以中国、各省会及港澳台的英文名为检索主题，文献类型包括"article""review"，检索并下载论文相关信息。通过以上检索方式按照论文作者署名机构的所在地，首先分别建立了"中国教育研究的全球库"(简称"全球库")、"中国教育研究的内地-香港-台湾三地库"[①](简称"中国三地库")、"中国教育研究的大陆库"(简称"中国大陆库")和"中国教育研究的国外库"(简称"国外库")四个题录数据

---

① 本书凡出现中国内地(大陆)与香港、澳门、台湾地区并列的地方，一律称为"中国内地"，凡中国内地(大陆)与台湾地区并列的地方称为"中国大陆"。

库。其次，分别筛选四个数据库中被引次数居于前150位的高被引论文，建立了四个数据库相应的高被引论文数据库，分别是“高被引论文-全球库”“高被引论文-中国内地、香港、台湾三地库”“高被引论文-中国大陆库”和“高被引论文-国外库”。本研究的数据分析主要是基于对以上四个数据库论文及其高被引论文的描述性统计进行的。

3. 质性方法

本研究还运用质性研究方法如内容分析、事件分析、访谈、案例研究和专家评估等展开研究，同时基于分别筛选以上四个数据库中被引次数高的被引论文而建立的四个数据库相应的高被引论文数据库，从国内外专家学者的研究内容、话语方式、热点领域、经典文献、权威人物等研究视角进行深入的探讨与挖掘，并加强对研究质量及其影响力的认知分析，拓展对于中国教育研究国际影响力的深度分析与理解。

（五）研究思路

本研究在尊重中国教育研究自身发展的基础上，研究思路主要从中国教育研究国际影响力构成的多元主体、影响途径、影响评价等要素出发，通过内涵和表现、特征和生成、形成和制约等方面深入地研究与分析，尤其是探究并揭示21世纪以来中国教育研究国际影响力所呈现的新的发展态势，依此建构中国教育研究的国际影响力评估体系和提升机制。

本研究有目的、有计划地按照“课题论证—制定方案—资料搜集—运用方法—实证研究—总结分析—构建模式—形成成果”的程序进行。先对国内外中国教育研究现状作全面了解，明确研究的内容、方法和步骤；再组织本课题组研讨课题研究的内容、任务和具体的操作研究步骤和制定研究方案，通过围绕总课题和子课题目标等一系列的实证研究活动，并发表阶段性成果，在总结分析过程中，建立中国教育研究国际影响力因素与路径，在此基础上，提出中国教育研究国际影响力的评估体系和提升机制，形成最终成果。

二、研究维度与视角

（一）影响力理论的视角

社会影响理论认为，社会影响取决于三个方面的因素：他人的数量、重要性和接近性，即个人所受来自他人的影响与他人的数量、他人的地位和权力重要性以及他人与个体的接近性程度有关。而影响力理论也认为，构成影响力（或者说权力）的基础有两大方面：一是权力性影响力；二是非权力性影响力。前者通过外推力的方式发挥作用，后者来源于个人的品质、知识因素和人际的相互感召与信赖，所以影响力是为推动他人达成个人所期望的目标而服务的。将这些理论转化为本研究的理论视角，我们需要关注国际中国教育研究作为他者在研究数量、研究的中心与边缘和研究者地位等方面与本土中国教育研究的关系，同时也需要关注本土中国教育研究及其研究者本身素养和能力的提升与国内外中国教育研究及其研究者之间的互动关系。

美国心理学家卡特尔（James Mckeen Cattell）提出了科学文献计量学的两个核心概念，即研究产出（productivity）和业绩（performance），如果说前者是指客观的发表数量，后者则是对质量或价值来自同行的主观评价。但是，科学计量学奠基人普莱斯（Derek J. de Solla Price）将学者之间相互引用作为成果前沿性的观察依据，此后研究成果的发表数量和引用数量就变成了评估的基本数据，广泛地影响了学术影响的评估机制。随之而来的期刊分级影响因子、综合发表数量和引用数量的 h 指数、高引榜单、自然指数等相继推出，这种对于学术影响的计量分析进而影响到包括各种排行榜在内的几乎所有的学术研究的评估领域，在取得似乎普遍合理性的同时也遭到了众多的质疑。[1] 而质疑产生的共识便是影响力的评估需要多种工具的组合，以及定量与定性相结合。

值得注意的是英国高等教育拨款委员会推出的大学研究水平评估的“研究卓越框架”（Research Excellence Framework, REF）。评估内容由三个部分组成：研究成果（强调质量是研究的卓越性以及研究影响的直接体现）；研究影响（研究成果用于提高经济、社会、公共政策、文化或生活质量）；研究环境（研究的可持续发展及其有效传播和应用）。[2] 评估由专家小组来执行，根据各大学提供的材料，作出专家小组评估判断。而且，不同的学科还组成不同的评估单元，并由不同的专家小组进行评估。也就是说，同行的定性评议是首要的手段。[3] 尽管定性评估在人力、时间、成本等方面投入大，并带有一定的主观评价，但由于其在评估取向上更加倾向于来自学术共同体的内部评价，能够得到同行的认可，因而以同行专家定性评价为主的学术评估已经成为国

---

① 阎光才. 学术影响力评价的是非争议[J]. 教育研究，2019(6)：16—26.

② Quality Assurance Agency. Research Excellence Framework [EB/OL]. (2011 - 11 - 20). http://www.qaa.ac.uk.

③ Submissions Guidance [EB/OL]. (2011 - 11 - 20). http://www.hefce.ac.uk.

际上较为主流的评估方案。正如彭菲尔德(Teresa Penfield)认为,一个全景性的研究影响力评价应该覆盖各种可以作为证据支撑的材料,如描述性或叙事性文本,尤其是案例呈现、科学计量学证据、利益相关者的调查与听证、学术界以外的传播如媒体和政策采纳等。①

全球化和知识经济时代,随着学术和知识市场上资源、人才和学术竞争的加剧,学术评价愈发重要,对于国家、地区、机构、学科与个体学术影响力的研究日渐增多,已有研究侧重学术影响力的研究和评价方法,不同机构、学科、个体学术影响力的发展状况与原因等。学术影响力是衡量知识生产主体影响程度的一个重要指标,也用于衡量学术成果在学术圈中的影响。学术影响力是指研究者或机构,随着其学术论文的发表和传播,影响和改变其他研究者或机构在学科领域上研究方向和发展速度的能力②,包括深度和广度两个维度,深度表现为引用量的多少,广度表现为学术成果的合作国家数量等。③ 学术影响力因为国内和国际学术界的分割和隔离,会呈现个体国内学术影响力和国际学术影响力既可能相互关联,如学者及其学术作品在国内和国际上均有学术影响力的可喜现象,也可能并不同步或者正向相关,产生所谓"墙里开花墙外香"现象。学者或者学术成果可能在国内具有学术影响力,在国外无甚影响力,反之亦然。另外,学术影响力虽然与学术成果的内在品质具有相关性,但并不等于学术质量或学术贡献,而主要是指学术成果被同行关注和引用的程度,标志其客观上产生的影响程度。学界采用论文被引数作为衡量学术影响力的主要指标,如基本科学指数报告 ESI (Essential Science Indicators)将被引次数作为论文影响力主要指标。台湾地区高等教育评比中心基金会在进行世界大学科研论文质量排行中,采用发表论文数量来衡量学术生产力,论文被引次数和平均被引次数来测量论文的学术影响力,运用 h 指数、高被引文章数和高影响期刊论文数来测度学术卓越性。④

量化评价方法在学术影响力和学术评价中广为运用。量化指标中,被引次数、期

---

① Penfield, T, et al. Assessment, Evaluations, and Definitions of Research Impact: A Review [J]. Research Evaluation, 2014,23(1): 21-32.

② 涂阳军. 中国人文社科学术影响力分析:基于1998—2016年CSSCI, SSCI和A&HCI论文被引数[J]. 中国社会科学(内部文稿),2018,(3): 69—105.

③ 姚乐野. 中国人文社会科学国际学术影响力发展报告: 2006—2010[M]. 北京: 中国社会科学出版社, 2015: 6—7.

④ 董彦邦,贾佳. 中国大学学术生产力、学术影响力和学术卓越性的特点分析:基于台湾"世界大学科研论文质量排行榜"的视角[J]. 高教探索,2016(9): 44—51.

刊影响因子、期刊位次成为用来测量被引成果的影响的主要指标，也是科学计量学界定论文质量的主要角度。[①] 实际上论文被引次数虽然与论文本身的质量有关联，但也受多种复杂因素影响。博恩曼（Bornmann）和丹尼尔（Daniel）认为论文被引次数不仅与论文质量相关，也涉及多种与论文质量无关的因素，主要包括时间因素、期刊因素、学科领域、论文因素（长度、语言、作者数量等）、作者和读者因素、可获得性等。[②] 王海涛等人对 20 本国际经济类核心期刊论文的研究发现，作者数量、参考文献数量、论文长度、是否基金资助、期刊影响因子、发表年份、研究方向等因素对论文的被引频次具有显著影响。[③] 因此，虽然被引次数可以作为判断论文影响力的一个主要指标，但论文影响力并不等于论文质量，也不能仅仅依据被引次数衡量论文的学术贡献和价值，还需要采用定性方法进行内容分析和学术原创性分析。

随着中国社会经济的持续发展，中国教育领域与国际上的交流和合作不断深化，在文化教育“走出去”政策的战略指引下，中国教育研究从“引进来”到“走出去”，以及在国际合作中加强中国教育的国际话语权，必将成为基本的发展趋势。我们不仅需要关注国际中国教育研究对于他国教育政策的影响，更要关注在提升中国教育研究影响力方面所作出的自主政策努力，以及在相关政策上的推进、发展方向、政策意义和实践路径及其反哺作用。

（二）世界体系理论的视角

“世界体系理论”并非凭空产生，它至少整合了三种理论渊源。第一种理论渊源是阿根廷著名经济学家、联合国拉丁美洲经济委员会前执行秘书劳尔·普雷维什（Raúl Prebisch，1901—1986）于 20 世纪 40 年代末、50 年代初提出的依附理论（dependency theory）。到了 20 世纪 70 年代，越来越多的作者开始用英语撰写有关依附理论的文章，使该理论在左翼知识分子和欠发达国家的发言人中得到广泛传播[④]。依附理论从政治的视角解读第三世界国家与发达国家之间无法跨越的发展鸿沟，试图回答为什么

---

① 朱军文，刘念才. 高校科研评价定量方法与质量导向的偏离及治理[J]. 教育研究，2014(8)：52—59.

② Bornmann L，Daniel H D. What do citation counts measure? A review of studies on citing behavior [J]. Journal of Documentation，2008，64(1)：45 - 80.

③ 王海涛，谭宗颖，陈挺. 论文被引频次影响因素研究——兼论被引频次评估科研质量的合理性[J]. 科学学研究，2016，34(2)：171—177.

④ Stein，L. Dependency theories and underdevelopment [J]. Journal of Economic Studies，1979，6(1)：64 - 85.

随着世界经济的持续发展，国家内部以及不同国家之间的不平等反而日趋恶化，快速的城市化和识字率的提升反而让大众变得更加边缘化。① 依附理论指出，第三世界国家的状况只能从更广泛的国际层面加以理解。② 当资本主义成为世界生产和分配的主流模式时，任何国家最重要的特征便是它与其他国家的关系。如果两个国家间的关系导致了不均衡，那就必须对这种关系加以研究，从而理解财富和贫穷。③ 世界经济的一个核心特征是依附，在世界市场上，某些部分的发展是以另一些部分为代价的，不发达是世界资本主义扩张过程的结果之一。欠发达国家之所以落后，不是因为它们与资本主义互不相容，而是由于它们参与这一系统的方式。④

世界体系理论的另两种理论渊源是马克思主义和历史年鉴学派。马克思主义发现，随着资本主义大工业的发展，民族和国家之间的界限被逐渐打破，资产阶级奔走于世界各地⑤，使得所有国家都卷入了由资本主义开拓的全球性扩展。其所提出的剩余转让、资本积累、工资水平等概念和资本积累的分析框架⑥，在世界体系理论中得到了继承。历史年鉴学派则凸显了研究长期大范围社会变革的必要性，在这一长期的时段中，"国家只是许多重要行为体之一"⑦。

20 世纪 70 年代，美国学者伊曼纽尔·沃勒斯坦(Immanuel Wallerstein)出版了专著《现代世界体系(第一卷)：十六世纪资本主义农业和欧洲世界经济的兴起》，不仅创造了"世界体系"(world-system)这一概念，而且将"世界体系理论"推向了社会科学研究的中心。⑧ 世界体系理论一方面保持了依附理论和马克思主义的左翼取向，要求对世界经济财富进行再分配，从而建立新型国际经济秩序，另一方面，源自历史年鉴学派的对长时期、大范围历史进程的研究是该理论不可或缺的基础。与此同时，世界体系理论对作为其渊源的三种理论进行了拓展，将"世界"而非国家或社会作为自己的分析单位。需要注意的是，沃勒斯坦所称的"世界"并非整个地球，而是指一个就面积和人

---

① Chirot, D, Hall, T. World-system theory [J]. Annual Review of Sociology, 1982, 8: 81 - 106.

② Stein, L. Dependency theories and underdevelopment [J]. Journal of Economic Studies, 1979, 6(1): 64 - 85.

③ Friedmann, H, Wayne, J. Dependency theory: A critique [J]. Canadian Journal of Sociology, 1977, 2(4): 399 - 416.

④ Stein, L. Dependency theories and underdevelopment [J]. Journal of Economic Studies, 1979, 6(1): 64 - 85.

⑤ 陈立明. 现代世界体系的发展与完善[J]. 中央社会主义学院学报, 2017(1): 109—113.

⑥ 翟崑. 超越边缘化：世界体系论下的东盟共同体[J]. 人民论坛·学术前沿, 2016(9): 33—43.

⑦ 弗林特, 刘鹏. 亚洲的地缘政治竞争与不可避免的战争：世界体系视角下的历史教训[J]. 印度洋经济体研究, 2017(1): 1—24.

⑧ Chirot, D, Hall, T. World-system theory [J]. Annual Review of Sociology, 1982, 8: 81 - 106.

口而言较大的单位。[1] 这个单位的范围与技术状况——特别是交通运输技术——密切相关[2]，随着科技的不断发展，世界体系的疆界不断拓展，将越来越多的地域囊括在内。在不同时期和地域，人类历史上有过许许多多不同的、有时相互并存的世界体系。15 世纪末，世界体系呈现出资本主义无限扩张的态势[3]，每个国家都成为这个世界体系的一部分。这个体系塑造着各个国家，各个国家同时也塑造着这个体系。分析任何一个国家的政治、经济和社会发展，都离不开对世界体系本身之演化的理解。[4]

每个世界体系都存在劳动分工[5]，这种分工确定了每个国家在世界体系中的位置。如此，世界体系便成为一个有着单一劳动分工和多元文化的实体。[6] 分工在体系内不是平均的，它是某些群体和国家剥削其他群体和国家的基础，使得前者获得更多的剩余价值。根据在这个分工体系中的地位，依附理论把国家分为核心国家和边缘国家两类，而沃勒斯坦在其间增加了一个新的类型，将国家划分为三类。等级最高的是核心国家（也译为中心国家），以生产和出口高科技产品为主。它们拥有发达的城市、繁荣的制造业、技术先进的农业、熟练的高工资劳动力和高投资。[7]

等级最低的是边缘国家（也译为边陲国家），以生产和出口农矿初级产品为主。在地理上，它们是核心国家的延伸；在劳动分工上，它们是世界分工体系的一部分，其商品对日常所需不可或缺。[8] 这些国家的城市逐渐败落、技术落后、为降低生产成本而压迫劳动力，劳动力缺乏技能，由于出口产品的价格较低而进口产品的价格较高，所以资本非但没有积累，反而流向核心国家。一开始，核心国家与边缘国家的差距不大，但双方出口产品的价格差使得这一差距日益扩大，不平等发展于是成为资本主义的基本

---

① Wallerstein, I. World-systems analysis [EB/OL]. [2020 - 04 - 10]. https://dio.org/10.1177/2056846013114.

② [美]伊曼纽尔·沃勒斯坦. 现代世界体系(第一卷)[M]. 郭方，刘新成，张文刚，译. 北京：社会科学文献出版社，2013：349.

③ Straussfogel, D. A Systems Perspective on World-Systems Theory [J]. Journal of Geography, 1997, 96 (2): 119 - 126.

④ Straussfogel, D. A Systems Perspective on World-Systems Theory [J]. Journal of Geography, 1997, 96 (2): 119 - 126.

⑤ Wallerstein, I. World-systems analysis [EB/OL]. [2020 - 04 - 10]. https://dio.org/10.1177/2056846013114.

⑥ 翟崑. 超越边缘化：世界体系论下的东盟共同体[J]. 人民论坛·学术前沿，2016(9)：33—43.

⑦ Chirot, D, Hall, T. World-system theory [J]. Annual Review of Sociology, 1982, 8: 81 - 106.

⑧ [美]伊曼纽尔·沃勒斯坦. 现代世界体系(第一卷)[M]. 郭方，刘新成，张文刚，译. 北京：社会科学文献出版社，2013：360.

组成。

半边缘国家(也译为半边陲国家)介于前两者之间,以生产和出口轻工业产品为主,它是世界体系的黏合剂,可以转移边缘国家的愤怒和革命活动,而当核心国家中劳动力的工资上涨太快,它们又是投资的良好去处。所以沃勒斯坦说,没有半边缘国家,资本主义世界体系便无法运行。[1] 更重要的是,半边缘国家对核心国家而言,带有"边缘"的属性,而对于边缘国家而言,又带有"核心"的属性[2],因此有着向两极变动的可能。它既可能由核心国家退化而来,如17、18世纪的西班牙,也可能由边缘国家上升而至,如20世纪八九十年代的日本,从而体现了一个拓展着的世界体系不断变化的特性。[3] 世界体系中三类国家的结构基本稳定,但每一类国家的具体组成可以改变。这就为欠发达国家和发展中国家的崛起以及发达国家的衰退提供了理论上的依据。

经济虽然决定了世界体系中各部分的基本关系,但政治和文化因素亦不可或缺,其中政治安排可以固化世界体系,文化则对世界体系的稳定起到黏合作用。[4] 在核心国家中,可能有一个国家明显比其他强国更强,这个国家被沃勒斯坦称为"霸权国家"。当然,也有一些世界体系中不存在霸权国家,"多个强国处于一种'力量平衡'状态"[5]。霸权国家能够将自己的规则强加给其他国家甚至整个世界体系,通过政治压力,给予自己或者受自己保护的企业某种特殊的待遇[6],从而同时获得经济、政治和文化方面的优势,并使得同一世界体系内的国家间呈现出某种制度上的同质性和结构上的等级性。[7] 霸权国家的存在是资本主义世界体系稳定和扩张的必要条件[8],因为它利用自己在制度上的话语权,在更大的范围内促成国际合作。

霸权国家会不断更迭,因为它需要盟国足够强大,从而获得市场并控制敌对势力,

---

① Chirot, D, Hall, T. World-system theory [J]. Annual Review of Sociology, 1982, 8: 81-106.

② 张建新. 大国崛起与世界体系变革——世界体系理论的视角[J]. 国际观察, 2011(2): 37—44.

③ [美]伊曼纽尔·沃勒斯坦. 现代世界体系(第一卷)[M]. 郭方,刘新成,张文刚,译. 北京:社会科学文献出版社, 2013: 349.

④ 翟崑. 超越边缘化:世界体系论下的东盟共同体[J]. 人民论坛·学术前沿, 2016(9): 33—43.

⑤ [美]伊曼纽尔·沃勒斯坦. 现代世界体系(第二卷)[M]. 郭方,刘新成,张文刚,译. 北京:社会科学文献出版社, 2013: 11.

⑥ [美]伊曼纽尔·沃勒斯坦. 现代世界体系(第二卷)[M]. 郭方,刘新成,张文刚,译. 北京:社会科学文献出版社, 2013: 11.

⑦ 王生升,李帮喜. 是周期性更迭还是历史性超越?——从世界体系变迁透视"一带一路"的历史定位[J]. 开放时代, 2017(2): 82—94.

⑧ 付宇珩,李一平. 资本主义世界体系结构性危机中的"一带一路"倡议——基于亚洲秩序变迁与中国现代国家构建经验的反思[J]. 当代亚太, 2017(4): 4—38, 152—153.

而这必然促使盟国经济的发展，使霸权国家的经济优势逐渐消退[①]，并使盟国不太愿意继续接受霸权国家的领导。[②] 然而，霸权的消退是缓慢的，霸权国家的经济力量虽然逐渐减弱，但仍可以在政治和文化领域享有不菲的影响力。乔万尼·阿里吉(Giovanni Arrighi)将霸权国家在经历霸权信号危机之后仍能享受一定程度财富和权力积累的时期称为"流金岁月"。流金岁月无法解决现有世界体系中存在的矛盾，反而会加剧这种矛盾，最终超出霸权国家能够控制的程度。[③]

人类历史上存在过三个霸权国家：17 世纪中叶的荷兰、19 世纪中叶的英国和 20 世纪中叶的美国。[④] 美国在南北战争后从边缘国家跃升为半边缘国家，第一次世界大战后成为核心国家，第二次世界大战后成为霸权国家。[⑤] 如今，世界体系正处在美国经济霸权的消退阶段，但美国的意识形态、文化和政治制度仍然在全球文化中占据主流[⑥]，科技和军事实力仍然独占鳌头。

世界体系理论强调国家在体系中角色的长期而缓慢的演化：核心国家(包括霸权国家)会衰退，一些边缘国家会迎头赶上(如南北战争以来的美国)，半边缘国家也有着向两头演变的可能。事实上，荷兰、英国和美国在成为霸权国家之前，都曾处于半边缘和边缘的位置。[⑦]

创新在世界体系的演化中至关重要。沃勒斯坦在《现代世界体系(第一卷)》中写道，"财路畅通之际就是开拓精神受人冷落之时"[⑧]，"总是追逐野兔的猎犬才能成为头等的猎犬"[⑨]。当核心国家日积月累的经济回报将其锚定在固有的技术、制度和地域中

---

① [美]伊曼纽尔·沃勒斯坦. 现代世界体系(第二卷)[M]. 郭方，刘新成，张文刚，译. 北京：社会科学文献出版社，2013：12.

② 伊曼纽尔·沃勒斯坦. 世界体系的结构性危机：我们将何去何从？[J]. 刘海霞，译. 国外理论动态，2011(9)：24—28.

③ [意]乔万尼·阿里吉. 亚当·斯密在北京：21 世纪的谱系[M]. 路爱国，黄平，许安结，译. 北京：社会科学文献出版社，2009：233.

④ [美]伊曼纽尔·沃勒斯坦. 世界体系的结构性危机：我们将何去何从？[J]. 刘海霞，译. 国外理论动态，2011(9)：24—28.

⑤ 张建新. 大国崛起与世界体系变革——世界体系理论的视角[J]. 国际观察，2011(2)：37—44.

⑥ 张建新. 大国崛起与世界体系变革——世界体系理论的视角[J]. 国际观察，2011(2)：37—44.

⑦ Chase-Dunn, C. Comparing world-systems: Toward a theory of semiperipheral development [J]. Comparative Civilizations Review, 1988, (19): 29 - 66.

⑧ [美]伊曼纽尔·沃勒斯坦. 现代世界体系(第一卷)[M]. 郭方，刘新成，张文刚，译. 北京：社会科学文献出版社，2013：193.

⑨ [美]伊曼纽尔·沃勒斯坦. 现代世界体系(第一卷)[M]. 郭方，刘新成，张文刚，译. 北京：社会科学文献出版社，2013：350.

时，过去成功的行为限制了对未来的选择，"路径依赖"(path dependence)便产生了。① 半边缘国家是新思想的诞生地，是社会、组织和技术革新的肥沃土壤，因为它结合了核心和边缘国家的特征，可以改变旧有的生产方式，形成新的统治阶级。② 在世界体系漫长的发展过程中，不断上演着核心国家的转移，20 世纪七八十年代英美的经济危机和"亚洲四小龙"的崛起便是其中的一个例证。

诚然，经济力量不是决定一个国家在世界体系中位置的全部。也正因如此，核心国家不会很快沦为半边缘国家。不过，新兴国家的崛起使得核心和半边缘国家的构成更为多元，西方国家不再能够垄断世界体系中的大国座席③，"霸权国家"很可能成为一个历史概念。即便是在美国快速发展和称霸世界的时代，"不结盟运动"的开展、77 国集团、15 国集团和石油输出国组织的成立等，都表明边缘和半边缘国家有能力团结起来，迫使核心国家让步。④

核心国家的相对迟滞发展、新兴国家的群体性崛起以及一些强有力的国际组织(如联合国及其下属机构、世界银行、经济合作与发展组织、欧盟)的介入，使得今天的世界体系呈现出明显的多极化趋势。虽然有学者认为世界多极化仅仅初具雏形⑤，也有学者指出，世界上唯有中国在不停缩小与美国的差距，所以"多极"格局的说法并不准确⑥，但沃勒斯坦在论述美国经济衰落的时候断言："这种经济衰落的后果并不表现在世界终有一天会变成一个多极世界，因为世界已经是多极的。"⑦一种网络式的世界体系新格局正在形成。正如慕尼黑安全会议基金会在 2017 年 2 月发表的年度报告《后真相、后西方、后秩序？》中所言，核心国家主导的世界秩序正走向终结，半边缘和边缘国家开始参与构建世界事务。⑧ 已有研究发现，竞争优势不再仅为任何一个国家所

---

① Cortright, J. New growth theory, technology and learning: A practitioners guide [EB/OL]. [2020-03-05]. http://citeseerx.ist.psu.edu/viewdoc/download;jsessionid=37E739D4F6924EAA9B0D9BFED053CCFA?doi=10.1.1.195.2364&rep=rep1&type=pdf.

② Chase-Dunn, C. Comparing world-systems: Toward a theory of semiperipheral development [J]. Comparative Civilizations Review, 1988,(19): 29-66.

③ 张建新. 大国崛起与世界体系变革——世界体系理论的视角[J]. 国际观察，2011(2): 37—44.

④ 徐泽民. 发展社会学理论：评介、创新与应用[M]. 北京：中国人民大学出版社，2014: 11—12.

⑤ 张建新. 大国崛起与世界体系变革——世界体系理论的视角[J]. 国际观察，2011(2): 37—44.

⑥ 邵峰. 2030 年的国际社会[EB/OL]. (2017-07-13)[2020-03-27]. http://iwep.cssn.cn/xscg/xscg_lwybg/201707/W020170717723183505319.pdf.

⑦ 路爱国，伊曼纽尔·沃勒斯坦. 世界体系的结构性危机与世界的未来[J]. 世界经济与政治，2005,(4): 7—10.

⑧ 邵峰. 2030 年的国际社会[EB/OL]. (2017-07-13)[2020-03-27]. http://iwep.cssn.cn/xscg/xscg_lwybg/201707/W020170717723183505319.pdf.

独有，而是分散在不同的国家，每个国家都有可能产生未来在全球流行的新思想和新产品。① 所以，核心国家的发展模式远非唯一正确的典范，一方面，采取相同发展路径的国家可能迎来截然不同的结果；另一方面，半边缘和边缘国家的成功经验也可以供其他国家借鉴。②

持世界体系理论的研究者们认为，美国霸权衰落后的世界体系虽然可能出现多中心的多极化格局，但毋庸置疑，中国将是其中的重要一极，它将与其他新兴国家一起，支撑起一个新的世界体系。1949 年，新成立的中国显然处于世界体系的最边缘。③ 1978 年之后，中国在不断的改革和对外开放中实现经济发展，由此越来越深地参与到世界体系中④，并在"被全球化""被分工"的进程中逐步发展成为半边缘国家。今天，中国的产业正从劳动密集型向资本和技术密集型转型，中国参与世界市场分配的方式日益多元。作为世界第一大工业国、出口国、外汇储备国和第二大经济体⑤，中国带领其他新兴国家从半边缘走向核心的巨大潜力日益凸显。⑥ 有研究者收集了中美人均实际国内生产总值(GDP)、人口、存款、投资价格、汇率、平均受教育年限等数据，运用新古典增长模型进行计算，结果发现，中国经济将在 2024 年超过美国。⑦ 还有研究者指出，如同核心国家不断伸长其触角，将更多的国家纳入世界体系那样，以中国为核心的亚洲的地缘范围也在不断延伸。随着中国与周边国家产业链的增强，以及亚洲区域经济一体化程度的不断提升，亚洲的地缘经济范围已经从传统的中亚、东亚、南亚、东南亚和西亚 5 个区域，拓展至太平洋国家。⑧ 可以说，以中国为首的亚洲的影响范围正在不断扩大。

---

① Narula, R, Zanfei, A. Globalization of innovation: The role of multinational enterprises [M]// Fagerberg, J., Mowery, D., Nelson, R. The Oxford Handbook of Innovation. Oxford: Oxford University Press, 2003: 318 - 345.

② 徐泽民. 发展社会学理论：评介、创新与应用[M]. 北京：中国人民大学出版社，2014：83—92.

③ 韦定广. 创造与贡献：世界体系视域中的"中国道路"[J]. 社会科学，2010(6)：12—19.

④ 王生升，李帮喜. 是周期性更迭还是历史性超越？——从世界体系变迁透视"一带一路"的历史定位[J]. 开放时代，2017(2)：82—94.

⑤ 周银珍. "人类命运共同体"理论指导下的中国国际话语权重塑研究[J]. 云南民族大学学报(哲学社会科学版)，2018，35(3)：22—30.

⑥ 张建新. 大国崛起与世界体系变革——世界体系理论的视角[J]. 国际观察，2011(2)：37—44.

⑦ Luckstead, J, Choi, S, Devadoss, S, et al. China's catch-up to the US economy: Decomposing TFP through investment-specific technology and human capital [J]. Applied Economics, 2014, 46(32): 3995 - 4007.

⑧ 徐晏卓. 变动中的亚洲秩序与中国影响力分析[J]. 上海交通大学学报(哲学社会科学版)，2017，25(3)：34—43.

一些研究世界体系的学者甚至断言，世界体系的核心从来就不是欧洲（以及美国），而一直是东亚（特别是中国）。例如，《白银世界》的作者安德烈·冈德·弗兰克（André Gunder Frank）就认为，中国早在宋朝时期就居于世界经济体系的核心，当时的欧洲仅处在这个体系的边缘。直到19世纪初，欧洲也没有成为一个足以挑战亚洲的经济体。只是在那之后，世界体系的领导权才从亚洲转移到欧洲，20世纪又转移到了美国。21世纪，世界体系的领导权将再次转移到亚洲。弗兰克写道："全球范围的世界经济体系没有单一中心，至多有一个多中心等级结构，中国很可能处于这个结构的顶端。"①

如前所述，经济虽然是世界体系的根本，但政治和文化是联系世界体系的纽带，三者不可或缺。霸权国家的"软实力"不会即刻消失，强劲的经济发展势头也未必能让一个国家想当然地居于世界的核心。虽然亚洲及其他地区的新兴和发展中国家乐于从中国的贷款和投资中获益，但在政治和文化等非经济领域，它们更愿意与美国等核心国家合作。要成为世界的核心，中国不仅需要考虑发展的数量，还要考虑发展的质量②以及相关的制度设计，将中国的发展理念与政策转变成"世界语言"③。

近十年来，打造融通中外的新概念、新范畴和新表述，努力提高国际话语权④得到我国政府的高度重视。在经济领域，中国正通过主动发起建立亚洲基础设施投资银行和金砖国家新开发银行等国际政府间组织，传播中国经济发展的经验。这些经验不仅集中体现了基础设施建设和工业制造能力在中国经济发展中的促进作用，更能反映新兴国家和发展中国家的诉求，而且展示了中国平等互利、自主发展的外交理念，从而在一定程度上改造了现有的国际经济和金融秩序。在政治领域，中国也正积极通过各种国际政府间组织，宣传自己的全球治理理念和发展经验。例如，2016年中国首次担任20国集团轮值主席国。在20国集团领导人杭州峰会上，中国将"构建创新、活力、联动、包容的世界经济"设为峰会主题。2017年3月，联合国人权理事会第34次会议通过关于"经济、社会、文化权利"和"粮食权"两个决议，"构建人类命运共同体"的理念首次被写入联合国人权理事会决议。一年之后，联合国人权理事会又通过了中国提出的

---

① 转引自：吴苑华. 重归以中国为中心的新世界体系：弗兰克的"世界体系"论辨析[J]. 马克思主义研究，2012(5)：105—110.

② 邵峰. 2030年的国际社会[EB/OL]. (2017-07-13)[2020-03-27]. http://iwep.cssn.cn/xscg/xscg_lwybg/201707/W020170717723183505319.pdf.

③ 张贵洪. "引领性参与"：中国与国际组织关系亟待转型[N]. 中国社会科学报，2017-08-10(004).

④ 韩庆祥，陈远章. 以中国元素的凸显提升国际话语权[J]. 求是，2015(1)：64.

“在人权领域促进合作共赢”决议，构建相互尊重、公平正义、合作共赢的新型国际关系，以及构建人类命运共同体的重大理念被同时纳入联合国决议，为全球治理提供了中国智慧和中国方案。

世界体系理论自提出之后，就以它宏大的历史叙事和理论视角，吸引了大批的追随者，并被广泛运用于各类社会科学研究。20 世纪 80 年代，包括菲利普·阿特巴赫(Philip Altbach)、盖尔·凯利(Gail Kelly)、罗伯特·阿诺夫(Robert Arnove)、菲利普·库姆斯(Philip Coombs)等在内的学者开始将世界体系理论引入比较教育领域。[①] 他们采纳该理论以“世界”为分析单位的方法，呼吁将一个国家的教育置于世界之中，更多关注教育的“全球维度”。他们指出，虽然教育的扩张和改革发生在国界之内，但国家的发展和国与国之间的竞争却发生在国际舞台上。当一个国家的经济发展政策随着它在世界市场上的角色而变化时，便可以考察该国知识生产与传播的变化。同时，他们呼吁谨防核心国家(及其主导的国际组织)的教育霸权，提醒说核心国家提供的教育药方很可能对边缘和半边缘国家造成危害。罗伯特·阿诺夫在其论文《比较教育与世界体系分析》中列举了以下证据[②]：在印度，美国和世界银行倡导的非正规教育被用来论证区别对待边缘人群的合理性，以“非正规教育”为名，教育部门宣称没有必要为农村修建校舍或派送合格教师。在牙买加，世界银行资助的初中学校改革使得初中变成了驯化缺乏技术的工人阶级的场所。在非洲，大学不教授当地的语言、音乐和民俗文化，而是传播欧洲的文化产品，其培养出来的精英有着与核心国家相似的审美和生活品味，购买的是跨国公司生产的奢侈品。

2007 年，我国教育学者徐辉在《比较教育研究》杂志上发表论文《论比较教育视野下的世界体系分析》，是我国为数不多的从世界体系理论出发阐述比较教育未来发展的论文。与国外的比较教育学者们一样，徐辉赞同超越以单一国家为对象的研究模式，认为世界体系理论为比较教育研究提供了新的理论支撑和独特的研究方法。他特别关注在世界劳动分工中占据不同位置的国家间的教育不平等和教育霸权现象，以及不发达国家面对的教育问题，希望借助世界体系的视角，理解不同类型国家的教育改革与发展。[③]

---

① 徐辉. 论比较教育视野下的世界体系分析[J]. 比较教育研究，2007(8)：11—16.

② Arnove, R. Comparative education and world-systems analysis [J]. Comparative Education Review, 1980, 24(1): 48-62.

③ 徐辉. 论比较教育视野下的世界体系分析[J]. 比较教育研究，2007(8)：11—16.

总体而言，世界体系理论虽然在20世纪80年代被引入比较教育的研究范围，但无论在国外还是在我国，相关的著述较为罕见，世界体系理论一直处在教育研究的边缘，面临着被遗忘的危险。与此同时，教育国际化和全球化的进程自20世纪80年代以来虽然时有起伏，但一直没有消退，无论从人员跨国流动规模的扩大以及类型和形式的多样化，还是教育跨国供给形式的创新以及与本土教育的多元融合上，国与国之间的教育交流与合作都在不断拓展与加深。与此同时，经合组织、欧盟、世界银行、联合国教科文组织等国际组织在教育政策的制定中扮演着越来越重要的角色，其设计的教育指标和测评工具以及"以证据为基础"的政策文化，对各国的教育改革带来了重大影响。[①] 今天，一国的教育更多地与周边以及周边之外的其他国家联系在一起，教育政策的制定更多地依靠或借鉴国家之外的力量。它们不仅需要了解和借鉴其他国家的教育政策、经验与趋势，而且需要在与其他国家的对比中，增强自身教育体系的透明度和国际可比性，从而在国际合作与竞争中占据有利地位。可以说，从"世界"的角度分析教育的需求从来没有像今天这样迫切，世界体系理论在教育中的用武之地从来没有像今天这样广阔。

现有的在教育中运用世界体系理论的论著明确指出了该理论在教育研究中的适切性和重要性，但这些论著基本上是理论性的，没有具体说明如何系统考察世界体系的特性及其对国家教育政策的影响，以及如何在一个体系中对不同国家的教育进行比较，也没有就某个国家或某个教育问题开展实证研究，因而无法为后来的学者提供范例。更重要的是，这些论著虽然认识到了以世界为分析单位的重要性，却在很大程度上忽略了世界体系理论中其他重要的论点，如国家在世界体系中地位的周期性变动，主流体系衰退的长期性和新兴体系崛起的艰难性，以及多中心的必然性。这些论点提醒我们，中国和美国等世界发达国家之间的差距——包括教育方面的差距——正在缩小，中国正在从单向学习其他国家的教育政策与实践，转变为与其他国家和国际组织之间开展双向的教育交流与合作，中国的教育制度正与英美等传统发达国家以及经合组织和欧盟等在教育改革方面扮演领导角色的国际组织一起，成为全球多元化教育政策选择中的一项，为世界——特别是新兴国家和发展中国家——提供教育问题的解决方案。不过，中国教育制度要想在世界上获得更多的认可和接纳，需要教育研究者付

---

① Morgan，C，Shahjahan，R. The legitimation of OECD's global educational governance：Examining PISA and AHELO test production [J]. Comparative Education，2014，50(2)：192 - 205.

出艰辛的努力，在对接中外教育学术话语的同时，创造符合我国教育理念与特色的概念和理论，形成具有中国特色的教育制度知识体系，从而讲好中国教育的故事，在世界教育知识的创造和传播中作出贡献。

我国在更深、更广地参与OECD、世界银行教育活动的过程中，通过学习、借鉴他人的先进理论、实践和技术，迅速从由边缘和半边缘国家组成的学习者队伍中脱颖而出，成为边缘和半边缘国家的排头兵，甚至还在不少维度上超越了核心国家，成为他人学习、借鉴的对象。

不过，需要强调的是，我国引起世界广泛关注的是基础教育阶段的教育实践，在教育研究领域，我国对核心国家的知识和文化依附依然没有明显的改观，我国的教育者还没有像经济和外交领域的学者那样，创造出源于中国实践、得到世界认同的概念和理论。此外，世界体系理论和技术追赶理论都论证了"多中心"的存在，前者还强调霸权国家在"流金岁月"中仍然可以享受制度和文化方面残存的优势，使得这些国家能够和脱颖而出的新兴国家一起，成为"多中心"中的一员。教育领域也不例外。今天，我们明显看到了不同国家植根于自身历史和社会发展的多样化的教育体系和教育实践，看到了在联合国教科文组织和世界银行等传统在教育领域拥有重要发言权的国际组织之外，OECD和欧盟等国际和地区组织正在教育标准和政策制定方面扮演越来越重要的角色。我国教育研究者在立足中国实践，发现新的教育概念和理论的同时，仍然需要不断向其他国家和国际组织学习，避免为自身惯常的思维和行动所困，陷入"创新停滞"的泥潭。

三、研究目的与意义

21世纪第一、第二个十年国际上中国教育研究的兴起与趋向反映出中国全面崛起及中国迈向世界中心，融入"世界结构"并重构世界结构之后，引起的全球对于中国教育政策、实践和研究的全面关注和重视。

可以说，中国国际地位的提升带来了中国教育研究角色和地位的转变。中国教育研究进入"世界结构"之中，并将重构世界教育学术知识和话语结构，贡献中国的道路、模式和经验，本土和国际中国教育研究和国际合作进入前所未有的新的历史时期。中国教育研究国际影响力的整体图景和变化趋向、影响因素、形成机制以及所带来的学术、政策和实践意义，应当引起学术界去深入考察、构建、分析、评价和反思。

(一) 研究目的

1. 拓展中国教育在全球教育发展中的作用和地位的学术理路

本书将从国际、国内和国际合作三个维度分析和研究中国教育研究的视角、领域、重点、方向和趋势等，整合和拓展不同的研究角度，以构筑中国教育研究的国际影响力研究体系。已有研究的广度与深度均不尽如人意，在国际合作中的中国教育研究还尚待开展，而国内外实践发展和政策推进亟待学术研究作出回应和引领。学术上，将中国教育研究的国际影响力作为考察对象，从知识社会学角度辨析全球教育学术体系建构过程之中的中国教育研究话语体系与多元主体之间的关系。本书将要加强的研究领域包括以下三个方面：第一，在本土中国教育研究、国际发表和本土外文期刊所关注的领域和具体内容及其产生的国际影响力，以及国际中国教育研究的关注领域及其走向、国际中国教育研究的重要成果与影响；第二，国际中国教育研究的影响及其反思；第三，在国际重大教育研究项目及政府间合作中的中国教育研究及其影响，包括参与国际重大教育项目及其成果的影响，政府间合作中的研究成果及其影响，中国教育研究在国际合作中的走向趋势和相关成果在中国教育理论、实践及政策层面的反哺等方面，突破已有研究在研究方法和研究视角上的不足，以便更为深入而全面地评价国际中国教育研究及其影响力，由此审视并思考中国教育研究的内涵、价值和话语，以及中国教育研究在国际教育舞台上的作用和地位。

2. 丰富和充实中国教育研究及其学科建设的研究内容

中国教育研究的国际影响力研究作为中国教育研究的一个重要方面，应该是各相关因素的集中体现。它以中国教育研究为出发点，受到中外各方面研究的影响和制约，而最终又以中国教育为落脚点，反哺和促进中国教育研究。中国教育研究的国际影响力研究不仅促进中国教育研究在国际上发挥应有的作用，同时也为进一步推进中国教育研究提供发展动力和创新源泉。国际上发表的有关中国教育的研究成果不仅仅是国际社会了解中国教育的媒介和渠道，同时也是中国审视自身教育状况、反思自身教育问题的一面镜子，不仅可以为中国的教育研究提供多样化的视角，同时也为中国教育研究成果更好地走向世界提供借鉴和帮助。

3. 提供基于实证的方法论与评估体系

为了更全面地反映中国教育研究国际影响力的概貌，本书运用计量分析方法、信息可视化分析和知识图谱绘制等量化方法，对有关中国教育研究的学术论文数量、发表时间、研究领域、研究方法、出版期刊、引用与被引、参与研究国家和研究机构、科研人员，以及中外合作研究的类型等诸多方面开展分类检索筛选统计的分析与研究，同时还将运用质性研究方法展开研究内容分析和访谈等，从国内外专家学者的研究观点、热点领域、经典文献、权威人物、研究趋势和重要国际会议、学术组织及获奖等研究视角进行深入探讨与挖掘，在兼顾国际学术标准与我国学术标准的基础上，进行更为科学和规范的实证研究。在此基础上形成以实证为基础的中国教育研究的国际影响力评估体系，以便为国内外对中国教育实践和研究感兴趣的人们提供基本的数据资料和研究思路，也为以后开展相关研究提供基于实证的方法论与评估体系。

（二）研究意义

开展中国教育研究国际影响力研究的意义就在于，揭示在全球教育文化频繁接触的历史条件下中国是如何依据自己的理解来建构教育事业的。国际上有关中国教育的研究把中国的教育呈现在世界面前，同时也可以使国人更好地理解自身的教育，并为中国的教育发展提供反馈和借鉴。因此，了解和呈现中国教育研究的国际影响力，分析国际上研究中国教育研究的视角、领域、趋势，以及我国教育研究重点、方向、视角和趋势的国际关注，是非常需要和必要的。尤其是在21世纪开始参与中国教育研究的国家和研究机构日益增多，广泛的国际合作趋势已经呈现。这不仅说明中国教育日益受到国际社会的关注，也说明在世界范围的教育实践和教育研究的合作已经成为中国教育研究与发展的必然趋势。中国教育研究必将扩大其研究领域，而融入全球意识的跨文化、跨学科的研究观念和方法，中国教育研究的内涵与价值才能得以拓展和张扬，从而富有建设性。中国教育学者在对国际中国教育研究加以关注的同时，也必将思考和审视中国在国际教育舞台上的作用和地位。显然，我们的研究目的并不止于建构多元和适应全球化的中国教育学术体系，而更注重提升中国教育与全球教育发展之间的必要张力，以期拓展中国教育在全球教育发展中的空间和作用。

为此，需要从全球视野考察中国教育发展、教育研究的国际化程度、本土化特征及其存在的问题。首先，强调全球化背景下中国教育研究存在国际化与本土化之间的张力，提升人文社会科学包括教育科学研究成果的国际可见度，充分挖掘与尊重中国悠久的历史文化传统及本土丰富的教育实践财富。在研究范式、研究视角、理论基础和研究方法上推进自主创新和本土自觉，一方面加强中国教育研究的认同感，本土文化、历史和实践的相关性，形成独创和自主的教育研究体系，另一方面遵从国际规范，加强平等对话，提升在国际学术体系的话语权和影响力。我国丰富的历史文化积累和教育智慧具有为国际社会科学研究作出重要贡献的巨大潜力，无论是西方著名的中国研究学者如裴宜理(Elizabeth J. Perry)，还是著名的国际中国教育学者如许美德都已指出这一点。在这一背景下，一方面，国际上关于中国教育的研究可以影响国际上教育研究主流；另一方面，随着中国教育研究的声音和话语体系走向世界，中国本土的教育研究将给世界教育研究提供视野、方法和理论思想参照，为世界教育的知识体系贡献我们的智慧和实践路径。

伴随着中国在经济、政治、文化各方面在世界领域的影响力不断增强，中国教育同国际社会发生了千丝万缕的联系，全球化视野下的教育研究也随之展开。国内外的教育研究者纷纷从全球化、国际化的背景与视角来研究和审视中国的教育，中国教育研究的国际影响力应该也正在成为中国教育研究的重要方面。

第二章

中国教育研究的国际发表概貌、特征与学术影响力

进入 21 世纪，中国教育的国际研究呈快速增长态势，本章全面考察新世纪海外以英文为语言载体的中国教育研究成果，首先利用计量统计方法，勾勒出其研究概貌并对其整体特征加以分析，进而进行研究内容的文本分析和话语分析，从研究议题和学术观点上评述研究的焦点和走向。

本章旨在回答以下问题：国际上有哪些中国教育研究？这些研究呈现何种特征？国际中国教育研究呈现哪些研究主题、领域、话语、观点与发展趋势？国际中国教育研究影响力有哪些作用机制？国际中国教育研究影响力有哪些表现形式？如何评价和认识国际中国教育研究的影响力？

关于国际中国教育研究的研究，切入的视角是研究的影响力。而影响力是指国际中国教育研究对于不同主体、不同对象，在不同维度和范围内产生作用和形成影响的程度以及影响所带来的变化和意义。从影响力属性来看，学术和研究影响力具有长期性、内隐性、综合性、辐射集中与弥散性特点。从影响力的主体和方向来看，影响的作用方向不是单向而是双向的，因此需要从关系的视角考察研究影响力的主体间性。以往研究侧重从定量的角度，采用计量统计、可视化、社会网络等方法来考察研究的影响力，而要突破以往研究将国内教育研究界和国际教育研究界割裂开来考察的局限，应从国内教育研究界和国际中国教育研究界的相互关系和作用、影响的角度来审视中国教育研究在全球教育知识体系中的地位、话语和权力关系。自中国教育学发轫以来，无论是西学东渐，还是东学西渐，抑或是互相借鉴与吸纳，共同发展，都需要将中国教育研究置于与国际中国教育研究界互动的视角之中去考察与评价。尽管国际中国教育研究在全球教育学术话语体系中的地位尚处于逐步显现之中，但我们仍需要突破以往研究单维度和单向度考察国际中国教育研究及其影响的局限。国际中国教育研究及其影响是不同主体在相互作用过程中随着全球知识体系演变而不断发展的过程，其特征与要素既嵌入世界知识体系的结构之中，也受到不同主体能动建构的影响。全球知识体系的结构性框架形塑了主体的行为，主体也建构了中国教育研究及其影响力。

以往研究偏重采用实证的方法，侧重结构性特点，而忽视主体间性和建构性与动态发展的复杂性。而要考察影响力的建构性和主体间性，唯有结合解释主义的方法，用质性的案例研究、事件分析、内容分析和文本分析法。而目前的研究仍然对于这些重要议题缺乏深入的回应和系统的研究，出现国际上的关注集中且热烈与国内的回应和研究薄弱且冷淡的不对称状态。

学术成果的国际发表是中国教育研究"走出去"战略的重要方面，因而也被视为衡量中国教育研究国际影响力的重要指标。① 进入 21 世纪以来，国际期刊上发表的中国教育研究成果数量已达到了一个新水平。然而，研究成果在国际期刊的显示度却并不等同于国际影响力。后者的衡定还需要看研究成果对现有知识体系的推进程度和贡献力。中国教育研究距其真正成为参与世界教育知识体系的建构者仍有较大差距。② 因此有必要从多方面对现阶段中国教育研究的国际发表概貌和特征进行分析，以探明未来发展方向。本节选取 2000—2018 年间科学引文数据库核心合集 Web of Science(WoS)中 SSCI 期刊上发表的中国教育研究的论文为研究对象，采用文献计量学方法和引文空间图谱(CiteSpace)考察中国教育研究的国际发表概貌，再从多个角度对发文特征进行深入分析，并重点探讨本土教育研究在国际知识体系中的地位和未来发展方向。

第一节　中国教育研究国际发表的时间、空间分布情况

一、数据来源及检索方式

本节选取 WoS 中的 EDUCATION EDUCATIONAL RESEARCH 和 EDUCATION SPECIAL 这两大类的教育研究进行分析。数据库检索分为两步，首先将主题词限定

① 姚云，康瑜. 中国教育科研成果如何走向世界——基于对 SSCI 数据库分析的启示[J]. 比较教育研究，2007，28(1)：43—48.

② 李梅，丁钢，张民选，杨锐，徐阳. 中国教育研究国际影响力的反思与前瞻[J]. 教育研究，2018，39(3)：12—19，34.

为“中国”，包括“中国”(China、Chinese)及中国的代称(sino*)，全国所有的省、省会名称以及一些代表中国教育的特定词汇如“书院”(shuyuan)、“儒家”(confuci*、kongfuzi)等，得到的是全球学者在国际学术期刊上发表的中国教育研究成果的数据库，即中国教育研究的全球库(简称“全球库”)。接着，为了进一步分析本土学者对中国教育研究国际发表的贡献力，我们在全球库的基础上将作者所属国家限定为“中国”且地址限定为中国大陆地区各城市名称，由此得到本土学者在国际上发表的中国教育研究成果的数据库(简称“本土库”)。需要指出的是，这里不是针对第一作者作出限定，因此凡为本土作者主持或参与的、合作的均为命中结果，包括本土作者与境外研究人员、研究机构的合作成果。数据检索覆盖的时间范围均始自 2000 年，截至 2018 年 9 月初。全球库中共有 5 592 条记录，本土库有 1 256 条记录。

二、 年度发表情况分析

表 2-1 和图 2-1 呈现的是全球库和本土库各个年份的统计情况，以及本土库在全球库所占的比例。

表 2-1　中国教育研究全球库和本土库的年度统计表

年份	中国教育研究全球库论文数	中国教育研究本土库论文数	本土库占全球库百分比(%)
2000	85	13	15.29
2001	79	10	12.66
2002	74	5	6.76
2003	93	9	9.68
2004	93	18	19.35
2005	136	23	16.91
2006	91	5	5.49
2007	163	24	14.72
2008	219	39	17.81
2009	304	57	18.75
2010	342	46	13.45

续 表

年份	中国教育研究全球库论文数	中国教育研究本土库论文数	本土库占全球库百分比(%)
2011	384	54	14.06
2012	439	77	17.54
2013	456	100	21.93
2014	476	85	17.86
2015	500	106	21.20
2016	582	146	25.09
2017	690	287	41.59
2018	386	152	39.38
总计	5 592	1 256	22.46

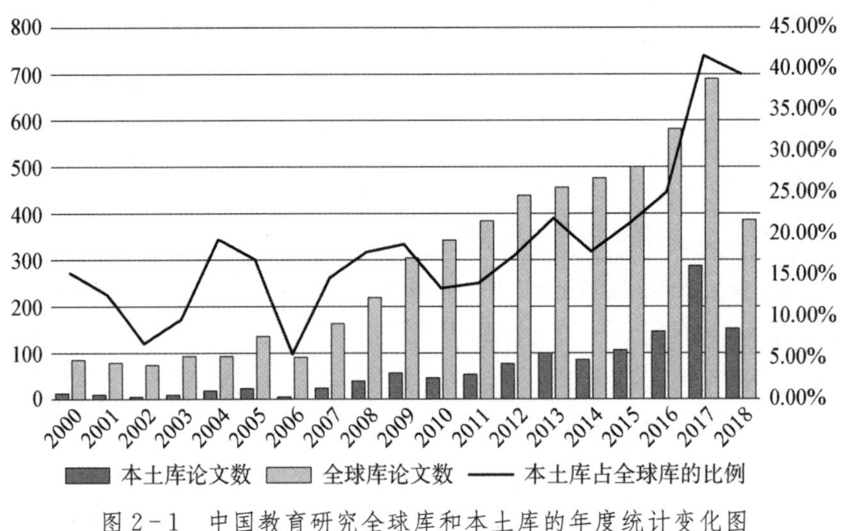

图 2-1　中国教育研究全球库和本土库的年度统计变化图

结合表 2-1 和图 2-1 可以看出，进入 21 世纪以来，SSCI 上发表的中国教育研究论文数量在不断增加，除了 2002 年与 2006 年数据有小幅下降外，自 2007 年开始上升态势趋于稳定；2018 年发表在 SSCI 上的中国教育研究总量已接近 2000 年的 5 倍。中国教育研究本土库的变化趋势与中国教育研究全球库类似，也呈现总体增长趋势。从总量上看，本土库占全球库的 22.64%。本土库在全球库的比重在 2016 年之前起伏较大，其均值不过 15.22%，与世纪初的基线水平(2000 年 15.29%)相当。而在 2016 年以后出现激增态势，至2018年9月已经达到39.38%，与2000年相比，本土学者参与发表比重提升了2至3倍。

可见，进入21世纪以来，中国教育研究在国际上的关注度增大，国际发表总量不断提高。尤其是最近几年来，中国学者在中国教育研究的国际发表上的参与度越来越高，成为推动中国教育研究走向国际学术界的重要力量。然而，在全球"教育研究"的整体视野中，关注"中国"的教育研究仍然只是一个小领域。2000年至2018年9月初，SSCI上发表的教育类研究的总量为123 547篇，而中国教育研究只有5 592篇。也就是说，在全球的教育研究论文总量中，实则只有4.53%的研究是在关注"中国教育"。因此可见，中国教育研究的国际发表虽然在绝对数量上在上升，而其在国际学术界中的地位还有待提升。

三、 发文群体的空间分布特征

为深入了解本土学者在国际发表中的贡献力，我们对发文机构与发文作者的空间分布特征以及发文作者在学术合作中的地位进行分析。

首先，我们考察中国教育研究发文群体的地区分布情况（见表2-2），发现中国内地、香港、澳门论文数合计居首位，其次是中国台湾地区，第三位是美国，第四位是澳大利亚，第五位是英国，其余各地区发文量则比较低，均未超过5%。中国内地、香港、澳门发文总量为2 528，对比表2-1中中国内地学者发文总量为1 256，可知内地学者发文量其实只占中国内地和港澳地区总发文量的一半，港澳地区虽地域狭小，在教育研究上却足以与广大的内地平分秋色。

表2-2　中国教育研究的国家/地区分布情况

序号	国家/地区	论文数	%of 5 592
1	中国内地、香港、澳门地区	2 528	45.21
2	中国台湾地区	1 502	26.86
3	美国	968	17.31
4	澳大利亚	392	7.01
5	英国	327	5.85

续 表

序号	国家/地区	论文数	%of 5 592
6	加拿大	198	3.54
7	新加坡	168	3.00
8	韩国	76	1.36
9	新西兰	56	1.00
10	土耳其	55	0.98

发文机构与发文作者的空间分布反映了中国教育研究的学术中心所在。如表2-3所呈现，全球库中发文量前十的机构中，中国内地只占一所，即排名第五的北京师范大学，我国香港地区占三所且位列前三，台湾地区占四所，澳门一所，还有一所是新加坡的南洋理工大学。可见，港台地区的学术机构是中国教育研究国际发表的主力。当然，对于学术机构来说，发文量高并不代表学术地位高，还要有稳定的学术研究队伍及代表性学者。接着我们再考察高产作者分布情况。在WoS提供的作者统计排名基础上，我们去除因姓名英文翻译缩写而导致的叠加计数①，最后得到了发文量前十的高产作者名单(见表2-4)。

表2-3 中国教育研究国际发表排名前十的学术机构

排名	机构	论文数	%of 5 592
1	香港教育大学②	498	8.91
2	香港大学	484	8.66
3	香港中文大学	340	6.08
4	台湾师范大学	238	4.26
5	北京师范大学	199	3.56
6	南洋理工大学	134	2.40

① 姓名英译之后会导致不同作者姓名的英文缩写相同，从而将不同作者的成果计算在同一位作者的名下。如署名为LI H的文章可能出自LI Hui、LI Hong和LI He三位作者。本研究在计算的时候对作者的全名进行了核查，以同一作者发表的文章篇数来排名。

② 该校原名香港教育学院(The Hong Kong Institute of Education)，2016年更名为香港教育大学(The Education University of Hong Kong)。此处统计的发文量包括以前后两种英文校名发表的文章。

续　表

排名	机构	论文数	%of 5592
7	台湾科技大学	118	2.11
8	台湾大学	105	1.88
9	台湾马偕医学院	88	1.57
9	澳门大学	88	1.57

表 2-4　中国教育研究国际发表排名前十的高产作者

序号	作者	主要署名机构	论文数	%of 5592
1	TSAI CC(Tsai, Chin-Chung)	台湾科技大学	112	2.00
2	LIN JD(Lin, Jin-Ding)	台湾马偕医学院	87	1.56
3	LIN LP(Lin, Lan-Ping)	台湾马偕医学院	52	0.93
4	HSU SW(Hsu, Shang-Wei)	亚洲大学	37	0.66
5	CHAN DW(Chan, David W)	香港中文大学	36	0.64
5	HO CSH(Ho, Connie Suk-Han)	香港大学	36	0.64
7	CHANG CY(Chang, Chun-Yen)	台湾师范大学	33	0.59
7	WU JL(Wu, Jia-Ling)	台湾智障人士研究中心	33	0.59
7	LIANG JC(Liang, Jyh-Chong)	台湾科技大学	33	0.59
10	YEN CF(Yen, Chia-Feng)	台湾马偕医学院	31	0.55

表 2-4 列入的 10 位高产作者均为港台地区学者，没有一位来自内地的学术机构。他们其实来自港台地区的三个学术研究中心，都从事交叉学科研究。以台湾科技大学的蔡今中(TSAI CC)为主，包括台湾师范大学的张俊彦(CHANG CY)和台湾科技大学的梁至中(LIANG JC)在内的研究团队主要研究科学教育；台湾马偕医学院的林金定(LIN JD)、林蓝萍(LIN LP)、严嘉枫(YEN CF)和台湾智障人士研究中心的 WU JL 的研究领域是特殊教育、医学康复教育；香港中文大学的陈伟德(CHAN DW)和香港大学的何淑娴(HO CSH)主要从事教育心理学研究。

综合来看，中国教育研究的国际发表的重镇在香港地区，内地的学术机构在国际发表的整体格局中相对边缘。虽然近些年本土学者在国际发表上的参与度不断上升，但是以本土学者牵头或主导的研究却较少。我们查看全球库 5592 篇论文的通讯作者会发现，通讯作者的机构标识为 PRChina 的文章共有 2 168 篇，除掉香港地区 1 184 篇，澳门地区 68 篇，则通讯作者为内地学者的论文实际只有 916 篇，占总体的 16.38%。而在引用次数最多的前 150 篇论文中，4 篇论文的通讯作者是内地学者。这表明内地学术机构国际发表量的增长较大依附于境外学术网络，内地学者在国际合作网络中的知识的原创性和自主性上亟待提高。

第二节　中国教育研究的国际高被引论文：主体及其影响

一、问题与方法

2000 年以来，中国教育研究走向世界的步伐加快，进程不断推进，国际发表不但在规模和数量上持续增长，而且论文的受关注程度和影响力日渐提升，从其下载量与被引量可见国际学界愈发关注和重视中国教育研究。但中国教育研究国际发文的学术影响力究竟如何，中国内地教育学者在中国研究走向世界中起着何种作用，其学术成果在国际教育学知识体系中被同行参照程度怎样，学界对于这些问题一直缺乏深入系统的研究。已有研究要么偏重主观判断、理念阐发和推断，缺乏基于系统证据的客观分析，要么仅局限于关注教育学二级学科乃至其不同研究主题的国际发文及其影响，缺乏关于中国教育研究国际发文及其学术影响的整体分析，尚未对中国教育研究高被引英文论文进行不同区域和研究主体的比较分析，从而无从知晓中国内地、港台地区和国外的教育研究者在中国教育研究走向国际中的角色和作用。

在建立相关数据库的基础上，笔者进行高被引论文的被引情况数量分析、作者分析，辨析国际舞台上不同主体对于中国教育研究的贡献，知识生产中的合作关系，揭示中国大陆教育学者的角色和作用。本节主要考察以下问题：2000 年至 2018 年中国教育研究 SSCI 发文呈现什么样的变化趋势？高被引英文论文呈现何种特点？不同主体发表的中国教育研究高被引论文的学术影响力如何？中国内地教育学界在中国教育研究的国际知识生产中处于何种角色？

(一) 数据采集

学界对于学术影响力的分析主要是基于文献计量方法和同行评价方法。文献计量学是运用数学和统计学方法对科学活动产出(如论文数量、被引数量)和科学活动过程(如合作交流网络)进行定量分析,发现其科学活动规律的一门学科。①

本节基于课题组建立的两类数据库展开数据深度分析。首先是"中国教育研究的全球库"(简称"全球库",5 592 篇)、"中国教育研究的内地-香港-台湾三地库"(简称"中国三地库",3 963 篇)、"中国教育研究的大陆库"(简称"中国大陆库",1 256 篇)和"中国教育研究的国外库"(简称"国外库",1 646 篇)四个题录数据库。其次是基于四个数据库中被引次数居于前 150 位的高被引论文而建立的四个高被引论文数据库,分别是"中国教育研究高被引论文-全球库","中国教育研究高被引论文-中国内地、香港、台湾三地库"、"中国教育研究高被引论文-中国大陆库"和"中国教育研究高被引论文-国外库"。本部分数据分析都是基于对以上四个数据库及其高被引论文数据的描述性统计。

(二) 数据分析方法

学界主要采取被引次数、期刊影响因子等来衡量论文的学术影响力,依据同行评价和客观指标评价来衡量学者的学术影响力。客观指标主要包括发文数量、h 指数、论文被引次数、篇均被引次数、论文合著网络的强度和广度以及论文刊载期刊影响因子等指标。② 其中论文作者的署名位置和合著情况用于衡量其贡献。

本节采取客观指标来进行分析,采用 SSCI 期刊中关于"中国教育研究"的论文总数来衡量知识生产的规模和增长趋势,基于高被引论文第一作者和合著情况来分析不同地区学者在知识生产中的角色,用高被引论文被引频次来判断论文的学术影响力。本节所指的"高被引论文"不是一个绝对概念,而是一个相对概念,特指在本研究所建立的数据库中,论文的被引次数处于前 150 位的论文。被引次数成为衡量一篇论文受到关注程度乃至影响程度的重要指标。被引次数是指论文在 WoS 系统中的被引次数。对于论文作者的分析侧重四个数据库前 150 篇被引论文的第一作者署名单位、合著发文数量与比例统计。

---

① 朱军文,刘念才.科研评价:目的与方法的适切性研究[J].北京大学教育评论,2012,10(3):47—56.

② 高志,张志强.个人学术影响力定量评价方法研究综述[J].情报理论与实践,2016,39(1):133—138.

(三) 高被引论文

大多数学术发表并没有被同行引用。据统计,中国知网 2010—2014 年国内期刊刊登各类论文共计 13 222 784 篇,引用次数为 0 的有 13 220 784 篇,占论文总数的 99.98%。① 鉴于研究者将被引次数作为判断论文学术影响力的指标,高被引论文就成为透视学科领域重要文献和关键研究者的着眼点。根据汤森路透公司的定义,以 10 年作为统计时间段来计算所有论文被引用次数,高被引论文是指被引用次数排在各学科前 1%的论文。② 涂阳军 2018 年对于 SSCI 和 CSSCI(Chinese Social Science Citation Index)中国人文社会科学的期刊论文进行研究发现,CSSCI 期刊论文和 SSCI 期刊论文在被引峰值、作者合作上存在明显差异,CSSCI 论文被引峰值出现在固定年份区间内,而 SSCI 被引峰值分散,绝大多数 CSSCI 高被引论文主要由单个科研机构一位作者完成,而大多数 SSCI 高被引论文主要由 1 个国内科研机构和 1—2 个国外科研机构合作完成,SSCI 高被引论文的合作比例达到 80.7%,而且有 61.5%(112 篇)论文标题中出现"China""Chinese"或中国地名。③ 张楠、王光明采用文献计量分析,对 1998—2016 年 25 本国际教育学 SSCI 期刊论文的 1 891 篇高被引论文研究发现,美、英等国家的高被引论文篇数最多,高被引论文主要是学界合作的成果,合作率为 77.9%。高被引论文具有扎实的基础性学术研究,深入的文献综述,重视概念、分析框架和理论阐释,遵循严谨的研究方法。④ 可见合著成为国际教育学界发表高被引论文的重要形式。

(四) 中国教育研究走向国际的焦虑与困境

已有关于中国教育研究走向国际的研究集中于从宏观层面考察中国教育研究走向世界的必要性、发展状态与特点、存在问题和对策措施等。本土学者多在理念层面上探讨建构中国教育学的学科、知识及话语体系⑤,热衷于辨析中国教育研究的"中西之争""国际化与本土化"问题,提出了"移植论""独立自主论"和"中西会通论"等

---

① 万丽华,王雅敏. 高校论文引用奖励政策的负效应及对策研究[J]. 科学管理研究,2016(5): 46—49.

② 贺德方. 中国高影响力论文产出状况的国际比较研究[J]. 中国软科学,2011(9): 94—99.

③ 涂阳军. 中国人文社科学术影响力分析: 基于 1998—2016 年 CSSCI, SSCI 和 A&HCI 论文被引数[J]. 中国社会科学(内部文稿),2018(3): 69—105.

④ 张楠,王光明. 国际教育学高被引论文学术特征研究——基于 25 种教育学 SSCI 收录期刊的知识图谱与内容分析[J]. 中国科技期刊研究,2018,29(2): 171—178.

⑤ 李政涛. 走向世界的中国教育学: 目标、挑战与展望[J]. 教育研究,2018,39(9): 45—51.

观点。[1] 全球化背景下中国教育研究是世界教育知识体系的有机组成部分，中国教育研究者作为世界教育研究的参与者和建构者，其作用日显重要，但已有研究要么倚重理论分析和逻辑思辨，要么偏重文献计量分析。[2] 这些研究彰显了在全球化语境和西方中心主义盛行的世界学术体系中，中国教育学人的主体意识，对于中国本土教育学的国际地位、立场、角色、身份、贡献、影响有着强烈的忧患意识。但已有研究缺乏基于翔实数据，尚未通过对不同研究主体的比较来考察国际中国教育研究的发展特点和影响状况。对于究竟如何构建世界教育学知识体系中的中国教育研究语焉不详。

二、分析维度：不同主体在中国教育研究国际发文中的角色与影响

建构中国教育研究在国际中的地位和话语权，迫切需要探究中国教育研究在国际知识体系中的现实处境和学术影响。本节试图从量化分析的角度，主要通过分析 SSCI 期刊发文数量和高被引论文来探究这一问题。

如图 2-2 所示，本节从三个维度来考察中国教育研究的国际发文及其学术影响力。纵坐标为 A-知识产量，通过对论文数量规模的分析考察中国教育研究的知识产

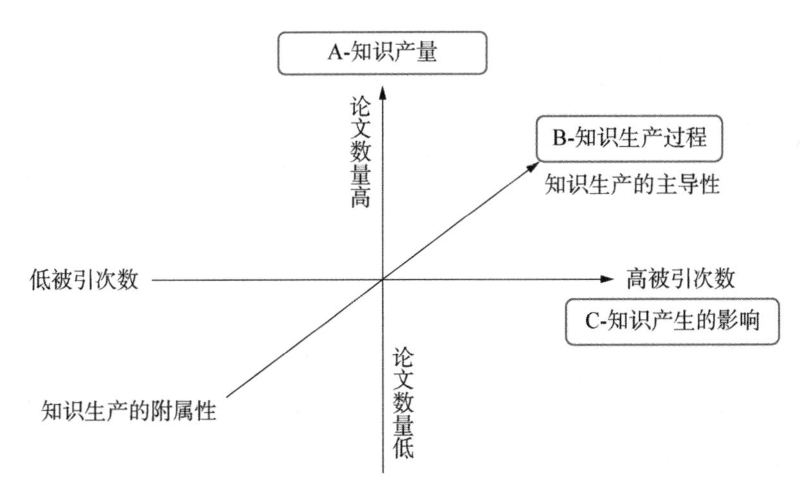

图 2-2 分析维度：不同主体在中国教育研究国际发文中的角色与影响

① 李梅，丁钢，张民选，杨锐，徐阳. 中国教育研究国际影响力的反思与前瞻[J]. 教育研究，2018，39(3)：12—19，34.

② 李梅，丁钢，张民选，杨锐，徐阳. 中国教育研究国际影响力的反思与前瞻[J]. 教育研究，2018，39(3)：12—19，34.

量，说明不同地区的知识生产数量及其变化趋势。斜线代表B-知识生产过程中的角色，通过高被引论文作者的署名位置分析考察不同地区学者在发文中的角色及其合作关系。横坐标是C-知识产生的影响，通过分析高被引论文的被引用情况，判断论文在客观上产生的影响程度。

三、知识生产规模渐增，主体多元化，中国内地学者作用不断提升

在国际教育学知识体系中，关于中国教育研究的知识规模呈现日益增长的趋势，且增幅不断加快。表2-5比较了全球库、中国三地库、中国大陆库和国外库每年的中国教育研究论文数量及比例。不同地域发文数不尽相同，变化趋势也呈现差异。2000年1月至2018年9月期间，全球中国教育研究SSCI教育类期刊论文达到5592篇，而中国三地库有3963篇论文，中国大陆库有1256篇论文，国外库共计1646篇论文。论文总量规模可观，中国内地、香港、台湾三地论文产量是国外的2.4倍，中国内地论文产量比国外少390篇。自2000年以来，SSCI期刊中关于中国教育研究的论文数量呈上升趋势。四个数据库的中国教育研究的论文数增长幅度呈现一定的差异，其中中国大陆库的增长幅度最大，速度最快，国外库的增长幅度最小，增速相对平缓。全球库论文数从2000年的85篇，增长到2017年的690篇，2017年论文数是2000年的8.1倍；中国三地库从2000年的45篇增长到2017年的541篇，2017年论文数是2000年的12倍；国外库从2000年的40篇增长到2017年的149篇，2017年论文数是2000年的3.7倍；大陆库从2000年的13篇增长到2017年的287篇，2017年论文数是2000年的22.1倍。

表2-5　中国教育研究SSCI期刊论文数的变化趋势：2000—2018年

	全球库		中国三地库		中国大陆库		国外库	
年份	篇数	%	篇数	%	篇数	%	篇数	%
2000	85	1.52	45	1.14	13	1.04	40	2.43
2001	79	1.41	45	1.14	10	0.80	34	2.07
2002	74	1.32	36	0.91	5	0.40	38	2.31
2003	93	1.66	41	1.04	9	0.72	52	3.16
2004	93	1.66	59	1.49	18	1.43	34	2.07
2005	136	2.43	86	2.17	23	1.83	50	3.04

续 表

	全球库		中国三地库		中国大陆库		国外库	
年份	篇数	%	篇数	%	篇数	%	篇数	%
2006	91	1.63	54	1.36	5	0.40	37	2.25
2007	163	2.92	113	2.85	24	1.91	50	3.04
2008	219	3.92	141	3.56	39	3.11	78	4.74
2009	304	5.44	206	5.20	57	4.54	98	5.95
2010	342	6.12	241	6.08	46	3.66	101	6.14
2011	384	6.87	291	7.34	54	4.30	93	5.65
2012	439	7.85	321	8.10	77	6.13	118	7.17
2013	456	8.16	312	7.87	100	7.96	144	8.75
2014	476	8.51	352	8.88	85	6.77	124	7.53
2015	500	8.94	345	8.71	106	8.44	155	9.42
2016	582	10.41	432	10.90	146	11.62	150	9.11
2017	690	12.34	541	13.65	287	22.85	149	9.05
2018*	386	6.90	302	7.62	152	12.10	101	6.14
合计	**5 592**	**100**	**3 963**	**100**	**1 256**	**100**	**1 646**	**100**

注：全球库、中国内地-香港-台湾三地库、中国大陆库和国外库是根据论文作者的署名机构所在地将论文分别归属于不同的数据库。2018年数据是2018年1月1日至9月6日的数量总和。

从增速和变化趋势来看，全球库、中国三地库和国外库的论文数变化趋势具有相似性的一面，可分为两个不同阶段：2000—2007年是缓慢增长阶段，2008—2018年是快速增长阶段。中国大陆库论文数增长最为显著，整体上也可分为两个阶段，2000—2007年期间为缓慢发展阶段，年产论文数较少，波动中有所增长；而2008—2018年期间转变为快速增长阶段，从2008年的39篇快速增长到2017年的287篇。2016年到2017年出现翻倍增长，2017年中国大陆首次在发文数量上超过国外，是其1.9倍，2018年前8个月的发文数超过了2016年全年的发文数。

可见，从21世纪的第一个十年到第二个十年，中国教育研究国际发文的主体构成发生了细微变化，中国内地学者的作用逐步提升，呈后来居上之势。在21世纪第一个十年，中国香港和台湾地区、国外学者的作用占据绝对地位，中国内地学者的作用微乎其微。而进入21世纪第二个十年后，中国内地学者加入到中国教育研究的国际行列，与港台地区和国外学者一起构成中国教育研究走向世界的多元主体，成为推动中国教育研究国际发展的新生力量，并有望在今后发挥越来越重要的作用。

四、不同主体在知识生产中的角色：高被引论文的第一作者和合著分析

不同主体在知识生产过程中的角色可以通过其论文署名位置和合著关系加以考察。本文通过考察全球库、中国三地库和大陆库中前150篇论文的第一作者和合著情况，探究不同地区作者在中国教育研究高被引论文生产中的角色、地位，辨析中国内地学者的独立性和国际合作状况。当今世界知识创新不断深化，知识生产和学术发表中的合作现象在自然科学中非常普遍，在人文社会科学中也十分盛行。已有研究发现，高被引论文中合作发文比例非常高。①

（一）高被引论文中合作发文比例高，港台地区和国外学者主导了知识生产

表2-6显示，全球库、中国三地库和中国大陆库前150篇高被引论文的合著比例分别为66%、79.3%和89.33%，表明中国大陆库中的论文作者主要依赖合著进行知识生产。全球库150篇高被引论文中，独著有51篇，占34%，合著有99篇，占66%。中国三地库的前150篇高被引论文中，独著为31篇，占21%，合著为119篇，占79%。中国大陆库引用次数位居前150篇论文中，134篇为合著成果，占89%，仅16篇为独著成果，占11%。大陆库的合著论文数和比例很高，且高于全球库和中国三地库。

表2-6　前150篇高被引论文第一作者的地区分布

署名机构地区	全球库(150篇)		中国三地库(150篇)		中国大陆库(150篇)	
	篇数	比例%	篇数	比例%	篇数	比例%
中国内地	4	2.67	8	5.33	77	51.33
中国香港地区	31	20.67	57	38.00	21	14.00
中国台湾地区	43	28.67	66	44.00	0	0.00
国外	72	48.00	19	12.67	52	34.67
其中合著论文	**99**	**66.00**	**119**	**79.3**	**134**	**89.33**

① 张楠，王光明. 国际教育学高被引论文学术特征研究——基于25种教育学SSCI收录期刊的知识图谱与内容分析[J]. 中国科技期刊研究，2018，29(2)：171—178.

表 2－6 中高被引论文第一作者的地域分布显示了不同区域作者的角色。全球库前 150 篇高被引论文中，第一作者人数居前五位的地域分别是：中国台湾地区 43 篇，占 28.67％，美国 33 篇，占 22.45％，中国香港地区 31 篇，占 20.67％，澳大利亚 11 篇，占 7.33％，加拿大 8 篇，占 5.33％。台湾地区和香港地区合计有 74 篇，占总数的 49.33％，国外的论文合计有 72 篇，占 48％，而仅有 4 篇第一作者来自中国内地，约占 3％。可见港台地区和国外学者完全主导了国际中国教育研究高被引论文的知识生产，中国内地学者的作用微乎其微。

中国三地库前 150 篇高被引论文第一作者的区域分布依次为台湾地区 66 篇，占 44％，香港地区 57 篇，占 38％，国外 19 篇，占 12.67％，中国内地 8 篇，占 5.33％。港台地区学者作为第一作者共生产了中国三地库的 123 篇（82％）高被引论文。可见港台地区学者是中国三地库的中国教育研究高被引论文的主要生产者，国外学者为补充角色，而中国内地学者处于边缘地位。

（二）高被引论文主要为区域内部合作成果，内地学者依赖于合作网络，地缘关系尤为重要

由表 2－7 可见，全球库和大陆库的合著论文主要为区域内学者之间的合作成果。全球库高被引论文中，国外学者和中国港台地区学者起着主导作用。其中，国外作者发表了 30 篇独著论文和 42 篇合著论文，占高被引论文的半壁江山（48％），有 90％以上的合著论文是国外学者之间的合作。台湾地区发表了 32 篇合著论文和 11 篇独著论文，合著论文基本为台湾地区内部合作。香港地区发表了 21 篇合著论文和 10 篇独著论文，合著论文同样是香港地区内部合著。中国内地仅发表了 4 篇论文，均为合著，3 篇论文是与国外学者的合作成果。

表 2－7　前 150 篇高被引论文的合著分析

<table>
<tr><th rowspan="2"></th><th colspan="4">全球库</th><th colspan="4">中国大陆库</th></tr>
<tr><th>第 1 作者</th><th>第 2 作者</th><th>篇数（99 篇）</th><th>比例（％）</th><th>第 1 作者</th><th>第 2 作者</th><th>篇数（134 篇）</th><th>比例（％）</th></tr>
<tr><td rowspan="4">合著论文</td><td rowspan="4">中国台湾地区（32 篇）</td><td rowspan="2">中国台湾地区</td><td rowspan="2">31</td><td rowspan="2">96.88</td><td rowspan="4">中国内地（61 篇）</td><td>中国内地</td><td>38</td><td>62.30</td></tr>
<tr><td rowspan="2">中国香港、台湾、澳门地区</td><td rowspan="2">3</td><td rowspan="2">4.92</td></tr>
<tr><td rowspan="2">国外</td><td rowspan="2">1</td><td rowspan="2">3.13</td></tr>
<tr><td>国外</td><td>20</td><td>32.79</td></tr>
</table>

续 表

<table>
<tr><td rowspan="2"></td><td colspan="4">全球库</td><td colspan="4">中国大陆库</td></tr>
<tr><td>第1作者</td><td>第2作者</td><td>篇数（99篇）</td><td>比例(%)</td><td>第1作者</td><td>第2作者</td><td>篇数（134篇）</td><td>比例(%)</td></tr>
<tr><td rowspan="7"></td><td rowspan="2">中国香港地区（21篇）</td><td>中国香港地区</td><td>19</td><td>90.48</td><td rowspan="3">中国香港地区（21篇）</td><td>中国内地</td><td>8</td><td>38.10</td></tr>
<tr><td>国外</td><td>2</td><td>9.52</td><td>中国香港地区</td><td>12</td><td>57.14</td></tr>
<tr><td rowspan="3">国外（42篇）</td><td>中国香港地区</td><td>2</td><td>4.76</td><td>国外</td><td>1</td><td>4.76</td></tr>
<tr><td>中国内地</td><td>2</td><td>4.76</td><td rowspan="4">国外（52篇）</td><td>中国内地</td><td>16</td><td>30.77</td></tr>
<tr><td>国外</td><td>38</td><td>90.48</td><td>中国香港地区</td><td>2</td><td>3.85</td></tr>
<tr><td rowspan="2">中国内地（4篇）</td><td>中国内地</td><td>1</td><td>25.00</td><td>国外</td><td>32</td><td>61.54</td></tr>
<tr><td>国外</td><td>3</td><td>75.00</td><td>中国台湾地区</td><td>2</td><td>3.85</td></tr>
<tr><td rowspan="4">独著论文</td><td>独著作者</td><td colspan="2">篇数(51篇)</td><td>比例(%)</td><td>独著作者</td><td colspan="2">篇数(16篇)</td><td>比例(%)</td></tr>
<tr><td>国外</td><td colspan="2">30</td><td>58.82</td><td rowspan="3">中国内地</td><td colspan="2" rowspan="3">16</td><td rowspan="3">100</td></tr>
<tr><td>中国香港地区</td><td colspan="2">10</td><td>19.61</td></tr>
<tr><td>中国台湾地区</td><td colspan="2">11</td><td>21.57</td></tr>
</table>

在中国大陆库中，高被引论文的第一作者主要是中国内地、国外和中国香港地区学者。其中，中国内地学者发表了61篇合著和16篇独著高被引论文，中国内地内部合著占62%，与国外学者合作占33%，与港澳台地区的合著仅占5%。国外学者作为第一作者发表了52篇合著论文，主要合著对象为国外学者（62%）和中国内地学者（31%）。香港地区学者作为第一作者生产了21篇合著论文，主要合作对象是香港地区学者（57%）和中国内地学者（38%）。

从上述全球库和大陆库的高被引论文合著分析可见，合著主要是区域内部的合作，地缘和业缘关系对于合作进行知识生产起着重要作用。中国内地学者对于合作的依赖程度高，其主要合作网络是中国内地、国外和中国香港地区。

（三）香港和台湾地区高校成为发表中国教育研究高被引英文论文的学术中心

表2-8显示全球前150篇高被引论文的第一作者主要分布在中国台湾、中国香

港和西方英语国家高校。在高被引论文第一作者人数排前20位的机构中，中国台湾、中国香港、美国、澳大利亚分别有6所高校、5所高校、4所高校和2所高校入围。前20所机构占据高被引论文第一作者人数的一半。中国内地没有机构入围前20名单，表明中国内地高校尚未集聚能发表高被引英文论文的作者。前5位机构涵盖3所香港高校和2所台湾大学。

表2-8　前150篇高被引论文第一作者的署名机构排序

机构排序	全球库			中国三地库			中国大陆库		
	机构名称	篇数	比例(%)	机构名称	篇数	比例(%)	机构名称	篇数	比例(%)
1	台湾交通大学	10	6.80	香港大学	18	12.00	香港中文大学	12	8.00
2	香港大学	9	6.12	香港中文大学	13	8.67	北京大学	8	5.33
3	香港教育大学	7	4.76	台湾交通大学	12	8.00	北京师范大学	7	4.67
4	香港中文大学	7	4.76	香港教育大学	11	7.33	中国科学院	6	4.00
5	台湾科技大学	5	3.40	台湾彰化师范大学	6	4.00	香港大学	6	4.00
6	台湾彰化师范大学	4	2.72	台湾科技大学	6	4.00	浙江大学	5	3.33
7	南洋理工大学	4	2.72	香港城市大学	6	4.00	伊利诺大学	4	2.67
8	台湾师范大学	3	2.04	台湾师范大学	4	2.67	南洋理工大学	4	2.67
9	多伦多大学	3	2.04	香港理工大学	4	2.67	上海交通大学	3	2.00
10	香港理工大学	3	2.04	台湾地区“中央大学”	4	2.67	华东师范大学	3	2.00
11	加州大学伯克利分校	2	1.36	台南大学	3	2.00	香港教育大学	3	2.00
12	香港城市大学	2	1.36	台湾“国防医学院”	3	2.00	华中师范大学	3	2.00
13	英国开放大学	2	1.36	高雄科技大学	2	1.33	首都师范大学	3	2.00
14	加州大学洛杉矶分校	2	1.36	台湾东海大学	2	1.33	中山大学	3	2.00
15	美国西北大学	2	1.36	拉筹伯大学	2	1.33	清华大学	3	2.00
16	高雄科技大学	2	1.36	西悉尼大学	2	1.33	拉筹伯大学	2	1.33
17	密歇根大学	2	1.36	北京大学	2	1.33	中国人民大学	2	1.33
18	台湾地区“中央大学”	2	1.36	香港浸会大学	2	1.33	香港浸会大学	2	1.33

续 表

机构排序	全球库			中国三地库			中国大陆库		
	机构名称	篇数	比例(%)	机构名称	篇数	比例(%)	机构名称	篇数	比例(%)
19	昆士兰大学	2	1.36	台湾“国防大学”	2	1.33	广东外国语大学	2	1.33
20	西悉尼大学	2	1.36	台湾新竹教育大学*	2	1.33	北京联合大学	2	1.33
合计		75	51.02		106	70.65		83	55.32

注：2016年台湾新竹教育大学被台湾清华大学合并。

表2-8的中国三地库的第一作者分布中，台湾地区机构占前20位机构的11席，香港地区高校占6所，而中国内地只有北京大学入围。设有教育学院的香港高校在发表高被引论文上表现尤其突出，香港大学、香港中文大学和香港教育大学跻身四强之列。在全球库和中国三地库中，台湾地区的发文整体规模与第一作者比例高于香港，台湾地区入围前20所机构的高校数也超过香港地区，但香港在排位上比较靠前。

(四) 中国内地学者参与了知识生产，“985”高校成为发文主力，但合著比例高，存在对于国外和港台地区学者的依附性

从表2-7数据看，在大陆库高被引论文生产中中国内地学者处于主导地位。中国内地学者作为第一作者和独著发表了77篇论文。表2-8显示中国大陆库的第一作者人数前20位机构中，中国内地机构占13所，国外机构占3所，中国香港地区机构占4所，无台湾地区机构入围。居于前五位的大学为香港中文大学、北京大学、北京师范大学、中国科学院和香港大学。中国内地具有教育学院(学部、研究院)的综合性“985”高校和重点师范大学是生产高被引论文的主要机构。

表2-7显示合著在中国内地学者发表高被引论文中起着非常重要的作用。大陆库引用次数前150篇论文中，134篇为合著成果，占89%。大陆库内中国内地学者作为第一作者，主要是与中国内地、国外学者合作，与中国港台地区的合作较少，表明一方面中国内地学者主导了知识生产，重视中国内地内部的合作，另一方面存在对于外部同行和知识圈的依赖性，完全独立生产知识的能力尚待进一步提升。

总之，从2000—2018年的高被引论文的第一作者和合著分析可见，在生产国际中国教育研究高被引英文论文上，中国内地学者与中国港台地区和国外学者相比还存在相当大的差距，其发文数量和学术影响力尚需进一步提升。在由中国内地、香港和台湾地区构成的教育学英文知识生产场域，内地学者的作用远远低于港台地区学者。唯有在中国大陆库中，内地学者的作用才有所体现。整体上，中国内地学者处于"知识加工者"的角色和附属地位，作为第一作者或独立作者发挥"知识主导者"角色的作用有待增强。

五、知识生产的学术影响：SSCI论文的被引情况分析

（一）中国教育研究SSCI期刊发文的被引状况

表2-9呈现了四个库的论文被引情况以及h指数。就h指数和篇均被引次数来看，中国大陆库低于全球库、中国三地库和国外库。h指数由高到低依次为全球库(75)、中国三地库(63)、国外库(55)和大陆库(34)。而篇均被引排序为国外库(10.79)、全球库(9.28)、中国三地库(8.74)和中国大陆库(5.74)。同时，国外库的自引率最低，全球库和中国三地库的自引率都比较高。鉴于SSCI期刊是影响因子偏高的核心英文期刊，因此中国大陆库论文虽然篇均被引排序最低，但也接近6。从国外库和中国大陆库的h指数和篇均被引比较来看，中国内地学者参与的论文的学术影响力远远低于国外论文。

表2-9　2000—2018年论文数与引用情况的区域比较

	全球库	中国三地库	中国大陆库	国外库
论文总数	5592	3963	1256	1646
h指数*	75	63	34	55
篇均被引次数**	9.28	8.74	5.74	10.79
总被引频次	51882	34641	7209	17757
总自引频次	7940	5078	688	963
去自引后总被引频次	43942	29563	6521	16794
自引率***	15.30%	14.66%	9.54%	5.42%

注：*h指数界定：一位研究者发表Np篇文章，有h篇的被引次数大于等于h，其余(Np-h)篇被引频次小于等于h，则该科研工作者的h指数值为h。① **篇均被引=某区域论文总被引次数/总论文数。***自引率=自引次数/总被引次数*100%。

① 高志，张志强.个人学术影响力定量评价方法研究综述[J].情报理论与实践，2016，39(1)：133—138.

(二) 不同地区高被引论文的被引次数存在明显差异，国外显著高于中国内地

为分析不同地区教育学者在 SSCI 期刊上发表关于中国教育研究论文的影响力如何，进一步对高被引论文的被引次数进行分区间的比较分析。表 2－10 比较了全球库、中国三地库、中国大陆库和国外库引用频次排在前 20 位、前 50 位、前 100 位和前 150 位论文的引用情况。

表 2－10　2000—2018 年高被引论文的被引次数的比较分析

	全球库	中国三地库	中国大陆库	国外库
前 20 篇高被引论文				
最高被引次数	274	274	156	242
最低被引次数	142	93	42	89
20 篇总被引次数	3 698	2 987	1 425	2 990
篇均被引次数①	**185**	**149**	**71**	**150**
前 50 篇高被引论文				
最高被引次数	274	274	156	242
最低被引次数	86	70	28	58
50 篇总被引次数	6 775	5 418	2 428	5 123
篇均被引次数	**136**	**108**	**49**	**103**
前 100 篇高被引论文				
最高被引次数	274	274	156	242
最低被引次数	63	48	20	39
100 篇总被引次数	10 497	8 302	3 592	7 513
篇均被引次数	**105**	**83**	**36**	**75**
前 150 篇高被引论文				
最高被引次数	274	274	156	242
最低被引次数	52	38	13	28
150 篇总被引次数	13 355	10 479	4 377	9 156
篇均被引次数	**89.03**	**69.86**	**29.18**	**61.04**

注：①前 20 篇论文的篇均被引次数＝被引次数前 20 篇论文的总被引次数/20；前 50 篇论文篇被引次数＝被引次数前 50 篇论文的总被引次数/50；前 100 篇论文篇均被引次数＝被引次数前 100 论文的总被引次数/100；前 150 篇论文篇均被引次数＝被引次数前 150 篇论文的总被引次数/150，经过四舍五入。

由表 2 - 10 可见，四大库被引次数排名前 20 篇、前 50 篇、前 100 篇和前 150 篇论文中，无论是最高被引论文、最低被引论文的被引次数，还是论文的平均被引次数，都是全球库最高，中国大陆库最低，中国三地库整体上稍高于国外库，但有些指标两者不相伯仲。如在前 20 篇高被引论文中，全球库、中国三地库、国外库和大陆库排序第一的高被引论文的引用次数分别为 274 次、274 次、242 次和 156 次，排序第 20 位的高被引论文的引用次数分别是 142 次、93 次、89 次和 42 次。全球库、中国三地库、国外库和大陆库前 20 篇高被引论文的平均被引次数分别为 185 次、149 次、150 次和 71 次。

从前 20 篇、前 50 篇、前 100 篇和前 150 篇高被引论文的被引情况分析可见，2000—2018 年期间，中国大陆库与国外库、中国三地库的高被引论文的被引用次数存在显著差异，在 WoS 系统英文期刊中，中国内地学者高被引论文的被引用情况远低于全球整体水平、中国三地整体水平以及国外水平。

从图 2 - 3 和图 2 - 4 中所有前 20 篇和前 50 篇高被引论文被引次数的趋势可见，中国内地论文被引用次数最低。所有前 50 篇论文，全球库高被引论文的被引次数最高，大陆库高被引论文的被引次数最低，中国三地库和国外库的高被引论文的被引用次数非常接近，居于中间。

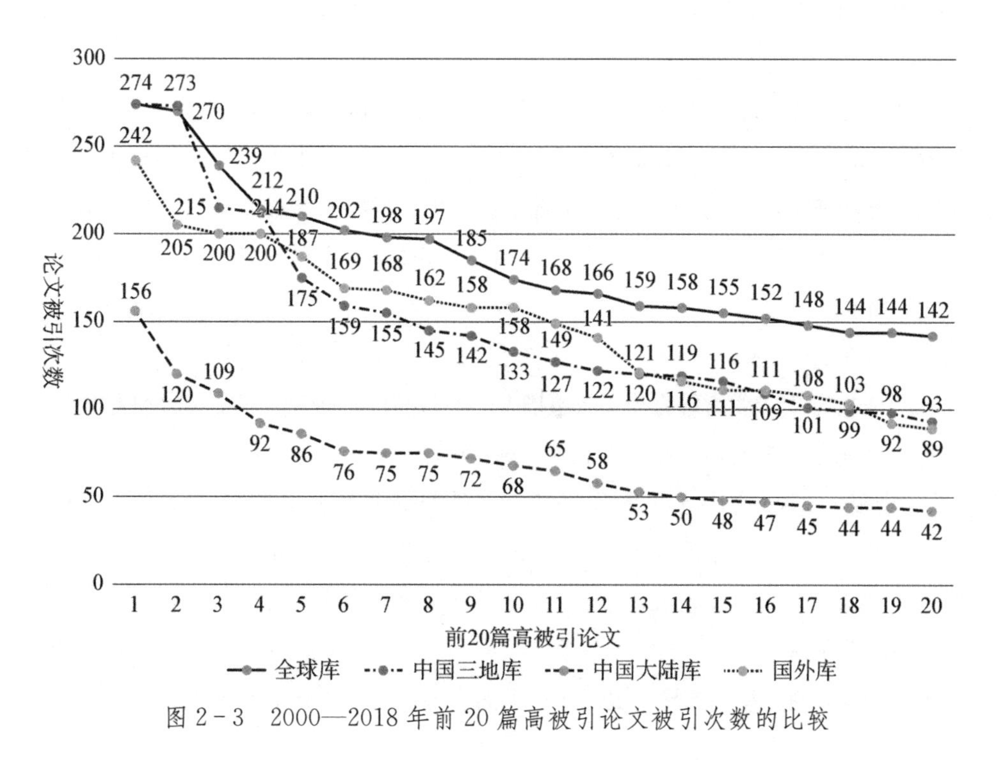

图 2 - 3　2000—2018 年前 20 篇高被引论文被引次数的比较

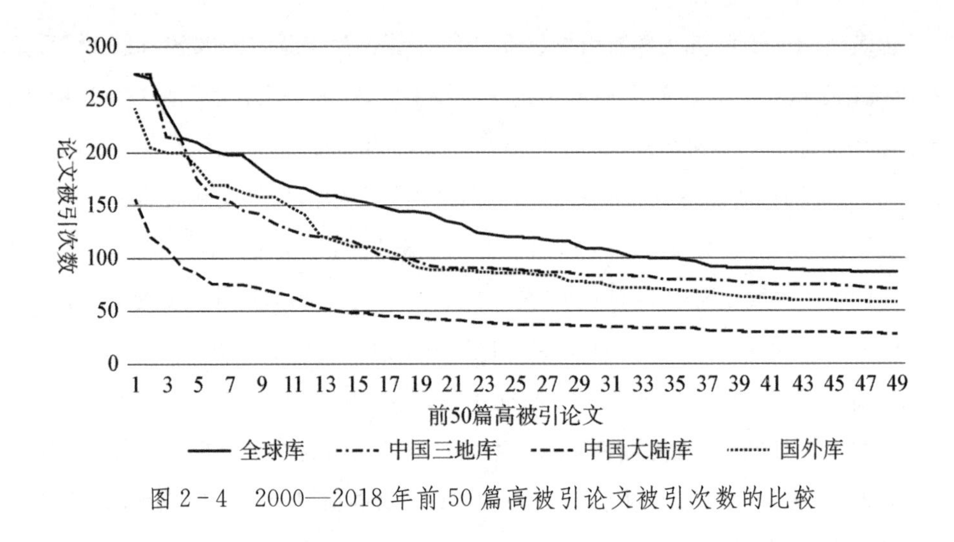

图 2-4　2000—2018 年前 50 篇高被引论文被引次数的比较

综上，中国内地学者参与发表的高被引论文的学术影响力远低于境外学者发表的高被引论文。鉴于中国三地库的论文数量是国外库的 2.4 倍，可见国外库的单篇论文的学术影响力非常高。

六、 中国教育研究国际发表的思考

以上通过分析近 20 年来中国教育研究的 SSCI 期刊发文规模、高被引论文的作者与被引情况，揭示了国际中国教育研究的知识生产规模、主体及其学术影响力。近 20 年中国教育研究的国际发文整体上呈现出起步晚、发展快、规模大、主体多元、影响力不足的特点，中国内地学者既取得了长足进步，也显现出实质性影响不足和主导作用乏力的困境。

（一）国际中国教育研究论文数量增多，发展速度快，受关注程度和影响力增强

1. 中国教育研究的国际发文数量和规模逐渐上升

从 SSCI 教育类期刊论文来看，整体上直到 21 世纪初中国教育研究才有规模地进入国际知识体系，论文数量逐年上升，2010 年后上升势头更为显著。

2. 国际上不同主体发表的中国教育研究论文的学术影响力呈现差异

国际上研究中国教育的整体学术影响力逐渐提升。不同主体主导的高被引论文的被引数和影响力呈现差异。国外和中国港台地区发表中国教育研究论文的引用频

次和影响力高于中国内地。中国内地学者高被引论文的引用次数上远低于中国港澳台地区学者和国外学者。从前20篇、前50篇、前100篇和前150篇高被引论文的被引次数和篇均被引次数看，全球整体的指数最高，中国内地-香港-台湾三地论文的指数居第二，国外的指数居第三，中国内地最低。

(二) 中国教育的国际知识生产由中心-边缘格局转向多元主体并存和网络化合作格局

全球中国教育研究的高被引英文论文的生产中心在我国香港和台湾地区，中国内地和国外尚未出现非常有影响力的知识生产中心。全球中国教育研究高被引英文论文的主导者是中国港台地区学者和国外学者，中国内地教育学者参与了知识生产，且参与程度日益提升，但仅作为知识生产的参与者和合作者，其主导性偏弱。中国内地的重点师范院校和综合性"985"高校是中国教育研究国际发表的主要参与者，其发文数量、参与程度、国际合作能力、发文被引的数量和影响力逐渐提升。

自2000年以来，不同主体的作用有所变化。中国港台地区仍然起着至关重要的作用，但中国内地发展速度快，未来在推动中国教育研究走向世界中将起着更重要的作用。国际中国教育研究的知识生产体系由原来的境外机构和学者完全主导，转变为中国港台地区、国外和中国内地多元化主体共同参与，多主体合作的网络化的知识生产格局和学术体系。学术人才流动、跨地区交往活动使得通过学术合作进行知识生产更为频繁、更为重要。通过人才引进和学术合作，海归、华人学者和国际学者卷入中国内地学术圈，打破了西方学术中心和境外中心一统天下的格局，开始扩散为知识生产的多元化和网络化格局，而不是单一一体化的中心-边缘体系。

(三) 中国内地学者在知识生产中的主导作用尚显不足，但未来可期

对中国教育研究国际影响力作出重要贡献的主体多元化，涵盖中国内地本土培养学者、海归学者、中国港澳台地区学者、国际学者以及海外华人学者与留学生。中国教育研究呈现多中心，中国港台地区、中国内地和国外构成多元格局，中国内地的SSCI期刊论文增速最快，但其论文总量和被引次数尚不及中国港台地区学者和国外学者。中国港台地区高校在中国教育研究走向世界方面起着重要作用。中国内地学者对于中国教育研究的国际知识建构从边缘的位置，转变为参与者与建构者，但离主导者位置尚有一定的距离。世界知识体系的建构性和不平等性，决定了中国教育研究提升国

际影响力不可能一蹴而就，需要经历三个主要阶段，即参与者—建构者—主导者之一。①

中国内地学者在中国教育研究知识生产中的作用不断提升，但其主导生产知识的学术影响力有限，依然存在对于境外同行和知识圈的依赖性。中国内地学者论文合著比例非常高，说明中青年学者和海归学者具有一定的国际合作能力，但知识生产的独立自主性尚待提升。中国内地学者可以胜任独立地在中文知识体系里生产知识，但在国际知识体系中，需要借助合作来转换范式、生产知识。提升中国教育研究的国际影响力，华人学者和中国留学生的作用不容忽视。自 20 世纪 80 年代以来，中国通过公费和自费形式，委派大量学生出国留学。进入 21 世纪，每年都有 40 万名以上的学生出国，以及 40 万名以上的学生学成回国。海归教育学者、海外华人学者和中国留学生将构成国内外中国教育研究的重要群体，有利于加快中国教育研究迈向世界的步伐。

（四）中国教育研究国际发文需要从重视数量规模向侧重质量和影响力转变

全球化背景下中国人文社会科学学术成果日益走向世界，进入世界知识体系，提升其显示度和影响力，教育学科的处境与其他人文社会学科较为类似。一方面国际发文的数量规模在快速提升，影响和质量水平也有所提高。另一方面，中国内地研究者尚未处于国际中国教育研究的学术核心圈，知识生产中的主导性和独立自主性不及中国港台地区学者和国外学者。中国内地学界的学术成果虽已进入世界舞台的知识生产和流通体系，但尚处于知识积累期和发展初级阶段。在此处境下，内地学界面临如何激励学者持续参与国际中国教育研究的问题。在学术评价和政策激励上，虽然一味偏重 SSCI 发文的确会带来一些消极影响和不同群体的利益矛盾，但重视中国教育研究走向世界的战略方向符合中国长远发展需要和国际学术发展需要。在制定 SSCI 和国际学术发表政策时，需要重视国际学术发表的数量与质量并举。唯有在一定数量规模的基础上，才能涌现更多高质量、有原创性的研究成果。中国内地机构对于 SSCI 发文的激励政策对于中国教育研究走向国际起着推波助澜的作用。② 各种激励措施客观上激发了研究者致力于走向国际、发表更多的英文论文，也直接提升了中国大陆教

---

① 李梅，丁钢，张民选，杨锐，徐阳. 中国教育研究国际影响力的反思与前瞻[J]. 教育研究，2018，39(3)：12—19，34.

② 许心，蒋凯. 高校教师视角下的人文社会科学国际发表及其激励制度[J]. 高等教育研究，2018(1)：43—55.

育研究者的发文数量和国际知识生产参与程度。当然今后不仅需要考虑SSCI发文数量,更需要重视国际发文的质量水平及其对于知识的贡献与学术影响力。

综上所论,进入21世纪以来,中国教育研究国际发表总量不断提高,但是在全球教育研究的整体视野中,中国教育研究仍然只是一个较小领域;中国内地学者在中国教育研究的国际发表上的参与度越来越高,但尚未形成具有重要国际地位的学术中心;不同领域的中国教育研究的国际影响力存在差异,实证性的交叉学科影响力较大,基于文化背景的中国教育研究影响力比较低。在非交叉学科的中国教育研究中,定量和定性的研究范式各占半壁江山;研究的核心议题集中在教师教育、学习心理、语言学习、课程改革、教育政策研究等方面;研究所采用的分析框架多来自西方理论,对国际知识体系的贡献相对较低。国际中国教育研究对中国文化传统的理解过于笼统抽象,缺乏历史维度,且容易陷入二元对立思维。要提升中国教育研究的国际影响力,需要纠正当前评价指标体系过度强调国际发表数量的导向,建立理性的评价体制,适时转变国内的学术评价和人才政策,重视学科建设和领域人才的培养,引导学术研究转向精耕细作的发展方式,使学者研究具有持续性和积累效应,形成较为稳固的学科化、领域化的研究中心。本土学者亟需加强自身学术规范和方法训练,且能够基于本土教育实践经验提出令中外研究者感兴趣的课题,而不是被西方学者的问题意识牵着走,要增强对西方学术话语的自觉反思能力以及对中国本土教育经验的体认,注重国际发表中的知识创新和推进,将教育实践与文化认同凝练、提升为理论知识。

第三章

中国教育研究的合著网络研究

随着知识生产方式的转变，合作发文成为知识生产的一种重要形式。中国教育研究日渐走向国际舞台，学术发表及其影响力呈现上升趋势，亟需深入考察扮演重要角色的关键学者及其合著方式。本章首先聚焦中国教育研究的全球关键作者及其合作网络，然后考察中国教育研究内地关键作者及其合作网络。

第一节　国际中国教育研究的关键作者及其合著网络

本节基于2000—2018年SSCI期刊上中国教育研究发文的文献计量分析，考察发文数量、被引频次以及h指数排名前50位的关键学者，运用CiteSpace等软件绘制192位高产作者的学术合著网络图，分析21个子网络的中心作者的合著关系，并对“单中心”高密度合著型、“双中心”交互式合著型以及“独著为主、合著为辅”型三种类型关键作者的合著关系进行案例分析。

进入21世纪，随着中国在国际舞台上地位的提升，中国人文社会科学研究走向世界备受学界关注。近20年来，中国教育研究的国际发文数量、质量水平和学术影响力上都有明显进步。[①] 2000年1月至2018年9月，“中国教育研究”的SSCI期刊论文达到5 592篇，从2000年的85篇增长到2017年的690篇。[②] 但整体而言，中国教育研究在世界教育知识体系中仍然属于一个小领域，中国内地教育学界依赖海外学者进行学术合作和知识加工，原创性理论贡献不足，尚未形成具有国际影响力的学术

① 李梅，丁钢，张民选，杨锐，徐阳. 中国教育研究国际影响力的反思与前瞻[J]. 教育研究，2018，39(3)：12—19，34.

② 李梅. 中国教育研究的国际发文及其学术影响力——基于2000—2018年SSCI期刊论文的研究[J]. 教育发展研究，2019，39(3)：10—16.

中心。[①]

伴随着中国教育研究国际发文快速增长、显示度和影响力逐步提升，合作发文成为提升中国教育研究国际发表与影响力的一种重要形式。学术合作在知识生产中的作用日益重要，合作发文不仅能够促进学术交流，而且有助于提高学术生产力和研究成果质量。在中国教育研究走向世界的过程中，超越机构、地区乃至国家边界的合著发表已经成为知识共享、知识生产与科研创新的重要方式。合著对于知识增长、学术网络构建和学术群落形成均具有不可忽视的作用。在中国教育研究150篇高被引SSCI期刊论文中，合著论文有99篇，占66.00%。

已有研究较少涉及国际教育知识生产体系中的中国教育研究关键作者及其学术合作网络。国际中国教育研究的学者群体包括中国内地学者、港澳台学者以及国外研究者。本节仅基于科学网(Web of Science)数据库中的SSCI期刊论文进行数据收集和分析，揭示研究中国教育的关键作者及其学术合作关系特征，探索知识网络与社会网络之间的关系，并讨论学缘关系、业缘关系对于知识生产、合作发文的作用。

科学学、知识社会学注重考察知识生产结构、过程及其各因素之间的关系。随着知识及其应用的复杂性日益提升，知识更新换代加速，知识生产中的分工合作更加频繁和密切。知识生产模式的转变，意味着科研合作已经成为学术研究的常态。[②] 合作发文成为一种普遍的科研合作和知识生产形式。随着中国教育逐步走向国际舞台，中国教育研究也日渐融入世界教育知识体系，本土教育学者通过与国际学者合作考察中国教育现象，不断提升中国教育研究的国际发文，增强国际影响力。合作发文体现不同学者通过合作拓展研究领域和学术产出，也有利于促进国内和国际话语体系之间的交流与融合。考察合作既可用于描述个人之间的关系，也可用于描述组织之间的关系[③]，本书将从合著角度来考察高产作者及其合著网络。

目前对科研合作的探讨主要集中在合作的原因、合作关系的演化、合作网络的结构以及合作与影响力的关系等方面。在计量分析合著特征时，采用的指标包括合作

---

① 王独慎，丁钢. 中国教育研究的国际发表概貌与特征[J]. 教育发展研究，2019，39(3)：1—9.

② Bozeman B, Fay D, Slade C P. Research collaboration in universities and academic entrepreneurship: the state of the art [J]. The Journal of Technology Transfer, 2013, 38(1): 1-67.

③ 李梅. 中国教育研究的国际发文及其学术影响力——基于2000—2018年SSCI期刊论文的研究[J]. 教育发展研究，2019，39(3)：10-16.

度、合作率、合作能力指数[1],以及表示合作者影响力的中心度等指标。[2] 对于单个学者的学术生产力及其影响,通常采用发文数量、下载频次、被引频次等多个指标进行计量分析。[3] 社会网络分析方法被应用于探究学者学术合作背后的社会关系[4],研究涉及不同学术领域的研究合作网络及其突出贡献者、合作网络的演化机制、结构特征及其影响因素。[5] 已有研究表明,论文的著者数量与论文质量之间总体呈现正相关,当著者之间的关系是异构时,相关性更强。[6]

学术合著(Co-authorship)网络实际上兼具社会网络和知识网络的特征,是高度联结的网络。知识网络是"基于知识的关系"的描述,而社会网络是基于学缘、地缘、业缘等构成的复杂人际网络。[7] 相较于社会网络中关系与功能的复合型而言,知识网络的功能更为单一而高效。而学术合著网络的知识主体嵌入在具体、实时的社会网络系统之中[8],并在其中进行科研和知识生产合作。

关键作者一般是指某一学术研究领域的高产和高影响力作者,这一群体对于所在领域的知识生产起着重要作用,通常也是学术活力和合作网络较为广泛的学者,其知识生产和科研方向影响该领域的学术发展方向。至于如何甄别和评价关键作者,文献计量和知识图谱分析技术的发展为识别各个学科领域和研究方向的关键学者提供了依据和方法。学界通过不同的指标来识别关键作者,包括发文数量、发文被引频次、h 指数以及在学术合著网络中的位置指标等。加利福尼亚大学豪尔赫·赫希(Jorge E. Hirsch)教授提倡运用综合指标 h 指数来衡量科学家个人的学术成就及其学术成果的影响力。[9]

---

① Ortega J L. Influence of co-authorship networks in the research impact: Ego network analyses from Microsoft Academic Search [J]. Journal of Informetrics, 2014,8(3): 728 - 737.

② Yan E, Ding Y. Applying centrality measures to impact analysis: A coauthorship network analysis [J]. Journal of the American Society for Information Science and Technology, 2009,60(10): 2107 - 2118.

③ Abbasi A, Wigand R T, Hossain L. Measuring social capital through network analysis and its influence on individual performance [J]. Library & Information Science Research, 2014,36(1): 66 - 73.

④ 刘璇,段宇锋,朱庆华.基于合著网络的学术人才评价方法研究[J].情报杂志,2014,33(12): 77—82.

⑤ Barabâsi A L, Jeong H, Néda Z, et al. Evolution of the social network of scientific collaborations [J]. Physica A: Statistical Mechanics and its Applications, 2002,311(3 - 4): 590 - 614.

⑥ 范如霞,曾建勋,高亚瑞玺.基于合作网络的学者动态学术影响力模式识别研究[J].数据分析与知识发现,2017,1(4): 30—37.

⑦ 周荣,喻登科.知识网络研究述评:结构、行为、演化与绩效[J].现代情报,2018,38(4): 170—176.

⑧ Granovetter M. Economic action and social structure: The problem of embeddedness [J]. American Journal of Sociology, 1985,91(3): 481 - 510.

⑨ Hirsch J E. An index to quantify an individual's scientific research output [J]. Proceedings of the National Academy of Sciences, 2005,102(46): 16569 - 16572.

一、研究问题与方法

本节主要回答三个研究问题：一、谁是中国教育研究 SSCI 发文的关键作者？二、关键作者的学术合著网络具有何种特点？三、不同类型的关键作者的合著模式具有何种特征？

在研究方法上，主要采取文献计量分析，运用知识图谱软件和统计分析揭示关键作者及其合著网络特征。本节基于课题组建立的“中国教育研究的全球库”（简称“全球库”）中的 5 592 篇论文进行数据分析。

本节内容结构如下：首先，根据 SSCI 期刊“中国教育研究”的发文数量、被引频次和 h 指数呈现排名前 50 的关键作者。其次，采用 CiteSpace，Bibexcel，VoS Viewer 等软件分析中国教育研究 SSCI 期刊发文高产作者的整体合著网络特征。分析步骤为先将 WoS 下载的数据导入 CiteSpace，绘制作者合著网络图，接着运用 Bibexcel 对数据进行预处理后，选择发文频次大于等于 8 的作者，进行信息消歧处理后构建共现矩阵，并将其导入 VoS Viewer，绘制 192 位高产作者的合著网络视图。第三，分析合著子网络结构及其关键作者。根据学术合著网络图，结合聚类中核心作者的发文数量、被引频次，并综合考虑地域（中国内地、台湾地区、香港地区以及国外）分布，筛选出合著子网络中的关键学者，分析其合著子网络。第四，对三种不同合著模式的关键作者进行案例分析。

二、国际中国教育研究 SSCI 期刊发文的关键作者

在评价学者的学术成就时，学者的发文数量、被引次数与影响力呈正相关。[①] 表 3－1 呈现了中国教育研究 SSCI 发文数量、总被引频次和 h 指数排名居于前 50 位的关键作者，其中发文数最高为 112 篇，最低为 16 篇，总被引最高为 556 次，最低为 149 次，h 指数介于 8—29 之间。发文高产作者与高被引作者存在部分重叠，但前 50 位高产作者绝大多数是华人学者，而高被引作者以非华人国际学者居多，表明高产和高被

① 邱均平，周春雷. 发文量和 h 指数结合的高影响力作者评选方法研究——以图书情报学为例的实证分析[J]. 图书馆论坛，2008，28(6)：44—49.

引既存在关联性，也具有差别性。

表 3-1 中国教育研究 SSCI 发文数量、被引频次、h 指数前 50 位作者

序号	作者姓名	发文数量	作者姓名	被引频次	作者姓名	h 指数
1	Tsai CC(蔡今中)	112	McBride-Chang C	556	Tsai CC(蔡今中)	29
2	Lin JD(林金定)	87	Ho Connie Suk-Han	531	Lin JD(林金定)	20
3	Lin LP(林蓝萍)	54	Tsai CC(蔡今中)	504	McBride-Chang C	19
4	McBride-Chang C	46	Lin JD(林金定)	441	Daniel W. Chan	16
5	Yen CF(严嘉枫)	39	Mok KoHo(莫家豪)	329	Yen CF(严嘉枫)	15
6	Chang CY(张俊彦)	38	Ference Marton	298	Chang CY(张俊彦)	14
7	Hsu SW(徐尚为)	38	John B. Biggs	293	Lin LP(林蓝萍)	14
8	Ho Connie Suk-Han (何淑娴)	36	Herbert W. Marsh	290	Ho, Connie Suk-Han	14
9	Daniel W. Chan	36	L. S. Vygotsky	286	Shu H(舒华)	13
10	Wu Jialing	34	Shu Hua(舒华)	282	Wu Jialing	13
11	Liang JC(梁至中)	33	Paul R. Pintrich	273	David Kember	13
12	Lin Chienyu	32	Mark Bray	272	Hsu SW(徐尚为)	12
13	Chai CS(蔡敬新)	30	David Kember	270	Chung KKH (钟杰华)	12
14	Chung KKH (钟杰华)	28	Jacob Cohen	270	Gwo-Jen Hwang	11
15	Li Hui(李辉)	27	Daniel W. Chan	267	Gau Susan Shur-Fen	11
16	Wu Chialing (吴佳苓)	26	Simon Marginson	246	Chen X	11
17	Chou Yuehching (周月清)	26	Philip G. Altbach	236	Chin-Hsiung Loh	11
18	Yin HB(尹弘飚)	24	Barry L. Fraser	235	Liang JC(梁至中)	11
19	Shu Hua(舒华)	23	Li J	211	Chou C	11
20	Chang Chicheng (张基成)	23	Joseph F. Hair	208	Zhang LX	10
21	Zhang Jie	23	Dwight Watkins	205	Yang Rui(杨锐)	10
22	Scott Rozelle (罗斯高)	22	Richard E. Mayer	202	Mok KoHo(莫家豪)	10
23	Wang Yan	22	Charles Perfetti	198	Chai CS(蔡敬新)	10

续 表

序号	作者姓名	发文数量	作者姓名	被引频次	作者姓名	h 指数
24	Liu Y	22	Robert Sternberg	197	Scott Rozelle(罗斯高)	10
25	Zhang Linxiu(张林秀)	21	Andy Hargreaves	187	Chen NS	9
26	Chen X	21	Morris P. Fiorina	187	Luo RF	9
27	Hu Biying(胡碧颖)	21	John W. Creswell	186	Li Hui(李辉)	9
28	Li J	20	Yang Rui(杨锐)	185	Wong LH	9
29	Trent John	19	Li Hui(李辉)	182	Wong AMY(黄美燕)	9
30	Wong LH	19	Stevenson Harold W	181	Law WW	9
31	Hong Jonchao(洪荣昭)	19	Jane Knight	179	Lin PY	9
32	Zhu Chang	19	Wang J	179	Zhang J	9
33	Yang Rui(杨锐)	18	Gwo-Jen Hwang	179	Chou Yuehching	8
34	Kember David	18	Jim Cummins	173	Martin Valcke	8
35	Chou Chien(周倩)	17	Wang M	171	Liu Y	8
36	Yu Shulin(于书林)	17	Chang CY(张俊彦)	169	Walker Allan	8
37	Yuan Rui(袁睿)	17	Michael Quinn Patton	169	George K. Georgiou	8
38	Hwang Mingyueh(黄明月)	17	Hu LT	166	Wu CL	8
39	Hwang GwoJen(黄国祯)	17	Philip Hallinger	165	Yin HB(尹弘飚)	8
40	Chen YL	16	Keith Rayner	163	Liu CF	8
41	LohChin-Hsiung(罗俊雄)	16	Zhang Lifang(张丽芳)	162	Chu CM	8
42	Chu CM	16	Barry J. Zimmerman	160	Morris P. Fiorina	8
43	Wang J	16	Linda Darling-Hammond	155	Shi Yongjia	8
44	Lee JCK(李子健)	16	Geert Hofstede	151	Singh M	8
45	Li L	16	Zoltan Dornyei	151	Tong XL(佟秀丽)	8
46	Chen Nian-Shing(陈年兴)	16	Michael Fullan	151	Trent John	8
47	Daniel W. C. Ho(何永昌)	16	Etienne Wenger	150	Zhu Chang	8

续 表

序号	作者姓名	发文数量	作者姓名	被引频次	作者姓名	h指数
48	Tang SYF(邓怡勋)	16	Viswanath Venkatesh	150	Chen CC	8
49	Lin PY	16	Emily Hannum	149	Lee JCK(李子健)	8
50	George K. Georgiou(乔治奥)	16	Hofer Barbara. K	149	Mark Bray	8

注：因笔者无法确定部分学者的中文姓名，故保留部分拼音；同时，为便于与图中的人名对应，笔者保留其中的外籍人士英语姓名。

中国教育研究SSCI发文的关键作者可分为四种类型：第一类是高产量、高被引和高h指数的学者。同时位居前50位的高产作者、高被引作者和高h指数作者以华人学者为主，包括蔡今中、林金定、凯瑟琳·麦克布莱德(Catherine McBride)、舒华、李虹、杨锐、李辉等。第二类是发文数量不高但高被引的学者。这类作者主要为非华人国际学者，如马飞龙(Ference Marton)(总被引=298)，约翰·比格斯(John Biggs)(总被引=293)，维果斯基(总被引=286)，马克·贝磊(Mark Bray)(总被引=272)，马金森(Simon Marginson)(总被引=246)，阿特巴赫(总被引=236)，沃特金斯(Dwight Watkins)(总被引=205)，斯腾伯格(Robert Sternberg)(总被引=197)，奈特(Jane Knight)(总被引=179)等，以及少数华人学者，如香港岭南大学的莫家豪(总被引=329)。第三类是发文数量高、h指数高，但总被引次数没有跻身前50位的作者，如香港中文大学的尹弘飚。第四类为总被引次数高、篇均被引高但发文数量和h指数没有入围前50名的作者，如香港大学张丽芳。

从区域分布来看，中国教育研究SSCI发文前50位作者主要来自中国台湾地区、香港地区以及国外，内地学者寥寥无几。但有些关键作者虽然在香港地区或国外任职，但具有中国内地的教育和学术经历，如杨锐、李辉、张丽芳等，表明中国内地在培养中国教育研究关键学者中起着一定作用。发文数量居前5位的学者来自台湾地区和香港地区，分别是台湾师范大学的蔡今中(112篇)、台北医学大学的林金定(87篇)、台湾经国管理暨健康学院的林蓝萍(54篇)、香港中文大学的麦克布莱德(46篇)以及台湾慈济大学的严嘉枫(39篇)。香港地区不乏篇均高被引的作者，如莫家豪(篇均被引23.5次)、何淑娴(篇均被引14.75次)和麦克布莱德(篇均被引12.09次)。北京师范大学的舒华是少数入围的中国内地学者之一，发文23篇，位居第19名，总被引282次，位居第10名，篇均被引12.26次，h指数是13。本书将以舒华作为中国内地的关键作者个案,进行具体案例分析。

三、中国教育研究 SSCI 发文高产作者的合著网络特征

(一) 高产作者学术合著的整体网络

为了呈现中国教育研究 SSCI 发文高产作者的学术合著网络,笔者采用 VoS Viewer 绘制了发文数量高于 8 篇的 192 位作者的学术合著网络图。如图 3－1 所示,这 192 位作者的合著网络主要由 21 个子网络构成,可将其视为 21 个知识网络群落,其中最大的子网络拥有 33 个节点数,最小的子网络仅有 2 个节点数;节点之间的相似性可用它们在二维空间的欧式距离来进行表达,距离越近则节点越相似,并使用不同的节点颜色来标记节点所属的聚类。[①] 该视图还能够通过查看每个单独的聚类,从而发现作者合作研究的主要团队。合著网络图中明显呈现出 5 个较为聚集的子网络,用实线圆圈表示,分别是以蔡今中、林金定、舒华、罗斯高(Scott Rozelle)、何淑娴(Ho Connie Suk-Han)为主的合著子网络。合著网络呈现出典型的同质性和地域性特征,网络具有明显的核心和边缘地带。

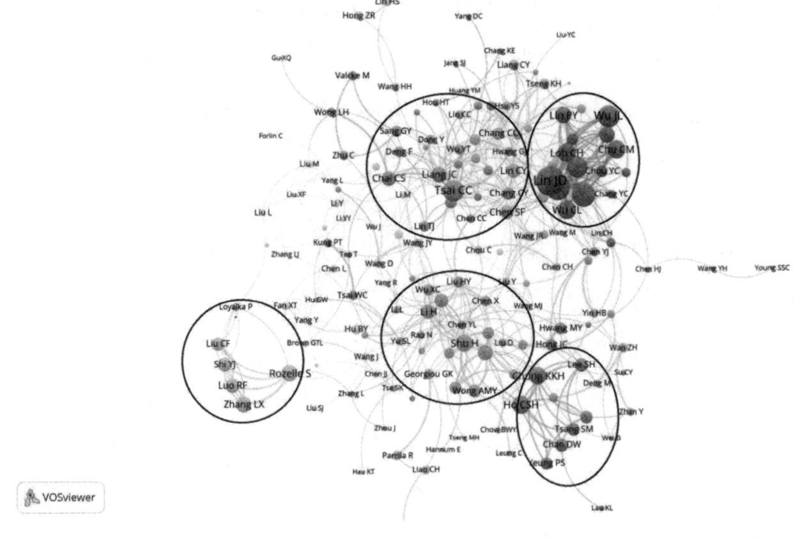

图 3－1 中国教育研究 SSCI 发文 8 篇以上 192 位作者的学术合著网络

---

① 李杰. 科学计量与知识网络分析、方法与实践(第 2 版)[M]. 北京: 首都经济贸易大学出版社, 2018: 337.

(二) 关键作者及其合著子网络

首先，SSCI 发文 21 个子网络具有不同的合著人员规模和研究领域。表 3-2 呈现了 21 个子网络的关键作者的姓名、机构、领域、发文数量、被引次数、h 指数及其群落成员人数与构成。这 21 个子网络根据其群落的构成人数，可分为大、中、小三种不同合著规模。第一类是包括 15 人以上的大规模合著群落，如舒华、蔡今中、范息涛以及 Chang Chicheng 所在的学术群落，主要研究领域为教育心理、科学教育、教育技术。第二类是人数为 6—15 人的中等规模合著群落，如林金定、洪荣昭、何淑娴、罗斯高、李子健所在的学术群落，主要研究领域为医学康复教育、教育技术、教育心理、农村教育、课程与教学。第三类是人数为 5 人以内的小规模合著群落，如乔治奥、郑美红、陈霜叶、许明得、Bryce TGK、何永昌(Ho Wai-Chung)、陈君君、张丽芳、洪瑞儿、Coniam David、高放、高雪松所在的学术群落，主要研究领域为教师教育、教育政策、教育管理、音乐教育、教育心理、语言评估、少数民族教育。

表 3-2　中国教育研究合著子网络中的关键学者*

关键学者	机构	领域	发文数量	被引频次	h 指数	群落人数	主要成员**
Shu Hua(舒华)	北京师范大学	认知心理	23	282	13	33	McBride-Chang C、Li HY、Wong AMY、Tong XL、Zhang J
Tsai CC(蔡今中)	台湾师范大学	科学教育	112	504	29	29	Liang JC、Chai CS、Chang CY、Lee MH、Lin TJ、Lin CC
Fan Xitao(范息涛)	香港中文大学(深圳)	教育心理	11	47	4	25	Hu BY、Yang Y、Yang R、Wang J、Chen L、Hu BY
Chang Chicheng(张基成)	台湾师范大学	教育技术	23	53	7	24	Lin CY、Chen SF、Liang CY、Tseng KH、Wang JR、Hsu YS
Lin JD(林金定)	台湾马偕医学院	医学康复教育	87	441	20	15	Lin LP、Yen CF、Chang CY、Hsu SW、Wu JL、Chu CM
Hong Jon Chao(洪荣昭)	台湾师范大学	教育技术	19	—	5	13	Hwang MY、Tsai WC、Kung PT、Chen YL、Chen YJ、Chen HJ
Ho Connie Suk-Han(何淑娴)	香港大学	教育心理	36	531	14	8	Chuang KKH、Lee SH、Tsang SM、Chan DW、Yeung PS
Scott Rozelle(罗斯高)	美国斯坦福大学	农村教育	22	—	10	6	Liu CF、Loyalka P、Luo RF、Shi YJ、Zhang LX

续 表

关键学者	机构	领域	发文数量	被引频次	h指数	群落人数	主要成员
Lee JCK(李子健)	香港教育大学	课程与教学	16	57	8	6	Wan ZH、Wei B、Wong SL、Yin HB、Zhan Y
Hong ZR(洪瑞儿)	台湾中山大学	教育心理	11	47	5	5	Cheng YY、Lin HS、Wang CC、Wang HH
George K. Georgiou(乔治奥)	加拿大阿尔伯塔大学	教育心理	16	78	8	4	Parrila R、Kou BC、Liao CH
Cheng May Hung May(郑美红)	香港教育大学	教师教育	12	—	5	4	Chan KW、Tang SYF、Wong AKY
Chen Shuangye(陈霜叶)	华东师范大学	教育政策	10	41	4	3	Hallinger P、Walker A
Hue Ming-Tak(许明得)	香港教育大学	教育管理	10	—	4	3	Kennedy KJ、Leung CH
Bryce TGK	英国斯特拉斯克莱德大学	科学教育	9	—	6	2	Blown EJ
Ho Wai-Chung	香港浸会大学	音乐教育	16	67	5	2	Law WW
Chen Junjun(陈君君)	香港教育大学	教师教育	13	30	5	2	Brown GTL
Zhang Lifang(张丽芳)	香港大学	教育心理	14	162	5	2	Watkins D
Coniam David	香港教育大学	语言评估	8	28	—	2	Yan Z
Gao Fang(高放)	香港教育大学	少数民族教育	14	39	5	2	Lai C
Gao Xuesong(高雪松)	澳大利亚新南威尔士大学	教师教育	15	60	6	2	Trent J

注：* 表格中数据仅指这些学者"中国教育研究"SSCI 发文情况；* * 仅列出主要成员，主要成员与关键学者之间不一定存在一一对应的直接合著关系。

其次，就研究领域而言，"都市型"研究领域和"田园型"研究领域具有不同的研究者群体和合著规模。教育心理、教育技术和教师教育等领域类似"都市型"研究领域，研究者多，合作发文相对较普遍，而关于教育政策和民族文化类似“田园型”研究领域，研究者及其合作发文相对较少。

第三，知识网和社会网之间存在关联，部分同一子网络群落中的学者存在同事、师生以及同门关系。

第四，国际中国教育研究学术生产体系存在中心-边缘结构，关键作者往往位居学术体系的中心机构。从机构分布来看，子网络中心的关键作者的机构主要为“教育学”的知名机构，包括中国香港地区的香港大学、香港中文大学、香港浸会大学、香港教育大学，中国台湾地区的台湾师范大学、台湾马偕医学院、台湾中山大学，中国内地的北京师范大学、华东师范大学以及美国的斯坦福大学、加拿大的阿尔伯塔大学、英国的斯特拉斯克莱德大学、澳大利亚的新南威尔士大学。

四、 三种类型关键作者及其合著网络的微观结构

根据合著关系与合著网络结构特点，可将高产和高被引的关键作者分为三种类型:“单中心”高密度合著型、“双中心”交互合著型以及“独著为主、合著为辅”型。根据以上数据，结合中国教育的不同研究领域，本节选取蔡今中、舒华-麦克布莱德、杨锐作为三种合著模式的关键作者案例，进行案例分析。

(一) “单中心”高密度合著型关键作者: 蔡今中的合著网络

学术合著网络实际上是一个权重网络，不仅要考虑与关键作者有合著关系的作者数，还应考虑他们之间的合作强度(即合作频次)。[①] 从图 3 - 2 蔡今中的主要合著共现频次图可以看出，蔡今中与主要合作者合著发文的次数非常高，达到人均 10 篇以上，合著对象主要来自其科研团队，包括台湾师范大学的梁至中、李旻宪、林宗进以及香港中文大学的蔡敬新。蔡今中处于“核心”地位，与其主要团队成员的合作关系非常密切，担任中介沟通与交流的重要角色，尽管团队成员之间也存在合著情况，但是如果将蔡今中这一节点从网络中抽离，会发现其他团队成员之间的合著共现频次明显减少，合作的密度也明显降低。蔡今中的主要研究领域是科学教育、科学教材教法、建构主

① 杜建，张玢，唐小利. 基于作者引用与合作关系的学术影响力测度研究进展[J]. 图书情报工作，2013，57(8)：135—140.

义理论以及网络学习,梁至中具有医学的教育背景,李旻宪具有地球科学的教育背景,林宗进的主要研究方向是科学教育和数位学习,蔡敬新的主要研究方向是教师教育、技术教育、教师信念。由此可知,蔡今中与其主要合著者既具有不同的学科背景,又都以教育技术为主要研究领域,体现了跨学科交流和优势互补,有利于在合作基础上促进研究创新和知识生产。

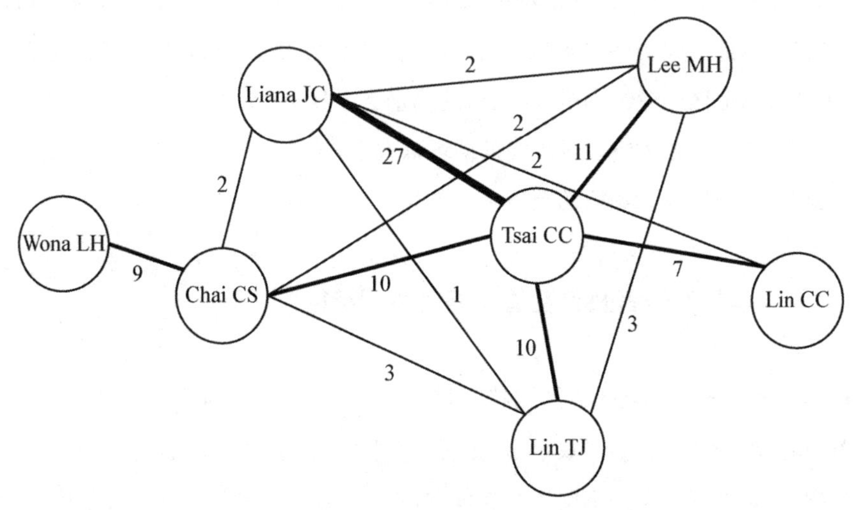

图 3-2 Tsai CC(蔡今中)主要合著网络

(线段上的数值指两位作者的共现频次)

该研究团队主要致力于将互联网作为一种认识论的教学工具,促进学习者在互联网环境中获得信息和知识[①],并探索将建构主义的教学原则应用于互联网科学教学。[②] 该团队还开发针对高中生、大学生、教师网上评价的量表。[③] 此外,他们还十分注重对科学学习的研究,从现象学的角度去分析科学学习的七类概念:记忆科学、备考科学、计算与实践导师性问题科学、知识增长科学、应用科学、理解科学、新视野科学。[④]

① Tsai C C. Beyond cognitive and metacognitive tools: The use of the Internet as an "epistemological" tool for instruction [J]. British Journal of Educational Technology, 2004,35(5): 525-536.

② Tsai C C. The interpretation construction design model for teaching science and its applications to Internet-based instruction in Taiwan [J]. International Journal of Educational Development, 2001,21(5): 401-415.

③ Peng H, Tsai C C, Wu Y T. University students' self-efficacy and their attitudes toward the Internet: the role of students' perceptions of the Internet [J]. Educational Studies, 2006,32(1): 73-86.

④ Tsai C C. Conceptions of learning science among high school students in Taiwan: A phenomenographic analysis [J]. International Journal of Science Education, 2004,26(14): 1733-1750.

(二)"双中心"交互式合著型关键学者：麦克布莱德与舒华的合著网络

如图 3－3 所示，这种合著子网络存在"双中心"核心作者，即香港中文大学的麦克布莱德和北京师范大学的舒华，两人合著发文 12 篇。这两位学者和团队其他成员之间的合著关系都非常密切，很难分辨出谁是该合著网络的"中心"，这说明舒华和麦克布莱德可能是一种互补关系，既能发挥自己的领域专长，又能通过密切合作开拓新的研究领域。

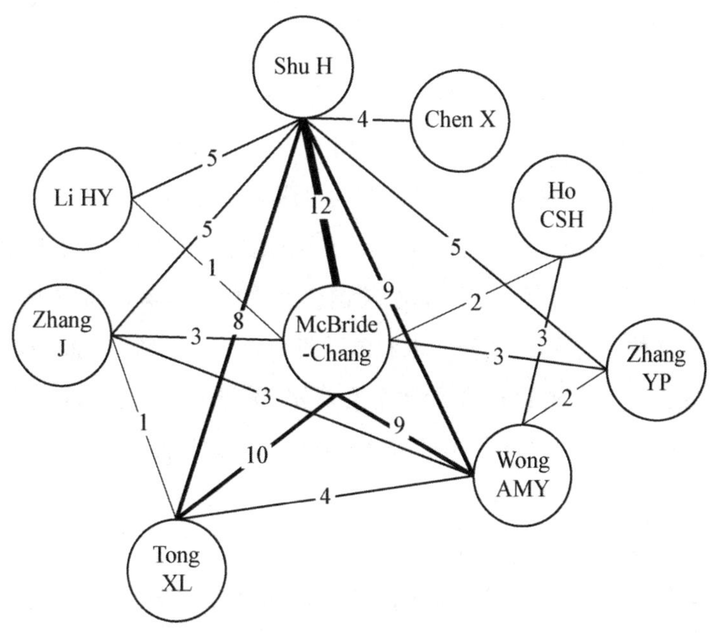

图 3－3　舒华、麦克布莱德主要合著网络

（线段上的数值指两位作者的共现频次）

麦克布莱德的主要研究领域是发展心理学中的儿童阅读，著有《中国儿童的阅读发展》(*Reading Development in Chinese Children*)(2003)、《儿童读写能力发展：学习读写的跨文化视角》(*Children's Literacy Development*: *A Cross-Cultural Perspective on Learning to Read and Write*)(2016)。表 3－3 显示了 Google Scholar 中麦克布莱德的 145 篇论文的署名情况，麦克布莱德主要以合著的方式发表学术论文，合著论文占比高达 95.17%。合著论文中，麦克布莱德作为第一作者的有 34 篇，占 23.45%，作为第二作者的有 68 篇，占 46.90%，作为第三和第四作者的共 36 篇，占 24.83%。麦克布莱德的合著对象较多，合著关系非常紧密的学者包括北京师范大学的舒华、香港大

学的佟秀丽(Tong Xiuli)和黄美燕(Wong Anita MY)。

表 3-3 麦克布莱德 145 篇论文的署名情况

	独著	合著			
		第一作者	第二作者	第三作者	第四作者
篇数	7	34	68	22	14
占比	4.83%	23.45%	46.90%	15.17%	9.66%

舒华的研究领域是认知心理学，主要方向包括语言发展、儿童语言阅读发展和阅读障碍的认知神经机制，对儿童汉字学习和阅读发展的规律进行了系统研究。舒华团队主要聚焦于中国儿童的阅读发展、汉语和英语语言发展，指出语素意识能够独特地预测幼儿对汉字的识别。[①] 尽管舒华是本土培养的学者，其本科、硕士和博士均就读于北京师范大学，但具有国际经历，如在美国伊利诺伊大学阅读研究中心做过访问学者。舒华以合著发文为主，不断寻求和国际研究之间的接轨，非常善于学术合作，除了与香港的麦克布莱德保持紧密合作关系外，还与国外学者，如乔治奥(G. K. Georgiou)、肖顿(M. Schotten)、拉米斯(F. Ramus)、帕长德(J. L. Packard)等建立了合作关系，合著发表科研成果。

(三)"独著为主、合著为辅"型关键作者：杨锐的合著关系

杨锐是香港大学教育学院教授，曾任职于中国内地与澳大利亚高校，拥有丰富的学术阅历和良好的国际声誉，研究领域包括教育政策、教育社会学、比较和跨文化教育、中国高等教育等。杨锐的知识生产模式以"单兵作战"为主，学术发表以独立发文为主、合作发文为辅。表 3-4 统计了 Google Scholar 中杨锐 2000—2019 年发表的 196 篇论文的署名情况，其中独著论文达 156 篇，独著率高达 79.6%，在高被引的前 20 篇论文中，独著占 75%。合著论文中，作为第一作者和第二作者的占 36 篇。其主要的合著对象较为稳定，主要为博士生导师安东尼·韦尔奇，同事或同行如 L. Vidovich、J. Currie、许美德、马金森，以及同门、同学和博士生等青年学者如李梅、谢梦、李梦阳等。

---

① McBride-Chang C, Shu H, Zhou A, et al. Morphological awareness uniquely predicts young children's Chinese character recognition [J]. Journal of Educational Psychology, 2003,95(4): 743-751.

表 3-4　杨锐 2000—2019 年 196 篇论文的署名情况

	独著	合著			
		第一作者	第二作者	第三作者	第四作者
篇数	156	19	17	3	1
占比	79.6%	9.7%	8.7%	1.5%	0.5%

注：196 篇文章涵盖非 SSCI 期刊论文。

尽管杨锐与其他学者的合著率并不算高，但是与导师、同行、同事、同门、学生的合著文章有一定的国际影响力。合作关系之中，杨锐与导师安东尼·韦尔奇的合作发表文章最多，主题包括高等教育国际化、中国与东盟高等教育合作、一流大学建设等。与青年学者和博士生的合作主题聚焦于中国人文社会科学的国际化、中国学术人才国际流动、中国高校的文化使命等。从杨锐的合作关系可见，学缘和业缘等社会网络关系对其合作发文起着主要影响，同门和师生之间因具有相似的研究兴趣，长期合作形成的信任进一步强化了学术合作关系。

五、 国际中国教育研究关键作者的合著关系

本节通过文献计量分析发现，“中国教育研究”SSCI 发文的关键作者主要由高产出和高被引作者构成，以境外华人学者、国际学者为主体，中国内地学者人数较少且以中青年学者为主。前 50 名的高产作者中，华人学者居多，而高被引作者中，国际著名学者居多。发文 8 篇以上的 192 位作者形成了 21 个子网络合作群落，其关键作者的合著网络规模呈现 15 人以上大型网络、6—15 人中型网络以及 5 人以下小型网络。关键作者的合著模式表现出“单中心”高密度合著型、“双中心”交互合著型以及“独著为主、合著为辅”型三种类型。不同的合著模式和合著网络，代表关键作者各自的知识生产模式。国际中国教育研究关键作者的合著关系具有如下特征。

（一） 学术合著网络具有稳定性和阶段性

国际中国教育研究的关键作者形成了较为稳定的合著子网络，网络规模可大可小，但网络成员之间合著关系紧密。合著者之间的研究方向往往存在交叉重叠，随着合作频次增加，彼此之间的信任感不断增强，合作关系日渐密切，从而形成相对稳定的

学术合著网络。合著网络的演变遵循一定的规律并具有阶段性，学者在其学术生涯的初创期、发展期、成熟期以及衰退期的密切合作者可能会有所不同，但是大部分合作对象会逐渐转化为学者的学术网络资源。[①]

（二）学术合著关系呈现多样化特点

学术合著的主要模式为师生合著、师师合著、生生合著，广义的师师合著包含同事、团队成员以及跨机构的学术同行，师生合著除了现有的师生关系外，也有可能是曾经的师承关系。国内师生合著是主要的科研论文合作模式，国外则以师师合著为主。[②] 不论是以蔡今中为案例的“单中心”型合著形态还是以舒华、麦克布莱德为例的“双中心”合著网络形态，都存在师生、师师合著模式。这些模式处于动态变化之中，师生合著中的学生可能随着自身学术职业的发展，从学生身份转变为教师，在此师承关系基础上的继续合作则转变为一种师师合著。另外根据合著者是否属于同一机构，也可将合著模式分为同机构合作和跨机构合作，蔡今中的合著网络以同机构合作为主，舒华、麦克布莱德的合著网络则以跨机构合作为主。同机构合作更为便捷，也更容易开展科研工作；而跨机构合作有利于资源互补与协同创新。[③]

（三）学术合著网络与社会关系网络的相关性

科研合作活动是一种典型的社会活动，必然导致一定程度关系网络的形成。[④] 国际中国教育研究关键作者的学术合著网络与其社会关系网络之间存在高度相关性，网络的节点与节点之间并不是简单的学术合著关系，而是背后可能隐含着学缘关系、业缘关系甚至更为复杂的人际关系，从而构建为稳定、开放的学术交流平台。学术合著网络与社会关系网络往往交织产生，相辅相成，社会关系网络为学者之间充分沟通提供了较为稳定、开放的平台，基于社会关系而形成的学术合作关系，有利于学术知识的交流与创新，同时学术合著也拓展社会网络中的人际交往与互动。

---

① 赵越，肖仙桃. 基于生命周期理论的科研人员学术生涯特征及影响因素分析[J]. 知识管理论坛，2017，2(2)：136—144.

② 王新明，丁敬达. 科研论文的著者合作模式研究综述[J]. 现代情报，2018，38(8)：172—177.

③ 王新明，丁敬达. 科研论文的著者合作模式研究综述[J]. 现代情报，2018，38(8)：172—177.

④ 赵延东，周婵. 我国科研人员的科研合作网络分析——基于个体中心网视角的研究[J]. 科学学研究，2011，29(7)：999—1006.

运用社会关系网络中的整体网(Whole Network)和个体中心网(Egocentric Network)[1]进行分析时,会发现学术合著网络中存在着宏观与微观的差异。本节绘制的中国教育研究SSCI发文的学术合著网络的密度较低,呈现较为分散的状态,但是各个子网络内部却呈现出高密度的合作关系,从而也进一步揭示了学术合著网络与社会关系网络之间的相似性。

(四)学术合著网络能促进高产、影响力扩散以及跨域合作

国际中国教育研究的关键作者的合著网络具有同机构、跨机构、跨国界的多种合作特点,合著对于高产和影响力具有促进作用。大多数高产、高被引作者擅长合作发文。论文产出与合著者之间的合作频次有高度的相关性[2],与明星专家合作,扩展合作对象数量有利于提升学术生产力。[3] 蔡今中及其团队成员、舒华与国际学者合作密度高,带来高产和高被引。可见,学术合著不仅能够提高生产力,同时也可能提高论文的质量及影响力,从而提高学者的学术声誉。学术合著网络还能推动跨域合作,这里的"域"包括知识领域和空间领域,不同学科或者学术领域之间的合作能够激发"跨学科的、应用情境的"新知识生产模式,而不同机构以及地域之间的合作则对提升学术影响力具有重要的作用。中国教育研究走向国际的过程中,国际合作是提升影响力的重要途径,但在争取国际学术认可的同时,还要积极建构本土话语。

本节通过分析中国教育研究SSCI发文的关键学者及其合著网络,考察近20年国际中国教育研究关键作者的特点,透视关键作者的知识生产与发表模式,揭示团队的构成及其主要研究领域。但是关注基于SSCI期刊论文合著网络的高产作者,并不能代表国际中国教育研究关键作者的全貌。因为有些对中国教育研究产生国际影响的学者可能选择独立发文、出版著作,或者发表非SSCI期刊论文,本节没有呈现这些作者的贡献。表3-1列举的前50名高产和高被引作者,其中部分学者不一定以合作发文为主。尽管我们强调合作发文这一知识生产方式能够带来知识生产的效率与创新,但合著仅是知识生产的一种形态。而且尚需要关照教育学作为一门深受各国历史文

① Borgatti S P, Ofem B. Overview: Social network theory and analysis [J]. Social Network Theory and Educational Change, 2010: 17-29.

② Katz J S, Martin B R. What is research collaboration? [J]. Research Policy, 1997,26(1): 1-18.

③ Bozeman B, Corley E. Scientists' collaboration strategies: implications for scientific and technical human capital [J]. Research Policy, 2004,33(4): 599-616.

化和制度传统影响的社会科学，其知识生产的复杂性与特殊性。虽然对于科研合作行为的测量方法日臻成熟，但应该综合使用科学计量学和社会学的分析方法，在归纳合著网络结构特征的同时，通过社会学和知识论的相关研究探讨深层次的因素，从组织关系、人际关系等方面对国际中国教育研究的作者群体进行更加全面深入的分析。

第二节　中国内地中国教育主题研究的国际合著网络

本节基于 WoS 数据库 2000—2018 年关于中国教育主题的发文数据，运用文献计量方法，计算中国内地中国教育主题的发文总量、基于不同作者数量的发文量和不同合作类型的发文量及其被引，并与其他发文优势区域比较，发现影响中国内地发文数量与质量的关键性因素是国际合作。进一步通过社会网络分析方法，以发文合作二值矩阵绘制学者合著子网络，分析中国内地学者合著网络的结构特征，发现中国内地教育学者在发文量、中心性等指标上反映的国际影响力尚落后于其他学科学者和中国港澳台地区教育学者，少量有影响力的以中国内地教育学者为核心的合作密集的子网络已经出现，但真正有国际影响力的内地教育学者群体和以其为核心的大型国际合著网络的形成还需要更长的时间。

从 1982 年到 2002 年，中国内地学者在社会科学引文索引（SSCI）期刊中独著或合著的中国教育研究主题论文年均仅 4.5 篇。从 2003 年开始，内地学者的 SSCI 期刊发文开始持续增长，到 2018 年达到 217 篇，超过了 1982 年到 2010 年的发文总和。在发文数量急剧增长的背后，是一个中国内地教育主题国际发文群体的形成——他们研究中国教育问题，与本国或国际学者合作，以非母语的英语写作，在大量西方学者“守门”的国际核心期刊发表论文[①]，这对于一个发展中国家或是在社会科学知识体系中处于边缘的国家而言，更标志着通过研究本国话题进入全球教育知识体系之中。

---

① Hyland，K. Academic Publishing：Issues and Challenges in the Construction of Knowledge [M]. Oxford：Oxford University Press，2016：42.

第二次世界大战以来，全球知识总量持续快速增长，科学家之间的合作趋势日益显著[①]，学术合作是当今科学发展和知识增长与传播的重要原因之一[②]，国际合作更是推动当今世界科技创新与发展的主要动力——汤森路透科研原评价主任亚当斯(Jonathan Adams)在《自然》杂志中指出，科学研究已进入继个人、机构和国家之后的第四代，国际合作的时代。[③] 古德芬奇(Shaun Goldfinch)等学者强调，边缘国家的科学家应通过与核心国家的作者共同发文，从而努力将自己的研究与国际学界相连。[④] 2000年中国高质量科技论文就已经有一半左右来自国际合作，显著高于全球平均水平。[⑤] 截至2019年，中国已连续9年在全球科技论文产出排名第二[⑥]，在多个学科的全球影响力已经显现。[⑦]

那么，近20年来，中国内地在中国教育主题研究的国际发文增长是如何实现的？国际合作是不是实现的关键性因素？哪些学者在20年间脱颖而出？他们在国际合著网络中扮演什么角色？中国内地的中国教育主题研究是否已经产生了国际影响力？本节将回答这些问题。

一、已有研究与分析基础

学术合作是当今学科发展与知识增长的主要因素，特别是国际合作，基于合作发文形成的合著网络反映了学术共同体的内部结构和发展特征，由此成为判断该学科领域国际影响力的重要维度。

---

① Beaver, D, Rosen, R. Studies in Scientific Collaboration [J]. Scientometrics, 1979,1(3): 245.

② Lee, S, Bozeman, B. The Impact of Research Collaboration on Scientific Productivity [J]. Social Studies of Science, 2005,35(5): 675.

③ Adams, J. Collaborations: The Fourth Age of Research [J]. Nature, 2013,497(7451): 557 - 560.

④ Goldfinch, S, Dale, T, Derouen K. Science from the Periphery: Collaboration, Networks and "Periphery Effects" in the Citation of New Zealand Crown Research Institutes Articles, 1995—2000 [J]. Scientometrics, 2003,57(3): 336.

⑤ 韩涛，谭晓. 中国科学研究国际合作的测度和分析[J]. 科学学研究，2013(8): 1136—1140,1135.

⑥ 中国科学技术信息研究所. 2018 中国国际科技论文产出状况[EB/OL]. [2019 - 02 - 03]. http://wap.sciencenet.cn/blog-1557-1143946.html.

⑦ Yang R. The Global Significance of China's Development in Education: Retrospect and Prospect in the 40th Anniversary Year of Reform and Opening Up [J]. Frontiers of Education in China, 2018,13(4): 489.

(一) 科学产出的指数增长在于合作

对于解释近20年间中国内地中国教育主题国际发文的激增现象,文献计量领域关于知识增长与原因的分析提供了重要的理论基础。计量学家普莱斯提出了当今科学发展的重要规律——指数增长和逻辑曲线[①],这对科学产出快速增长带来的知识爆炸与知识迭代时间不断缩短具有极强的解释力。但普莱斯并未回答科学增长何以呈逻辑曲线,他的学生克兰(Diana Crane)则给出了答案——科学产出得以指数增长的原因在于合作者群体与无形学院,校内、校外和国际合作是科学实践的核心特征,正是高产学者在知识交流中发挥着重要作用并推动了知识的扩散。克兰还进一步指出,在增长的第一阶段,科学家发现未来工作模式,在第二阶段少数多产的科学家确立了科学研究的优先权,招收和培养学生成为他们的合作者,他们的出现带来了这个领域的指数增长。[②]

(二) 国际合作是全球化的核心特征

19世纪开始出现的国际合作已成为全球化时代科学发展的重要动力和核心特征,不但像中国这样的新兴国家在知识经济上大量投入实现国际发文的激增,发达国家的国际合作甚至比发展中国家更为显著,亚当斯和加慈尼(Ali Gazni)等分别对大批WoS论文的分析显示了相似的结果——居于核心地位的西方国家彼此间广泛合作,高影响力机构比其他机构有着更多合作。[③] 从1981年到2012年,美国和西欧在30年间本土学者的发文数量停滞,其发文增长均来自国际合作,英国、德国和法国的本土学者发文只增长了50%,而国际合作则增长了10倍。[④] 自然科学"大科学"学科则更加需要国际合作。[⑤] 在全球自然科学发文大幅增长的同时,社会科学在近30年间的作者数量、合作、国际合作也出现了显著增长,合作的大幅度增长更是体现在运用统计方

---

① Price, D S. Little Science, Big Science and Beyond [M]. New York: Columbia University Press, 1983: 1-51.

② [美]克兰. 无形学院——知识在科学共同体的扩散[M]. 刘珺珺,顾昕,王德禄,译. 北京: 华夏出版社, 1988: 16.

③ Gazni, A, Sugimoto, C R, Didegah, F. Mapping World Scientific Collaboration: Authors, Institutions, and Countries [J]. Journal of the Association for Information Science & Technology, 2013, 64(12): 333.

④ Adams, J. Collaborations: The Fourth Age of Research [J]. Nature, 2013, 497(7451): 557-560.

⑤ Kim, H, Hong, I, Jung, W-S. Measuring National Capability over Big Science's Multidisciplinarity: A Case Study of Nuclear Fusion Research [J]. PLoS ONE, 2019, 14(2): 1.

法、实验研究和大型数据与团队合作等的学科领域。①

国际合作更是推动中国学术产出持续增长的主要动力。中国社会科学较自然科学的发展速度相对缓慢，从初始的无合作发展到国内合作，到现在以国际合作为主。② 中国内地日益加强的国际合作，主要归功于海归学者和海外华人学者，前者因其在海外留学积累的科研资本和与导师等人建立的合作网络而推动国际发文，使其在国际学术共同体中有一席之地，而这种情况在北美留学学者中尤其明显；后者则在国际学术共同体中产出和可见度迅速增长，并在评审系统中产生重要影响。③

很难有单个因素能够解释国际合作。已有文献中，中心-边缘理论学者强调边缘国家趋向于与核心国家合作获得后发优势④，有些国际合作也是基于地缘政治格局与原有的殖民历史网络⑤，第二次世界大战后各国增大的科技投入与互联网技术增强的学术沟通便利性也是导致跨国合作日益增长的重要原因，而科学发展则从专业化本身要求并加强了国际合作⑥，学者个体则通过国际合作提升其学术产量与声望，获取资源，或是指导学生等。但瓦格纳（Caroline S. Wagner）与林德斯多夫（Loet Leydesdorff）则认为这些因素在解释国际合作上并不令人信服，例如用中心-边缘理论就无法解释发达国家更高的国际合作比例，他们提出国际合作是一种自我组织网络，是学者基于个人利益寻求资源和声望而形成的合作网络。⑦ 这也呼应了梅林（Göran Meilin）提出的唯有研究者自身能发起合作，在高度自组织的合作中有一种很强的实用主义——只有存在收获时，才会有特定的合作，否则就不会产生合作。⑧ 在所有的合作中，师生合作最为常见。边缘或发展中国家学生更是通过学术流动在核心国家留学，提升专业化

---

① Henriksen, D. The Rise in Co-authorship in the Social Sciences (1980 - 2013) [J]. Scientometrics, 2016,107(2): 471.

② Li J, Li Y. Patterns and Evolution of Coauthorship in China's Humanities and Social Sciences [J]. Scientometrics, 2014,102(3): 2007.

③ Jonkers, K. Mobility, Migration and the Chinese Scientific Research System [M]. London & New York, Routledge, 2008: 2.

④ Ben-David, J. The Scientist's Role in Society: A Comparative Study [M]. Prentice-Hall, Englewood Cliffs, 1971: 19.

⑤ Zitt, M, Bassecoulard, E, Okubo, Y. Shadows of the Past in International Cooperation: Collaboration Profiles of the Top Five Producers of Science [J]. Scientometrics, 2000,47(3): 654.

⑥ Beaver, D, Rosen, R. Studies in Scientific Collaboration [J]. Scientometrics, 1978,1(1): 81.

⑦ Wagner, C S, Leydesdorff, L. Network Structure, Self-Organization and the Growth of International Collaboration in Science [J]. Research Policy, 2005,34(10): 1616.

⑧ Melin, G. Pragmatism and Self-Organization: Research Collaboration on the Individual Level [J]. Research Policy, 2000,29(1): 39.

水平并获得学术职业能力和国际学术网络，累积其学术社会资本并在回国后开展国际合作，且与导师保持着长期合作。①

(三) 合著形成了学术共同体网络

伴随合作在科学发展中的重要性受到学者日益关注，对其分析的方法和工具也在不断发展。社会网络分析方法通过可视化，分析不同群体中成员的沟通与合作机制，识别其中子网络的数量与类型、组织及其演变，从而分析整个网络的结构。学者基于不同因素进行广泛的学术合作，特别是通过合著形成了可测量、可观察的学术共同体网络，每个行动者(学者)成为重要的节点，合著将行动者(学者)联系起来，从而形成了一个可供社会网络分析的学术网络②，这也为分析中国内地发表中国教育主题论文的作者群体提供了重要的研究方法。纽曼(M. E. J. Newman)是较早将社会网络分析引入合著分析的重要学者，其对三个学科领域的数据采样，研究不同主题以及时间推移对合著模式的影响，以及通过论文数量分布规律、合著人数分布规律、网络节点的平均距离等研究合著网络。③ 近 20 年来，多个学科的学者运用社会网络分析进行合作网络分析，将幂率分布、网络密度、小世界特性、子网络、度中心性、中介中心性等作为分析合作网络的重要维度。

二、数据来源

本节数据来自课题组建立的“中国教育研究的大陆库”(简称“中国大陆库”)，即 WoS 的 SSCI 数据库中 2000—2018 年关于中国教育主题且内地学者为作者的研究性论文和综述论文，检索时间为 2018 年 9 月。笔者对数据进行进一步处理：因数据中 *Chinese Education and Society* 期刊的文章均为国内已发表中文文章和中国相关教育政策法规的英文翻译，并未体现中国内地学者英文发文的实际情况，故将该刊数据予以剔除；另外 *EURASIA Journal of Mathematics, Science and Technology Education*

---

① Jonker, K, Tijssen, R. Chinese Researchers Returning Home: Impacts of International Mobility on Research Collaboration and Scientific Productivity [J]. Scientometrics, 2008,77(2): 330.

② Newman, M E J. The Structure of Scientific Collaboration Networks [J]. Proceedings of the National Academy of Sciences (PNAS), 2001,98(2): 404 - 409.

③ Newman, M E J. Coauthorship Networks and Patterns of Scientific Collaboration. [J]. Proceedings of the National Academy of Sciences (PNAS), 2004,101(S1): 5200 - 5205.

和 *Educational Sciences-theory & Practice* 两种期刊数据亦被剔除，前者因为存在发表异常且因此已不再被 SSCI 数据库收录，后者则是因为其发表的文章均为学科教育相关，其主题与作者均为非教育学学科，如地理学、生物学、经济学等。笔者发现前期数据库中 2018 年数据仅限于 1—9 月，数据不完整，难以准确探析发展态势，因此在 2019 年 1 月补采 2018 年全年数据，同时整理全球数据、中国香港和台湾地区的数据，以备进一步与大陆库数据进行比较研究。

将检索的大陆库数据导入 Excel，提取发表论文 2 次以上的作者，将其整理为关联列表格式矩阵导入 Unicet 以建立合作 2 次以上的作者合作网络，网络中一个节点代表一个作者，节点之间的连线代表作者之间的合作关系。如作者 A 与作者 B 合作了一次，相当于 B 与 A 也合作了一次，此网络为无项网络，作者 A 到作者 B 的边的权值是其之间的合作次数，关系矩阵为非二值矩阵，作者合作网络是无向带有权值的，以此计算合作网络中的作者度中心性和中介中心性。度中心性即一个作者的合作者数量，在一个社会网络中，如果一个行动者与很多其他行动者之间存在直接联系，那么该行动者就居于中心地位，在该网络中拥有较大的“权力”；中介中心性测量的是一个节点能在多大程度上控制他人之间的交往，如果一个节点处于许多其他点的最短路径上，它就具有较高的中介中心度，该作者居于重要位置，可以通过控制信息的传递而影响子群，意味着控制着更多的作者间的信息流。最后用合作矩阵生成二值矩阵表，即合作为 1，无合作为 0，自己与自己合作为 0，生成 19 个凝聚子群，用 Pajak 绘制合著网络小团体图。为进一步掌握作者国际影响力，笔者于 2019 年 2 月 7 日—9 日查询网络中作者的谷歌学术引用数据，没有谷歌学术引用数据的，采用微软学术引用数据。少量学者未标明引用次数，或是因为引用次数较低，或是谷歌与微软学术中均没有明确计数。

三、数据结果与分析

基于数据结果，笔者运用文献计量方法和社会网络分析方法，分析中国内地在中国教育主题的发文数量与质量的发展趋势和关键影响因素，从而判断中国内地学者是否在中国教育的全球学术共同体占据重要位置并产生国际影响力。

（一）国际合作推动了中国内地中国教育主题发文数量与质量的变化

本部分通过比较中国内地、中国香港地区、中国台湾地区和美国这四个中国教育主题发文优势地区，以及合著人数和合著类型，分析20年来中国内地中国教育主题发文数量变化及其原因。

1. 合著带来发文数量的急剧增长

2000年到2018年，SSCI中中国教育主题发文合计5 357篇次，中国是发文主体，占总量的72.476%。进一步以发文机构所在区域进行检索，即以作者所在机构的国别及区域进行检索，发现中国内地学者参与发表的论文为1054篇次，低于中国香港地区学者参与发表的论文1 459篇次和中国台湾地区学者参与发表的论文1 450篇次。从篇均被引来看，中国香港地区和台湾地区学者参与发表的论文篇均被引均在10次以上，明显高于中国内地的7.331次。从合著率来看，最高的是中国内地(85.67%)，其次是中国台湾地区(76.345%)，中国香港地区最低(64.907%)。从独著和合著的走势来看(见图3-4)，近20年间中国内地、台湾地区的独著数量增幅较小，香港地区从2007年起独著数量增长相对较快。

进一步从三个地区合著变化趋势来看，中国内地和台湾地区的数据有显著变化：台湾地区从2006年到2011年保持快速高增长，2011年开始增速放缓，2016年回落到2011年发文量，之后持续下降，至2018年已跌至近10年最低；中国内地从2006年开始一直呈现增长趋势，到2016年甚至出现指数增长特征，近两年的增长率保持在25%左右。从图3-4可见，2016年是个有趣的拐点，台湾地区发文陡然下降，内地发文则急剧攀升。香港地区则一直保持着相对稳定的线性增长，单从增幅来看，内地则明显高于香港地区。

中国内地是中国教育主题研究的主要贡献者，排在第二位的国家是美国。发文机构在美国的文章共1 057篇次，基本和中国内地持平。美国作者参与发表的论文的篇均被引为11.681次，明显高于我国内地。从独著和合著情况来看，美国独著作者基本没有增长，合著则一直保持平稳的线性增长，增长幅度小于我国香港地区，可见也是合著带动了美国在中国教育主题的发文增长。

可见，从发文量来看，中国和美国在关于中国教育主题的国际发文上占有绝对优势。中国内地、香港地区和台湾地区以及美国的合著走势基本与其整个发文走势相叠，合著数量均较大地影响着发文总量，合著是导致这些区域发文增长的主要动力。在这些区域中，中国内地的合著增长更为显著且呈急剧的上升态势。普莱斯提出科学发展经历四个阶段：增长最初阶段、指数增长阶段、增长保持常数但增长率下降、增长量的绝对值和增长率都下降。从当前合著增长趋势来看，中国内地教育主题发文数量近两年内开始呈现第二阶段特征，即指数增长，这与原有发文基数不大有关。但是从被引表现的影响力来看，中国内地学者的平均被引在这四个地区中最低。

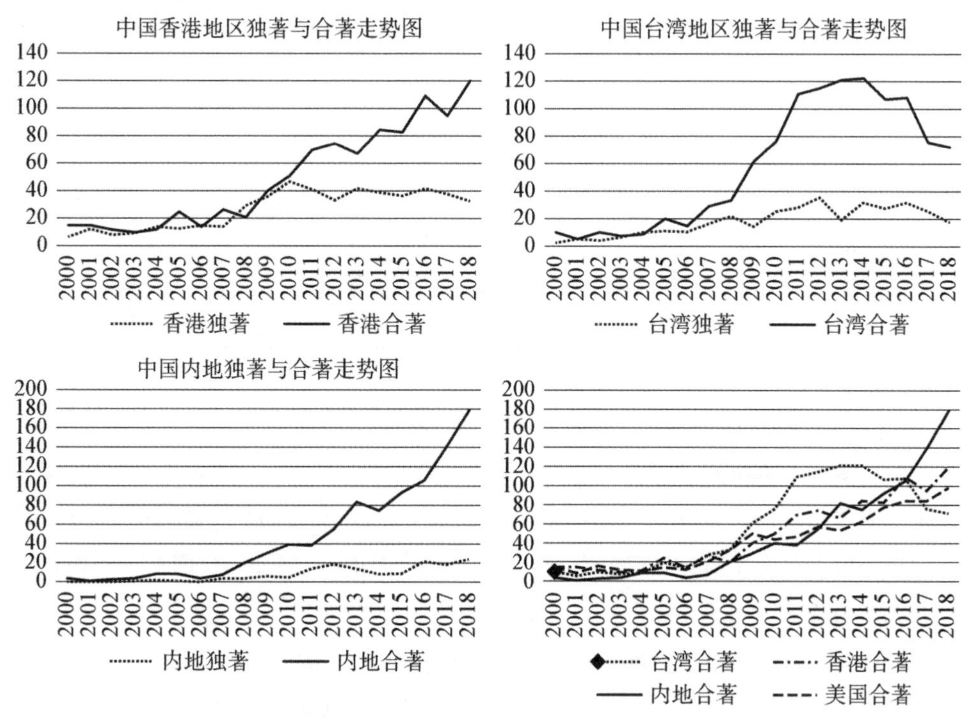

图 3-4 中国教育主题主要发文地区的独著与合著走势

2. 多人合作有助于提升学术影响力

中国内地学者参与的中国教育主题发文合计 1 054 篇次，篇均作者数量为 3.276 人。中国内地学者为第一作者的论文 751 篇次，占比 71.157%，篇均被引 5.467 次，明显低于海外学者为第一作者(303 篇次)的 11.007 次。从合著率来看，1 054 篇次中，独著 151 篇，合著 903 篇，合著率为 85.674%。进一步按合著人数，将合著划分为 2、3、4、5、6、7 和 8 人及以上合作人数，发现以 2 人、3 人和 4 人合著为主，占四分之三左右(见表 3-5)。从不同人数作者的平均被引来看：独著(5.483 次)、2 人合著、3 人合著间的差异不明显，其中以 2 人合著略高；作者数量 4 人及以上的被引明显增高，人数与被引呈正相关。这些合作作者多的高被引文章也正是亨里克森(Dorte Henriksen)等人所提出的运用统计方法、实验研究和大型数据与团队合作等的社会科学学科领域，如心理学等。

表 3-5　中国内地不同作者人数的发文数量、占比及平均被引

合著人数	发文数量	占比	平均被引
2 人	296	32.780%	6.637
3 人	233	25.803%	5.528
4 人	170	18.826%	8.382
5 人	81	8.970%	7.877
6 人	57	6.312%	9.316
7 人	28	3.101%	11.679
8 人及以上	38	4.208%	11.737

3. 国际合作是发文数量与质量增长的核心动力

按合著作者的地域将中国内地中国教育主题合著论文划分为中国内地合作、中国内地与港澳台地区合作、国际合作三种类型。从图 3-5 来看，中国内地中国教育主题发文以国际合作为主体，占总量的一半以上。从比例增长趋势来看，国际合作增幅较其他两种合作方式更为明显。从被引来看（见表 3-6），国际合作的被引（9.167 次）明显高于内地合作（4.835 次）和内地与港澳台地区合作（5.972 次）。可见，国际合作是中国内地中国教育主题发文增长的主要动力，其被引表现的学术影响力更大。因此，中国内地学者应着力加强国际合作，特别是大规模跨国团队合作，这将同时提升发文的数量与质量。

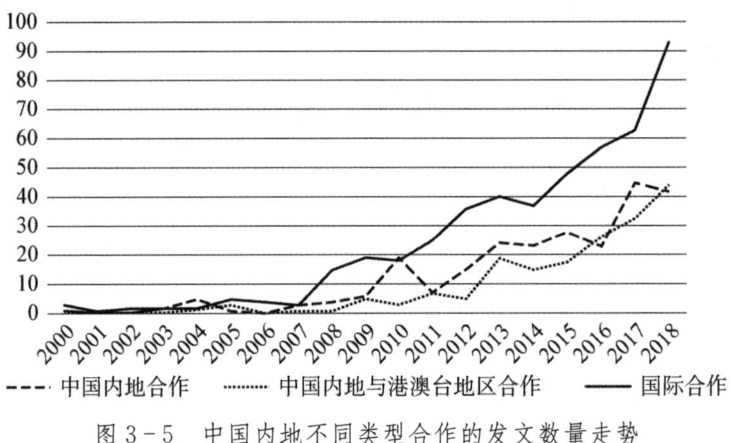

图 3-5　中国内地不同类型合作的发文数量走势

表 3-6　中国内地作者不同类型合作的发文数量、占比及平均被引

不同地域的合作	发文数量	占比	平均被引
中国内地合作	248	27.464%	4.835
中国内地与港澳台地区合作	182	20.155%	5.972
国际合作	472	52.270%	9.167

（二）合著网络中我国内地教育学者的国际影响力尚不够显著

本部分将通过中国内地中国教育主题发文合作网络中的学者发文量、中心性及合作子网络情况，辅以中国内地教育学者、非教育学科学者与中国港澳台地区教育学者的比较，分析中国内地教育学者的国际影响力情况。中国内地中国教育主题的国际发文合著网络密度为 0.0021，即网络中实际的连线数与最多可能的连线数之比。整体上该网络密度小、结构松散、高度不连通，无法用平均路径和聚类系数描述。该网络符合幂律分布，少数节点度较大，多数节点（非集散节点）的节点度较小。可以分析其节点的度分布特征，如图 3-6 中间的两个子网络存在大量的与其他节点的连接。计算中国内地合著网络中发文数量排名前 40 位作者，通过合作赋值矩阵，计算度中心性和中介中心性排名前 30 位的学者，通过二值矩阵，绘制出中国内地学者合著子网络图。

1. 中国内地教育学者在合著网络中的显示度和重要性还有待提升

从作者发文量来看，前 40 位发文量高的作者中（见表 3-7），有 17 位中国内地学者，23 位海外学者。进一步从学科来看，发文数量超过 10 篇的学者中，中国内地只有心理学和农业经济学者，没有教育学者，中国港澳地区的两位教育学者尹弘飚和胡碧颖均为 15 篇。可见就发文数量而言，教育学科不如心理学和农业经济学科，中国内地教育学者距离海外教育学者尚有差距。整体上教育技术的发文更加突出，北京师范大学作为机构比较突出。

表 3-7　中国内地合著网络中发文排名前 40 位的作者

作者	发文	作者	发文
舒华	22	Sharbono, Brian	7
Rozelle, Scott	21	Tong, Xiuli	7

续 表

作者	发文	作者	发文
麦克布莱德	20	王雁	7
张林秀	19	伍新春	7
胡碧颖	15	易红梅	7
尹弘飚	15	Zhu，Chang	7
罗仁福	12	董艳	6
史耀疆	12	范息涛	6
李虹	11	Georgiou，George K.	6
顾小清	10	李子建	6
刘承芳	9	Rao，Nirmala	6
Loyalka，Prashant	9	孙众	6
蔡今中	9	Yuan，Rui	6
于书林	9	陈国康	5
蔡敬新	8	Chen，Xi	5
Liu，Xiufeng	8	Chu，James	5
邓猛	7	Clarke，Anthony	5
古继宝	7	Ding，Lin	5
梁至中	7	李克建	5
桑国元	7	李玲	5

从度中心性来看(见表3－8)，在排名前30位的学者中，中国内地学者有14位，未超过一半。对于非教育学科，多位内地学者已具有很高的度中心性，在合著中掌握较大的权力，合著者数量多，如张林秀(中国科学院，谷歌被引13369次)，舒华(北京师范大学，微软被引7544次)等。在教育学科，排在前列的则是港澳台地区学者，如蔡今中与梁至中(台湾师范大学，谷歌被引23794和4104次)与尹弘飚(香港中文大学，谷歌被引1380次)、胡碧颖(澳门大学，微软被引383次)等。内地教育学者的合著者数量相对于海外学者少，只有桑国元(北京师范大学，谷歌被引1632次)和王雁入表。中介中心性表现作者在合著网络中信息控制的中介作用，在排名前30位的作者中，中国内地学者14位，其中教育学者桑国元、王文岚(华南师范大学)、李玲(西南大学)、孙众

(首都师范大学)入表,体现了这4位学者在其合著网络中的连接作用。

可见,无论是发文数量还是中心性,非教育学科的中国内地学者表现出色,特别是舒华、张林秀等,罗斯高(斯坦福大学)和麦克布莱德(香港中文大学)等海外学者在合著网络中也起到了重要作用。对于教育学科,整体上中国港澳台地区学者较内地学者的重要性和显示度更为显著。

表3-8 中国内地合著网络中心性排在前30位的作者

作者	中心性(%)	作者	中介中心性(%)
Rozelle, Scott	4.153	刘红云	1.178
张林秀	4.097	McBride, Catherine	0.992
舒华	3.367	舒华	0.833
史耀疆	2.974	胡碧颖	0.567
罗仁福	2.806	李虹	0.372
McBride, Catherine	2.694	于书林	0.289
刘承芳	2.301	桑国元	0.247
Sharbono, Brian	1.908	Sun, Jin	0.186
李虹	1.796	Rao, Nirmala	0.186
易红梅	1.515	张玉平	0.115
Loyalka, Prashant	1.178	蔡今中	0.113
伍新春	1.122	梁至中	0.113
张玉平	1.066	张林秀	0.098
蔡今中	1.010	李子建	0.082
胡碧颖	0.954	李玲	0.072
Tong, Xiuli	0.954	李辉	0.072
梁至中	0.898	Tardif, Twila	0.057
Chu, James	0.898	Rozelle, Scott	0.043
刘红云	0.898	史耀疆	0.043
Wong, Anita M. -Y.	0.898	尹弘飚	0.041
尹弘飚	0.842	伍新春	0.041

续 表

作者	中心性(%)	作者	中介中心性(%)
Tardif, Twila	0.842	王文岚	0.041
Mo, Di	0.842	Loyalka, Prashant	0.040
Anderson, Richard C.	0.786	Tong, Xiuli	0.036
宋爽	0.786	宋爽	0.031
桑国元	0.730	易红梅	0.031
Chen, Xi	0.673	罗仁福	0.027
范息涛	0.617	Chu, James	0.021
佟秀红	0.617	孙众	0.021
王雁	0.561	蔡金法	0.021

注:根据论文署名地区。

2. *以中国内地教育学者为核心的合著网络较少*

从中国内地中国教育主题发文形成的合著子网络来看(见图3-6),发文2篇合著2次形成的子网络只有19个,表明中国内地教育学者整体上缺乏固定且有一定发文数量的合著网络。子网络按规模可分为三种类型。第一类是舒华和张林秀的子网络,均超过10人,是合作连线极为密集的大型国际合作网络,包含多位国内外高被引学者,如舒华网络中的麦克布莱德(谷歌被引15 053次)、塔里夫(Twila Tardif)(谷歌被引9 855次)等,张林秀网络中的罗斯高(微软被引27 122次)、罗仁福(谷歌被引3 165次)、史耀疆(谷歌被引2 234次)、易红梅(谷歌被引1 264次)、罗雅尔卡(Loyalka)、普拉桑特(Prashant)(谷歌被引1 071次)等。两个子网络分属心理学和农业经济学科领域,均包含师生合作、机构合作、项目合作、国际合作、国内合作等多种紧密深入的合作类型,中国内地学者在其中表现出色,既是合作的核心也是掌握资源的核心,与美国和中国香港地区学者合作紧密,呈现"大科学"学科特征。如张林秀的网络中,罗仁福、刘承芳与易红梅均为张林秀的学生,刘承芳也是罗斯高的学生,罗斯高所在的斯坦福大学、张林秀所在的中科院等机构有长期的项目合作,合著网络中的多位中国内地学者均在斯坦福大学访学或获得研究生学位。

第二类是桑国元、胡碧颖和尹弘飚的子网络,网络规模为5到10人,学者合作较为紧密。桑国元在其子网络中的中介作用突出,是比利时根特大学学者、中国台湾地

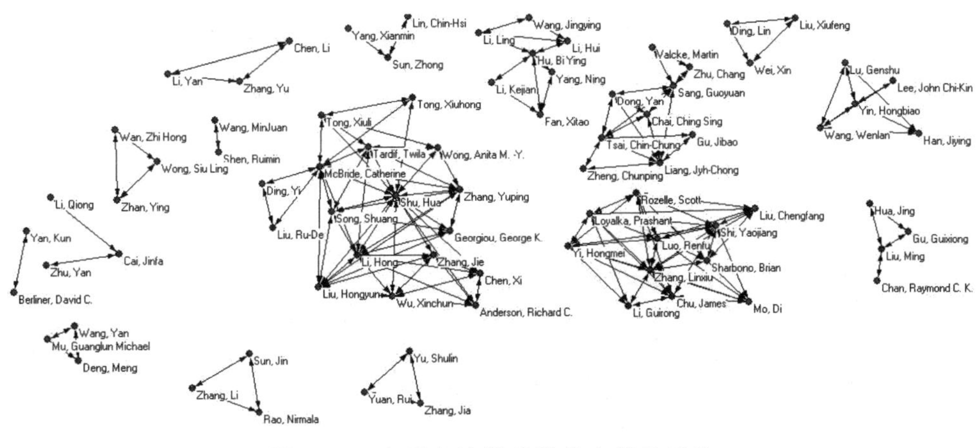

图 3－6　中国内地教育学者合著子网络

区学者和北京师范大学学者的连接桥，其子网络中包含多位高被引学者，如蔡今中（谷歌被引 23 794 次）、马丁（Valcke Martin）（谷歌被引 14 932 次）、蔡敬新（谷歌被引 7 376 次）、梁至中（谷歌被引 4 104 次）等。与桑国元的中介作用相近，胡碧颖也是其子网络中澳门大学、浙江师范大学和香港大学学者的重要枢纽，连接了范息涛（原澳门大学，谷歌被引 18 196 次）和李克建等多位学者。尹弘飚（香港中文大学，谷歌被引 1 380 次）在其子网络中既是核心学者也是合作的媒介，支撑了子网络中每篇文章的合作。胡碧颖和尹弘飚与中国内地学者的合作呈现相似特征：在中国内地进行有一定规模的数据采集，因其在国际发文与语言的学术资本优势在合著网络中成为核心。

第三类是 2 到 3 人的子网络，如穆光伦（昆士兰理工大学，谷歌被引 214 次）与北京师范大学的邓猛与王雁，张佳（浙江大学）与于书林（澳门大学）、袁睿（香港教育大学），阎琨（清华大学）与伯利纳（David C. Berliner）（亚利桑那大学，微软被引 26 065 次）的合作等。另外，网络中原有一些独立散点，如顾小清（谷歌被引 474 次）、李峰亮（清华大学）等，这些学者发文都在 5 篇以上，但或为独立完成，或与不同学者、学生合作，未形成固定的合作网络。这类小网络或散点体现了这些学者有较强的国际发文能力，但是尚未形成规模较大或固定的合作网络。

网络中的华人学者数量较多，其中中国内地教育学者以海归或境外毕业学者为主，如毕业于香港中文大学的张佳、陆根书和李琼等，毕业于香港大学的邓猛，毕业于根特大学的桑国元，毕业于多伦多大学的李玲，毕业于诺丁汉大学的李峰亮等，教育技术的学者则以中国内地博士为主，如华东师范大学的顾小清、首都师范大学的孙众等。中国港澳地区学者包括胡碧颖、尹弘飚、李子建（香港教育大学）等，海外华人学者包括范息涛、Wang Minjuan（圣地亚哥州立大学，谷歌被引 6 626 次）、蔡金法（特拉华大学，谷歌被引 5 216 次）、Liu Xiufeng（布法罗州立大学，谷歌被引 1 975 次）等。

从以上对子网络的分析可见，中国内地非教育学科学者和中国港澳台地区教育学者表现相对出色，体现在子网络的发文数量、合作的密集度等方面，由此也在子网络中拥有较大的学术话语权，继而在大的学术共同体中有更好的显示度和学术声望，其中基于师生合作、国际合作、项目合作等的非教育学科的合著网络表现出的影响力更为显著。大部分内地教育学者或是在他人为中心的子网络中，或是因发文量少或合作不够固定，而尚未在合著网络中作为大的节点显现出来，这也进一步反映了内地教育学者整体影响力及其在国际学界的显示度依然不高，但已有以个别内地学者为核心的合著网络凸显出来，如桑国元的子网络。

从发文数量、度中心性和中介中心性来看，中国内地教育学者的国际影响力还不够显著。从发文数量看，我国内地教育学者低于港澳台地区学者，更是低于心理学和农业经济学等非教育学科的学者；从度中心性和中介中心性来看，非教育学科学者的高度中心性体现出其较大的学术权力，合著网络密集且合著者多，呈现“大科学”研究特征，教育学科则是中国港澳学者在其合著网络中占据核心地位。这些在网络中居于核心地位的学者也是高产学者，如克兰对高产学者的界定，他们在中国教育主题的知识生产与交流中发挥着重要作用：与学生长期合作，主持大型项目，拥有稳定长期的国际合作团队。

中国内地学者国际影响力不够显著的原因主要在于：或是自身尚处于与国外导师合作或同行合作，而未能指导、带领学生合作发文；或是较少进行合作，而主要进行独著或合作对象不固定。而真正使中国内地教育学者发文实现指数增长，需要他们搭建其所处的国际合著网络并成为网络的核心，无论是在文章写作、研究指导，抑或信息与资源调配、合作机制搭建上；更为重要的是，他们本身要成为高产学者，招收和培养学生并使其成为长久的合作者。

通过对中国内地中国教育主题国际发文数量及其主要影响因素，即国际合作的发展趋势，以及中国内地学者合著网络中反映的发文量、中心性和子网络等的计算，可以从发文数量的变化与合著网络的结构分析我国内地在中国教育主题研究所显示的国际影响力。从数量上看，中国内地中国教育主题发文数量的持续上升走势，特别是

2016 年以来的指数增长显示中国内地教育研究的知识总量在不断增长，这是国际影响力从无到有的重要标志和重要体现。而总量增长的主要动力在于学术合作，近 20 年来中国内地合作、中国内地与港澳台地区合作和国际合作的发文都在增长，这与林德斯多夫等人在社会科学领域的研究发现一致。其中国际合作的增速与增幅显著超出其他类型合作，成为发文总量增长的关键性因素，由此也充分印证了亚当斯提出的第四代国际合作的战略重要性。而同期中国香港地区逐渐放缓的增长及其独著比例的相对略高、中国台湾地区持续的下降和美国保持平缓的增长，更凸显了中国内地在数量上的强劲上升势头。加上近年来中国政府对人文社会科学研究的重视，以及教育学海外留学人员①和回国人员的持续增长②所带来的教育学海归学者的持续增长，进一步推动了中国内地学者在中国教育主题的国际发文增长。

相比发文数量的显著增长，中国内地学者无论是作为第一作者的发文还是合作的发文，其篇均被引均较国际合作或港澳台地区学者为第一作者的发文尚有不小的差距，由此也显现出中国内地中国教育主题的整体发文质量还有待提升。亚当斯认为当前学术产出的数量增长正与质量提升相匹配③，国际合作是发展中国家或新兴发达国家获取发达科学知识和技术的有效途径，因此不但是学术质量的评价标准也是提升质量的路径。国际合作是我国内地在中国教育主题发文数量增长和质量增长的关键因素之一。

正如琼克的分析，在中国内地中国教育主题合著网络中，海归学者、港澳台地区学者、外籍华人学者和外国学者扮演了重要角色。通过合作，海归学者因国际发文获得了重要的学术资本而在国内学术评价中获益，并在国际学术共同体中崭露头角，如桑国元 2017 年、2018 年、2019 年连续被评为爱思唯尔中国高被引学者；港澳台地区学者则因与内地的合作增加了学术产出，并通过学术认可巩固其在国际学术共同体中的地位，且以国际学者的身份获得了在内地的学术话语权和知名度，如尹弘飚与胡碧颖；已有国际地位的外籍华人学者也通过合作提升了在国内的学术声望；外国学者则因与我国内地学者的合作更增加其在全球中国主题研究的话语权而巩固其学术声望，如罗斯

① 全球化智库. CCG 发布《中国留学发展报告(2017)》蓝皮书[EB/OL]. [2019 - 03 - 10]. https://www.sohu.com/a/211332807_800517.

② 教育部. 出国留学人数首次突破 60 万人，高层次人才回流趋势明显：2017 年出国留学、回国服务规模双增长[EB/OL]. [2019 - 03 - 10]. http://www.moe.gov.cn/jyb_xwfb/gzdt_gzdt/s5987/201803/t20180329_331771.html.

③ Adams, J. Collaborations: The Fourth Age of Research [J]. Nature, 2013, 497(7451): 558.

高(Scott Rozelle)等。这也印证了马金森分析的我国科技发展归因于人才开放、重视海归人才和海外人才的人力发展战略,在当今时代,海归学者、海外华人学者和关心中国的外国学者终于形成了合力而构筑起宏大的中国学术研究网络,并在中国教育研究主题的全球网络中占据主体,从而推动中国内地中国教育主题发文的持续增长。

但是知识总量的多少并不能完全说明知识的影响力,正如语言使用者的多少并不能决定语言的权力。[①] 科尔兄弟早在近 50 年前其代表作《科学界的社会分层》中就已提出,尽管小的国家在全球知识生产中有所贡献,但国际科学共同体被分为"穷人"和"富有者",而穷富的划分则在于重要发现者的所属。[②] 兹纳涅茨基在其经典之作《知识人的社会角色》中指出,学者是事实和问题的发现者与新知识的创造者[③],知识由什么样的人创造在很大程度上决定了知识的内容、价值与影响。建构、生产与传播中国教育知识,改变、深化或拓展现有中国教育的全球知识基础,从这个维度来看,中国内地尚未真正进入国际发文的指数增长阶段,而使中国内地发文呈现指数增长乃至几何级数增长的关键在于中国内地学者带领成为高产学者并与国际合作伙伴形成以其为核心的国际合著网络,且与海外重要学者(国际一流学者与华人优秀学者)密切合作,如此才能真正推动中国教育影响力在全球范围的提升。

---

① Crystal, D. English as a Global Language [M]. Cambridge: Cambridge University Press, 2003: 7.

② [美]乔纳森・科尔,[美]斯蒂芬・科尔. 科学界的社会分层[M]. 赵佳苓,顾昕,黄绍林,译. 北京:华夏出版社,1989:49.

③ [波兰]兹纳涅茨基. 知识人的社会角色[M]. 郏斌祥,译. 南京:译林出版社,2012:102—111.

第四章

国际中国教育研究的知识谱系：主题与前沿分析

在国际化的背景之下，学术研究和交流日益成为全球性的活动，教育研究也不例外。中国的教育实践和理论本身有着悠久的历史和文化积淀，但研究的制度化进程落后于西方。在较长一段时期内中国着重引进、接受和输入国际主流的教育研究概念体系、工具方法和理论成果。[①] 随着近年来中国政府对高等教育的重视，加之中国教育实践的发展，还有大量海归学者归国，中国教育研究的国际影响力获得了较大的提升，具体表现在国际发表的数量和引用率等方面。本部分主要关注国际中国教育研究的主题特征。通过对2000年以来发表在教育类SSCI期刊上关于中国教育研究的论文进行分析，试图回答以下研究问题：国际中国教育研究的前沿有哪些？主要聚焦于哪些主题？这些主题在2000—2018年间的时间变迁和演进趋势如何？相应主题有哪些代表性文献？与整个国际教育领域的主题和国内研究的主题相比，“走出去”的国际中国教育研究主题呈现出什么样的特征？

第一节　知识谱系：主题与前沿分析

近年来，对国内外期刊论文特征进行的统计分析方兴未艾，因为这些研究能够对某个学科或领域一段时期内的研究发展提供多角度的提纲挈领式的分析，包括高影响力学者、高影响力论文、研究方法、研究主题等等。这对于学术共同体反思学科或领域研究的历史、前沿和现状、决定研究方向、调整研究策略都有重要价值。已有对SSCI

① 李梅，丁钢，张民选，杨锐，徐阳．中国教育研究国际影响力的反思与前瞻[J]．教育研究，2018，39(3)：12—19，34．

教育期刊论文的内容分析大多聚焦于二级学科或某一具体的研究领域，例如，教育技术[①]、高等教育[②]、教育政策[③]、职业教育[④]、教师身份认同[⑤]等。对教育学总体的内容分析数量不多且角度各异。有研究比较了中外15所大学的教育学学科1998—2016年间在SSCI上的发表，发现中国大学在教育学论文发表期刊的平均影响因子较高，但在篇均被引上与国外大学的差距仍较大。[⑥] 刘强和丁瑞常对2012年中国学者在SSCI期刊上发表的72篇论文进行分类，认为中国学者在SSCI期刊上的发文主题更倾向西方国家关注的热点问题，研究范式也更倾向西方。[⑦]

一、 数据来源和研究方法

本节的数据来源于课题组建立的"中国教育研究的全球库"(简称"全球库"，5 592篇)。研究使用CiteSpace 5.3R4对数据进行可视化分析。在CiteSpace内，主要运用主题词(Term)共现聚类分析、研究主题变迁的时间线图谱分析等共词分析法。共词分析法是指利用能够揭示或表达文献核心内容的主题词或关键词的频次高低来确定某一领域研究热点和发展动向的文献计量方法。[⑧] 文献来源选择标题(TI)、摘要(AB)、关键词(DE)和增补关键词(ID)；选择以名词性术语(Noun Phrase)类型进行主题词提取；设置top N per slice值为50，即每一时间段内被引频次或出现频次最高的50个节点数据；剪切连线选择寻径(Pathfinder)，并同时选择修剪序列各网络(Pruning

---

① 兰国帅. 21世纪以来国际教育技术研究热点与前沿——基于18种SSCI期刊的可视化分析[J]. 开放教育研究，2017(2)：92—101.

② 李冲，李霞. 国际高等教育研究的总体态势与中国贡献——基于10种高等教育SSCI高影响因子期刊载文的可视化分析[J]. 中国高教研究，2018(8)：60—67.

③ 俞玮奇，曹燕. 21世纪以来国际学界教育政策研究的热点、趋势与走向——基于2000—2017年SSCI数据库"教育政策"主题词知识图谱的可视化分析[J]. 比较教育研究，2018，40(8)：61—69.

④ 李双，彭敏. 国际职业教育知识图谱研究——基于SSCI数据库(2009—2018年)的计量分析[J]. 西南大学学报(社会科学版)，2018，44(6)：59—70，190.

⑤ 裴丽，李琼. 2000—2016年我国教师身份认同研究的国际化进展：分布特征及研究主题——基于69篇SSCI期刊文献的分析[J]. 外国中小学教育，2017(10)：47—57，46.

⑥ 涂阳军，渠晴晴. 中国教育学学科离世界一流还有多远——基于1998—2016年SSCI教育学学科被引数的比较研究[J]. 比较教育研究，2018，40(1)：63—69.

⑦ 刘强，丁瑞常. SSCI对我国学者学术研究的影响：以教育学科为例[J]. 比较教育研究，2014，36(7)：87—92.

⑧ 马费成，张勤. 国内外知识管理研究热点——基于词频的统计分析[J]. 情报学报，2006，25(2)：163—171.

sliced networks)和修剪合并网(Pruning the merged network),寻径帮助简化网络并突出重要的结构特征,修剪序列中每个网络后最终合成综合网络;图谱可视化方式选择静态(static)和合并网络视图(Show Merged Network)。

CitesPace 软件依据网络结构和聚类清晰程度,提供 Q 模块值(Modularity)指标作为聚类效果的评判依据之一。Q 值一般在区间[0,1]内,Q>0.3 即意味着划分出来的结构是显著的,聚类效果越好,结构内部连线越多,Q 值就会越大,认为聚类是高效率令人信服的。[①] 本节生成的主题词共现图谱 Q 值为 0.841 4,说明图谱结构显著,聚类效率和可信服度较高。在初步聚类之后,使用 T(标题词条)方法对各主题词聚类并命名。接下来,进一步用时间线图谱呈现每一个聚类的演进趋势。追溯每个聚类内的高被引文献,对文献全文进行内容分析。最后,选取 *World Yearbook of Education* 2000—2018 年间的主题作为国际对照,选取陈瑜林对教育类 CSSCI 高被引学者形成的 10 个研究主题作为国内对照[②],分析国际中国教育研究的主题特征。

二、 研究前沿突现

主题的突变检测计算是指通过考察词频,将某段时间内频次变化率较高的词频从大量的主题词中探测出来,可观测出一个学科或研究领域内研究兴趣的突然增长,这意味着发出了研究前沿逐渐兴起的信号。本研究首先用软件进行突现主题词图谱的简单透视,可得 2000—2018 年国际中国教育研究的突现主题及其突现率和被引历史曲线(见图 4-1)。可看出代表该时段的研究前沿的主题术语主要有:学生态度、双语教学、资优生、教育改革、文化情境等具体研究主题,及基础教育、特殊教育、小学等教育领域,还有因子分析等研究方法,大部分突现的前沿主题与具体的热点聚类密切相关并持续凸显。

研究主题聚类

主题词来源于文章标题、摘要和关键词部分,关键词与主题词网络都可以反映出某一领域当前和过去的热点研究情况。本节选用主题词做共现,认为使用 Term 分析

---

① 陈悦,陈超美,胡志刚,等. 引文空间分析原理与应用——CiteSpace 实用指南[M]. 北京:科学出版社,2014:43,65.

② 陈瑜林. 我国教育学学术群体知识图谱研究[J]. 广州广播电视大学学报. 2016(3):45—54.

Terms	Year	Strength	Begin	End	2000—2018
research literature	2000	3.4751	2000	2007	
educational institutions	2000	3.4477	2000	2005	
student attitudes	2000	3.9723	2000	2007	
peoples republic	2000	12.6838	2000	2009	
hong kong students	2000	4.4697	2000	2007	
bilingual education	2000	3.3082	2001	2008	
factor analysis	2000	3.4027	2001	2008	
gifted students	2000	3.3082	2001	2008	
subject matter	2000	3.3791	2001	2006	
basic education	2000	3.1364	2003	2009	
special education	2000	3.2228	2003	2007	
educational reform	2000	4.2988	2003	2007	
primary school	2000	4.9233	2004	2011	
cultural context	2000	3.2512	2004	2009	

图 4-1　2000—2018 年国际中国教育研究突现率最高的 14 个主题词

要比关键词分析更深入到文本内容，反映出来的信息也更全面。① 本研究通过软件运行获得国际中国教育研究主题词聚类图谱，如图 4-2 所示。

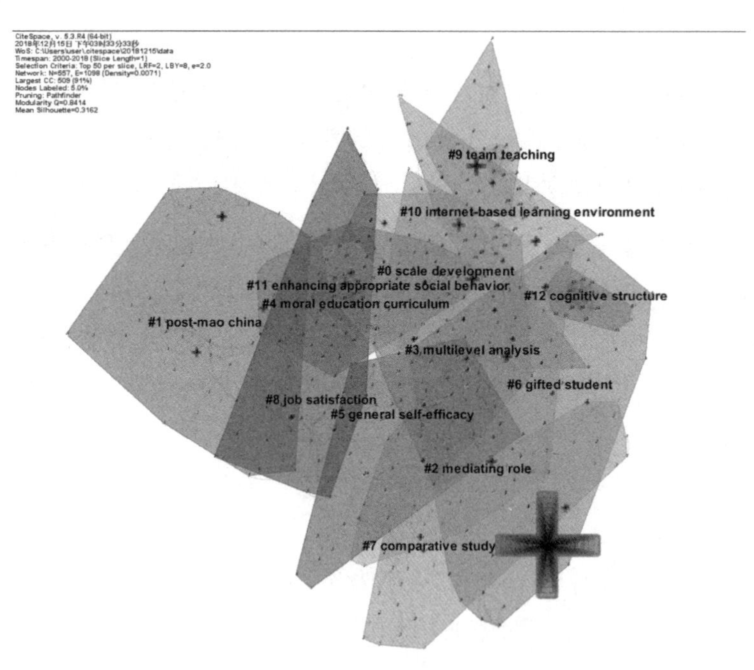

图 4-2　2000—2018 年国际中国教育研究 13 个主题词共现图谱

① 陈悦，陈超美，胡志刚，等. 引文空间分析原理与应用——CiteSpace 实用指南[M]. 北京：科学出版社，2014：43，65.

本节通过主题词共现分析，共生成20个主题聚类，图4－2呈现了前13个主要簇群，一定程度抓取并呈现了2000—2018年国际中国教育研究的热点主题。其中，轮廓值S可作为另一个评价聚类效果的参数，一般来说，当轮廓值在0.7时，聚类是高效率令人信服的，S值在0.5以上，聚类被认为是合理的。本节所生成的13个主题聚类S值全部高于0.5，且12个都高于0.7，说明生成的聚类是高效且令人信服的。本研究对13个主题进行分类呈现，结果如表4－1所示，下文将结合每个主题的高影响力论文，对主题进行深入分析。

表4－1　2000—2018年国际中国教育研究13个热点主题聚类

分类	序号	主题	规模(Size)	轮廓值(Silhouette)	年份(Mean Year)
研究方法	0	scale development(量表开发)	32	0.618	2007
	2	mediating role(中介效应)	31	0.787	2010
	3	multilevel analysis(多层线性模型)	25	0.745	2006
中国特色社会文化	1	Post-Mao China(后毛泽东时代的中国)	19	0.89	2005
	4	moral education curriculum(德育课程)	21	0.778	2006
中国特色教育实践	6	gifted student(资优生)	21	0.809	2005
	9	team teaching(团队教学)	11	0.937	2006
教育心理	5	general self-efficacy(自我效能感)	12	0.849	2007
	12	cognitive structure(认知结构)	11	0.986	2006
	8	job satisfaction(工作满意度)	13	0.9	2006
比较教育	7	comparative study(比较研究)	16	0.957	2007
教育技术	10	Internet-based learning environment(网络学习环境)	15	0.82	2007
特殊教育	11	enhancing appropriate social behavior(增强社会适应行为)	13	0.931	2004

三、研究主题的时间发展轨迹

用CiteSpace对2000—2018年时段内的研究热点分布作进一步的时间线图谱呈现，试图对其时间变迁和演进趋势做简单了解，可视化结果如图4－3所示。

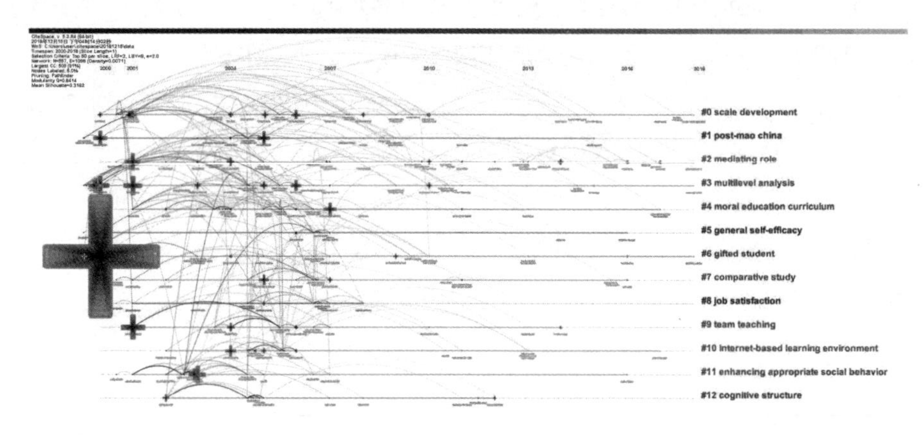

图 4-3　2000—2018 年国际中国教育研究热点变迁的时间线图谱

时间线图谱主要侧重于勾画聚类之间的关系和某个聚类中文献的历史跨度，软件根据节点所属的聚类（坐标纵轴）和发表时间（左边横轴），将同一聚类节点按时间顺序排布在同一水平线上，展示出该聚类的历史成果和演进趋势，更加关注聚类间的相互联系和相互影响需要。可通过其做以下分析：(1)整体来看，研究所生成的 13 个主题聚类整体持续时间较长，证明它们一直是学科领域内重点关注的研究主题。聚类中的重要成果整体多在 2000—2010 年的时间段内突现，后期则主要保持平稳发展状态。(2)具体来看聚类的历史跨度，有关量表开发、多层线性分析和资优生的研究主题历史跨度最长，从 2000 年一直持续到 2018 年，即它们一直是该时段内国际中国教育研究重点关注的话题。其中，中介效应主题自 2001 年起紧随其后，与前两者量化研究方法主题间的关系十分密切；有关资优生的研究，在 2000 年时重要文献成果的突现程度极其明显，以香港为关键地区节点，影响力较大。在那些年份，该聚类的成果开始增多。(3)对工作满意度的关注自 2001 年持续至 2008 年就逐渐趋冷，是聚类中跨度最短的主题；认知结构主题研究自 2003 年起成果增多，但 2012 年后也逐渐趋冷。(4)在增强社会适应行为(enhancing appropriate social behavior)聚类的发展过程中，2003 年出现了标志性的高被引文献，NK Yang 通过比较课堂情境下自闭症儿童的社交情感技能训练，为促进其适应社会提供行为干预建议，研究利用量化方法，与自我效能感等主题也有密切关联，但此类研究主题自 2016 年后关注度就逐渐降低。

四、主题分类与代表文献分析

对13个突现的主题进行分类，并回溯重要聚类内的高被引文献(具体见表4-2)，对文献进行内容分析，以便对相应聚类有更深入的理解。结果发现：量化研究方法导向突出；与中国特色社会文化相关的主题热度较高；中国独特的教育实践中，资优生和团队教学受到重视；此外，教育心理、比较教育、教育技术、特殊教育等研究领域各有一些核心主题。

表4-2　2000—2018年国际中国教育热点主题代表文献

分类	主题	代表文献	一作	年份	引用率
研究方法	scale development	Learner readiness for online learning: Scale development and student perceptions	Hung, ML	2010	89
	mediating role	Socioeconomic gradients in school readiness of Chinese preschool children: the mediating role of family processes and kindergarten quality	IP, Patrick,	2016	15
	multilevel analysis	Internet addiction, usage, gratification, and pleasure experience: the Taiwan college students' case	Chou, C	2000	273
中国特色社会文化	Post-Mao China	Marketizing higher education in post-Mao China	Mok, KH	2000	57
	moral education curriculum	New directions in the moral education curriculum in Chinese primary schools	Lu, Jie	2004	18
中国特色教育实践	gifted student	Adjustment problems and multiple intelligences among gifted students in Hong Kong: the development of the revised student adjustment problems inventory	Chan, DW	2003	25
	team teaching	Searching for good practice in teaching: a comparison of two subject-based professional learning communities in a secondary school in Shanghai	Wong, J L N	2010	34
教育心理	general self-efficacy	Effects of Sibship Structure Revisited: Evidence from Intrafamily Resource Transfer in Taiwan	Chu, CY Cyrus	2007	23

续 表

分类	主题	代表文献	一作	年份	引用率
	cognitive structure	Development of elementary school students' cognitive structures and information processing strategies under long term constructivist oriented science instruction	Wu, YT	2005	21
	job satisfaction	Running Universities as Enterprises: University Governance Changes in Hong Kong	Chan, D	2007	29
比较教育	comparative study	Contexts of mentoring and opportunities for learning to teach: a comparative study of mentoring practice	Wang, J	2001	86
教育技术	Internet-based learning environment	University Students' Perceptions of and Attitudes Toward (Online) Peer Assessment	Wen, ML	2006	88
特殊教育	enhancing appropriate social behavior	Enhancing Appropriate Social Behaviors for Children with Autism in General Education Classrooms: An Analysis of Six Cases	Yang, NK	2003	16

首先，量化研究方法导向突出。本研究生成的热度最高的四个聚类中，scale development（量表开发）、mediating role（中介效应）和 multilevel analysis（多层线性模型）三个都与量化研究方法息息相关。在教育研究方法体系中，实证与思辨作为两大范式适用于不同的研究目的和内容。20 世纪上半叶开始，西方教育研究逐渐发展起以"实证-科学"为主流的研究范式，国际中国教育研究紧跟潮流，对实证研究的重视不断增强，实证研究主要包括量化研究、质性研究以及混合研究等方法。国际中国教育研究的量化取向十分突出，强调了研究者对事物可观测部分及其关系的测量、计算和分析。一方面，各研究纷纷使用多样化量表，借鉴、开发和验证多维度工具，尤其以量表开发为主要手段，结合中国现实情况，在学校管理、学生就业、学习成就、公民教育等各主题上选取不同量表，开展具体的测量实践与应用，如 Hung Min-Ling 等人用在线学习准备量表（Online Learning Readiness Scale）验证大学生学习的因素差异。[①] 此外，还有许多研究在传统的线性回归模型之上，引入多层线性模型来处理多层数据，该术语自 1972 年提出后不断被发展应用于社会科学研究，Chou Chie 等人对台湾大学生

① Hung M, Chou C, Chen C, et al. Learner readiness for online learning: Scale development and student perceptions [J]. Computers & Education, 2010,55(3): 1080 - 1090.

网络成瘾行为的研究就使用了多层线性模型，发现交往愉悦、性别、满意度等显著影响上网时间。① 中介效应模型可以帮助发现变量之间的间接关系，例如 IP Patrick 关于儿童入学准备的研究就发现，家庭社经背景通过家庭过程、幼儿园质量两个中介变量，对儿童入学准备产生影响。②

其次，与中国特色社会文化相关的研究主题热度极高，主要凸显出 Post-Mao China（后毛泽东时代的中国）与 moral education curriculum（德育课程）两个热点主题。后毛泽东时代的中国社会的变革不断深入，特别是 20 世纪 90 年代起建立社会主义市场体系后，中国教育发展受到市场力量的强烈影响，教育改革快速推进。由此，许多研究开始关注后毛泽东时代下中国教育政策不断变化的过程和影响，莫家豪（Mok Ka Ho）重点研究教育政策在后毛泽东时代变化的制度根源，根据全球社会福利服务市场化实践来评估中国经验。③ 与此同时，极具特色的中国思政教育也成为高热度研究主题，德育课程多年来贯穿我国教育各阶段，与知识学习和学生生活息息相关，学界对课程的设计、应用、影响和改革的研究也不断推进，如鲁洁（Lu Jie）等人分析了中国小学德育课程 20 多年来存在的问题，提出课程改革下德育教育的挑战④；Zhan Wansheng 等人则以素质教育的现实改革为背景，总结 25 年来中国初中的德育工作，强调德育课程改革的意义与挑战。⑤

再者，与中国独特的教育实践相关的主题包括资优生与团队教学两个主题。以培养未来"精英"人群为目标，港澳台地区分别制订了具体的资优生教育计划，中国内地多用特长生、学业成绩优秀等来表示这一概念。资优教育在基础教育阶段的实施力度较大。强调发展成优秀学生的可能性，作为发展性评价来研究，该主题研究多关注资优生的学习与认知。如陈伟德（Chan David W）关注中国香港地区中小学资优生群体的适应问题，包括投入过多、完美主义、学业挑战性不高、多潜能和父母的期望等，人际

---

① Chou C, Hsiao M. Internet addiction, usage, gratification, and pleasure experience: the Taiwan college students' case [J]. Computers & Education, 2000, 35(1): 65 - 80.

② Ip P, Rao N, Bacon-Shone J, et al. Socioeconomic gradients in school readiness of Chinese preschool children: The mediating role of family processes and kindergarten quality [J]. Early Childhood Research Quarterly, 2016, 35: 111 - 123.

③ Mok K H. Marketizing higher education in post-Mao China [J]. International Journal of Educational Development, 2000, 20(2): 109 - 126.

④ Lu J, Gao D S. New directions in the moral education curriculum in Chinese primary schools [J]. Journal of Moral Education, 2004, 33(4): 495 - 510.

⑤ Zhan W, Ning W. The moral education curriculum for junior high schools in 21st century China [J]. Journal of Moral Education, 2004, 33(4): 511 - 532.

关系不佳的问题并不突出。这项研究对资优群体的适应问题与天赋或多元智能之间的复杂关系进行了讨论。① 另一方面是团队教学、教研组或教师专业发展共同体。在中国基础教育课程改革的背景下,教师们需要密切合作,以教研组、团队教学等形式实现教师专业发展。中国上海在 PISA 测试中的优异成绩,也让全球教育界探究中国教育成功的关键,黄丽锷(Wong Jocelyn L N)对上海一所中学两个学科教研组进行了深入的质性研究,发现这两个学科教研组形成了共同的目标和集体责任感,社会文化的因素包括集体观念、权威主义取向的实践和人际关系对教师专业发展共同体至关重要。② 另外,我国台湾地区自 2001 年开始,也对基础教育阶段的课程进行了九年一贯制的改革,从分科课程改为跨学科的 9 个课程领域,团队教学的实践和理论受到重视。张世宗(Jang Syh-Jong)的研究证明接受团队教学的学生表现优于接受传统教学的学生,超过半数的学生也更喜欢团队教学。③

在教育心理方面,有自我效能感、认知结构和工作满意度三个主题。自我效能感是指个体对自己实现某一特别领域行动目标所需能力的信念,在完成目标、任务和挑战中有着重要作用,强调观察学习和社会经验在人格发展中的作用,也是社会认知理论的核心概念④,引发了社会科学研究者尤其是教育研究者多年来的极大兴趣与关注。认知结构与策略研究也同样是热点主题,认知行为策略手段对自我效能干预的正向作用也不断被证实。许多研究在中国文化背景下,探究学生教师等教育活动中重要个体的自我效能感的影响因素,如吴颖沺(Wu Ying-Tien)等人用准实验的方法证明,建构取向的科学教学方法能够有效帮助学生认知策略和信息加工策略的发展⑤;随着教师研究的不断深入,教师职业满意度也成为主要的研究问题,如陈伟德等人对香港地区大学管理的企业化现象进行分析,这种管理文化影响了大学教师的工作满意度,

---

① Chan D W. Adjustment Problems and Multiple Intelligences among Gifted Students in Hong Kong: The Development of the Revised Student Adjustment Problems Inventory [J]. High Ability Studies, 2003,14(14): 41 - 54.

② Wong J L N. Searching for good practice in teaching: a comparison of two subject-based professional learning communities in a secondary school in Shanghai [J]. Compare, 2010,40(5): 623 - 639.

③ Jang S. Research on the effects of team teaching upon two secondary school teachers [J]. Educational Research, 2006,48(2): 177 - 194.

④ Fisher K E, Erdelez S, Mckechnie L. Theories of information behavior [M]. Information Today, Inc., 2005: 54 - 57.

⑤ Wu Y T, Tsai C C. Development of elementary school students' cognitive structures and information processing strategies under long-term constructivist-oriented science instruction [J]. Science Education, 2005,89(5): 822 - 846.

在传统的学术目标之外，增加了支持知识经济发展的新目标。①

最后，比较教育、教育技术、特殊教育领域也有持续受到关注的主题。21 世纪以来，全球化和信息化技术迅速发展，国际社会的巨大变革引发并推动着教育的交流与合作，比较教育研究在这样的时代背景下，承担起更大的责任与使命，不断凸显其时代特色，为我国和世界教育发展提供思路。研究者们在课程与教学、基础教育改革和政策、教师教育、职业教育、高等教育等各具体领域中，结合不同文化背景，探究项目合作情况、学生成就和心理动机、文化体验与交流、学习和社交生活等多样丰富的具体主题。在全球信息技术快速发展的促进下，基于网络的学习（Internet-based learning）成为较新的高频研究主题，总体呈逐年稳步上升趋势，在教学、教育实践和改革等方面都进行了深入探讨。

五、与国际教育研究的主题对比

国际中国教育研究是国际教育研究的组成部分，两者存在许多相同、关联之处，中国教育研究也有自身的特点和贡献。国际教育研究领域通过长期的对话和演进，在一些重要的概念、规律、技术、范例上达成共识，这些学科公认的"范式"②被中国教育学人接受和学习，成为中国参与国际学术对话的基础。而中国的教育研究为国际教育界提供了独特的经验、视角和思考，蕴含了中国教育学特有的价值观、思想体系、框架结构以及认知方式。③ 中国教育研究需要在与国际整体教育研究的对话中进步，随着社会发展与时俱进地不断建构。由此，本研究试图在研究热点主题方面，对国际中国教育研究和国际教育研究整体进行交叉对比，分析关联度较高的研究主题，尽可能提炼接轨度较低的关注话题，寻找中国特色和国际特色的研究主题。

如何寻找具有代表性的国际教育研究是一个重要问题，现有文献很少完全覆盖2000—2018 年的研究时段，也少有极具代表性的国际教育学整体主题研究。而年鉴作为向社会提供一年内全面、真实、系统的事实资料，便于了解领域内事物现状和研究

---

① Chan D, Lo W. Running Universities as Enterprises: University Governance Changes in Hong Kong [J]. Asia Pacific Journal of Education, 2007, 27(3): 305 - 322.

② [美]托马斯·库恩. 科学革命的结构[M]. 金吾伦，胡新和，译. 北京：北京大学出版社，2003：9—12.

③ 李政涛. 走向世界的中国教育学：目标、挑战与展望[J]. 教育研究，2018，39(9)：45—51.

发展整体趋势，具有较大的总结和统计意义，可以为连续比较提供参考。由此，本研究选取 *World Yearbook of Education* 作为对照年鉴[①]，它自 1965 年起，每年考察一个不同的主题，收集来自世界各地、各机构作者的观点与对话，通过这些世界领先的教育思想家和学者们杰出、关键的作品汇集，提供全球教育发展较为完整的历史呈现，映射不断变化的理论、政策、教学和学习等，内容较为全面，在国际教育领域影响力较大。本研究提取了 *World Yearbook of Education* 年鉴 2000—2018 年的报告主题，如表 4-3 所示。

表 4-3　2000—2018 年 *World Yearbook of Education* 年鉴主题

年份	*World Yearbook of Education* 年鉴主题
2000	Education in times of transition
2001	Values, Culture and Education
2002	Teacher Education-Dilemmas and Prospects
2003	Language Education
2004	Digital Technologies, Communities and Education
2005	Globalization and nationalism in education
2006	Education research and policy: Steering the knowledge-based economy
2007	Educating the Global Workforce: Knowledge, Knowledge Work and Knowledge Workers
2008	Geographies of knowledge, geometries of power: framing the future of higher education
2009	Childhood studies and the impact of globalization: Policies and practices at global and local levels
2010	Education and the Arab 'World': Political Projects, Struggles, and Geometries of Power
2011	Curriculum in today's world: configuring knowledge, identities, work and politics
2012	Policy borrowing and lending in education
2013	Educators, Professionalism and Politics: Global Transitions, National Spaces and Professional Projects

① Coulby D, Zambeta E. World yearbook of education: Globalization and nationalism in education [M]. Routledge, 2005.

年份	*World Yearbook of Education* 年鉴主题
2014	Governing knowledge: comparison, knowledge-based technologies and expertise in the regulation of education
2015	Elites, Privilege and Excellence: The National and Global Redefinition of Educational Advantage
2016	The global education industry
2017	Assessment Inequalities
2018	Uneven Space-Times of Education: Historical Sociologies of Concepts, Methods and Practices

基于以上主题提取,本研究尝试进一步筛选归纳国际教育研究的热点主题,并将其与前述13个国际中国教育研究的热点主题进行对照,绘制简单的象限图,如图4-4所示。整体来看,在第一象限,大部分国际中国教育研究主题与国际教育研究主题都有所接轨,中国教育研究能够参与国际的对话和知识共建中去。在第四象限,有关后毛泽东时代的中国和德育课程的主题在国际研究中凸显出独有的中国特色。在国别背景下,教育研究必然与各国独特的历史与社会发展息息相关,中国的教育政策改革背景和道德研究的特色也成为国际中国教育研究的独特贡献。

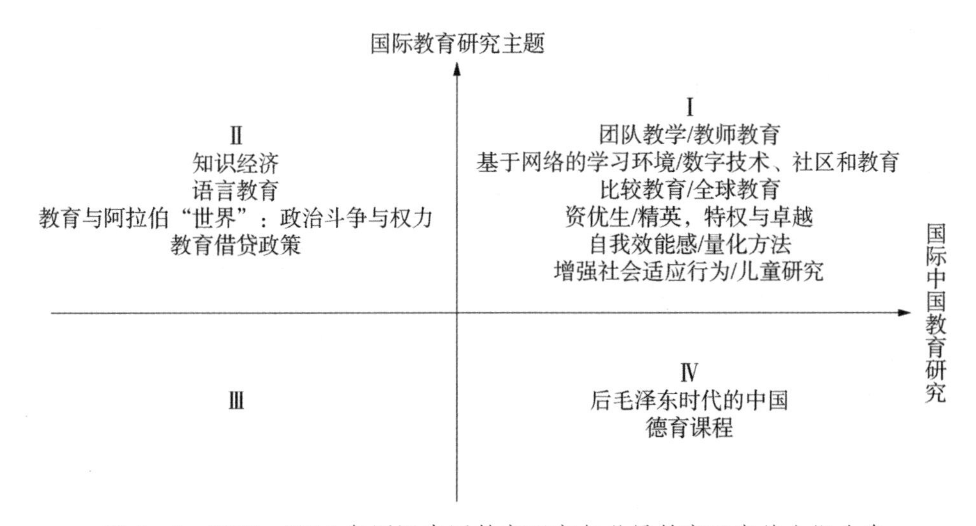

图4-4 2000—2018年国际中国教育研究与世界教育研究的主题分布

六、 与国内教育研究的主题对比

同样建基于中国教育实践，在国内教育期刊上发表文章的主题与在国际期刊上的主题之间又会有什么样的异同？为了回答这一问题，本节选取陈瑜林在 2016 年对 CNKI 教育高被引学者划分的十个学术群体作为参照①，分别以国际中国教育研究主题作为横坐标，国内教育研究主题为纵坐标，绘制简单的象限图，如图 4－5 所示。第一象限是国内和国际中国教育研究都关注的主题，包括教育技术、学习研究、教育心理与评价、教师教育、德育研究、课程与教学。第二象限是只在国内教育研究中凸显的主题，皆是我国教育实践的难点，包括建构主义研究、教育发展与管理、职业教育和高等教育。分析这些主题的特征可以发现，陈榆林文中定义的“建构主义研究”是指建构主义教学和学习方面的研究，这类研究针对我国传统教育实践重视结构、以教师为中心的特征，引进和介绍西方建构主义的理念，指导教学改革和实践。职业教育和高等教育方面，我国政府非常重视并持续发展，但与其他国家相比，仍不具备优势。因此，这些主题仍处于“引进来”而未“走出去”的状态。

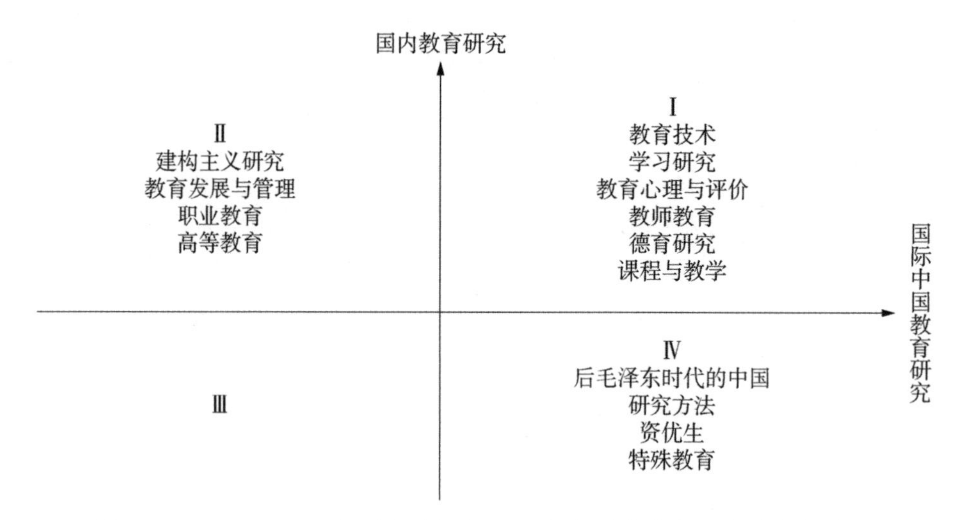

图 4－5　2000—2018 年国际中国教育研究与国内教育研究的主题分布

① 陈瑜林. 我国教育学学术群体知识图谱研究[J]. 广州广播电视大学学报，2016(3)：45—54.

第四象限是受国际重视的中国教育研究主题，在研究方法方面，只有运用了国际教育学界普遍认可的实证研究方法，特别是量化研究方法，才能够在国际期刊上发表。中国的资优生实践在国际上有比较优势，受到关注。特殊教育在国内没有形成突出的主题却在国际中国教育研究中凸显，究其原因，可能与期刊发表平台有关，SSCI 期刊目录中，特殊教育类期刊有 30 多本。但在 CSSCI 期刊目录中，特殊教育类期刊只有一本。

本节对 2000—2018 年间 SSCI 期刊上中国教育相关论文进行主题和前沿分布分析。研究发现：研究前沿突现出学生态度、双语教学、资优生、文化情境、教育改革等核心词；研究主题形成的 13 个聚类中，量化研究方法导向突出，与中国特色社会文化相关的主题热度较高，中国特色教育实践（包括资优生与团队教学）受到重视；对比国际和国内教育领域的主题后发现，中国对国际教育的独特贡献围绕后毛泽东时代中国和德育课程等主题。

第二节　研究范式、核心议题和理论基础

一、学科类别与期刊分析

前面的分析已经显示了交叉学科学者在中国教育研究的国际发表上的突出表现。接下来，我们再专门考察全球库的学科类别和期刊分布情况。

从表 4-4 可见，全球库中教育研究涵盖了康复学、教育心理学、语言学、计算机科学、精神病学、教育科学学科等多门交叉学科，说明中国教育研究中跨学科交叉研究的确占有相当的比例。

表 4-4　中国教育研究的国际发表所覆盖的学科类别分布

Web of Science 类别	论文数	百分比(%)
教育、教育研究 EDUCATION EDUCATIONAL RESEARCH	5 012	89.63
特殊教育 EDUCATION SPECIAL	582	10.41

续 表

Web of Science 类别	论文数	百分比(%)
康复 REHABILITATION	523	9.35
教育心理学 PSYCHOLOGY EDUCATIONAL	401	7.17
语言学 LINGUISTICS	228	4.08
计算机科学跨学科应用 COMPUTER SCIENCE INTERDISCIPLINARY APPLICATIONS	195	3.49
心理发展 PSYCHOLOGY DEVELOPMENTAL	166	2.97
语言、语言学 LANGUAGE LINGUISTICS	143	2.56
精神病学 PSYCHIATRY	99	1.77
教育科学学科 EDUCATION SCIENTIFIC DISCIPLINES	49	0.88

表 4－5 所列的是中国教育研究发表量最大的 20 种国际期刊。从中可见，刊载中国教育研究成果最多的国际期刊是关注亚太区域文化背景的综合性期刊，但这些期刊的影响因子却比较低。发文量居前三位的分别是《亚太教育研究者》《欧亚数学科学与技术教育杂志》和《中国教育与社会》，其影响因子都不到 1.0。排在第 5 和第 8 位的《亚太教育评论》和《亚太教育杂志》的影响因子也低于 1.0。而技术类专业期刊影响因子就高得多。表 4－5 中影响因子最高的是《计算机与教育》，超过了 4.0，其次是《英国教育技术杂志》。还有三本期刊的影响因子超过了 2.0，分别是《教学与教师教育》《高等教育研究》和英语语言教学的核心期刊《TESOL 季刊》。可见，教师教育、高等教育和语言教学也是中国教育研究中比较有影响力的研究领域。

表 4－5　中国教育研究成果发表的主要国际期刊

序号	学术期刊名称	数量	百分比(%)	影响因子①
1	亚太教育研究者 ASIA-PACIFIC EDUCATION RESEARCHER	242	4.33	0.633
2	欧亚数学科学与技术教育杂志 EURASIA JOURNAL OF MATHEMATICS SCIENCE AND TECHNOLOGY EDUCATION	240	4.29	0.903
3	中国教育与社会 CHINESE EDUCATION AND SOCIETY	239	4.27	0.131

① 表中所列影响因子为 Journal Citation Reports 上公布的各期刊最新的影响因子。

续 表

序号	学术期刊名称	数量	百分比(%)	影响因子
4	发展障碍研究 RESEARCH IN DEVELOPMENTAL DISABILITIES	235	4.20	1.821
5	亚太教育评论 ASIA PACIFIC EDUCATION REVIEW	202	3.61	0.861
6	计算机与教育 COMPUTERS&EDUCATION	183	3.27	4.538
7	高等教育 HIGHER EDUCATION	132	2.36	1.937
8	亚太教育杂志 ASIA PACIFIC JOURNAL OF EDUCATION	131	2.34	0.696
9	国际科学教育杂志 INTERNATIONAL JOURNAL OF SCIENCE EDUCATION	126	2.25	1.325
10	国际教育发展杂志 INTERNATIONAL JOURNAL OF EDUCATIONAL DEVELOPMENT	125	2.24	1.403
11	教育技术与社会 EDUCATIONAL TECHNOLOGY & SOCIETY	123	2.2	1.767
12	教学与教师教育 TEACHING AND TEACHER EDUCATION	120	2.15	2.473
13	阅读与写作 READING AND WRITING	116	2.07	1.837
14	英国教育技术杂志 BRITISH JOURNAL OF EDUCATIONAL TECHNOLOGY	81	1.45	2.729
15	国际科学与数学教育杂志 INTERNATIONAL JOURNAL OF SCIENCE AND MATHEMATICS EDUCATION	75	1.34	1.086
16	思维技巧和创造力 THINKING SKILLS AND CREATIVITY	72	1.29	1.333
17	澳大利亚教育技术杂志 AUSTRALASIAN JOURNAL OF EDUCATIONAL TECHNOLOGY	71	1.27	1.396
18	TESOL 季刊 TESOL QUARTERLY	67	1.2	2.256
19	计算机辅助语言学习 COMPUTER ASSISTED LANGUAGE LEARNING	64	1.14	1.928
20	高等教育研究 STUDIES IN HIGHER EDUCATION	64	1.14	2.321

综合来看,教育心理学、教育技术、医学教育等实证性的交叉学科研究成果多,在国际上影响力比较大;教师教育、高等教育、语言教学领域的研究也有相当影响力。而基于文化背景的中国教育研究虽然数量较多,影响力却很低。

二、非交叉学科的国际中国教育研究的核心议题

下面我们运用 CiteSpace 软件中的“Term”(主题词)共现分析来了解国际中国教

育研究的核心议题。Term是从文章标题、摘要和关键词中提取出来的主题词，因此Term分析要比关键词分析更深入文本内容，反映出来的信息更全面。[①]

在分析之前，我们对数据库进行了调整。前面的分析已显示交叉学科在发文量上比一般的教育研究高得多，如果用全部数据进行分析，抽取出来的主题词会大量显示为交叉学科的专业术语，其他的教育研究主题将被覆盖。因此，我们将原来的数据库中的两大类研究缩小为只包含EDUCATION EDUCATIONAL RESEARCH的教育研究，再依据期刊名称来剔除交叉学科的专业期刊，用余下的3 383条记录来做主题词分析。表4-6即是高频主题词的分析结果。

表4-6 中国教育研究的高频主题词

序号	频次	主题词	序号	频次	主题词
1	669	*Hong Kong*	26	46	case study
2	141	*Chinese students*	27	45	**learning process**
3	104	*Mainland China*	28	44	**learning experiences**
4	102	**education system**	29	43	data analysis
5	99	*secondary schools*	30	43	**phonological awareness**
6	88	*international students*	31	43	previous study
7	87	**professional development**	32	42	**reading comprehension**
8	82	significant difference	33	42	**learning outcomes**
9	78	**foreign language**	34	42	**students perceptions**
10	76	**second language**	35	40	interview data
11	76	**teacher education**	36	37	**gender difference**
12	68	research finding	37	36	**student learning**
13	67	in-depth interviews	38	35	questionnaire survey
14	66	**education institutions**	39	35	*East Asia*
15	57	*Chinese context*	40	34	qualitative data
16	56	**pre-service teachers**	41	34	**cultural difference**

① 陈悦，陈超美，胡志刚，等.引文空间分析原理与应用——CiteSpace实用指南[M].北京：科学出版社，2014：65.

续 表

序号	频次	主题词	序号	频次	主题词
17	55	semi-structured interviews	42	34	previous research
18	54	*Chinese universities*	43	33	theoretical framework
19	53	confirmatory factor analysis	44	33	*Chinese university*
20	52	**learning environment**	45	33	**curriculum reform**
21	51	*Chinese children*	46	32	*Chinese government*
22	51	*university students*	47	30	**morphological awareness**
23	51	practical implications	48	30	control group
24	51	structural equation modeling	49	30	**teacher educators**
25	47	*college students*	50	28	regression analysis

表 4－6 列出了频次靠前的 50 个主题词，我们可以将其分为三类。第一类是宏观的地域性、背景性名词如 *Hong Kong*、*mainland China*、*East Asia* 等(表中斜体字)。这些名词反映出国际中国教育研究的取样通常是中国香港地区、中国内地以及东亚地区的学校或学生群体。第二类是研究方法和学术写作术语如 significant difference、in-depth interviews、previous study 等(表中下划线标记)。可见，中国教育研究在研究方法上涵盖了多种质性研究和量化研究。第三类则是体现研究主题的词语，如 **professional development**、**second language**、**learning environment** 等(表中加粗字)。可以看出，中国教育研究的核心议题集中在教师教育、学习心理、语言学习、课程改革、教育政策研究这几个方面。

三、 非交叉学科的国际中国教育研究的知识基础

接着，我们使用 CiteSpace 作者共被引和文献共被引分析来了解国际中国教育研究的知识基础。作者共被引分析能揭示出研究领域内的奠基性学者及知识背景，而文献共被引分析则显示这一领域内所产生的关键文献的信息。

在剔除匿名作者(ANOYMOUS)之后，我们得到了作者共被引图谱(图 4－6)及聚类信息汇总表(表 4－7)。图中的节点大小代表了被引用的频次，连线代表合作关系，带阴影的光圈表示发文量有突现，数字编号所标识的是聚类信息标签。

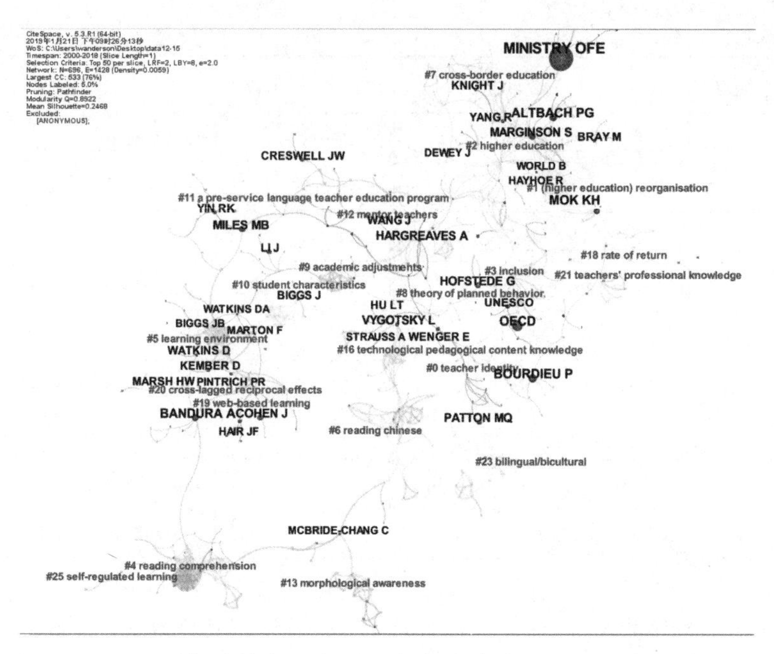

图 4-6 中国教育研究国际发表的共被引作者聚类图谱

表 4-7 中国教育研究国际发表中的共被引作者聚类信息表

排序	频次	突现率	作者	首次被引年份	半衰期	聚类编号
1	453	16.1	Ministry Of E	2004	11	2
2	209	29.26	OECD	2011	5	3
2	209		Bourdieu P	2001	13	0
4	184	9.6	Altbach PG	2000	14	2
5	179		Mok KH	2000	13	1
6	172		Bandura A	2004	10	5
7	150		Miles MB	2000	14	11
8	143		Hofstede G	2000	14	8
9	143		Patton MQ	2005	9	0
10	142	7.5	Marginson S	2001	14	2
11	129	8.1	Cohen J	2005	10	19
12	126	4.18	Vygotsky L S	2001	12	16

续 表

排序	频次	突现率	作者	首次被引年份	半衰期	聚类编号
13	121		Hargreaves A	2001	13	0
14	119	16.98	Creswell JW	2008	8	11
15	115	4.12	UNESCO	2007	7	3
16	112	4.12	Biggs J	2001	11	10
16	112	5.7	Bray M	2000	13	1
18	108	5.41	Li J	2008	7	9
19	107	5.87	Wang J	2001	13	12
20	105	5.4	Kember D	2000	12	20
21	101	3.47	Yang R	2004	11	2

从图4-6和表4-7中可以看出,共被引频次最高的作者首先是组织部门,包括教育部门和国际组织(Ministry of E; OECD; UNESCO)。这些部门发布的文件和各项调查提供了中国教育现状,是国际学术界了解中国教育的重要途径。其次,是20世纪西方心理学、社会学的理论家,如布迪厄(Bourdieu P)、班杜拉(Bandura A)、维果斯基(Vygotsky L S),杜威的名字也出现在图谱当中,说明他们的理论长盛不衰。维果斯基的理论还具有一定的突现性,说明其理论又被重新发掘。方法论学者和统计学专家也是共引较多的作者,如迈尔斯(Miles MB)、巴顿(Patton MQ)、克雷斯韦尔(Creswell JW)和科恩(Cohen J)。此外便是各领域影响较大的专家,如高等教育领域的阿特巴赫(Altbach P G)、管理心理学家霍夫斯塔德(Hofstede G)、学习心理学领域的比格斯(Biggs)等。我们在表4-7中也看到三位华人作者的名字:金莉(Li J)、王健(Wang J)和杨锐(Yang R),他们都供职于境外学术机构。由此可知,国际学术界对中国教育研究的关注度较高,但更多是出于对中国教育实践的兴趣。而研究中对中国教育现象的解释路径却基本上来自西方学者提出的理论,甚至是20世纪的理论。这说明中国教育研究对西方理论的过度依赖,一方面是中国本土理论知识创新上不足,另一方面也反映了西方学术话语的强势。

表4-8所列的是共被引频次最高的10篇文献,大部分文献在这一时间段内引用都有突现性,且半衰期较长,说明这些文献在相关领域内产生了较大的影响。其中有4篇文献是介绍研究方法的书籍,定量研究主要是包括美国统计学家海尔(Joseph

F Hair)等人所著的两版《多元数据分析》[①]，该书 2006 年和 2010 年的两个版本都被大量引用。从突现性来看，2006 年所出的第四版主要是在 2010 年到 2013 年被大量引用，在 2014 年以后，学者们多引用 2010 年的新版。这些现象表明该书在量化研究方法上具有权威地位。定性研究方面则有殷(Yin，R K)所著的《案例研究：设计与方法》[②]和梅里安姆(Merriam，S B)所著的《定性研究：设计和实施指南》。[③] 这两本书都侧重讲解案例研究，在 2013 年以后的研究中被大量引用。从这里可见，定量和定性的研究范式在中国教育研究中各占半壁江山，多变量关系分析和案例研究是使用最广泛的研究范式。但是在 2013 年之前，量化研究占据多数，2013 年之后，学者们对案例研究的重视不断提升。

表 4-8　中国教育研究国际发表中的共被引文献聚类信息表

排序	频次	突现性	作者	年份	文献名称	半衰期	聚类编号
1	27	7.94	Hair，J F 等	2010	《多元数据分析》	6	6
2	23	6.45	Yin，R K	2009	《案例研究：设计与方法》(第四版)	7	0
3	21	8.24	Marginson，S	2011	《东亚与新加坡的高等教育：儒家模式的兴起》	6	12
4	20	6.48	Mark Bray	2009	《面对影子教育系统：政府应对私人补习的政策是什么?》	5	8
5	18	7.15	Hair，J F 等	2006	《多元数据分析》(第六版)	6	10
6	17	7.88	Altbach，P G，Knight，J	2007	《高等教育国际化：动力与现实》	7	0
7	17	5.97	Ziegler，J，Goswami，U	2005	《阅读习得、发展性阅读障碍和跨语言熟练阅读：心理语言学的粒度理论》	7	17
8	16	4.48	Merriam，S B	2009	《定性研究：设计和实施指南》	6	6

① Hair，J F，William，C B，Barry，J B，et al. Multivariate data analysis [M]. Englewood Cliffs，NJ：Prentice Hall，2010；Hair，J F，Black，W C，Babin，B J，et al. Multivariate Data Analysis，6th ed [M]. Upper Saddle River，NJ：Pearson Prentice Hall，2006.

② Yin，R K. Case study research：Design and methods (4th ed.)[M]. Los Angeles，CA：Sage，2009.

③ Merriam，S B. Qualitative research：A guide to design and implementation [M]. San Francisco，CA：Jossey-Bass，2009.

续 表

排序	频次	突现性	作者	年份	文献名称	半衰期	聚类编号
9	16	5.71	Li Mei, Mark Bray	2007	《高等教育学生跨境流动：港澳大陆学生的推拉因素与动机》	7	0
10	16		Beauchamp, C, Thomas, L	2009	《理解教师身份认同：文献中议题的概述及其对教师教育的启示》	6	6

其余6篇文献中有3篇属于高等教育研究领域，包括马金森的《东亚与新加坡的高等教育：儒家模式的兴起》从文化角度探讨新加坡及东亚地区的高等教育发展模式①，阿特巴赫和奈特的《高等教育国际化：动力与现实》则关注高等教育的学术系统和机构为应对全球学术环境而采取的政策和做法②，李梅(Li Mei)和贝磊的《高等教育学生跨境流动：港澳大陆学生的推拉因素与动机》运用了推拉理论分析香港、澳门和中国内地高等教育学生的跨境流动。③ 高等教育是国际中国教育研究的热点，这些研究所选取的探讨角度(文化传统、全球化、推拉理论)比较具有启发性，因而被同类研究大量引用。其中，马金森探讨东亚高等教育儒家模式的文章突现性最高，该文自2014年之后引用率上升，尤其到2018年引用率陡增，说明这篇文献在该领域产生了很大反响。10篇文献中另外3篇文献分别研究的是影子教育、语言心理学和教师教育。齐格勒(Ziegler, J)和戈斯瓦米(Goswami, U)的《阅读习得、发展性阅读障碍和跨语言熟练阅读：心理语言学的粒度理论》在语言心理学领域提出了一个新的理论框架来解释不同语言之间的语音意识发展水平差异，这篇文献因而成为语言学习领域里的基础性文献。④ 比彻姆(Beauchamp, C)和托马斯(Thomas, L)的《理解教师身份认同：文献中议题的概述及其对教师教育的启示》⑤对有关"教师身份认同"的研究进行了综述，

① Marginson S. Higher education in East Asia and Singapore: rise of the Confucian Model [J]. Higher Education, 2011,61(5): 587-611.

② Altbach, P G, Knight, J. The Internationalization of Higher Education: Motivations and Realities [J]. Journal of Studies in International Education, 2007,11(3-4),290-305.

③ Li M, Bray M. Cross-border flows of students for higher education: Push-pull factors and motivations of mainland Chinese students in Hong Kong and Macau [M]. Higher Education, 2007,53(6),791-818.

④ Ziegler, J, Goswami, U. Reading acquisition, developmental dyslexia, and skilled reading across languages: A psycholinguistic grain size theory [J]. Psychological Bulletin, 2005,131(1): 3-29.

⑤ Beauchamp, C, Thomas, L. Understanding teacher identity: an overview of issues in the literature and implications for teacher education [J]. Cambridge Journal of Education, 2009,39(2),175-189.

总结了文献中对这一问题的概念定义及自我、情感、叙事话语中与“身份认同”相关的问题，强调这些问题的理解方式在教师教育中的作用。这篇文献综述是教师身份认同这一研究领域的阶段性总结，为后续研究指明了方向，被研究者多次引用。马克·贝磊(Mark Bray)的《面对影子教育系统：政府应对私人补习的政策是什么?》一书关注“影子教育”，即东亚国家长期存在的课外补习辅导现象。① 该书对此现象进行了调查研究，分析其积极和消极影响，并探讨了政府应对这一现象的适当政策。

文献共被引分析结果与作者共被引分析结果非常一致。可以看到，那些能够提出新的理论解释的研究更容易成为领域内高频共被引文献。然而，这些理论解释路径多出自西方学者。这10篇文献里有中国学者李梅(Li Mei)与马克·贝磊合著发表的一篇论文，但论文所用的推-拉因素分析框架也是来自西方理论，作者通过经验研究将推-拉因素模型拓展为内外因素互动模型。整体而言，中国内地学者在理论的贡献力和创新性上有限。其实，很多西方理论是基于西方社会群体而提出的，用以分析中国社会现实则会出现理论盲点。例如，在跨文化研究中广泛使用的霍夫斯泰德(Hofstede)的文化维度理论其实是20世纪六七十年代霍夫斯泰德基于IBM公司中层管理人员的样本而提出来的模型，它包含了美国中层公司员工特有的价值维度，并不能很好地代表其他群体的价值观。霍夫斯泰德本人也承认这一模型运用在研究样本之外的其他群体时会忽视一些重要问题。② 因此，中国教育研究应该从自身的文化特性出发去解释教育现实，为世界教育知识体系贡献力量，这样才能从根本上提升中国教育研究的国际影响力。

四、中国教育研究国际发表中的文化意识

在这一部分，我们将重点考察中国教育研究中的文化意识。实际上，前面的主题词分析、共被引作者和共被引文献的分析已显示出文化问题在中国教育研究中的重要性，例如“文化差异”(cultural difference)出现在高频主题词中马金森的论文《东亚与新加坡的高等教育：儒家模式的兴起》从文化传统的角度探讨了东亚地区高等教育发展的儒家模式，该文献入列高频词共被引文献，其本人是共引最高的作者之一。

---

① Bray M. Confronting the shadow education system: what government policies for what private tutoring? [M]. UNESCO Publishing: IIEP Paris, 2009.

② 王蕙. Hofstede的文化维度理论的局限性[J]. 西安工业大学学报，2013，33(1)：58—62.

在缩减后的全球库(3 883 篇)中,标题、关键词或摘要当中含有"儒家"(Confucia)、传统(traditi)或"文化"(cultur)的论文有 1 317 篇,占总量的 33.92%。我们选取涉及"儒家传统"的论文考察其对儒家文化的理解方式。根据研究范式和对儒家文化的理解方式,这些文献可分为四种类型。

第一类是跨文化比较研究。这一类研究数量最庞大,包括量化研究、质性研究以及部分实验研究。跨文化研究一般在取样上会包含两种文化类型的样本,观测指标在样本之间的差异容易被归因于文化差异。例如莫伦(Morony)等人的研究考察了亚洲"儒教国家或地区"(新加坡、韩国、中国香港地区和台湾地区)和欧洲(丹麦、荷兰、芬兰、塞尔维亚和拉脱维亚)学生的数学自我信念,发现亚洲学生的自我概念较低,数学焦虑程度高于欧洲学生。作者认为可能是文化因素导致这种差异,亚洲学生的焦虑和自我怀疑可能与儒教社会强调的"谨慎"有关。[①] 在跨文化研究中,"儒家"通常被作为亚洲国家的文化标识进行表述——Confucian Asia,而儒家文化又常常被化约为一些刻板观念如集体主义、人际原则、父母高期望、家长作风等等。这些观念本身带有较强的西方价值尺度,缺乏对儒家文化的深入理解。

第二类研究关注儒家文化传统对现代教育的影响。这一类研究既有质性研究,也有量化研究,涵盖多个层面,例如马金森从宏观角度探讨东亚国家高等教育发展的四个重要因素,并将这种模式概括为"儒家"模式[②];罗杰(Roger H M Cheng)则是在中观层面探讨了儒家价值观念对香港地区道德教育课程的影响[③];在微观层面上,学者们关注儒家观念在课堂管理中的影响[④],儒家思维方式与创造力培养[⑤],以及儒家价值在教科书中的体现。[⑥] 这一类研究对儒家传统的理解多依据经验性材料,而且是站在现

---

① Morony S, Kleitman S, Lee Y P, et al. Predicting achievement: confidence vs self-efficacy, anxiety, and self-concept in Confucian and European countries [J]. International Journal of Educational Research, 2013,58: 79 - 96.

② Marginson S. Higher education in East Asia and Singapore: rise of the Confucian Model [J]. Higher Education, 2011,61(5): 587 - 611.

③ Cheng R H M. Moral education in Hong Kong: Confucian-parental, Christian-religious and liberal-civic influences [J]. Journal of Moral Education, 2004,33(4): 533 - 551.

④ Sun R C F. Teachers' experiences of effective strategies for managing classroom misbehavior in Hong Kong [J]. Teaching & Teacher Education, 2015,46: 94 - 103.

⑤ Rudowicz E, Tokarz A, Beauvale A. Desirability of Personal Characteristics Associated with Creativity: Through the Eyes of Polish and Chinese University Students [J]. Thinking Skills & Creativity, 2009,4(2): 104 - 115.

⑥ Xiong, Tao. Essence or practice? Conflicting cultural values in Chinese EFL textbooks: a discourse approach [J]. Discourse: Studies in the Cultural Politics of Education, 2012,33(4): 499 - 516.

代教育的立场上评论儒家文化传统，容易陷入传统-现代二元对立的思维中。

第三类研究主要是历史和哲学研究。相对于前两类研究，这一类研究更接近诠释学进路，大多依据历史资料和经典文献来阐释儒家传统，论题涉及儒家教育的一些基本问题，如孔子的“仁”与“恕”、孝道、乐教、修身、朱子读书法等等。这一类研究对既有的批判儒家传统的观念进行了澄清和回应，有的论文挑战了儒家传统与批判性思维不相容的观点①，也有的论文明确反对将儒家和西方的学习方式视作对立②，认为儒家记诵之学并不等同于死记硬背。③ 这一类研究也非常重视发掘儒家文化传统在现代教育中的价值和意义。《课程研究杂志》在 2011 年第 5 期刊发了一组研讨会论文。研讨的主题是“儒学、现代化和中国教育学”，吴宗杰的论文《诠释、自主和转型：跨文化视角下的中国教育学话语》从语言哲学角度比较《论语》中的师生对话与现代语文课堂上的师生对话，探讨其背后的知识教育观的差异，进而将这种差异联系到近代中国教育学话语文化的转型对教育的影响，主张用从中国经典中恢复的“真实语言”来应对当前西方对中国教学话语的支配。④ 该文引起了学者们的多方评论。⑤ 尽管如此，它依然为中国教育学本土话语的建构和儒家传统的价值开掘探索了道路。

最后一类研究代表着基于儒家文化的方法论反思。其实，吴宗杰的论文也带有方法论意味，他是从教育话语的角度来思考中国教育学的方法论。杨锐（Yang Rui）的论文《向西方朝圣：中国社会科学知识形态的现代转型》则是从知识体系来思考这个问题。⑥ 香港大学帕克（Jae Park）的论文《儒家传统文化的嬗变与亚洲教育研究方法论的可能性》⑦对基于儒家传统文化（Confucian Heritage Culture，CHC）的“亚洲教育研

① Lam，Chi-Ming. Confucianism and critical rationalism：Friends or foes? [J]. Educational Philosophy and Theory，2017，49(12)：1136 - 1145.

② Wang L，Byram M. ‘But when you are doing your exams it is the same as in China’ — Chinese students adjusting to western approaches to teaching and learning [J]. Cambridge Journal of Education，2011，41(4)：407 - 424.

③ Li L，Wegerif R. What does it mean to teach thinking in China? Challenging and developing notions of ‘Confucian education’[J]. Thinking Skills and Creativity，2014，11：22 - 32.

④ Wu，Z J. Interpretation，autonomy，and transformation：Chinese pedagogic discourse in a cross-cultural perspective [J]. Journal of Curriculum Studies，2011，43(5)：569 - 590.

⑤ Deng，Z Y. Confucianism，modernization and Chinese pedagogy：An introduction [J]. Journal of Curriculum Studies，2011，43(5)：561 - 568.

⑥ Yang R，Xie M，Wen W. Pilgrimage to the West：modern transformations of Chinese intellectual formation in social sciences [J]. Higher Education，2019，77(4).

⑦ Park J. Metamorphosis of Confucian Heritage Culture and the possibility of an Asian education research methodology [J]. Comparative Education，2011，47(3)：381 - 393.

究方法”做了整体性反思。该论文首先分析教育研究中的“儒家传统文化”(CHC)这一概念的使用方式,将教育研究使用的“儒家传统文化”(CHC)话语区分为“厚的”和“薄的”,前者是源自经典文本的儒家思想,而后者则是忽略文化细微差别而笼统概括的简单概念(如道德主义和集体主义)。作者强调研究问题和理论框架应该重视表达厚的CHC概念,而不是简单概念,同时也认为伦理问题是基于CHC的研究方法论的主要问题。

在这几种类型中,跨文化比较研究数量最多,引用率也较高。上文中的莫伦等人关于亚洲学生与欧洲学生自我信念的论文在WoS中被引用次数为47次。第二类研究中的论文也备受关注,例如马金森探讨高等教育发展的“儒家”模式的论文在WoS中被引122次。第三类研究和第四类研究数量上占少数,引用率也不如前两类。吴宗杰的论文引用次数为35,帕克(Park)的文章的引用量为22。这表明,国际学术界对儒家教育传统的理解方式以第一、第二类为主流,学者们受既有的西方学术话语体系影响,较难转换视角,从儒家文化脉络出发来理解中国教育。

国际中国教育研究在研究方法上,受到西方实用主义社会科学的影响,更倾向于使用量化研究方法,关注量表开发,大量使用中介效应和多层线性模型等多样的数据分析方法。这对我们理解教育现实有重要的正面意义,但也存在将知识碎片化、难以关注宏观和深层原因等缺点。① 此外,质性研究范式作为国际教育研究领域另一类主要的研究范式,在我们的数据库中并没有形成聚类主题。这与国际教育领域当前质性与量化研究各展所长,共荣共存的状况略有不同。② 国内的教育研究在实证研究方法方面也有相似的状况,量化研究居多,质性研究还未受到应有的重视。③ 赵鼎新等学者倡导建立新的中国特色社会科学的本体创新,中国学界在这条路上还有很艰辛的道路要走。④ 从我们的数据中,还没有这样的特征,谢梦(Xie Meng)对清华大学社会学者的深入研究也表明,中国的社会科学研究在国际化的背景之下,更多的是受到西方话语、准则和方法对学术工作的全面影响。⑤

中国特色社会文化方面的主题受到国际关注,一方面,国际对中国教育的关注和

① 赵鼎新.社会科学研究的困境:从与自然科学的区别谈起[J].社会学评论,2015(4):3—18.

② 阎光才.教育研究中量化与质性方法之争的当下语境分析[J].教育研究,2006(2):47—53.

③ 姚计海,王喜雪.近十年来我国教育研究方法的分析与反思[J].教育研究,2013(3):20—24.

④ 赵鼎新.社会科学研究的困境:从与自然科学的区别谈起[J].社会学评论,2015(4):3—18.

⑤ Xie M. Living with internationalization: the changing face of the academic life of Chinese social scientists [J]. Higher Education, 2018,75(3): 381-397.

理解必须放置在中国特色社会文化背景之下，因此国际中国教育研究有必要关注中国教育政策变革背景。另一方面，中国教育研究要引起国际学界的关注，也必须凸显自己的独特性。社会文化的独特性就可以成为一个“亮点”，在期刊的国际同行评议中受到重视并得以发表。每一项教育研究都与其所处的社会文化背景相联系，关键在于，这样的独特背景之下取得的研究发现，是否对此背景之中的实践有启发，甚至对不同社会文化背景中的相似问题有启发。例如德育这一主题，这项研究是否对中国当下和未来的德育发展有启发，甚至能够对其他国家的道德教育、公民教育理论与实践有所启发。

中国独特的教育实践方面，资优教育、团队教学等主题受到国际学界关注，这体现了中国教育实践的国际影响力。中国学生在国际奥林匹克数学竞赛等国际竞赛中的成绩使得中国的资优教育一直受到关注。2009 年 PISA 测试中，中国上海的成绩引发了全球教育界对中国教育前所未有的热情，中国教师的教研组制度作为教师发展的重要途径，被认为是中国上海 PISA 成绩优异的关键之一。由此，聚焦于中国团队教学的文章形成了强有力的主题。中国教育实践的国际影响力并不等同于中国教育研究的国际影响力，前者能否顺利转化为后者，还需要从学术研究的根本性问题着眼，从本体论、认识论和方法论层面构建既有中国特色又具有普世解释力的理论体系、话语体系。如此，中国教育研究者方能用中国故事影响世界，真正树立理论自信与文化自信。

第五章

中国基础教育研究的主题、价值表述与被引

本章将考察被引用次数最多的99篇研究中国基础教育的SSCI论文的主题分布、对中国基础教育研究价值的表述以及被引用的情况，进一步阐述这些高被引论文是如何通过凸显中国学生的优异成绩、揭示与他国教育存在的共性问题等方式吸引了国际学界的关注，在对有中国特色的教育实践的描述分析以及对中国基础教育独特研究价值的发掘方面，相关成果对中国基础教育研究价值的建构方式如何实现从成绩到经验，从问题到方案，从数据到理论的转变。

第一节 中国基础教育的主题与价值表述

SSCI收录期刊上刊载的有关中国基础教育的论文，是国际知识界了解中国基础教育的重要窗口，也是中国教育研究施展国际影响力的主要媒介之一。本研究于科学网上检索2000年至2019年20年间发表在SSCI期刊上的研究中国基础教育的论文，选取被引用次数排在前5%的文献①。而后依据标题、摘要甚至全文做进一步人工筛选，得到研究中国基础教育的99篇高被引论文②。

---

① 数据库检索时包含EDUCATION EDUCATIONAL RESEARCH和EDUCATION SPECIAL两大类研究方向，检索主题词限定为“中国”，包括“中国”(China、Chinese)及中国的代称(sino)，全国所有的省、省会名称以及一些代表中国教育的特定词汇如“书院”(shuyuan)、“儒家/孔子”(confuci、kongfuzi)等，可参见王独慎和丁钢的《中国教育研究的国际发表概貌与特征》一文。被引用次数统计截至2020年3月31日。

② 本节中的“高被引论文”是指被SSCI期刊论文引用的总次数排在前5%的论文，不是指科学网自定义的“被引次数在发表年份和研究领域中都位居前列”的“ESI高被引论文”。本节从被引次数前5%的中国教育研究论文中，逐项去除了高等教育、学前教育和成人教育等教育阶段，以及信息技术与教育、特殊教育和第二语言的习得等专门领域中的文献，以尽可能减少其他学段或交叉学科的文献的干扰，聚焦于中国基础教育研究。

本节主要考察以下问题：这些吸引众多学者阅读和引用的论文，主要关注中国基础教育哪些方面的问题？它们是如何说明中国教育的研究价值的？在作者的笔下，围绕中国教育展开研究所取得的成果，为何有价值在英文期刊上面向国际化的读者发表？这些成果是否吸引了其他国家教育研究者的关注和引用，国外学者为什么会引用这些文献？

我们首先需要大致了解被引次数最多的 SSCI 论文对中国基础教育的哪些方面展开了研究。为了让读者更好地了解研究者们的实际兴趣，本研究采用扎根分类的方式，尽可能使用具体的类别称谓，遇有可以划归多个类别的文献，由两位教育学专业的博士对文献进行阅读，就类别归属展开讨论得到一致意见后，再划归到相关度最高的类别之中。

在被引用次数最多的 99 篇研究中国基础教育的文献中，有 20 篇探讨影响教育教学的各类教师主观因素(其中 5 篇讨论教师的学科知识与教学知识；其余涉及教师的自我效能感、工作满意度、情绪和职业倦怠等)，有 9 篇论文的主题是教师专业发展。可以说，教师是中国基础教育研究中受关注最多的主体。围绕学生学习的研究有 15 篇，主要关注学生的学业成就、学生对概念的习得，并尝试从学生个人特质和学校教育当中寻找影响学习效果的因素。另有 15 篇文献围绕教育公平与平等的问题展开讨论，重点关注弱势群体的受教育情况。其中 1 篇就中国教育中存在的不平等问题做总体描述，3 篇讨论流动儿童的教育，3 篇讨论两性教育不平等问题，8 篇讨论农村教育(包括偏远地区的农村教育)。以上几个主题下的论文数量在被引用次数最多的 99 篇当中占了接近七成，其余主题以及相应文章数量可参见图 5－1。

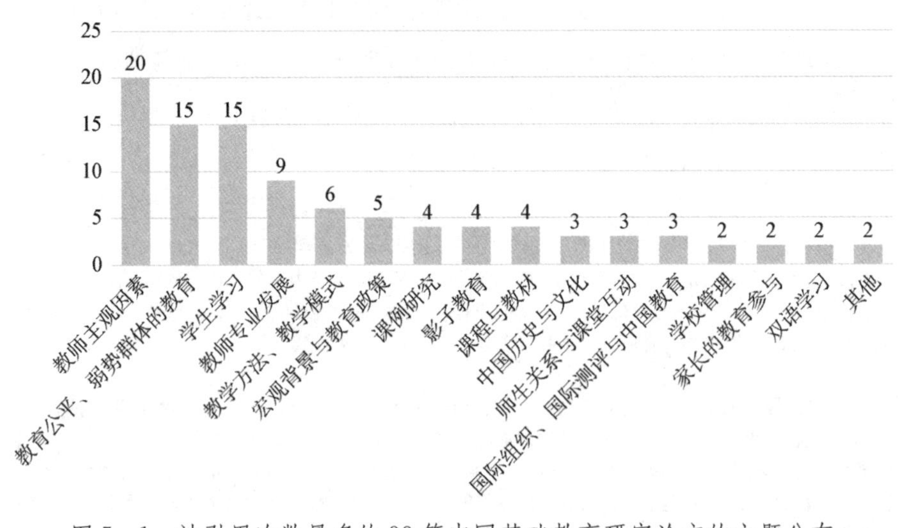

图 5－1　被引用次数最多的 99 篇中国基础教育研究论文的主题分布

下文将依次介绍这些论文对中国基础教育研究价值的表述以及它们被引用的情况，进而结合论文的研究主题，讨论这些被引用次数最多的中国基础教育研究论文的国际学术影响。

一、中国基础教育研究价值的表述方式

我们在被引用次数最多的文献中，可以找到很多解释说明"为什么要研究中国的基础教育"的文字。下文将对论文中的相关表述进行分析，以了解这些被国际学界广为阅读的"中国故事"里，如何讲述和建构中国基础教育的研究价值。分析时主要借鉴语言学研究处理学术语篇时的一些思路。当代语言学已经揭示，即便受"客观中立""作者空位"等限制，学术语篇的作者还是会利用各种修辞策略实现交际目的，向期刊编辑、审稿人和其他同行等潜在读者"推销"（promote）自己的成果。例如巴蒂亚（V. K. Bhatia）的研究早就指出，学术论文与求职信和推销函有很多相似性，可以用相同的方法分析。[①] 如今学术文本中的自我推销愈发常见[②]，为提高论文被刊发和引用的频率，许多论文会对自身研究的价值作说明。研究中国基础教育的部分SSCI论文也会在文中解释，关于中国教育的研究成果为何有价值在英文期刊上面向国际化的读者发表、中国基础教育为何值得国际学界关注。被引用次数最多的99篇文献中，主要包含下述几种常见的表述中国基础教育研究价值的方式。

（一）人口众多

为什么中国的基础教育值得研究——因为中国是世界上人口最多的国家。这称得上是对中国基础教育研究价值的一种最简单直接的说明。例如一项对北京市在职教师的自我效能感的研究，就先后两次强调"中国约占世界总人口的五分之一，但以往关于中国教师自我效能结构的研究很少"。[③] 根据斯韦尔斯（J. Swales）的

---

① Bhatia V K. Analysing Genre: Language Use in Professional Settings [M]. London/New York: Longman, 1993.

② 陈珺. 国际学术期刊论文成果推销话语研究[D]. 杭州：浙江大学，2017：24—25.

③ Malinen O, Savolainen H, Xu J. Beijing In-Service Teachers' Self-Efficacy and Attitudes towards Inclusive Education [J]. Teaching and Teacher Education, 2012, 28(4): 526 - 534.

CARS 模型①,我们可以说,作者借助对中国人口数量的说明,创建了"研究空间"、确立了"定位"(niche)②,即说明在教师自我效能这一领域有一块很大的"留白"需要自己的这项研究去填补,从而表明自身研究的价值。类似地,一篇研究中国家长的教育目标和家庭教育实践的文章,在引言中谈到"中国人口,加上世界各地的华裔移民,大概占世界总人口的 20%"③,进而指出对中国家长的研究具有全球性的意义。还有学者在考察中国乡村儿童的学前教育经历对入学初期学业成绩的影响时,强调"得出这些数据是为世界上人口最多的国家的政策决策提供研究证据的第一步"。④

(二) 测评成绩优异

相比人口,更多研究者在论文中给出的关注中国基础教育的原因是中国学生有着卓越的学业表现。例如科雷亚(C. Correa)等 5 位学者对中国和美国中小学数学教师的教学信念开展了一项比较研究,他们在论文中专门对研究对象的选择作了一番解释:"中国一年级和五年级学生在数学方面比美国学生能力更强。中国学生在包括计算、解应用题和数字概念在内的多个方面表现更好。"⑤这篇论文成文于 2005 年,当时了解中国学生各类学业成绩的渠道还较少,而随着中国的上海、香港和台湾等地持续参与 PISA 和 TIMSS 等国际教育测评项目,中国学生在这些项目中的优异表现成了学者们说明中国教育研究价值时最常用的依据。表 5-1 举例说明了部分论文如何向读者强调中国学生在国际测评或各类比较研究当中取得了不俗成绩。学生学习、教师观念和家长教育参与等多类主题的论文,都有将中国学生学业成绩的相对优势作为论文的"开场白"的情况。

---

① Creating a Research Space 模型,简称 CARS 模型,是由约翰·斯韦尔斯在分析了大量学术论文后提出的一个以语步(move)和步骤(step)为单位的论文引言语类结构的描述性框架,反映了论文作者在引言中如何一步步"确定研究领域""确立研究定位"并最终"占据研究定位"。

② Swales J. Genre Analysis: English in Academic and Research Setting [M]. Cambridge: Cambridge University Press, 1990: 166-196.

③ Luo R, Tamislemonda C S, Song L. Chinese parents' goals and practices in early childhood [J]. Early Childhood Research Quarterly, 2013,28(4): 843-857.

④ Rao N, Sun J, Zhou J, et al. Early Achievement in Rural China: The Role of Preschool Experience [J]. Early Childhood Research Quarterly, 2012,27(1): 66-76.

⑤ Correa C A, Perry M, Sims L M, et al. Connected and culturally embedded beliefs: Chinese and US teachers talk about how their students best learn mathematics [J]. Teaching & Teacher Education, 2008,24(1): 140-153.

表 5-1　部分论文借学生成绩凸显中国基础教育的研究价值的表述

论文主题	相关表述
中国、美国和比利时的中小学生对分数概念的掌握情况的比较	论文用较大的篇幅说明三个国家的学生在 TIMSS 中的表现，中国学生的平均成绩明显优于欧美学生，并强调："这种成绩差异在其他国际比较中也有展现。"①
我国台湾地区学生的学习观念	正文第一句即强调 2003 年 TIMSS 成绩最好的前四个国家或地区都来自亚洲。②
中国父母的早期教育参与	正文第一句："跨文化比较一再表明，中国学生在主要学术领域的表现优于欧美学生。"③
汉语数字词汇对早期数学学习的影响	正文第一句："在过去的半个世纪中，亚洲学生在跨国的数学学习研究中的表现一再胜过非亚洲学生。这种成就差距从幼儿园到高中阶段都比较明显，并且相当稳定。"④

（三）与其他国家面临相似问题

如果说上述第二类对中国基础教育研究价值的表述，强调的是中国与其他国家学生成绩方面的差别，那么第三类表述则更多指向中国与其他国家所面临教育问题的相似。

这在关于校外补习的研究中表现得较为明显，一篇讨论中国台湾地区的校外补习的文章在第一段就指出，"这种提供额外辅导或帮助备考的补习学校在世界上许多国家都很流行"⑤，因此是一个值得关注的普遍性问题。一项对香港地区的课外补习的研究则强调，香港影子教育的某些特点"在世界其他地方也有相似之处，东亚尤为明显"⑥，

① Torbeyns J, Schneider M, Xin Z, et al. Bridging the gap: Fraction understanding is central to mathematics achievement in students from three different continents [J]. Learning & Instruction, 2015, 37: 5-13.

② Tsai C, Kuo P C. Cram School Students' Conceptions of Learning and Learning Science in Taiwan [J]. International Journal of Science Education, 2008,30(3): 353-375.

③ Lau E Y, Li H, Rao N. Parental Involvement and Children's Readiness for School in China [J]. Educational Research, 2011,53(1): 95-113.

④ Ng S S, Rao N. Chinese Number Words, Culture, and Mathematics Learning [J]. Review of Educational Research, 2010,80(2): 180-206.

⑤ Liu J. Does Cram Schooling Matter? Who Goes to Cram Schools? Evidence from Taiwan [J]. International Journal of Educational Development, 2012,32(1): 46-52.

⑥ Zhan S, Bray M, Wang D, et al. The effectiveness of private tutoring: students' perceptions in comparison with mainstream schooling in Hong Kong [J]. Asia Pacific Education Review, 2013,14(4): 495-509.

文章的最后一句话强调,“本项研究的结果可能给那些补习参与率目前还不高但有抬升趋势的国家提供启示”①。

为说明研究中国基础教育可以回应不限于中国情境的共性问题,不少文章会突出中国“发展中国家”的定位,从而暗示研究结论有外推至广大发展中国家的可能。例如《中国农村的母亲在对子女的教育预期中平等对待两性吗?》一文,就将自己的研究置于“发展中国家的家庭教育预期、发展中国家的性别与教育关系”②这类研究的脉络之中。“教育公平、弱势群体的教育”这一主题下的论文往往会尝试说明自己关注的问题属于“发展中国家”的共性问题(见表5-2)。这类表述对论文产生更大的国际影响可能是有利的:既然面临这些问题的不止一个国家,那么研究成果自然值得在国际性的学术刊物上发表,也值得其他国家的研究者关注。

表5-2　部分论文强调中国属于发展中国家的表述

论文主题	相关表述
甘肃省农村儿童的受教育程度	标题直接取为《**发展中国家**受教育程度由什么决定——来自中国农村的证据》。
中国乡村学生辍学问题	“在大多数**发展中国家**,家长都可能担负不起教育成本。”③
迁移、汇款与子女高中入学率之间关系	“作为最大的**发展中国家**,中国的情境非常适合研究国内迁移和汇款对留守儿童教育的影响。”④
中国乡村寄宿制学校的学生营养情况	正文第一句:“中国近几十年来的减贫工作是全世界最成功的,然而同世界上其他**发展中国家**一样,中国贫困地区的乡村仍有数百万名儿童存在营养不良的情况。”⑤

① Zhan S, Bray M, Wang D, et al. The effectiveness of private tutoring: students' perceptions in comparison with mainstream schooling in Hong Kong [J]. Asia Pacific Education Review, 2013,14(4): 495-509.

② Zhang Y, Kao G, Hannum E, et al. Do Mothers in Rural China Practice Gender Equality in Educational Aspirations for Their Children [J]. Comparative Education Review, 2007,51(2): 131-157.

③ Yi H, Zhang L, Luo R, et al. Dropping out: Why are students leaving junior high in China's poor rural areas? [J]. International Journal of Educational Development, 2012,32(4): 555-563.

④ Hu F. Migration, remittances, and children's high school attendance: The case of rural China [J]. International Journal of Educational Development, 2012,32(3): 401-411.

⑤ Luo R, Shi Y, Zhang L, et al. Malnutrition in China's Rural Boarding Schools: The Case of Primary Schools in Shaanxi Province [J]. Asia Pacific Journal of Education, 2009,29(4): 481-501.

(四) 属于非西方国家

上述几类表述都是借“中国是什么”“中国怎么样”来说明为什么要研究中国的基础教育，而最后一类也是最常见的一类，则是依据“中国不是什么”来说明中国基础教育的研究价值，即强调中国乃是非西方国家。

首先，一些来自西方的教育研究者会寻求在非西方的情境中去检验自己在西方情境中的发现。例如澳大利亚学者刘易斯(R. Lewis)在考察了本国学生对课堂纪律的反应后，寻求与中国和以色列的学者合作，在后两个国家重复相同的研究以验证他先前在本国得出的研究结论。在“研究目的”这一标题下，作者明确说明，选择中国和以色列的课堂进行研究是因为“澳大利亚是典型的西方国家，中国是典型的东方国家，以色列则介于两者之间”。①

更多的时候，承担在中国这样一个“非西方”情境中检验西方教育理论的工作的，不是理论提出者本人，而是他们在中国的同行。例如，一项香港地区学者的研究借助美国学者提出的“自我决定理论”阐释香港地区教师参与教学变革的动机，作者指出，自己的研究是“在香港地区，在中国社会情境中展开的，这种非西方的文化背景为检验自我决定理论的普适性提供了一个有价值的平台”。② 类似地，一篇同样来自香港地区的论文于开篇处即说明“尽管在西方国家有大量的关于教师自我效能感的研究，香港的教师自我效能感的研究工作还很少”。③ 文章的最后一段则再次强调：“本项研究拓展了关于教师自我效能的研究发现……将先前主要在西方进行的工作拓展到了香港地区的中国情境中。”④我们看到，在上述研究中，“非西方”是待填补的空白，是等待着验证西方理论的场所，而研究中国基础教育的意义就是完成填补的工作。

某类研究“西方已有，中国尚无”，几乎成了对“中国基础教育的研究成果为何值得在国际期刊上发表”这个问题的“完美”回应。在很多论文中我们都看到了这类表述，

---

① Lewis R, Romi S, Katz Y J, et al. Students' reaction to classroom discipline in Australia, Israel, and China [J]. Teaching and Teacher Education, 2008,24(3): 715 - 724.

② Lam S, Cheng R W, Choy H C, et al. School support and teacher motivation to implement project-based learning [J]. Learning and Instruction, 2010,20(6): 487 - 497.

③ Chan D W. General, collective, and domain-specific teacher self-efficacy among Chinese prospective and in-service teachers in Hong Kong [J]. Teaching and Teacher Education, 2008,24(4): 1057 - 1069.

④ Chan D W. General, collective, and domain-specific teacher self-efficacy among Chinese prospective and in-service teachers in Hong Kong [J]. Teaching and Teacher Education, 2008,24(4): 1057 - 1069.

例如“人们积累了大量关于西方社会背景下教师敬业度的知识，然而对中国社会中教师敬业度变化趋势的系统研究却很少”[1]，又如“除了少数个例，关于教师情绪的研究都在西方国家展开，关于中国社会中的教师情绪劳动的研究非常少”。[2] 这类表述通常出现在论文的导论部分。按照斯韦尔斯的CARS模型，此类表述一举完成了创造研究空间所需的两个语步（moves），即确定研究领域和确立研究定位。研究领域是横跨东西方、不受社会文化空间限制的普世主题，而研究定位则是在西方确定了的讨论框架内给出来自非西方的“发言”。

二、如何评估被引产生的国际影响：从引用次数到引用动机

本节选择被引用次数最多的论文展开考察，是因为没有足够的被引次数，就难以知晓一篇文章是否被广泛地阅读、关注和引用，更无从考察其他学者为什么引用这项研究成果、从中获取了什么启示、这项研究对后续的研究产生了什么样的学术影响。但必须说明的是，仅仅以被引次数或是被引频率来衡量一篇论文的学术影响，会出现偏差。通过阅读被引次数最多的99篇中国基础教育研究论文以及部分引用它们的文献，我们发现，参考被引次数判断论文产生的国际学术影响时，应至少注意以下三方面问题。

（一）注意“跨国引用”的比例

考察一篇论文的国际学术影响，自然要考察引用它的文献（即施引文献）的国际化程度。被“跨国引用”，往往更能说明该论文在特定研究主题上的理论贡献，比如“甲研究的成果被社会语境全然不同的乙研究引用，很可能是因为甲研究提供了某种不局限于本国具体时空的普遍适用的理论要素或者研究思路”。[3] 从被引次数最多的99篇中国基础教育研究论文来看，多数论文都更频繁地被同样研究中国情境的研究所引用，被探讨其他国家的基础教育的文献所引用的次数较少。

---

① Choi P L, Tang S Y. Teacher commitment trends: Cases of Hong Kong teachers from 1997 to 2007 [J]. Teaching and Teacher Education, 2009,25(5): 767 - 777.

② Yin H, Lee J C. Be Passionate, but Be Rational as Well: Emotional Rules for Chinese Teachers' Work [J]. Teaching and Teacher Education, 2012,28(1): 56 - 65.

③ 王文智. 中国课程改革研究的国际学术影响力——以SSCI和A&HCI收录期刊为例[J]. 教育发展研究, 2019,39(3): 39—46.

论文如果更多地被在相同社会文化情境中展开的研究所引用,引用中就难免有很多属于情境性引用、背景性引用,而非理论性引用、主题性引用。也就是说,引用可能只是为了介绍情境信息、向读者提供一些背景资料以方便阅读和理解,而不是因为被引文献提供了重要的观点、事实或方法。例如"中国的课改研究论文被引用,很多时候并非'因为课改'而是'因为中国'……不是因为文章在理解课程改革方面的理论建树,而只是因为它谈论的情境是施引文献要讨论的问题背景"。①

(二) 注意被引用次数的统计方式

按现行的统计方式,同一篇施引文献,无论在文中提到几次被引文献,在统计中,都只记1次引用。然而实际上,如果施引文献甲反复多次引用文献乙,乃至引述和讨论了文献乙当中的多个观点,引用行为所展现出的对文献乙的认可程度,显然比只引用1次要高。此时如果仅依靠检索平台提供的引文数据判断文献的影响力,就可能有所低估。

与之相对,仅依据被引次数做判断,也可能会高估文献的影响力。施引文献在引述某一个观点、事实或方法时,可能一次性引用多篇文献。在这类情况下,施引文献把哪项研究放在前面值得关注,通常作者都会把自认为较重要、受启示较多的文献放在前面。而如果按照年份先后顺序来排列被引文献,年份最早的被引文献则很可能对此处介绍的观点或事实享有研究发现上的优先权。列在后面的文献虽然同样也被引用一次,但可能只是提及而已。这种"被引"所展现出的学术影响,并不能和那些在语句中被优先引用的、有开创性贡献的文献相提并论。从被引用最多的99篇文献的情况看,研究中国基础教育的论文被引用时,很多时候只是一个语句中引用的多项成果当中的不甚重要的一项,所列位置并不靠前,年份也不是最早的。

由于有上述"一文引多次"和"一语引多文"情况存在,评估论文影响力的时候不能依赖系统中的引用计数,"引文均等"②的假设并不成立,必须根据施引文献的具体引用方式做调整。

---

① 王文智.中国课程改革研究的国际学术影响力——以SSCI和A&HCI收录期刊为例[J].教育发展研究,2019,39(3):39—46.

② 刘茜,王健,王剑,周国民.引文位置时序变化研究及其认知解释[J].情报杂志,2013,32(5):166—169,184.

(三) 注意甄别引用动机

上述两类需要注意的问题，其实都和引用动机相关。以被引指标作为评价论文学术影响的依据，是当前量化学术评价的主流操作方式，其基础是引用动机的“认可论”。引用动机探讨的是研究者在写作过程中为什么会作出引用行为，“认可论”认为引用文献是“施引文献的作者承认被引文献对自己的研究工作具有知识启迪作用的一种符号表示”[①]，是一种给予同行荣誉的行为。

然而引用是否代表着认可，实际上有待商榷。抛开自引行为不谈，引用其他学者的文献可能代表对领域开拓者致敬、对著作和论文进行称赞、借鉴观点和方法、以引文作为证据支持自己的主张、表明自己对相关主题的了解、反驳被引文献的观点、指出被引文献的错误以及对学术发现的优先权提出异议等。温斯托克(M. Weinstock)和加菲尔德(E. Garfield)等人都曾列举超过 10 种的引用动机类型。因此在评估被引文献的学术影响力时，必须要阅读施引文献，对引用动机进行细致的甄别。

三、 各类主题论文的国际学术影响

明确了以被引用情况评估学术影响力时需要注意的几方面问题后，我们就可以进一步探讨高被引中国基础教育研究论文的国际影响力了。由于大多数学术论文都会在特定主题的学术脉络中为自己的研究寻得定位，而研究的学术影响力也首先表现为对该主题下后续研究的影响。因此下文围绕几个最常见的主题，综合研究价值表述和被引用的情况，考察中国基础教育研究文献的国际影响。

(一) 教育公平：促进对共性问题的理解

在“教育公平及弱势群体的教育”这一主题下的文献，获得“跨国引用”较少，多数文献被研究其他国家的文献所引用的比例都不超过十分之一。而进行了“跨国引用”的施引文献，又有很多是在综述大量相关研究时提及中国的研究而已，特地讨论中国基础教育研究论文的观点的情况不多。

从被引用的情况看，探索哪些因素影响农村学生受教育年限的研究产生了相对较

---

① 刘宇，李武. 引文评价合法性研究——基于引文功能和引用动机研究的综合考察[J]. 南京大学学报(哲学・人文科学・社会科学版)，2013，50(6)：137—148，157.

大的国际影响。易红梅(H. Yi)等人从“家庭资金流动性不足、在竞争的教育体系中学业成就较差和机会成本高企”①三个方面解释了农村学生的辍学。印度和英国学者在探讨印度少女辍学问题时就专门提到,中国的这项研究说明“缺勤和(与之相关的)较差学习成绩预示着学生可能辍学”。② 巴基斯坦学者在研究本国农村中学的辍学问题时则先后 9 次引用此文。

如前所述,在说明研究中国基础教育的价值何在时,“教育公平及弱势群体的教育”主题下的文章采用较多的策略是强调发展中国家也都面临着相似的问题。赵蒙(M. Zhao,音译)等人的《发展中国家受教育程度由什么决定——来自中国农村的证据》直接将“发展中国家”的字样放进标题里③,也确实吸引了孟加拉国、摩尔多瓦、塞拉利昂、塞内加尔、突尼斯、土耳其和印度尼西亚等众多发展中国家研究者的注意。笔者找到 21 篇研究其他国家教育问题的文献引用该文,在施引文献中占到 44.7%,获得“跨国引用”的比例远超同组的其他论文。

这一主题下第三篇获得较多“跨国引用”的论文,讨论的是家长外出务工以及向家中汇款等行为对农村儿童受教育程度的影响,虽然研究侧重有所不同,但这篇文献被“跨国引用”的图景与前两篇文献基本类似,即基于实证数据证明的一些相关关系,如“家庭规模、子女数量和家长受教育程度等因素影响学生的高中就读率”④等,受到了其他发展中国家研究者的关注。其中一项来自秘鲁的关于“国际汇款与人力资本形成”⑤的研究为借鉴厘定家庭财富相关变量的思路而多次引用这篇文章。外国学者明确表示自己借鉴了中国基础教育研究成果的思路或方法,这一类引用行为在本研究收集到的施引文献中并不多见。

在教育公平这一主题下,中国基础教育研究成果的影响力主要体现在其他国家或地区的学者认可中国研究对造成教育年限差异的因素的探索。笔者十分期待看到国

---

① Yi H, Zhang L, Luo R, et al. Dropping out: Why are students leaving junior high in China's poor rural areas? [J]. International Journal of Educational Development, 2012,32(4): 555 - 563.

② Prakash R, Beattie T S, Javalkar P, et al. Correlates of school dropout and absenteeism among adolescent girls from marginalized community in north Karnataka, south India [J]. Journal of Adolescence, 2017,61: 64 - 76.

③ Zhao M, Glewwe P. What determines basic school attainment in developing countries? Evidence from rural China [J]. Economics of Education Review, 2010,29(3): 451 - 460.

④ Hu F. Migration, remittances, and children's high school attendance: The case of rural China [J]. International Journal of Educational Development, 2012,32(3): 401 - 411.

⑤ Salas V B. International Remittances and Human Capital Formation [J]. World Development, 2014,59: 224 - 237.

外研究者因为在关于中国的论文中读到中国应对教育不平等问题的一些措施而引用这些论文，然而我们并没有观察到这类引用行为。虽然中国基础教育在城乡、性别方面的不平等问题被较为充分地揭示了出来，但这些 SSCI 文献却较少讨论中国应对这些问题的措施。

（二）学与教：对学业成就的解释乏力

在被引用最多的 99 篇文献中，对学生学习的研究注重考察学生对概念的习得、学生关于学习的观念和态度，同时十分关注“学业成绩和学业表现”。关于数学和科学（包括物理、化学）学习的研究明显多过其他学科或学习领域[①]，而这也是中国学生在相关测评中有过人表现的学科。“学生学习”“教学方法和模式”这两大主题下的论文在回答“为什么要研究中国”的问题时，也往往以学生学业表现的相对优势来说明自己研究中国基础教育的价值。

然而，“中国学生的学业表现更好，因此中国的基础教育更值得关注”这样一种劝说他人关注自己的研究的逻辑，依赖一个并不成立的大前提，即学生学业表现更好的国家的基础教育更值得关注。虽然这种“PISA 逻辑”（PISA reasoning）在全球教育政策领域中非常流行，西方政策界在这种思维的指引下掀起了“向东看齐”（Look East）的风潮[②]，把国际学生测评中表现突出的东亚地区作为学习研究、参考借鉴的对象，但问题是，学生成绩的差异未必是教育，尤其未必是学校教育的结果。借用这样的逻辑在国际学术舞台上说明中国基础教育的研究价值，经不住学理层面的考量。如果不能很好地破解“中国学习者悖论”[③]（The paradox of Chinese learners），以学生成绩标榜中国基础教育的研究价值就站不住脚，毕竟已有研究指出文化因素比教育因素更能解释中国/华裔学生在国际测评中的优异表现。[④]

在对学业成绩的表述中，我们时常读出“国际竞争”“人力资源优势”等话语或显或

---

① 绝大多数 SSCI 期刊为英文刊物，“作为第二语言的英语学习”（ESL）相关刊物和论文数量均多，不便与其他科目放在一起比较，需另作讨论。

② Sellar S, Lingard B. Looking East: Shanghai, PISA 2009 and the reconstitution of reference societies in the global education policy field [J]. Comparative Education, 2013, 49(4): 464 - 485.

③ 指中国学生长期浸润于重灌输、少互动、频测验的不利教育环境中，自信水平低、焦虑程度高，却在国际测评中取得较好的成绩。

④ Feniger Y, Lefstein A. How not to reason with PISA data: an ironic investigation [J]. Journal of Education Policy, 2014, 29(6): 845 - 855.

隐的在场。至于少数高被引论文为凸显中国基础教育研究价值而使用"世界性力量""可能主宰 21 世纪的全球经济和世界秩序"[1]之类的字眼,更是无谓地营造了"中国威胁感",还依从了经合组织(OECD)观察和治理教育的逻辑:"把 human beings(人)变成 human resources(人力资源)"[2],对"教育成就"乃至对教育的理解都过于狭窄。这样一种说明研究价值的方式,实际上非但没有突出,反而淡化了中国基础教育的独特研究价值,对中国教育的考察成了照着国际测评及其相关标准审视"中国做对了什么"。

从相关的几个主题下的论文的内容看,关于学生学习的研究并没有发掘出中国学生的学习方式或方法有何特别之处。其中一项探讨语言文化与数学学习关系的研究,强调天然十进制的汉语数字词汇对早期数学学习大有帮助[3],更强化了对中国学生学业成就的"非教学解释",即成绩的优异并非来自学校教育教学的作用。关于教学的研究,也没有提供中国独特的教学方法,探讨的大多是建构主义、问题中心教学(PBL)等近几十年从西方引入的教学思想和模式的应用。教学研究主题下还有一项关于团队教学(team teaching)的论文,这项研究也没有如想象中那样反映"中国独特的教育实践"。[4] 研究的定位很明确,就是对西方学者提出的合作教学模式的"修订"和"实验"[5],完全没有讨论中国的文化传统和当代实践对实施集体教学的影响。

总之,虽然很多作者借助中国学生的学业成就标榜自己在中国情境中开展的研究的价值,却没有通过对教育教学的研究很好地回答中国学生的学业成就与教育实践的关系是什么、中国基础教育在教学方面能提供什么可资他国借鉴的做法。

(三)"学共体":中国特色实践有待概念化

教师专业发展这一主题下,对"专业学习共同体"(Professional learning community)的研究占了三分之一,被研究者称为"教师发展的新范式"[6],是最受关注的专业发展

① Law W. Understanding China's curriculum reform for the 21st century [J]. Journal of Curriculum Studies, 2014,46(3): 332 - 360.

② 程介明. 上海的 PISA 测试全球第一到底说明了什么[J]. 探索与争鸣,2014(1): 74—77.

③ Ng S S, Rao N. Chinese Number Words, Culture, and Mathematics Learning [J]. Review of Educational Research, 2010,80(2): 180 - 206.

④ 李琳琳,冯燕. 国际中国教育研究的知识谱系: 主题与前沿分析[J]. 教育发展研究,2019,39(3): 17—24.

⑤ Jang S. Research on the effects of team teaching upon two secondary school teachers [J]. Educational Research, 2006,48(2): 177 - 194.

⑥ Tam A C. The role of a professional learning community in teacher change: a perspective from beliefs and practices [J]. Teachers and Teaching, 2015,21(1): 22 - 43.

途径。李琳琳和冯燕借助软件对SSCI期刊上中国教育研究文献的发文与被引用情况进行分析后发现,“团队教学、教研组或教师专业发展共同体”是一个值得关注的研究主题聚类,可观的发文和被引数量令人期待这方面的研究能在国际上展现“中国独特的教育实践”。①

然而进一步考察这一主题下被引用次数最多的几篇文献会发现,说这些研究展现了中国的独特教育实践可能言之过早。首先,在一些研究中,“专业学习共同体”被描绘成没有本土基础的“舶来品”。例如一项以香港某中学的中文教师为对象的研究,就描绘了一群教学方式保守,相互之间缺乏交流、各自为政的中文教师,在“学共体”理念引导下发生转变的过程。② 作者描绘了一个外来理念在中国顺利推广的故事,无论是学校还是更广阔的社会文化情境似乎都没有给这个过程带来太多影响,这个“学共体”是在中国还是在其他地方建立和运转,并没有什么差别。

其次,一些研究虽然观察到中国教师搭建“学共体”的制度和实践基础,但没有把它们作为建构和修正理论时需要考虑的要素。即便研究者们也了解中国原本就有学习共同体式的组织和活动,但他们在理论上并不重视“教研组”“备课组”和“公开课”之类的本土做法,甚至连“教研组”的拼音都写不对,更没有兴趣将这些中国基础教育的独特实践概念化。即便有的研究指出了中国的相关实践有着“悠久的历史”③,但在开展理论探讨时,核心问题却只能在西方的学术谱系中寻得定位,在西方专业学习共同体的现有框架下得到论述。

第三,部分研究侧重描绘中西教师的相似性,保证了源自西方的“学共体”理论在中国情境中的适用性,而对差异的解释则失于简化。例如莱恩等人发现中国教师比西方教师更乐于参与课堂观察和课后的总结讨论,对批评更开放,更愿意为学习共同体的活动投入大量时间和精力。作者们将它们归为“文化上的差别”。这样的解释实际上把复杂的本土经验背景化了,放弃了对中国基础教育当中与专业学习共同体的建立与维系密切相关的制度安排、实践传统、组织文化和心理习惯的考察。表面上尊重文化差别,实际上又不愿(或无力)将中国基础教育体系中教师合作的复杂面向展现出

---

① 李琳琳,冯燕.国际中国教育研究的知识谱系:主题与前沿分析[J].教育发展研究,2019,39(3):17—24.

② Tam A C. The role of a professional learning community in teacher change: a perspective from beliefs and practices [J]. Teachers and Teaching, 2015,21(1): 22 - 43.

③ Wong J L N. Searching for good practice in teaching: a comparison of two subject-based professional learning communities in a secondary school in Shanghai [J]. Compare, 2010,40(5): 623 - 639.

来。难怪后来的境外研究者在引用这篇文章时，会把文中描述的中国教师对“学共体”活动的积极投入，简单理解为“由于集体主义文化的影响，中国教师习惯集体活动”。[①]

（四）“非西方情境”：研究定位的自我东方化

可以说上述几个主题的论文，对有中国特色的教育实践的描述和分析，对中国基础教育独特研究价值的发掘还很不足。而这种不足在各个主题的研究中都有所体现。前文将被引次数最多的SSCI论文对中国基础教育的研究价值的表述方式做了分类描述，我们看到大量文献在回答“为什么研究中国教育”这一问题时，将中国定位为非西方情境，强调中国与西方国家的差别。这似乎是朝着展现中国教育独特研究价值的方向在前进。然而假如更细致地观察，我们会发现其中存在对中国基础教育研究价值的矮化和遮蔽。

一些论文以“非西方情境”这一定位说明文章之创新价值的时候，仅仅是以中国的经验材料验证西方的理论，拓展理论的适用范围。中国基础教育没有成为原创性概念与命题的生发土壤，而仅仅为西方理论提供了一些实证注脚。这里并不是说在不同的社会、文化情境中检验理论适用性的工作没有意义，而是说我们要提防用西方的理论切割剪裁中国经验，把中国基础教育的现实问题变成西方既有理论在“非西方”投射出的“镜像”。例如，有对中国流动人口教育的研究将自己纳入美国移民教育的研究脉络，用考察移民教育的模式解读并没有跨越国界或更换语言文化环境的中国迁移者的教育经历。西方的理论加上“非西方”的检验，这样的研究定位把“中国经验置于理论生产链的低端部分……产生的教育理论附加值也就往往相对较低”。[②] 相比于理论的发展，这样的工作带来的其实更多是“理论的征服”。

以西方理论作为研究的出发点，将中国基础教育的研究价值定位在“非西方”，使得即便有西方理论解释不了的新发现，这个“新”的含义也只是和西方不同，是不对理论范式构成挑战的特例（exception），这些“新奇的事实”（novelties of fact）并不会导向“理论的创制”（inventions of theory）。[③] 中国教育作为西方教育的“他者”出现，独特性

---

① Van Meeuwen P, Huijboom F, Rusman E, et al. Towards a comprehensive and dynamic conceptual framework to research and enact professional learning communities in the context of secondary education [J]. European Journal of Teacher Education, 2020,43(3): 405-427.

② 王文智. 中国课程改革研究的国际学术影响力——以SSCI和A&HCI收录期刊为例[J]. 教育发展研究，2019,39(3): 33—40.

③ Kuhn T S. The Structure of Scientific Revolutions [M]. Chicago: The University of Chicago Press, 1970: 52.

就被降格为他异性。不仅考察中国基础教育的西方学者难免以西方为中心理解中国，中国研究者也可能陷入顺应西方对中国的想象而“自我东方化”的泥潭。正如阿里夫·德里克(Arif Dirlik)所说，如今亚洲人自己的东方主义问题“比欧美人更为严重”。① 有学者指出，中国教育学走向世界要应对的最大挑战是如何“处理好自我与他者的关系”②，而根据以上分析，中国教育学走向世界时首先要解决的问题是我们惯于充当西方的他者而失去了自我，就像鲁洁教授所说的那样，“在日常生活中我们是中国人，在研究中我们是西方人”。③

国际期刊论文中对中国教育研究价值的定位，实际上反映了作者们对西方主导的国际学术生态的认知。非西方国家的教育研究很多时候不得不扮演好西方理论消费者的角色，用自己的研究修缮，甚至仅仅是印证西方原创理论，以求得期刊的接纳。如OECD这类强大的国际组织更是“为可接受的研究建立了具体而普遍的标准，并通过其政治和经济实力确保标准的一致性，使得背离既定的知识规范的代价非常高昂”。④ 如何在发掘中国教育的独特研究价值的同时，保证国际影响力的施展，是一件困难的事情，既要考虑如何顺利地在国际刊物上发表论文，也要考虑如何吸引更多的国外学者关注和引用。

而一项研究越是深度地介入文化情境，可能就越难吸引其他国家学者的关注。以对教师主观因素的研究为例，着眼于文化特殊性的研究和着眼于普遍性的研究被国外学者引用的比例就有比较明显的差别。《教师职业脆弱性与文化传统：中国悖论》结合中国的文化传统以及当代社会环境探讨为何教师会表露出对自身职业的无力感。笔者找到的29篇引用该文的施引文献，有28项研究都是在中国文化背景下展开的，占到了96.6%。而同一主题下的《探索教师情绪智力、情绪劳动策略与教学满意度的关系》和《工作场所社会支持在特质情绪智力与教师职业倦怠关系中的中介作用》分别只有17.6%和20.6%的施引文献研究的是中国的教育。后两篇文章更广泛地被其他

---

① 阿里夫·德里克，曾艳兵. 后现代主义、东方主义与“自我东方化”[J]. 东方论坛. 青岛大学学报，2001(4)：32—38.

② 李政涛. 走向世界的中国教育学：目标、挑战与展望[J]. 教育研究，2018(9)：45—51.

③ Lu J. On the indigenousness of Chinese pedagogy [A]. In Hayhoe R. & Pan J. (Eds.) Knowledge across cultures: A contribution to dialogue among civilizations [C]. Hong Kong: University of Hong Kong, Comparative Education Research Centre, 2001: 249 - 253.

④ Yang R. Internationalisation, Indigenisation and Educational Research in China [J]. Australian Journal of Education, 2005,49(1): 66 - 88.

国家的研究参考，某种程度上就比第一篇文章展现了更直观的国际影响力。后两篇文章都以中国教师为被试、用量化方法确定了一些构念之间的可能关系，研究都不太关心教师所处的社会情境。也就是说，脱嵌于情境的研究更容易被“跨国”引用。然而此处的问题是，发掘中国情境的独特研究价值与获取广泛的国际影响，是否无法兼顾?

同样是在教师主观因素的这个主题下，陈伟德(D. W. Chan)有两篇论文都进入了中国基础教育研究被引用最多的99篇论文之列，而且都获得了比较广泛的“跨国引用”。这两篇论文在发掘中国情境的理论价值方面都做了尝试。其中关于教师效能感的研究并不满足于印证关于教师自我效能的既有论述，而是尝试就自我效能的结构提出自己的假说并开发相应的测量工具。在勾勒教师自我效能的维度确定量表的框架时，作者参考了中国香港教育改革中对教师提出的课堂管理、学生辅导、适应学生多样性等几方面要求。作者希望这样的思路能使理论构建更加贴近教育变革的社会文化情境[①]，也令研究有了更强的原创意味。而关于教师幸福感的研究则凭借中国文化中“报恩与报仇、感恩与宽恕等观念密切联系”[②]的启发，以新的研究思路将以往孤立的理论构念放到一起考察，中国情境由此成了理论创新的源泉。从陈伟德的论文被引用的情况看，来自其他国家和地区的学者也注意到了文章的创新之处，认为陈伟德的研究基于中国情境贡献了不同的观点。[③] 因此，在国际英文期刊上，虽然身处“客场”的中国研究者们想在展现中国教育特色、发掘中国教育的独特研究价值的同时获得广泛的国际关注是很困难的事情，但仍有可为之处。

考察几个主要的研究主题下的中国基础教育研究论文被引用的情况后，我们并未发现有研究因为在某个研究领域作出开拓性的贡献而获得“致敬”式的引用。甚至施引文献明确地对被引文献进行称赞，或声明借鉴了被引文献的理论观点或研究方法的情况也不多见。更多的时候，施引文献的引用为的是表明自己对研究进展的充分了解，或者为了将引文作为证据支持自己的主张。

---

① Chan D W. General, collective, and domain-specific teacher self-efficacy among Chinese prospective and in-service teachers in Hong Kong [J]. Teaching and Teacher Education, 2008,24(4): 1057 - 1069.

② Chan D W. Subjective Well-Being of Hong Kong Chinese Teachers: The Contribution of Gratitude, Forgiveness, and the Orientations to Happiness [J]. Teaching and Teacher Education, 2013,32: 22 - 30.

③ Hobson A J, Maxwell B. Supporting and inhibiting the well-being of early career secondary school teachers: extending self-determination theory [J]. British Educational Research Journal, 2017,43(1): 168 - 191.

那些需密切结合社会文化情境展开分析的研究，成果被“跨国引用”的概率相对较低，无论是在主题与主题之间，还是在同一主题下的论文和论文之间，这种差别都存在。但深植中国情境、有力地挖掘了中国教育独特研究价值的成果，获得“跨国引用”时往往更受重视，施引文献会更认真地探讨观点的独特性，而不仅仅是在综述领域进展时约略提及。凸显中国特色与扩大国际影响并不矛盾。

在阐释和建构中国基础教育的研究价值时，教育公平和影子教育等主题下的论文，多以“其他国家也面临相似问题”来说明研究中国基础教育的价值；而学生学习、教学模式与方法和教师专业发展等主题的论文，会强调中国学生的学业成就方面的优势；包括教师主观因素在内的多个主题下的论文，会以“非西方情境”这一定位来说明在中国情境中研究相关问题的价值。多数文章在借助上述几类表述为自己赢得发声空间，消费了读者对“中国”的兴趣之后，并没有从“中国基础教育”当中发掘和展现新的价值点。

我们需要更多地关心这些论文如何塑造中国教育的形象，如何吸引更多的研究力量关注中国教育，如何让中国教育学产生实质性的学术影响，乃至如何开展“知识外交”(knowledge diplomacy)、借助教育学知识的生产凝聚国际共识等问题。而这些都离不开对中国基础教育研究价值的恰当定位。从中国成绩到中国经验，从共同问题到中国方案，从中国被试、中国数据、中国材料到中国理论，这是我们在挖掘和展现研究价值时需要完成的转变。随着 SSCI 期刊刊发的研究中国基础教育的论文数量继续增长，我们也期待新的研究成果能在国际学术舞台上对中国基础教育的研究价值作出更为充分的展示和论述。

第二节　中国课程改革研究的案例

近年来在 SSCI 和 A&HCI 收录的期刊上，研究中国课程改革的成果数量可观，对国际课改研究的繁荣多有贡献，然而其中境外学者比中国内地学者发声更多。中国学者的工作总体上还处于研究“课程改革”的国际知识生产活动的边缘，学术成果尚未对研究领域的知识基础更新作出应有贡献。虽有部分课改研究成果被引用的次数较为可观，但引用动机多为背景引用而非理论引用。真正提升课程改革研究的国际性学术影响力，还需要基于中国经验在理论创制上寻求突破。

一、 课程改革已经过时了?

2013 年，吴刚教授在对我国 21 世纪初的课程改革进行评论时指出，教育变革的路径不止一条，“国际上常用的教育体制改革、学校改进运动、教师专业发展等，特别是中观层面的学校改革已成为一种趋势，为何课程改革却仍是我国教育改革的不二法门，虽历经反复却从未放弃?”[①]言下之意课程改革已经不再是代表流行趋势的教育变革方式了。而麦克唐纳(D. Macdonald)更是早在 2003 年就在国际课程研究的权威期刊《课程研究杂志》(*Journal of Curriculum Studies*)上宣称，课程改革已然是“过时的东西”(anachronism)。[②] 尽管怀揣善意，推行课程改革的教育主体通常聚焦于科目、教师和校本课程等问题，并不能真的为年轻一代发声，在后现代语境中，这样的改革意味着“盲目、挣扎和失败”。[③]

那么如今在国际基础教育变革的研究和实践中，课程改革真的是“明日黄花”了吗? 从广受关注的 SSCI 和 A&HCI 收录的学术期刊上的发文数量看，情况并非如此。至少可以说在国际教育研究层面，课程改革并未过时。[④] 我们在科学网(Web of Science, WoS)中检索 SSCI 和 A&HCI 收录的近 20 年来发表的以“课程改革”(curriculum reform 或 curricular reform)为主题的论文，按年份统计发文量后发现，在 2005、2006 年前后该主题的发文量曾一度缩减，但是从 2008 年起发文量持续走高，达到 21 世纪最初几年年均发文量的 2 至 3 倍(参见图 5 - 2)。即便考虑到 SSCI 和 A&HCI 有缓慢的“扩容”，围绕课程改革这一主题的论文发表表现依然可以说出现了大幅提升。与此同时，这一领域中论文被引用的次数也基本上逐年增长，这一定程度上说明近 20 年来课程改革研究的国际学术影响仍在持续提升(参见图 5 - 3)。

---

① 吴刚. 奔走在迷津中的课程改革[J]. 北京大学教育评论，2013，11(4)：20—50.

② Macdonald, D. Curriculum change and the post-modern world: Is the school curriculum-reform movement an anachronism? [J]. Journal of Curriculum Studies, 2003，35(2)：139 - 149.

③ Macdonald, D. Curriculum change and the post-modern world: Is the school curriculum-reform movement an anachronism? [J]. Journal of Curriculum Studies, 2003，35(2)：139 - 149.

④ 而且根据这些论文介绍的全球课程改革实践的推进状况来看，进入 21 世纪以后，大规模、集权化的课程改革在国际基础教育变革中堪称流行，单论 2010 年以来，仍有苏格兰、英格兰、芬兰、挪威和澳大利亚等国家和地区推行了或正在推行这类改革。在实践层面，课程改革似乎也同样方兴未艾。

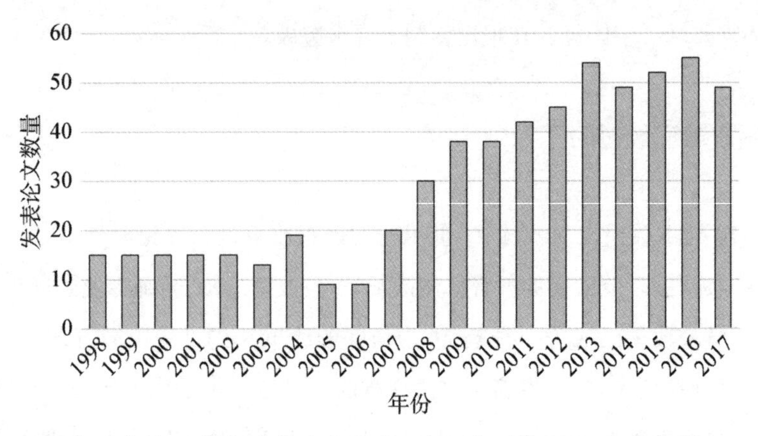

图 5-2　各年度刊发的以课程改革为主题的 SSCI 和 A&HCI 论文数量(1998—2017)

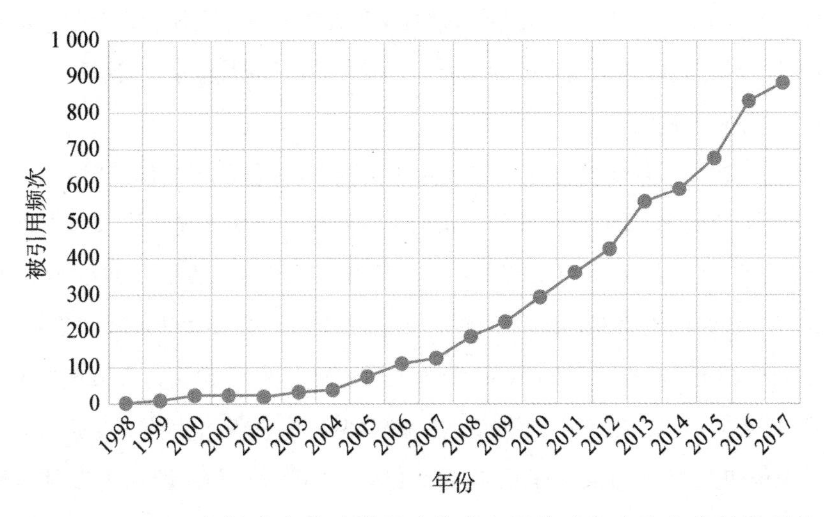

图 5-3　1998—2017 年间发表的以课程改革为主题的论文在各年度被引用的次数

对上述论文讨论的主题做进一步的分析，可以发现 2008 年以来"课改研究"发文数量的增长，一定程度上得益于围绕中国课程改革开展的研究数量的增长。1998 年至 2007 年的 10 年间，上述论文中研究中国的课程改革的仅有 13 篇①，只占该主题同期发文总量的 9.0%；而 2008 年至 2017 年的 10 年间，以中国的课程改革为主题的论文数达到了 91 篇，占到同期发文总量的 20.1%。中国的课程改革在国际教育研究中受到的关注大大增强了。

① 包括香港、澳门和台湾地区。

二、备受关注的实践：课改研究“走出去”

课程改革可以说是进入新千年后中国基础教育领域中最引人瞩目的一项大规模教育改革行动。中国教育学界围绕课程教学改革进行的研究也相当繁荣，在国内的课程与教学论的研究当中占据了非常重要的位置，这一点已经为两项相互独立的文献计量研究所证明。[①][②] 其中曹东云和谢利民的研究进一步指出，对课程改革的研究已经开始深化和细化，“知识增长方式”出现了转变。[③] 那么上文提到的国际上围绕中国课改的强劲发文表现，是不是国内发展迅猛的课程教学改革研究的自然溢出？是不是中国学者的研究已经在以SSCI和A&HCI收录期刊为代表的国际学术舞台上产生了较强的国际影响？或者说“中国课程研究‘走出去’”[④]的愿望一定程度上已经得以实现？

我们在WoS上查找到进入2000年以后发表的[⑤]以课程改革为主题的SSCI和A&HCI论文共613篇。这其中，文章的主题同时又与中国相关的有110篇，占总量的17.9%，这是一个不小的比例。然而中国的课程改革受到国际学界关注，并不等于中国的课改研究有了国际影响力。因为在这110篇论文当中，第一作者为中国内地学者的仅有32篇，所占比例尚不足三成。尤其是被引用次数排名前20%的文章中，仅有3篇的第一作者为中国内地学者。也就是说被引用次数最多的研究中国课改的论文，接近九成都不是由中国内地学者牵头完成的。

相比之下，我国香港地区教育研究的表现要抢眼得多。依据WoS的数据，统计2000年以后以课程改革为主题发表SSCI和A&HCI论文最多的机构（见表5-3），会发现香港有3家机构的发文量都进入了前十，香港中文大学、香港教育学院和香港大学分列在第1、第3和第5位的位置上。在作者个人发文方面，发文数量大于3篇的作者有7位（见表5-4），而我们在其中看到了香港中文大学的尹弘飚（Yin HB）和李子建（Lee JCK，

① 曹东云，谢利民.新课改以来课程与教学研究知识增长方式的探究——基于CiteSpace知识图谱的分析[J].江西师范大学学报（哲学社会科学版），2014，47(3)：104—109.

② 丁长康，钟勇为.我国近十年课程研究热点与反思——基于CiteSpace的分析[J].现代教育管理，2015(3)：89—93.

③ 曹东云，谢利民.新课改以来课程与教学研究知识增长方式的探究——基于CiteSpace知识图谱的分析[J].江西师范大学学报（哲学社会科学版），2014，47(3)：104—109.

④ 崔允漷.关于“中国课程走出去”的思考[N].人民政协报，2017-07-26(10).

⑤ 具体时间范围为2000年1月1日至2018年10月30日，下同。

现任职于香港教育大学)的名字。而内地的课改恰恰是他们发文时讨论较多的议题。

表 5-3 课程改革研究高发文量机构

排名	机构	发文量	占总发文量的百分比(%)
1	香港中文大学	20	3.26
2	利兹大学	16	2.61
3	香港教育学院①	14	2.28
4	不列颠哥伦比亚大学	11	1.79
4	香港大学	11	1.79
4	悉尼大学	11	1.79
7	南洋理工大学	10	1.63
7	墨尔本大学	10	1.63
9	开普敦大学	9	1.47
9	昆士兰大学	9	1.47

表 5-4 课程改革研究高发文量作者

排名	作者	发文数
1	RYDER J	8
2	DONNELLY J	6
3	SHAY S	5
3	YIN HB	5
5	CRAIG CJ	4
5	LEE JCK	4
5	TEO TW	4

肖磊和靳玉乐曾梳理过其他国家和地区的学者对我国内地“新课程改革”的研究,作者认为“异域学者几乎关注了新课程改革的方方面面”。② 中国的课程改革已经被“异域学者”上上下下打量了个遍,产生了大量研究成果,中国的课改实践是备受关注

① 该校 2016 年已更名为香港教育大学,此处统计的是以原英文校名 The Hong Kong Institute of Education 发表的文章。

② 肖磊,靳玉乐. 中国新课程改革的检视:异域学者的观点[J]. 课程·教材·教法,2013(6):8—15.

的。与此相对，中国内地学者对其他国家的课程改革进行研究的文章则很少出现在SSCI和A&HCI期刊这样的国际学术舞台上。仅根据文章摘要判断的话，2000年以来中国研究者发表的以课程改革为主题的SSCI和A&HCI论文当中，对其他国家课程教学改革情况进行研究的论文不足10篇，且多数是与外国学者合作开展的中外比较研究。专门对其他国家的课程改革进行研究的文章仅见1篇①。这当中显然存在某种不平衡和不对等。

也就是说，在国际学术舞台上，中国内地学者并没有掌握解读本国课程改革实践的主动权，更没有掌握评论世界其他国家和地区课程改革的话语权。截至2018年9月，按照WoS的统计，被引用得最多的关于中国课程改革的论文是澳大利亚学者德洛-亚科沃（B. Dello-Iacovo）的《中国的课程改革与素质教育：一篇综述》，已被引用了87次，被引次数在SSCI和A&HCI收录的所有以课改为主题的论文中高居第5位。然而作者在文中并不看好中国课程改革的前景，认为它“资源不足、概念模糊、遭受抵制”②，又受到诸多教育以外的因素限制，似乎是“无力”的。

类似的“唱衰”中国课改的境外研究者不在少数，从国际教育知识生产的角度看，我们并不介怀他们对中国实践抱持肯定还是否定的态度，而是要追问这些研究是如何对中国的改革经验进行处理的。是从中国经验出发，去解释、提炼并尝试概念化和理论化，还是“用苹果（西方）来批评橘子（中国）”③？

例如，中国香港地区的罗永华（Law Wing-Wah）同样不看好中国内地的课改，他利用美国学者多伊尔（W. Doyle）对课程的三个层次（制度的、计划的和课堂的）的划分以及美国学者韦斯特伯里（I. Westbury）等人对“国家主导的课程编制”的分析框架研究中国在20世纪末21世纪初进行的课程改革，并得出了“中国的课程改革不会在课堂层面得到期望的结果”④的结论。在该文中，中国课程改革的结构似乎完美地贴合美国学者提出的理论框架，使用西方的概念工具进行分析时全然没有适用性问题。再

---

① 由中国香港学者同新加坡和美国同行合作完成的对新加坡课程改革的研究，见Lam C C, Alviar-Martin T, Adler S A, et al. Curriculum integration in Singapore: Teachers' perspectives and practice [J]. Teaching & Teacher Education, 2013,31(1): 23-34.

② Dello-Iacovo, B. Curriculum reform and 'Quality Education' in China: An overview [J]. International Journal of Educational Development, 2009,29(3): 241-249.

③ 郑永年. 中国的知识重建[M]. 北京：东方出版社，2018: 22.

④ Law, W. Understanding China's curriculum reform for the 21st century [J]. Journal of Curriculum Studies, 2014. 46(3): 332-360.

如，新加坡学者谭夏琳（Tan Charlene，音译）在《教育政策制定的文化：上海的课程改革》一文中把上海的二期课改作为“全球化装配”[①]（global assemblage）理论映照下的一个个案来研究。从德勒兹和瓜塔里在《千高原》中论述的“集合/装配”这一理论源头，到西方人类学家使用装配的概念研究全球化问题，其后有新加坡学者借此解读新加坡的教育政策，最后到谭女士类比新加坡的议题讨论上海的情况，在传播与运用理论的链条中，中国的课程改革经验在第四环才出现。并不是说理论多经过几次迁移和转换后，研究的原创性智识就必然减少，但我们应该能看明白研究把中国经验放在全球知识生产中的什么层级上。将中国经验置于理论生产链的低端部分，作为普适理论的实证注脚出现，研究中国课改产生的教育理论附加值也就往往相对较低。

这样看来，围绕中国的课程改革开展的学术研究，似乎呈现出“墙里开花墙外香”的状态。中国的课程改革确实受到了关注，然而热门的是境内的实践，繁荣的却是境外的研究，境外学者比境内学者贡献了更多的成果。另一方面，这些国外/境外学者关注中国课改时，似乎不会抱着“中国经验世界共享”的愿望，而更多地想“用中国事儿说外国理儿”，试图让中国经验驯顺地贴合西方理论的框架[②]，为西方的理论大厦添砖加瓦、修修补补。

三、徘徊于理论建构的外围

为了进一步分析中国研究者在国际课程改革研究当中的贡献，笔者从 WoS 下载了新千年以来发表的以课程改革为主题的 SSCI 和 A&HCI 文献的引文记录，并将它们导入 CiteSpace 软件进行分析。处理时以每 2 年为一个时间切片，每个时间切片中保留引用率排在前 80％的文献。

(一) 中国的研究尚未构成课程改革研究的知识基础

首先，利用软件的“作者共被引分析”（Cited Author）功能，考察哪些人的研究构成

① Tan，C. The culture of education policy making：curriculum reform in Shanghai [J]. Critical Studies in Education，2012，53(2)：153 - 167.

② 阅读相关文本时笔者还看到，有的外国学者撰文多篇纵论中国城乡学校中的校长领导、教师学习与课程变革，却连自己论文的中国合作者的名字都拼写不对，而且是屡次三番把不同的人的名字搞错。作者是否真的了解中国，是否真的重视中国经验，也就存疑了。

了课程改革研究的知识基础。在可视化呈现作者共被引网络时，笔者将被引作者列表中的“匿名”(系统中记录为“ANONYMOUS”)以及各国教育主管部门(系统中记录为“Ministry OF E”“Ministry O”“Department OFE”和“Department O”等)隐去，并适当控制阈值，在图上显示被引用得最多的20位研究者，以及被引用最多的3个机构组织(同一作者或机构在一篇文献中被引用多次只按一次计算)[①]，得到图5-4。

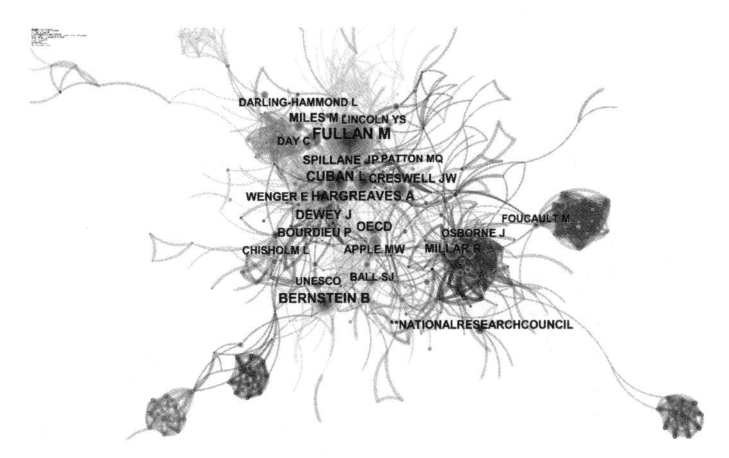

图5-4 课程改革研究的作者共被引网络

图5-4中的节点大小代表了被引用的频次，可以看到课程改革研究当中被引用最多的是迈克尔·富兰(M. Fullan)、巴兹尔·伯恩斯坦(B. Bernstein)等人的论著。CiteSpace提供的彩图还可以从节点的色彩圈层分布看到它们主要是在什么年份被引用。富兰、伯恩斯坦和拉里·库班(L. Cuban)等人的作品在这一领域可谓经久不衰，代表他们作品的节点没有出现明显的“老化”现象，在不同的时间切片中都持续有学者引用。杜威的论述更是经得起时间考验，他于20世纪上半叶提出的那些观点并没有被21世纪的课程改革研究者们遗忘。

继续利用CiteSpace软件，在图5-4所示的网络上稍作变换，按照索引关键词(Indexing term)将节点进行聚类，展示由共被引关系密切的节点构成的14个聚类[②]，

① 陈悦，陈超美，胡志刚，等. 引文空间分析原理与应用——CiteSpace实用指南[M]. 北京：科学出版社，2014：65—66.

② 14个聚类的索引关键词依次为0号“二十世纪末”，1号“国际化”，2号“教学动机”，3号“中等教育”，4号“处于不利境地的学生”，5号“学校能力建设”，6号“学生中心的教学”，7号“适应本土的教学”，8号“后结构主义”，9号“课程开发”，10号“政治再联合”，11号“教师培训”，12号“神经科学”和13号“通用技能”。

得到图 5-5。这些聚类能够反映借助特定知识基础开展的研究主要是从哪种角度研究课程改革的。例如,图 5-5 右部的 8 号聚类,以“后结构主义”为标签,聚类中最大的节点代表米歇尔·福柯(M. Foucault)。与此同时,代表福柯的这一节点也是连接这个聚类和其他研究的桥梁,也就是说福柯的工作引领了整个 8 号聚类。

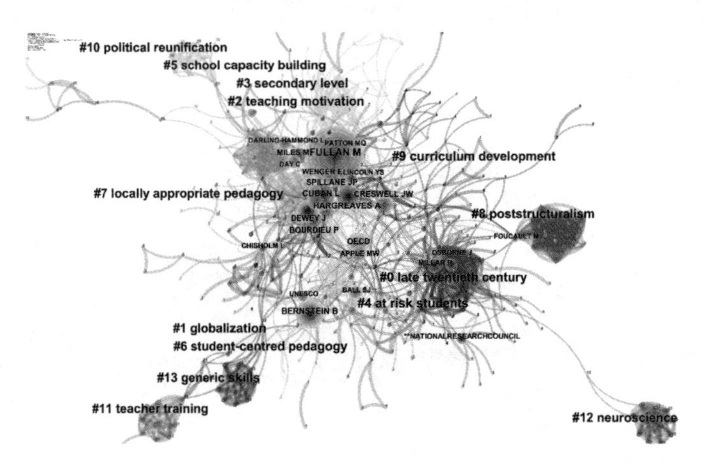

图 5-5　以索引关键词标注聚类的课程改革研究的作者共被引网络

这样我们可以借助 WoS 提供的引文数据并使用 CiteSpace 软件处理,找到为课程改革研究提供知识基础的重要作家(表 5-5)。这里所说的“重要”,指的是符合下列多种标准中的一个或几个:(1)作品被引用的次数位居前列,说明在整个领域中的影响大;(2)在某一聚类中被引用次数位居前列,说明影响了领域中的某个方向;(3)节点突现性强,说明对研究方向转变发挥了影响;(4)被引用次数较多且半衰期极长,说明对该研究领域有持续的影响。

表 5-5　国际课程改革研究中被引用次数最多的重要作者/机构①

序号	引用频次	作者	首现年份	半衰期	突现性	聚类编号
1	79	Fullan M	2002	11		3
2	41	Bernstein B	2002	12		1
3	40	Cuban L	2000	13	3.04	2

① 表中带 * 号者为组织机构。

续 表

序号	引用频次	作者	首现年份	半衰期	突现性	聚类编号
4	36	Hargreaves A	2000	12		2
5	33	OECD*	2008	6		1
6	33	Dewey J	2002	9	4.19	2
7	27	Spillane JP	2008	5		2
8	27	Bourdieu P	2002	11		1
9	27	Creswell JW	2008	6		4
10	26	Miles M	2008	5		5
11	24	Millar R	2000	12		0
12	23	Apple MW	2002	12		1
13	22	National Research Council*	2004	6	3.64	4
14	22	Wenger E	2008	6	3.02	7
15	20	Ball SJ	2009	5		1
16	20	Lincoln YS	2008	5		2
17	20	Day C	2012	3	3.9	5
18	20	Darling-Hammond L	2010	4		5
19	18	Osborne J	2004	8		0
20	18	Chisholm L	2002	10		6
21	17	UNESCO*	2010	4	3.07	6
22	16	Patton MQ	2008	5		2
23	16	Foucault M	2000	13		8

除非我们将“位居前列”的标准放得极宽，不然没法找到任何一位符合上述标准的中国研究者。我们需要将重要作家的表格拉得非常长，才能呈现一位中国研究者，即总被引用次数排在并列第60位的尹弘飙(YIN HB)。可以看到，国际课程改革研究的主要知识基础在西方，中国课程改革研究还没有拿出足以成为国际研究共同体探索相关问题之基点的理论建树。

(二) 中国的研究尚未贡献课改研究的关键文献

如果说“作者共被引分析”考察的是作者漫长学术生涯的持续性贡献，中国课程改革研究起步较晚，或许难以获得欧美学者那样巨大的影响，那么中国学者有没有单篇论文表现出色，足以在课程改革研究的关键文献中占据一席之地呢？

在WoS的记录中，课程改革研究当中有中国研究者参与的文献中(包括中国内地和港澳地区)被引用3次及以上的有51篇，其中被引用10次及以上的有17篇。如果再加上我国台湾地区的作者，那么WoS收录的2000年以来发表的以课程改革为主题的被引用次数最多的100篇论文中，13篇有中国学者署名(其中12篇的第一作者为中国学者)。统计各个国家的学者在被引用次数最多的100篇中的贡献，美国学者以37篇居首位，中国学者和澳大利亚学者均贡献了13篇，并列第二，其后有南非学者9篇，英国学者8篇，加拿大学者7篇。这样的被引用次数似乎预示着，中国学者的某些篇论文应该已经在全球范围内的课程改革研究中产生了相当大的影响。

然而在对课程改革研究文献的引文空间进行分析后笔者发现，中国文献在该领域中的影响并不大。这与我们从论文发表数量和被引用数量得出的印象很不一致。借助CiteSpace的"文献共被引分析"功能，我们来观察文献在课程改革这个研究领域内部的相互关联情况。一篇文献越多地与该领域内的其他文献一起充当后续研究的基础，越能说明这篇文献在这一领域当中的影响力。使用的数据仍为2000年以来以课程改革为主题的SSCI和A&HCI文献的引文记录，以2年为一个时间切片。为了尽可能地不错过论文在课程改革领域产生的任何学术影响，每个时间切片我们都取前100的文献。分析结果将反映在课程改革这一研究领域的内部，有哪些文献对围绕课改这一主题展开的研究产生了较为突出的影响。

在将分析结果可视化呈现时，笔者发现，假如将节点呈现阈值设定为被引用4次或更多，那么呈现图示中将有20多个节点，而这些节点所代表的文献没有一篇是出自中国学者之手。为了考察中国课改研究的学术影响，本节将阈值设定为被引用3次，即使这会导致图示中的节点数量偏多，图示看起来较为杂乱(如图5-6)。将主要聚类用轮廓线围绕起来后会发现，主要的几个聚类之间相互连接，构成了共被引网络的核心。也就是说聚类中的作品都受到某一个或几个研究方向的学者们的关注，在学术共同体中产生了一定的影响力，成为后续研究的基础。而代表中国学者所发表论文的节点，大多落在了主要聚类之外，如标记为"XU YZ(2009)""QIAN HY(2013)"和"YIN HB(2014)"的论文。只有标记为"LIU YB(2009)"的论文处于1号聚类中。

与中国的课改研究论文基本被抛离在主要聚类构成的核心区域之外形成对照的是，同为研究发展中国家的课程改革，南非学者切斯霍尔姆(L. Chisholm)的几篇文章

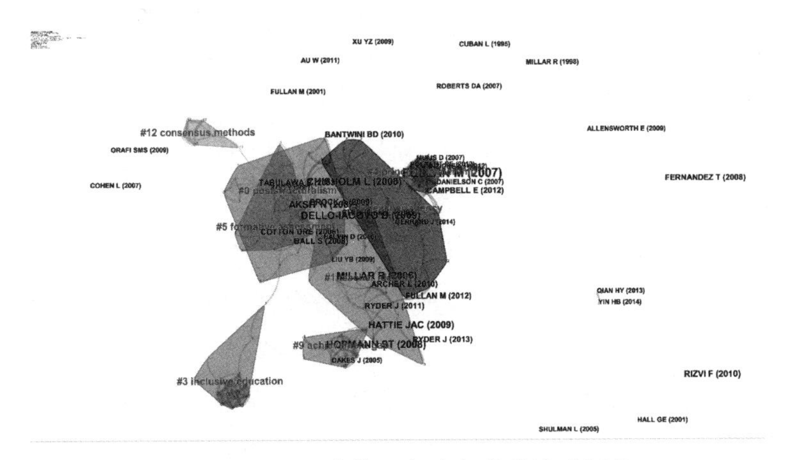

图 5－6　课程改革研究的文献共被引网络

都在引文空间中居于中心位置。她的《20 世纪 90 年代后撒哈拉以南非洲的课程改革》一文的共被引频次为 7，中介中心性值为 0.19，在图中显示的所有文章中排名第一；另一篇文章《南非国家课程说明的制定》的共被引频次为 4，中介中心性值也达到了 0.08。

共被引频次均不超过 3 次，已经能从一个侧面说明中国的课改研究与这一领域中其他研究的关联性不够强，影响力偏弱。再考察降低阈值后才进入视野的 4 篇中国文献，发现它们的中介中心性都非常低，均为 0.00（软件里的中介中心性数值保留两位小数）。这说明中国课改研究在领域内部也没有起到引领新的研究方向或沟通不同研究旨趣的作用，并不足以成为领域当中的关键文献。

四、审视"被引"产生的学术影响：结论引用抑或背景引用

那么，为什么中国的课程改革研究论文被引用的次数不少，但是在这一研究领域的引文空间中却没有展现出足够的影响力呢？较高的被引用频次又是从何而来的呢？

首先要说明，一篇文章能在某个研究主题的共被引网络中凸显出来，意味着它受到同样探讨这一主题的多项研究的关注。我们也可以由此推断，这篇被引用的文章对该主题的研究有一定的贡献，产生了学术影响。假如依据某一主题搜索得出的文献在 WoS 中总被引频次很高，却没有在这一主题上产生影响，可能的原因首先是文章的主

题并不唯一。比方说文献甲探讨的是课程改革与校长领导力的关系问题，所以文献的标识主题除课程改革外还有校长领导力，后续有大量的探讨校长领导力的文章引用文献甲，这些引用行为自然无法在以课程改革为主题的引文空间中展现出来。这是一种合乎逻辑的解释，然而在对 SSCI 和 A&HCI 收录的中国课程改革研究论文的引用情况作细致的考察后，这种解释并不能覆盖全部事实。

据 WoS 提供的数据，一些来自中国的文献被引用的次数相当高，却没有在哪个单一主题上产生较大影响，而是被多个方向的研究者引用。现代人文社会科学发展到今天，学术分工已经十分细致，一篇期刊论文所解决的问题往往是细小精深的，多数时候一篇文章只能从理解问题的多种维度当中选取一个论说，于众多主题都有理论贡献的论文是较为少见的。那么这些中国课改研究论文“宽而散”的被引图景是如何形成的呢？

为回答这一问题，我们就要搞清楚这些论文为什么会被引用，也就有必要理解施引文献的引用动机。根据引用动机，我们可以把引用行为分成结论引用（或称理论性引用、主题性引用）和背景引用（或称情境性引用）两类。进行结论引用时，研究者是在向读者展现他所探讨的主题的发展脉络，说明自己受到哪些研究的启发，引用即意味着对被引文献的承认与认可。结论引用紧紧围绕着施引文献要探讨的主要问题对学术史进行梳理，为自己的理论建构做准备，引用行为想要引入的是被引文献的概念（概念性引用）或研究方法、技术与工具（操作性引用）。而进行背景引用时，研究者是在向读者介绍研究对象的情境信息，如时代和国别，向读者提供一些背景资料以方便他们的阅读和理解。

将引用分为结论引用与背景引用（主题性引用与情境性引用），这种对引用动机的区分只是粗略的、大致的，不过这种划分方式能很好地包容多种描述引用动机的实证模型，与它们皆不冲突。① 我们可以借助这对概念来分析施引文献关心的是被引文献所讨论的事实，还是被引文献所论述的观点。

为了对引用动机开展辨别，笔者对 WoS 收录的 2000 年以来的中国课改研究论文做了进一步的筛选，以便细读文献以及文献的施引文献。选择的标准是 WoS 将文章的主题标记为“课程改革”，同时作者的题目或者关键词当中也包含“课程改革”，以此确保文献确实对课程改革进行了探讨，研究与“课程改革”有极强的相关性。然后检索

① 刘茜，王健，王剑. 基于引文动机的文献老化研究[J]. 情报探索，2015(10)：1—4.

其中被引用次数最多的3篇文献的施引文献，共找到43篇施引文献的全文，对这些全文中包含的共计60次引用进行分析归类。结果发现，其中只有16次结论引用，占引用行为总数的26.7%[①]。大部分引用属于背景引用，只是介绍中国基础教育的背景信息。也就是说，中国的课改研究论文被引用，很多时候并非"因为课改"，而是"因为中国"。之所以被引不是因为文章在理解课程改革方面的理论建树，而只是因为它谈论的情境是施引文献要讨论的问题背景。

这43篇施引文献当中只有3篇文献研究的是其他国家的教育问题，分别讨论的是南非和土耳其的课程改革以及新加坡的基础教育成就。被研究其他国家课程改革的论文引用，是论文学术影响力的一种重要展现。举例来说，甲研究的成果被社会语境全然不同的乙研究引用，很可能是因为甲研究提供了某种不局限于本国具体时空的普遍适用的理论要素或者研究思路。中国的课改研究成果为南非和土耳其的课改研究所参考，这一定程度上体现了中国课改研究的影响，无疑是我们乐于看到的情况。

然而"跨国引用"[②]的次数如此之少，让我们很难乐观。中国、南非和土耳其，刚好也是课程改革研究领域当中发文最多的三个发展中国家，我们不妨做个简单的横向比较。用相同的选文标准，笔者从由南非和土耳其学者撰写的讨论本国课程改革的论文当中也各选出3篇，并进一步查找到引用它们的施引文献。比较它们被研究其他国家教育问题的文献所引用的情况，结果发现，中国文献被研究其他国家教育问题的文献所引用的次数和比例都是最低的(表5-6)。来自南非的3篇文章的73篇施引文献中，有22篇探讨的是南非以外其他国家或地区的教育问题，涉及欧、亚、非、北美和南美五大洲20个不同的国家。通过比较我们发现对中国文献的引用展现出更强的情境/背景相关性，较少在本国以外的社会文化情境中展现出理论影响力。

---

① 在操作层面，区分结论引用和背景引用需要极为细致而审慎的阅读。笔者邀请了两位博士和两位硕士研究生，背对背地对引用行为进行归类，遇有不同意见时通过多轮讨论求得一致。然而这种区分还是不可避免地具有一定的主观性。不过施引文献自身的结构也会给我们的辨别工作提供线索。例如尹弘飚的《社会文化与教师对课程改革的反应：中国的经验》一文，就将引言分为"作为文化过程的变革"和"中国的社会文化特征"两部分，前一部分中的引用行为基本属于结论引用，对研究主题的理论进展做细致爬梳，而后一部分中的引用基本属于背景引用，要说明的都是研究对象所处的社会和文化情境。我们发现，该文前半部分引文作者里面中国人的姓氏难得一见，而在后半部分，现代汉语拼音和威氏拼音则轻松占据引文作者名的半壁江山。

② 这里的"跨国引用"是指别国学者研究别国问题时引用中国学者研究中国课改的文献，别国学者研究中国问题的情况不计算在内。

表 5-6 三个发展中国家高被引课改论文被引用的情况比较

	中国	南非	土耳其
总施引文献数	43	73	43
探讨其他国家教育问题的施引文献数	3	22	7
占比	7.0%	30.1%	16.3%

作为新世纪中国基础教育领域中规模最大的教育改革活动，也是世界范围内涉及人口最多的教育变革实践之一，中国的基础教育课程改革在国际教育研究中受到了较为广泛的关注，中国的课改研究成果也已经在“课程改革”这一研究领域中取得了一席之地，不过仍然处于相对边缘的位置。中国经验在知识生产的链条中还处于较低的层级，中国课改还没有成为原生性的教育理论成长的土壤。如若要实现“扎根中国经验生产一流教育理论”的愿景，则不能寄希望于境外的研究者，而需要中国学者自己的努力。目前在处理中国教育经验时，境外研究者仍有意无意地张扬西方理论霸权。而且即便西方学者主观上非常愿意增强对异质文化的尊重和理解，要放弃原生的概念体系也并非易事。而对中国学者来说，要提升自身研究的影响力，不能仅仅把中国经验当作验证西方理论的实证资料。只做“学术小工”，不尝试建构自己的理论，就只能在世界知识生产分工中从事“低附加值”的部分。生产具有广泛的国际学术影响力的原创性理论，中国的课改研究依然任重道远。

我们还观察到，中国学者在 SSCI 和 A&HCI 期刊上发表的有关课程改革的研究成果，在发文数量和论文被引用频次方面表现不俗，然而在课程改革这个研究领域中的学术影响却并不大。借助背景引用和理论引用的概念进行文本分析，本文初步解释了造成这种反差的原因。这也揭示出，单纯用发文和被引的数据来评定学术影响是很不准确的。以“影响因子”为代表的现有的评价学术期刊和论文影响的量化方法，其局限性已经被广为关注。[①] 单看被引频次等数据，无法获知施引文献对被引文献的态度是肯定还是否定，是赞同还是驳斥，是参考了被引文献的理论观点，还是仅仅引述被引文献中的背景信息。唯有对施引文献的行文语义进行细致的解读，才能了解被引文献对施引文献究竟产生了何种学术影响。我们在这方面做了初步的尝试，区分背景引用和情境引用能帮助我们更好地了解引用行为所表示的学术影响力的大小，这对学术评价体系的完善也有一定的启示。

---

① 耿艳辉. 影响因子的局限性研究综述[J]. 中国科技期刊研究，2014，25(8)：1052—1057.

第六章

走向世界的中国教育研究：
国际学者与华人学者的视角

随着中国对外开放的深入发展和高等教育国际化进程不断深化，中国教育学科的科研活动与研究成果日趋国际化。源于中国教育研究主体的多元化及政府和高校层面的激励政策，一方面，教育研究英文论文发表量逐年攀升；另一方面，本土教育学英文期刊也相继出版，成为世界了解中国教育和中国教育研究的窗口。然而，中国教育研究成果的质量和实质性国际影响力仍有待进一步探究。本章通过对 8 位海外非华裔知名教育学者和 7 位在国际或国内有学术影响力的华人教育学者进行深度访谈，探讨中国教育研究在走向世界过程中所面临的挑战与机遇，进而探究提升中国教育研究国际影响力以及提高中国在世界教育学科知识生产体系中地位的潜在路径。

第一节　基于国际学者视角的分析

中国教育学界在 20 世纪 90 年代即已开始对中国教育研究如何形成国际影响力展开讨论和反思。[①] 21 世纪以来，随着教育领域对外开放的深入发展，高等教育国际化的不断推进，教育研究界日益重视研究成果的国际发表，高校层面陆续出台相关激励政策，教育研究英文论文发表量逐年攀升，在客观上提高了中国教育体系、教育政策，以及本土教育研究者在国际学术圈的“曝光率”和“显示度”。与此同时，中国教育学研究无论是研究范式还是所聚焦的领域都呈现出明显的国际化取向。中国教育出版和研究机构也尝试出版本土教育学英文学术期刊，例如由高等教育出版社发行的 *Frontiers of Education in China*，由清华大学教育研究院编辑出版的 *International Journal of Chinese*

① 李梅，丁钢，张民选，杨锐，徐阳. 中国教育研究国际影响力的反思与前瞻[J]. 教育研究，2018(3)：12—19,34.

Education，以及由华东师范大学教育学部编辑出版的 *ECNU Review of Education* 等。这类本土英文学术刊物搭建了向世界传播“中国话语”“中国经验”的新平台。

然而在表象之下，尚有两个深层次问题值得思考，即中国本土教育研究的质量和实质性国际影响力问题，以及中国教育研究在国际学术界中的地位问题。如何让中国的教育研究真正走向世界，向海外学术界讲好教育领域的“中国故事”业已成为亟待研究的课题。基于这些问题，本节基于对 8 位在教育研究领域具有一定国际知名度的非华裔海外学者的访谈，试图从他们的视角出发探讨中国教育研究在走向世界的过程中所面临的挑战与机遇，进而寻找提升中国教育研究的国际影响力，提升中国在世界知识生产体系中地位的潜在路径。

一、分析框架：教育学研究在三重维度下的角色

中国教育研究走向世界即教育学科及教育研究在世界教育知识生产体系中获得身份认同并提升国际影响力的过程。自 21 世纪以来，国际化的概念在高等教育研究领域的应用日趋广泛。汉斯·德威特(Hans De Wit)和菲奥娜·亨特(Fiona Hunter)基于简·奈特(Jane Knight)提出的定义，将高等教育国际化定义为“将国际、跨文化或全球层面的考量纳入高等教育的目的、功能和提供形式的主动过程，以提高学生和教职员工的教育和研究质量，并为社会作出有意义的贡献”[①][②]。就教育研究而言，高等教育和学术研究的国际化进程不仅提升了高等教育的质量和科研实力，推动了社会经济的发展，也在客观上提升了我国的国际影响力以及在世界知识生产体系中的地位。

基于“新马克思主义”(Neo-Marxist)框架下的“依附理论”和“边缘-中心模型”(centre-periphery model)，伊曼纽尔·沃勒斯坦在其“世界体系理论”(world system theory)中将世界各国/地区在知识生产中的地位划分为“中心”(centre)和“边缘”(periphery)及“半边缘”(semi-periphery)。[③] 居于中心地位的国家及其高等教育系统在资金、研究基础设施、人力资本等方面居于优势地位，并对全球最优秀的人才具有强

① de Wit H, Hunter F. The future of internationalization of higher education in Europe [J]. International Higher Education, 2015(83): 2 - 3.

② Knight J. Internationalization remodeled: Definition, approaches, and rationales [J]. Journal of Studies in International Education, 2004,8(1): 5 - 31.

③ Wallerstein I M. World-systems analysis: An introduction [M]. Duke University Press, 2004.

大的吸引力[1][2];而处于边缘或半边缘地位的国家及其高等教育系统往往在各方面居于劣势。借鉴约翰·加尔通(Johan Galtung)的观点,可以认为,边缘或半边缘国家的高等教育系统中存在着"中心"机构,这些机构往往是系统中的顶尖高校,通常位于该国该系统国际化进程的最前沿。[3]

阿特巴赫曾断言,中国仍处于世界知识生产体系的边缘(或半边缘),并鉴于其庞大的体量可被视为"巨大的边缘"(gigantic periphery)。[4] 然而近十余年来,得益于国际化进程和各项激励政策,中国高等教育机构的国际声望日益提升,具有国际影响力的科学研究成果数量显著增加。因而,中国高等教育体系及学术界是否仍应被视为世界知识生产体系中"巨大的边缘"成为亟需论证的问题。李梅等研究者指出,"世界知识体系的建构性和不平等性,决定了中国教育研究提升国际影响力不可能一蹴而就,需要经历三个主要阶段,即参与者—建构者—主导者之一"。[5] "随着中国本土教育学科建制体系的日趋完善,本土教育政策和实践的深入发展,中国教育研究开始转向发展为世界教育学知识体系的建构者、合作者和对话者,长期目标是成为世界体系的主导者之一。"[6]

奈特将高等教育国际化分为两种模式,即"在地国际化"(internationalization at home)模式和"跨境高等教育"(cross-border higher education)模式,并将"在地国际化"定义为"高等教育的教学、学习、研究和相关活动过程中的跨文化和国际维度与当地文化和民族社区团体的关系,以及与外国学生和学者的融合"。[7] "跨境高等教育"则被定义为"人员,计划,提供者,政策,知识,想法,项目和服务的跨境流动"。[8] 与奈特着眼于高等教育国际化物质过程的分类法不同,吴寒天和查强提出的分类法根据"创新迁移"(diffusion of innovations)的方向与趋势将高等教育国际化分为两种理想型:"向

---

① Altbach P G. The Foreign Student Dilemma. Special Theme [J]. Bulletin of the International Bureau of Education, 1985.

② Altbach P G. Globalization and the university: Realities in an unequal world [M]//International handbook of higher education. Springer, Dordrecht, 2007: 121-139.

③ Galtung J. A structural theory of imperialism [J]. Journal of Peace Research, 1971,8(2): 81-117.

④ Altbach P G. Gigantic peripheries: India and China in world knowledge system [J]. Economic and Political Weekly, 1993,28(24): 1220-1225.

⑤ 李梅,丁钢,张民选,杨锐,徐阳. 中国教育研究国际影响力的反思与前瞻[J]. 教育研究,2018(3): 12—19,34.

⑥ 李梅,丁钢,张民选,杨锐,徐阳. 中国教育研究国际影响力的反思与前瞻[J]. 教育研究,2018(3): 12—19,34.

⑦ Knight J. Concepts, rationales, and interpretive frameworks in the internationalization of higher education [M]. The SAGE handbook of international higher education, 2012: 27-42.

⑧ Knight J. Concepts, rationales, and interpretive frameworks in the internationalization of higher education [M]. The SAGE handbook of international higher education, 2012: 27-42.

外的”(outward-oriented)国际化即创新通过高等教育国际化过程向域外迁移，以及“向内的”(inward-oriented)国际化即通过高等教育国际化过程向内吸收域外创新。[①] “创新”(innovations)的概念包括“知识、文化、高等教育模式、研究范式”等。根据该分类法所界定的两种理想型，在国际化进程中，一个国家或地区及其高等教育系统在世界知识生产体系中或扮演原创性创新(original innovations)“接受者”(recipients)的角色，或扮演“提供者”(providers)的角色，抑或二者兼而有之，即在向世界体系提供“原创性创新”的同时吸收和学习域外创新。[②]

除描述创新迁移的趋势与方向，吴寒天和查强将创新迁移的形态分为两种理想型：“扩散型迁移”(expansion diffusion)即创新本身的吸引力驱动其由“提供者”向“接受者”迁移，以及“搬迁型迁移”(relocation diffusion)即由“提供者”及“接受者”单方面或共同发起的人员、项目(program)、高等教育提供者(provider)等的跨境迁移所推动的“创新迁移”。[③] 基于“创新迁移”的方向、形态两个维度上的分类，“向内的”高等教育国际化举措包括“接受者”主动学习域外知识、文化，并主动采用域外高等教育模式、学术标准、研究范式、学术语言等，实现“扩散型迁移”，以及主动派出人员赴海外学习、邀请海外学者讲学、引进合作办学机构和项目等，践行“搬迁型迁移”。[④] 与之相对，“向外的”高等教育国际化举措包括“提供者”的原创性知识、文化、高等教育模式、研究范式等为“接受者”所主动学习，呈现“扩散型迁移”，以及通过招收国际留学生、派遣本国专家、开办海外分校和合作办学机构等手段主动向海外推广本国的原创性知识、文化、高等教育模式、研究范式等，从而实践“搬迁型迁移”。[⑤]

根据奈特以及吴寒天和查强提出的国际化和创新迁移理论[⑥⑦]，中国在高水平国

---

① Wu H T, Zha Q. A new typology for analyzing the direction of movement in higher education internationalization [J]. Journal of Studies in International Education, 2018,22(3): 259 - 277.

② Wu H T, Zha Q. A new typology for analyzing the direction of movement in higher education internationalization [J]. Journal of Studies in International Education, 2018,22(3): 259 - 277.

③ Wu H T, Zha Q. A new typology for analyzing the direction of movement in higher education internationalization [J]. Journal of Studies in International Education, 2018,22(3): 259 - 277.

④ Wu H T, Zha Q. A new typology for analyzing the direction of movement in higher education internationalization [J]. Journal of Studies in International Education, 2018,22(3): 259 - 277.

⑤ Wu H T, Zha Q. A new typology for analyzing the direction of movement in higher education internationalization [J]. Journal of Studies in International Education, 2018,22(3): 259 - 277.

⑥ Knight J. Concepts, rationales, and interpretive frameworks in the internationalization of higher education [M]. The SAGE handbook of international higher education, 2012: 27 - 42.

⑦ Wu H T, Zha Q. A new typology for analyzing the direction of movement in higher education internationalization [J]. Journal of Studies in International Education, 2018,22(3): 259 - 277.

际期刊发表英文论文，以及出版本土教育学英文期刊可被视为“在地国际化”的路径和现象，也可被视为中国作为“创新提供者”通过推进教育研究国际化带动创新向域外迁移的路径。与此同时，中国对SSCI期刊及其所代表的域外研究范式、学术标准、学术语言（英语）的学习和吸收，可被视为“向内的”教育研究国际化过程。这一过程中的“创新向内迁移”主要为“扩散型迁移”，即中国学术界主动学习和吸收域外创新。

罗兰·罗伯逊（Roland Robertson）认为，“全球化”的概念是一种“普遍性的特殊化与特殊性的普遍化”①，而所谓的“全球形式”与“全球问题”可通过与本土社群和个体建立联系得到修正，进而变得更为“本土化”。西蒙·马金森和加里·罗兹（Gary Rhoades）提出的“Glonacal”理论（框架）界定了大学和学术研究在三个层面上的职能，即全球层面（global）、国家层面（national）、本土（地方）层面（local）②，指出对于一个学术机构或学术团体而言，这三个层面上的职能可以有机共存。③ 出于对全球化进程的乐观估计，奈特提出了“知识外交”（knowledge diplomacy）理论，该理论摒弃了国际关系理论中“软实力”（soft power）的提法，认为在未来的国际交往中，各国高等教育及知识生产系统既具有各自不同的利益诉求，同时也有广泛的利益共识，即在全球层面应对和解决全人类共同关心的问题。④ 这也暗合了中国本土学者的观点，丁钢和周勇认为全球化背景下的中国教育研究应消解“地方性-西方性”“传统-现代”“中国-西方”等二元对立的概念框架，在全球化趋势下着眼“多元文化的共存与互动”。⑤

曼纽尔·卡斯特尔（Manuel Castells）指出，当今的互联网时代具有不同于古典社会学家对社会的定义。⑥ 信息技术的进步释放出巨大的生产力，也极大促进了国际间的交往，并且重新定义了“大学”“高等教育系统”“学术界”等概念的边界。跨国开展科研合作，不同国家（地区）共同进行知识生产已成为时代潮流。世界知识生产体系在“全球化3.0”时代日益融为一体。例如欧盟提出的“地平线2020”（Horizon 2020）科研

① Robertson R. Globalization: Social theory and global culture [M]. Sage, 1992: 102.

② Marginson S, Rhoades G. Beyond national states, markets, and systems of higher education: A glonacal agency heuristic [J]. Higher Education, 2002,43(3): 281 - 309.

③ Marginson S, Rhoades G. Beyond national states, markets, and systems of higher education: A glonacal agency heuristic [J]. Higher Education, 2002,43(3): 281 - 309.

④ Knight J. Moving from soft power to knowledge diplomacy [J]. International Higher Education, 2015 (80): 8 - 9.

⑤ 丁钢，周勇. 全球化视野与中国教育研究[M]//丁钢. 中国教育：研究与评论（第10辑）. 北京：教育科学出版社，2006：1—37.

⑥ Castells M. Toward a sociology of the network society [J]. Contemporary Sociology, 2000,29(5): 693 - 699.

框架计划，旨在联合欧盟各成员国的力量共同参与重大科学研究项目。在这一背景下，对于中国的教育学术界和高等教育系统而言，其实然角色应从以下三个维度进行界定和评价：一、“创新迁移”的维度，即中国学术界及高等教育系统作为创新“提供者”“接受者”的角色；二、在世界知识生产体系中位置变迁的维度，即我国学术界及高等教育系统在世界知识生产体系中由边缘/半边缘向中心位移的趋势、拉力以及阻力；三、空间的维度，即我国学术界及高等教育系统在全球、国家、本土(地方)层面所扮演的不同角色。就教育研究而言，中国教育学界在关注并尝试解决本土问题的同时，是否参与了对世界性问题的研究，以及是否做出了具有全球广泛意义的理论贡献，是当下亟待回答的问题。本书根据这一分析框架(图 6－1)对访谈内容进行了深入分析。

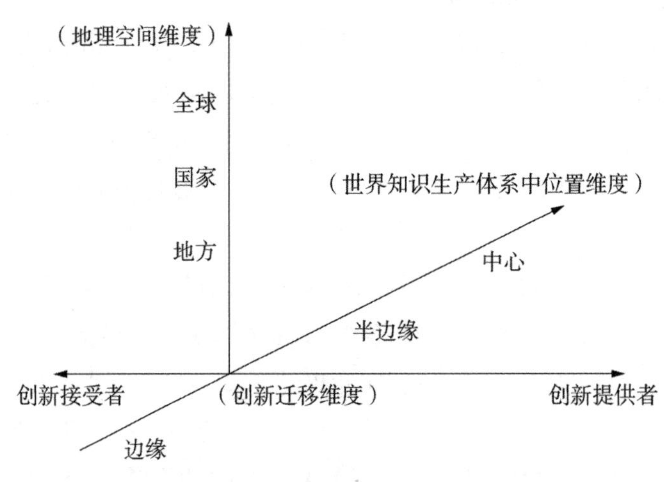

图 6－1　世界教育学知识体系中的中国教育研究

二、研究方法：半结构访谈

本研究采用半结构化访谈法，于 2018 年 4 月至 10 月对 8 位教育研究领域国际知名的非华裔海外学者进行了深入访谈(表 6－1)。受访者作为教育领域的资深研究者，对于教育学科的发展有着独到见解，并且对中国教育和中国教育研究有较为全面的了解。受访者都具有在中国工作、学习，或与中国学术机构或个人开展合作的经历，并且都曾参与指导过中国学生。受访者中 7 人来自世界著名研究型大学[2018 年 QS 世界大学排名(Quacquarelli Symonds World University Rankings)及英国泰晤士高等教育世界大学排名(Times Higher Education World University Rankings)均位于世界前50],1人来自在其所在国具有较高声望的综合性研究型大学,3人担任或曾经担任所在大学教育学院院长。他们基于个人的学术积淀和对中国学术界的了解,从不同角度指出了中国教育研究所面临的挑战,并分享了对于提升中国教育研究国际影响力的建议。

表6-1 访谈对象基本情况

受访者	国别(地区)	所在机构	中国内地合作院校	职称/职务
受访者A	澳大利亚/英国	世界著名研究型大学	"985"/"双一流"高校	研究员
受访者B	加拿大	世界著名研究型大学	"985"/"双一流"高校	教授
受访者C	加拿大	世界著名研究型大学		教授
受访者D	英国/中国香港地区	世界著名研究型大学	"985"/"双一流"高校	教授;曾任所在高校教育学院院长
受访者E	英国/加拿大	所在国知名综合型大学		教授;所在高校教育学院院长
受访者F	澳大利亚	世界著名研究型大学		教授
受访者G	美国/中国香港地区	世界著名研究型大学	"985"/"双一流"高校;地方院校	教授;所在高校相关系所负责人
受访者H	加拿大	世界著名研究型大学		教授;所在高校教育学院院长

注:因匿名处理需要,受访者部分重要头衔或兼职未列出。

鉴于访谈对象主要是以英语为母语的国际学者,访谈以英语进行,每次时长约1到1.5小时,研究者在征得受访者同意的前提下对访谈进行了全程录音。访谈主要涵盖以下问题:受访者及其所在学术机构与中国学者和中国高校的学术联系,中国教育学领域研究的现状及问题,中国内地学者及其学术成果在世界知识生产体系中的地位,中国教育研究在未来5到10年内世界影响力的变化趋势,以及中国教育研究国际化(internationalization)与本土化(localization)之间的关系。

三、域外学者眼中的中国教育研究国际化:正在路上,喜忧参半

(一)中国教育研究的现状与挑战

基于访谈分析,21世纪以来中国教育研究的现状以及走向世界过程中面临的挑

战大致可归结为以下几点：一、研究质量整体有所提升，但国际影响力仍有限，正处于世界知识生产体系边缘与中心的“临界线”(on the borderline)；二、海外教育学界对中国教育问题的关注度不高，除被多位受访者提及的许美德、马金森、阿特巴赫等少数国际知名学者外，主流英语国家的大多数教育研究者对中国问题缺乏研究热情和兴趣；三、国内学者撰写的教育学英文论文水平有所提升，但质量参差不齐；四、本土教育学英文学术期刊的国际影响力有待提高，新近创刊的本土英文期刊有待时间检验；五、国内高校的部分学术激励机制有待商榷，访问学者制度及其实施过程有待优化；此外，部分受访者(例如受访者 F、受访者 A)认为学术道德建设仍需加强，学术腐败、学术不端等现象损害了中国教育学界的整体形象。

1. 中国教育研究的国际显示度稳步提升，但国际影响力仍有限

受访者普遍认为，21 世纪以来中国教育研究和中国教育研究者在国际舞台上的“曝光率”显著提高。受访者 F 表示，中国本土教育研究者的国际影响力在 21 世纪以来有显著提升，越来越多的中国学生在海外攻读教育学相关学科的博士学位，这些博士生往往选择与中国教育相关的话题开展研究并撰写博士论文，这在客观上提高了中国学者和中国教育问题在海外学术界的“显示度”(visibility)。受访者 H 认为，“自本世纪以来中国社会科学研究的质量显著提升”，“我认为(中国)学者做出了非常重要的贡献，通过对话，他们能帮助我理解中国的高等教育是如何运作的”。中国学术界与海外学术界的交流与互动比以往更加平等。研究人员的跨境流动为本土教育学研究实现“原创性创新”和向域外的“搬迁型迁移”提供了载体，而本土研究质量的提升也使创新向域外的“扩散型迁移”成为可能，两者对于从“边缘”或“半边缘”学术共同体向世界知识生产体系“中心”移动都具有积极意义。

然而多数受访者认为，中国教育研究当前的国际影响力仍十分有限。例如，受访者 F 表示他对于中国教育领域内诸如“长江学者”等具有高端学术头衔的资深学者并不了解，也不清楚他们的学术成果。语言差异是阻碍海外学者了解中国教育研究的主要因素之一。多位受访者指出，英语在全球范围内的主导地位在客观上限制了包括汉语在内的其他语言学术成果的传播。受访者 F 表示，他知道有许多资深的本土教授一生都在用中文写作，虽然他确信“他们(在中国教育研究领域)做出了很大的贡献，但对于不懂中文的人来说很难了解他们的成果”。受访者 F 表示，他本人在需要了解中国教育的现状和问题时，更倾向于阅读具有国际影响力的英文学术期刊，特别是高等教育领域的期刊，而“*Frontiers of Education in China*”是其唯一了解的专门关于中国教

育的中国本土英文学术期刊。针对这一现状，受访者D指出，近年来越来越多的教育学领域英文学术著作被翻译成中文，为中国学者提供了更多的信息渠道，但翻译成英文的中文学术著作仍很有限，中国教育学界与海外学术界之间的信息交流仍存在着不对等、不平衡。由此可见，中国教育学界尚不足以驱动本土创新向域外大批迁移。

2. 国际教育学界对中国问题有所关注，但主流学界尚不重视中国研究

受访者普遍认为，有鉴于全球化趋势和中国日益提升的综合国力，中国以及中国教育是十分值得研究的话题。受访者H表示，鉴于中国在国际舞台上日益显著的地位，他近年来对于开展和中国教育相关的研究很感兴趣，并且通常会邀请相关领域的中国学者开展合作。受访者D则表示，随着中国经济的持续繁荣，越来越多的海外学者开始关注中国，汉语作为第二语言的学习也日趋流行。受访者B指出，中国有着悠久的历史和丰富的传统文化，任何一位教育研究者都不可能无视其存在。受访者G认为，早年研究中国教育问题的西方学者往往缺少材料，而这一现象在过去20年里发生了很大的变化。受访者G举例说，早期的某海外学术期刊在向西方学者介绍中国教育和中国教育研究时，只能翻译《中国教育报》上的文章；而如今伴随着中国教育学研究的国际化进程和信息技术的发展，海外的中国教育研究者已不再受制于资料的缺乏。

然而就整体而言，除被多位受访者提及的许美德、马金森、阿特巴赫，以及本研究的受访者等知名海外学者外，主流英语国家的大多数非华裔教育学研究者对中国问题缺乏兴趣，“中心”对“边缘”及“半边缘”的漠视仍然存在。多位受访者指出，教育学本身是一个非常“本土化”的学科，其学科特征决定了很大一部分学者仅专注于本土问题。例如，受访者G指出，大部分的美国教育学者专注于本州的教育体系和教育问题，并不关心全球性甚至全国性的问题。中国在世界知识生产体系中的位置以及教育学的学科属性决定了中国教育体系和教育问题难以被大多数非华裔海外学者纳入自己的研究领域。多位受访者指出，北美比较与国际教育学会（Comparative and International Education Society）是一个颇为特殊的学术团体，在这个团体中的学者普遍关注全球性的问题，因而其中的相当一部分会将中国教育问题和教育体系作为自己的研究对象，然而这在海外学术圈中并不是带有普遍性的现象。

3. 英文论文水平有所提升，但质量依然参差不齐

鉴于英文作为学术语言的国际地位，提升英文教育学论文和本土英文教育学期刊的质量可被视为现阶段中国教育研究“原发性创新”向域外“扩散型迁移”的先决条件。

大多数受访者对于阅读由中国本土学者撰写的高水平英文论文表现出很强的兴趣。例如,受访者F表示,他本人很希望看到更多关于中国教育的研究发表在国际学术期刊上,但他认为对于大多数中国学者而言,用第二语言(英语)撰写学术论文并不是一件容易的事。同时,受访者F认为中国的学术体系、文化和写作风格和西方主流英语国家有很大的差别,这也在客观上增加了中国本土学者在高水平期刊发表英文论文的难度。受访者B等指出,国内学者向海外SSCI期刊投稿的论文质量参差不齐,一部分论文质量很高,但也有一部分质量堪忧。受访者B认为,除文化差异外,部分作者在研究方法、研究范式等方面缺乏必要的训练是稿件无法被接受的主要原因。他进而指出:"相当一部分的论文并不是(严格意义上的)学术研究成果","一些作者只是对某一研究领域做一个概述并发表一些宽泛的讨论"。受访者G认为,中国本土学者所撰写的英文论文仍存在语言问题,语言问题也在客观上阻碍了作者与编辑、审稿人的交流。但受访者G同时指出,鉴于教育研究并不需要特别复杂的语言表达,他相信伴随着国际化的进程和技术的进步,语言障碍会渐渐被消解。

4. 本土英文学术期刊需长期投入

如加尔通所言,"边缘"或"半边缘"国家高等教育系统中的"中心"机构往往居于国际化进程的最前沿[①],中国知名教育研究机构出版本土教育学英文学术期刊便是其深度参与国际化的例证。对于这一举措,大部分受访者认为是一种积极的尝试。例如受访者F认为,由于世界上大多数的教育研究者无法阅读中文,"中国本土学术期刊在英语世界的崛起有助于面向全球读者传播有关中国教育的知识",是向世界介绍中国教育实践的重要平台。受访者D表示,就某高校出版的教育学英文学术期刊而言,其创刊号非常出色,邀请了诸多著名学者为其撰稿,然而他同时也表示了对后续期刊质量的担忧。受访者D指出,办学术期刊和出版学术著作不同,需要不停地用优质的稿件"喂养"(feed)一份期刊,才能渐渐积累起学术声望。此外,多位受访者指出,中国高校对在SSCI期刊发表论文的激励措施,在一定程度上有可能削弱中国学者在非SSCI期刊发表英文论文的积极性,这在客观上不利于本土英文学术期刊的发展。

5. 学术激励机制有待商榷,访问学者制度有待优化

诚如沃勒斯坦所言,包括中国在内的"半边缘"国家往往倾向于采取较为激进的政

① Galtung J. A structural theory of imperialism [J]. Journal of Peace Research, 1971, 8(2): 81-117.

策举措以求向"中心"快速移动。[①] 受访者针对中国高校对SSCI期刊论文发表所采取的激励政策表达了各自的观点，从整体而言较为负面。例如，受访者F认为中国高校的这一类激励政策是一把双刃剑，它一方面提高了本土学者在国际期刊上的论文发表量，然而在另一方面也使青年学者在学术生涯的初期处于高压之下，并且将在SSCI期刊发表论文视为工作的主要动力。同时，受访者F表示："如果中国本土教育学者出于激励机制和晋升压力将全部精力投向SSCI期刊，这将在客观上降低中国本土学术期刊和本土教育问题的重要性"，"我想这将会是一件不幸的事"。因此，受访者F希望中国本土教育研究者一方面能在SSCI期刊发表高水平的文章，同时也能关注本土问题，而非单纯为了发表迎合SSCI期刊的口味和价值取向。

受访者E认为此类激励政策可能会在大学及学术共同体内部造成一种割裂，即"一群人成为专门负责为国际期刊撰写英文论文的国际'明星'教授"，而另一群教授负责教育学生以及教师的职业培训，在客观上形成一种"双轨系统"。受访者E认为一定会有人对此提出质疑："中国是否应该为此投入如此多的(精力和财力)？(我们在国际发表上的巨额投入)能为中国带来什么？"受访者D指出，世界大学排名在当下的空前影响力可被视为这一类激励政策产生的原因之一。受访者D认为，这种影响力在一定程度上对大学的发展和学术研究起到了负面作用，大学排名的"狭隘标准"在一定程度上"塑造"了大学管理者的决策。

此外，多位受访者也从中国教育研究国际形象和影响力的角度，对中国现行的访问学者制度及其具体实施表达了自己的看法。例如，受访者H表示，他所合作过的访问学者大多来自中国东部地区的顶尖高校，这些学者都十分优秀，有着很强的英语表达能力和学术研究能力，而有一位来自西部地区地方院校的访问学者英语能力不佳，难以与之开展实质性合作。受访者A则从自身经历讲述了个别访问学者的学术不端行为。受访者A曾受邀与一位访问学者合作撰写论文，然而该访问学者在投稿过程中并未署上受访者A的名字。显然，规范访问学者群体的学术行为，提升其学术和外语能力，能在很大程度上提升中国教育学界的整体国际形象。

(二) 提升中国教育研究国际影响力的路径

基于8位受访者的观点，图6-2大致勾勒了中国教育研究在三重维度框架，即

① Wallerstein I M. World-systems analysis: An introduction [M]. Duke University Press, 2004.

"创新迁移"的维度、在世界知识生产体系中位置变迁的维度以及全球-国家-地方地理空间维度中的变化趋势。就"创新迁移"维度而言，中国教育学界及教育研究机构在较长的历史时期里扮演着"创新接受者"的角色。近年来，伴随着本土学术成果质量的提升和学术界国际化程度的提高，中国教育学界在对外交往的过程中开始在一些局部扮演"创新提供者"的角色。就世界知识生产体系中位置变迁的维度而言，政策因素的拉动作用较为明显，在客观上提高了中国教育学界在世界舞台上的"曝光度"。然而相关国际学术发表激励政策对于学者个体发展和学术共同体的负面影响同样不容小觑。就空间维度而言，走向世界的中国教育研究显然不再局限于关注本土问题、服务于本土教育体系的发展。中国教育学界及教育研究机构的全球、国家，以及地方中的角色作用之间仍然存在着张力，其相互关系仍需进一步厘清。基于这些现状，本研究尝试从受访者的视角出发，寻求提升中国教育研究国际影响力的潜在路径。

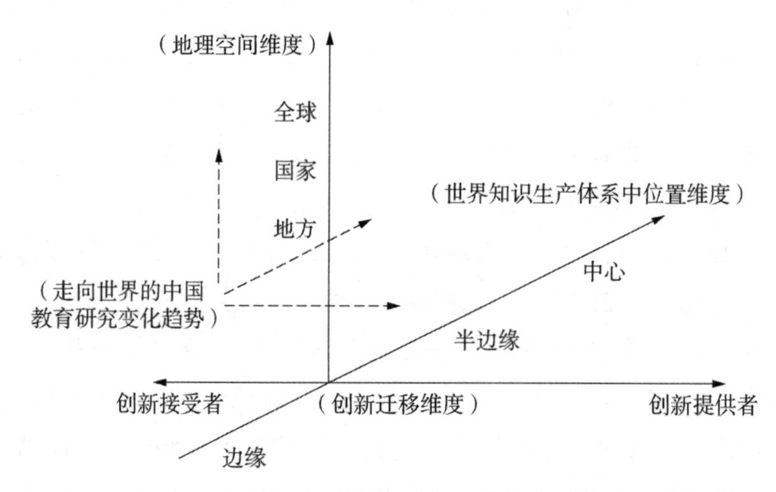

图 6-2　走向世界的中国教育研究在世界体系中的变化趋势

1. 发挥多元研究主体的作用

本研究的受访者均认为中国的高校和学术界应充分利用数量激增的海归中青年人才，进一步提升中国教育研究的整体国际化程度，在研究范式和研究方法上与国际接轨。就海归人才的利用方面，受访者 F 表示他知道"985/'双一流'高校"等顶尖研究型大学中的海归年轻学者被赋予很高的期望值，也承受着巨大的学术发表压力；然而这些年轻海归学者在国际期刊上的发表却无助于提升他们在国内学术界的知名度。

受访者 F 指出，这些青年海归如果只用中文写作和发表则往往难以得到快速的晋升，这让他们处于一种两难境地，并且必须对此作出平衡。受访者 E 表示，基于自身的经历(受访者 E 原籍英国，在加拿大接受博士阶段教育后曾返回英国某高校任教)，他充分了解海归青年学者所面临的多方面挑战。由此可见，这一群体亟需来自大学管理者和本土学术共同体的双重支持。

同时，多位受访者认为中国教育学界在国际化进程中需要平衡好“国际化”与“本土化”之间的关系。受访者 H 指出，在国际化进程中，大学和学者应正视自身在本土、国家、全球三个层面上的角色。受访者 H 表示他十分认同马金森和罗兹提出的“Glonacal”框架①，并认为中国大学和本土学者应该并且能够承担起双重角色，即向世界讲述“中国故事”，以及解决本土教育问题。

受访者 D 等多位受访者认为，与海外学者和海外华人学者开展学术合作有助于本土教育学者提升自身的国际影响力。同时，他们也强调中国在政策层面应鼓励具有真正理论贡献的研究和实质性国际合作。例如受访者 E 表示，中国学者应该追求真正意义上的国际合作，而非满足于请一位以英语为母语的海外学者帮其修改语法和表达，然后将其列为所谓的“合作者”。然而，受访者 E 也承认学者之间是否存在实质性的跨国合作是一件很难评估的事情。

2. 完善和优化学术评价体系，客观看待 SSCI 期刊

针对高校现有的国际发表激励政策，受访者 D 认为，他理想中的学术评价应该建立在学术成果的质量之上，而非基于论文所发表的刊物是否属于 SSCI 期刊。受访者 D 表示，无论是期刊论文抑或学术著作的章节，其关键在于作出实质性的学术贡献，他进而认为，“唯 SSCI 期刊是从”的评价标准事实上是“对同行评审制度的信任”(trusting the peer review process)以及对期刊编辑的信任，但“即便论文发表在了 SSCI 期刊上，国际同行也会阅读文章并作出自己的判断”。近年来，频频发生的国际知名学术期刊撤稿事件也从一个侧面反映出现行审稿机制的漏洞，这在客观上提醒中国学术界对建立在其上的学术评价体系进行必要的反思。此外，多位受访者(受访者 A 等)建议中国应适当延长科研资助项目的研究周期，给予学者更多时间进行有深度的思考、开展扎实的研究、产生出具有理论贡献的成果。

---

① Marginson S, Rhoades G. Beyond national states, markets, and systems of higher education: A glonacal agency heuristic [J]. Higher Education, 2002,43(3): 281 - 309.

3. 创建和完善教育研究走向国际的平台和渠道

就本土英文教育学学术刊物而言，受访者F等多位受访者均认为这是中国本土教育研究走向国际的“积极一步”，而相关机构需要对此持续投入人力和财力，并努力维持稿件的质量，真正以在国际学术舞台发出中国声音为己任，而非将之视为一项短期“政绩工程”。受访者E建议，包括*ECNU Review of Education*在内的本土教育学英文学术期刊应该充分借助互联网的优势扩大其传播广度和影响力。同时，受访者G认为发展本土教育学英文学术期刊不应“一哄而上”，这样既容易造成“重复建设”式的资源浪费，也不容易形成持续性的国际影响力。因此，受访者G认为中国的教育学界应该着眼于现有的几份期刊，而非急于推出新的本土英文期刊。实则，就教育领域而言，主流英语国家以外的国家或地区所出版的SSCI期刊数量并不多，中国教育学界在英文学术期刊出版方面不应贪多求快，而应追求少而精。

4. 掌握规范的研究方法，与全球同行共同努力提升教育学科的地位

受访者D表示，在全球范围内“教育学作为一个整体在学术界处于相对弱势地位”，这在一定程度上是由于“一些教育学研究所做出的结论缺乏说服力和严谨性”。针对这一现状，受访者D认为定量研究和定性研究都应被中国学者所重视。受访者D提到在他的研究团队中，有一位来自中国内地的学者“特别善于处理数字，但不那么擅长定性研究”。“她加强了定性研究的学习，现在她可以用‘两只手’做研究了。”由此可见，教育学界的本土学者应将重心从做“宽泛的讨论”（受访者F）转向开展扎实的实证研究，给予定量研究和定性研究同等的重视，进而为教育学发展作出自己的贡献。

综上所述，中国教育研究正处于世界知识生产体系“半边缘”向“中心”过渡的“临界线”上。近20年来，中国本土教育研究虽然在数量和规模上取得了显著进步，但仍存在“创新”输出能力较为薄弱的问题，实质性国际影响力仍显不足。中国的教育学研究者尚不能将本土“创新”借由高等教育国际化过程向域外迁移，也不足以吸引国外主流教育学界自发地重视和借鉴中国教育学研究的成果，并深度参与中国教育研究。仅有少数了解中国、对中国充满感情的海外非华裔学者坚持研究中国教育问题并寻求与中国本土学者开展合作。从“知识外交”理论的视角看，中国教育学界在当下尚无力深度参与教育领域全球性问题的研究和解决，并作出全球性的理论贡献，中外学者间开展实质性跨国学术合作研究尚待进一步发展。阿特巴赫曾指出，中国本土的教育学者在一定程度上尚未真正进入国际学术交流网络，虽然关注本土问题的取向本身不应受

到批评,但中国学者也应积极地在国际学术圈发挥影响。[1]

如前所述,当前世界知识生产体系的不平等结构和中国的客观现实决定了中国教育研究在提升国际影响力的道路上不可能也不应追求"一蹴而就"。基于目前的现状,中国教育学界应给予传统形态的国际化(人员交流、科研合作、中外合作办学等)以充分的重视,借助域外创新的"向内迁移"充分与国际学术界开展交流。这既包括"搬迁型向内迁移",如邀请海外学者来华讲学,派遣访问学者出境学习等,也包括"扩散型向内迁移",如鼓励英文论文的撰写和发表、学习和借鉴国际通行的研究方法和研究范式等。在此基础上,中国教育学界应借助现有的本土创新"搬迁型向外迁移"形式(如培养教育学科来华留学生等)提升国际影响力,进而产生本土创新的"扩散型向外迁移"。换言之,就近期而言,中国教育学界仍需进一步提升教育研究的国际化程度,在范式和研究方法上与国际接轨,并充分发挥海归学者的桥梁作用,以域外学者看得懂的方式讲述"中国故事",分享"中国经验"。就中长期而言,中国教育学界应着眼于中国话语体系的建构,基于中国在教育学领域的学术传统、文化传统,以及认识论传统,为世界知识生产体系贡献不同于西方话语体系下既有理论和经验的"中国理论""中国经验",实现本土创新在国际化进程中的"向外迁移",并在全球层面为解决全人类共同关心的问题作出自己独特的贡献。

第二节　基于华人学者视角的分析

本节关注华人学者视角下的中国教育研究在全球的影响力,邀请7位在国际或国内有重要学术影响力的华人教育学者进行深度访谈。华人学者是中国教育研究的主力军,他们在国内外教育研究中的双重局内人身份可以为中国教育研究的国际化问题提供独特的视角和深入的分析。研究发现:受益于中国经济和教育实践的蓬勃发展,以及高等教育国际化政策的推进,中国教育研究的国际影响力稳步提升。华人学者在是否继续研究中国问题、合作还是归国等决策中,感受到新的拉力与推力。中国教育

① 李盛兵.中国成为世界教育中心八问——与菲利普·阿特巴赫教授的对话[J].教育发展研究,2018,38(17):1—5.

研究需要在研究规范上进一步与国际接轨、完善支持性的学术政策，并寻求国际化与本土化之间的平衡与融合。

21世纪以来，中国通过“985工程”“211工程”和“双一流建设”等项目，向高等教育强国迈进。“青年千人计划”、国际发表激励等政策也都引导国内研究与国际接轨。在这一系列政策和实践的影响下，中国科研在国际学界的关注度和显示度明显增强，但学者们也对研究的质量、贡献、影响力、权威性有诸多担忧。① 因此，有必要对中国的研究国际化路径进行阶段性的反思和讨论，深入分析当前特征并总结经验，为下一阶段的发展设计路径和策略。

已有研究大多从理论层面讨论中国教育研究的特征，认为中国教育研究关注中国问题、源于中国实践、形成于中国文化与社会境脉之中、体现出中国话语特征。② 因此国内学者应该有学术自觉③，不能盲目“尊奉”和“全盘接受”西方教育研究④，应该具备本土意识与文化自信，在寻求与国际接轨的基础上获得国际认可。⑤ 还有研究通过对期刊文献的计量的方法，分析国际期刊上中国教育研究论文的发表量⑥、主题⑦、方法⑧、被引数⑨特征，或聚焦到学前教育⑩、高等教育⑪、高校教师⑫、课程

---

① 李梅，丁钢，张民选，杨锐，徐阳. 中国教育研究国际影响力的反思与前瞻[J]. 教育研究，2018(3)：12—19，34.

② 丁钢，周勇. 全球化视野与中国教育研究[M]. 丁钢. 中国教育：研究与评论(第10辑). 北京：教育科学出版社，2006：1—37.

③ 孙元涛. 论中国教育学的学术自觉与话语体系建构[J]. 教育研究，2018(12)：30—39.

④ 吴康宁. “有意义的”教育思想从何而来——由教育学界“尊奉”西方话语的现象引发的思考[J]. 教育研究，2004(5)：19—23.

⑤ 李政涛，文娟. 教育学中国话语体系的世界贡献与国际认同[J]. 北京大学教育评论，2018，16(3)：62—72，188.

⑥ 李梅. 中国教育研究的国际发文及其学术影响力——基于2000—2018年SSCI期刊论文的研究[J]. 教育发展研究. 2019，39(3)：10—16.

⑦ 李琳琳，冯燕. 国际中国教育研究的知识谱系：主题与前沿分析[J]. 教育发展研究，2019，39(3)：17—24.

⑧ 陆根书，刘萍，陈晨，刘琰. 中外教育研究方法比较——基于国内外九种教育研究期刊的实证分析[J]. 高等教育研究. 2016，37(10)：55—65.

⑨ 涂阳军，渠晴晴. 中国教育学学科离世界一流还有多远——基于1998—2016年SSCI教育学学科被引数的比较研究[J]. 比较教育研究，2018(1)：63—69.

⑩ 兰国帅，程晋宽，虞永平. 21世纪以来国际学前教育研究：发展与趋势——学前教育领域四种SCI和SSCI期刊的知识图谱分析[J]. 教育研究，2017，38(4)：125—135.

⑪ 王小明. 我国高校教学质量研究：轨迹、热点及未来走向——基于高等教育十四种核心期刊的CiteSpace可视化分析[J]. 教育学术月刊，2018(1)：91—103.

⑫ 周玲，夏力. 中外高校教师教学发展研究热点及演化比较分析——基于科学知识图谱的实证分析[J]. 当代教育与文化，2017(5)：99—105.

改革[①]等研究领域，分析中国教育研究的国际影响力。

有少量研究采用质性研究取向，对关键个案进行深度访谈，理解他们对于中国研究国际化的经历、观点和建议。早在1982年，有研究就中国高等教育与科学研究工作的问题对一位美籍华人科学家进行了访谈，指出当时中国存在高等教育与科研工作分家的问题以及重理论轻应用的偏见。[②] 孙晓娥与边燕杰从微观的社会网络关系出发，关注留美科学家参与国内兼职过程中的强弱关系协调，认为强关系是关系节点，提供沟通平台和信誉保证。弱关系互通信息，提供体制资源支持。[③] 李盛兵访谈了国际高等教育领域的著名学者菲利普·阿特巴赫，就中国建立世界教育中心的问题进行了深入讨论，对中国高等教育国际化的现状和特征进行了分析。[④] 吴寒天和李梅对8位关注中国教育发展的国际教育学者进行了访谈，认为中国教育研究逐渐从"创新接受者"向局部的"创新提供者"转变，建议激发多元研究主体作用、优化学术评价体系、规范研究方法，从而进一步提升中国教育研究的国际影响力。[⑤]

本部分关注以下问题：(1)华人学者如何看待中国教育的国际影响力？(2)华人学者认为进一步提升中国教育研究国际影响力的关键是什么？(3)华人教育学者如何建构自己的学术身份？华人教育学者是指有华人血统，在境外高等院校工作，从事教育领域科学研究的外籍学者。选择华人教育学者作为研究对象原因有二：其一，华人教育学者一般兼有境内外高等教育受教育、全职工作或兼职工作的经历，他们个人的学术职业发展与中国教育研究的国际影响力息息相关[⑥]，他们自身的学术身份认同就体现了国内和国外教育学的推力和拉力；其二，本研究在分析国际期刊上关于中国教育的论文时发现，华人学者是国际中国教育研究的生力军，无论是发表数量还是引用频次，华人教育学者都有极大贡献。[⑦] 因此，华人学者可以为中国教育研究的国际化

---

① 王文智. 中国课程改革研究的国际学术影响力——以SSCI和A&HCI收录期刊为例[J]. 教育发展研究. 2019,39(3)：33—40.

② 杨敏. 一位美籍华人学者谈我国高等教育与科学研究工作[J]. 高等教育研究，1982(1)：73—75.

③ 孙晓娥，边燕杰. 留美科学家的国内参与及其社会网络强弱关系假设的再探讨[J]. 社会，2011，31(2)：194—215.

④ 李盛兵. 中国成为世界教育中心八问——与菲利普·阿特巴赫教授的对话[J]. 教育发展研究，2018，38(17)：1—5.

⑤ 吴寒天，李梅. 走向世界的中国教育研究：基于国际学者视角[J]. 教育发展研究，2019，39(3)：25—32.

⑥ 孙晓娥，边燕杰. 留美科学家的国内参与及其社会网络强弱关系假设的再探讨[J]. 社会，2011，31(2)：194—215.

⑦ 王独慎，丁钢. 中国教育研究的国际发表概貌与特征[J]. 教育发展研究，2019，39(3)：1—9.

问题提供独特的视角和深入的分析。

一、研究方法

本研究采用质性研究取向，在2018年4月至10月期间，通过深度访谈与7位华人教育学者共同建构对中国教育研究国际影响力的理解。研究对象的选择遵循强度抽样的原则，邀请那些在国际或国内教育领域学术影响力大、学术发表活跃、关心中国教育发展的华人学者进行半结构访谈，其基本信息见表6-2。人才循环理论认为，发展中国家的人才到发达国家进行学习和交流，之后通过各种机会吸引他们为本国服务。[①②] 那些拥有大批在外人才，并能成功发挥人才优势的国家，在国际竞争中更容易脱颖而出。这些华人教育学者正是中国教育研究的重要的在外人才。

表6-2　访谈对象基本信息

受访者	当前工作地	性别	职称
A	日本	男	教授
B	美国	女	副教授
C	加拿大	男	副教授
D	中国香港地区	男	教授
E	加拿大	男	教授
F	中国香港地区	男	教授
G	新加坡	女	副教授

访谈从华人学者自身的学术经历和合作经历入手，逐渐深入到华人学者对中国教育研究现状、特征、制度和文化等诸多方面的观察和思考，最后以提升中国教育研究国际影响力的建议结尾。所有访谈过程都进行了录音和转录，转录后的文本用归纳的思路进行编码分析。研究遵循保密原则，对研究对象的个人信息进行匿名和模糊处理。

① Patterson R. US Diasporas and their impacts on homeland technological and socio-economic development: How does Sub-Saharan Africa compare? [J]. Perspectives on Global Development & Technology, 2005, 4(1): 83-123.

② Saxenian A L. From brain drain to brain circulation: Transnational communities and regional upgrading in India and China [J]. Studies in Comparative International Development, 2005,40(2): 35-61.

二、 中国教育研究的国际影响力稳步提升

(一) 表征：国际会议上的中国声音、国际期刊上的中国研究、海外大学里的华人学者

受访华人学者普遍感受到中国教育研究的国际影响力在稳步提升，结合各自的经验和观察，他们从不同的角度给出证据。国际学术会议和学术期刊作为重要的学术交流机制，促进不同国家和地区学者就共同关注的教育议题进行讨论。F 和 C 从自己参加国际会议的经历出发，感受到国际教育学者对中国教育议题、中文、中国研究计划的重视。A 从自身作为国际期刊编辑和学者的双重视角出发，认为近年来中国教育研究的国际论文在数量和质量上都有所提升。F 从自身在国际学术劳动力市场流动的经历中感受到海外大学对华人教育学者的重视，这都得益于中国教育研究国际影响力的提升。

> “现在在国际会议上，你只要提了中国，大家耳朵都竖起来，他们很重视。包括美国的比较与国际教育学会 CIES，在它 60 多年的历史上，2019 年第一次把中文定为官方语言……说明美国开始向中国学习了，以前它根本就不管中国，现在不一样……每次看到咱们中国学者在国际会议上发言，我都特别高兴，都是我们中国教育研究在海外扩大影响力的中坚力量。”(F)
>
> “有一个很有趣的现象，我每年都向美国高教协会提交两个研究计划，一个是关于中国的，一个是加拿大的。每年中国的研究计划都被接受，少数年份两个都被接受。”(C)
>
> “2000 年左右的时候，英文刊物上中国教育的文章不是很多，即便是关于中国的文章，大部分是描述性的、介绍性的、宏观的，比如政策方面的。但是到了 2010 年之后，我就感觉研究中国的文章变多了，并且研究具体多了，量化的、案例的、微观的研究越来越多。”(A)
>
> “我这次到加拿大工作拿到的这个职位，我不觉得是我个人学术成就的一种认可，而是对中国华人群体在海外的一种认可。如果换到 10 年前，一去它就给你一个终身教授？你做梦！不太可能。那现在这个可能性就存在，所以我只是以我个人的例子来说明：现在西方真的把你开始当回事了，那咱们这个戏就好唱了，不然他就不把你当对手，你讲你的好了，他也不在乎。”(F)

(二) 动力：中国的经济发展、教育实践与国际化政策

归纳受访者对中国教育研究国际影响力提升原因的分析，大致有经济发展、教育实践与国际化政策三方面的因素。经济发展提供了总体的基础和背景，F就自己不同时期对国际学者的观察进行了对比，认为中国经济的崛起使得其他国家想要了解中国，中国的教育理论和实践也是借助于经济发展的背景开始受到国际学者的关注。

> "90年代一段时间我到日本做研究，那个时候我认识的这所大学的教授没有一个来过中国，当时我很吃惊，日本和中国这么近，他们都没有交流。换句话说人家根本就不看你中国的东西，不关心、不睬你，那时候欧美更是这样。可是为什么现在中国大学模式国际上就比较受关注呢？就是因为中国的经济发展、社会发展……所以也是要感谢我们中国经济的崛起。没有这个，我们这一批(华)人很难成长起来。"(F)

此外，中国教育实践蓬勃发展，也促进国际教育学界想要加深对中国教育的了解。例如：中国在PISA等国际测验中的优异表现、中国课程改革、"双一流"建设、中国特有的教研系统等等，这样一些有特色的、中国独有的教育实践可以抽象化、概念化、理论化，对全球教育理论的发展有所贡献，并对其他国家的教育实践有所启发。三位学者在访谈中都谈及中国教育实践的影响，认为这是我们向国际学界讲好中国教育故事的良好契机。

> "这些年，中国的教育研究处在一个好的时间点，在PISA这样的国际测验中，中国的学生学习和教师专业发展都很有特色。2013年左右的时候非常明显，教育国际比较的标杆国家从芬兰转换到了中国，这成为我们可以依靠的东西。但PISA只是讲中国故事的一个由头而已，我们可以借助这种关注来讲述我们体系中的一些现象……我认为对中国内地教育实践影响最大的，还是新课程改革。还有一些比较有特色的做法，比如集团化办学，教师轮岗，一些教师工作室、校长工作室，这些都是我们独有的一些现象。"(E)

> "说起来我们改革开放已经40年了，一直在不断地进行双向交流，但是到今天我还是觉得中国的教育研究和实践没有'走出去'，人家对我们的了解还只是皮毛，很有限……PISA中国排得挺高，中国的教育基础引起了很多关注，但是我觉得要把中国的故事说清楚，而不是具体的数字、个案……比如中国的教研系统其实很惊人，但是现在没有说清楚，外国人想象不到这个完全不同的世界……比如'985'怎么把清华、北大推到世界一流，马来西亚、印度尼西亚、巴基斯坦这些国家

都想集中资源，打造一两所世界一流大学。”(F)

“国际上一直想了解中国基础教育发展的成功经验，这么一个大国能把基础教育整体保持在一个比较好的水平，他们想知道原因……课程改革这个东西是中国自己最有特色、本土的，应该让世界上知道。中国教研是最有特色而且最成功的，我觉得应该发掘这些东西，为世界教育发展做贡献……有一些实践层面的经验，但是一直没有上升到理论或者知识层面。你要研究它就要上升到理论，否则没有太多价值。”(G)

最后，中国近年来高等教育领域的国际化政策也发挥了巨大作用，包括访问学者项目、海归人才吸引政策等实现了“搬迁型向内迁移”型的国际化。与此同时，我们自己的人才培养模式也在逐渐与国际接轨，在研究方法训练、阅读与借鉴国际研究成果等方面实现了“扩散型向内迁移”①，这都极大推动了中国教育研究国际影响力的提升。华人学者也非常肯定这些政策的成效。

“我觉得最近十几年，国际接轨很有成效，建设‘双一流’，进行国际交流，送中国学者出去，请外国学者过来，参加国际会议等等，已经产生了很大的效果，接下来深入、系统地与国际接轨，要靠我们的年轻学者们。引进很多海归学者，就是为将来国际化打基础，他们的研究肯定是本土(问题)，然后又用国际认可的研究方法、严谨的研究过程。我觉得前途非常光明，假以时日肯定就不一样了……我从那个访问学者那里感觉中国教育的发展会后继有人，他在我那儿访学一年，看了很多英文文献，埋头写，发了很多文章，又申请课题，又跟我合作写东西。我就觉得有这样的学者啥事做不成啊！他们(非海归)即使在研究训练上有所欠缺，但只要他愿意学，只要他跟国际交流，那肯定就补上了，所以我认为有希望，感觉很好。”(B)

“国内有两所大学这几年特别重视研究方法，邀请很多海外学者去讲研究方法，他们的学生，特别是博士生的研究方法要规范得多。我觉得非常有眼光，而且他们的师生都会长久受益于此。”(C)

三、如何进一步增强中国教育研究国际影响力

当前，中国教育研究在国际上虽然受到了诸多关注，但想要对其他国家的教育理

① Wu H T, Zha Q. A new typology for analyzing the direction of movement in higher education internationalization [J]. Journal of Studies in International Education, 2018,22(3): 259 - 277.

论和实践产生实质性的影响，仍有许多地方需要提高。受访的华人教育学者不约而同地将关键聚焦到了研究的规范上。大家一致认为，中国教育研究在研究选题、文献综述、研究方法、理论对话和学术语言几个方面，需要与国际接轨，按照当前国际认可的研究规范来发表研究成果。只有先掌握国际研究规范，才有可能被国际学术界认可、接纳，才可能进行深入对话。这是发展中国特色教育研究、中国气派教育研究的前提和基础。

(一) 研究选题兼顾宏观与微观，研究问题聚焦

在选题方面，学者们认为，我们传统的教育研究大多只关注宏观问题。现在慢慢开始与西方接近，兼具微观的问题。已有研究中，虽然没有整个教育研究领域的国内外选题比较，但是有几项对高等教育这个子领域的文本分析也能体现这种研究选题的差异。钟秉林等学者曾对13本国际期刊的高等教育论文进行分析，结果发现国际期刊上的论文选题“偏重微观应用研究，问题导向性显著”。[①] 高瑞和安心分别统计了我国高等教育学的博士论文和英国《高等教育季刊》的论文，使用马尔科姆·泰特提出的7个研究层次对论文选题进行划分。结果发现，中国的博士论文选题仍过于重视宏观研究[②]，这与英国学术期刊宏观与微观相结合，更侧重微观[③]的选题思路存在巨大差异。此外，每一位学者的研究领域应适当聚焦，这种聚焦的、持续的、深入的研究是形成系统理论、产生国际影响力的前提。

> “国内我觉得现在谈的还是比较多宏观的。我倒是觉得还是从问题入手更好一点。研究的对象要具体。另外尽量从问题出发，而不是从概念或者说从一种宣传的角度去进行研究。”(A)

> “最明显的是小题大做跟大题小做的分别。外国是小题大做，中国的研究慢慢倾向于跟西方相似，中国以前就是谈谈这个谈谈那个，里面有没有智慧就要看作者。西方很清楚的，他们做研究是要瞄准理论、要回应理论的，不断地回应理论就不断地累积这个智慧了嘛！”(D)

---

① 钟秉林，赵应生，洪煜. 国际高等教育研究的现状及其对我国的启示——基于国外期刊高等教育研究论文量化分析[J]. 教育研究，2010，31(1)：29—38.

② 高瑞，安心. 近十年高等教育学博士学位论文选题分析——以2000—2009年高等教育学博士点的282篇学位论文为样本[J]. 中国高教研究，2010(9)：43—46.

③ 高瑞，安心. 近十年英国高等教育研究论文选题特点——以2001—2010年《高等教育季刊》论文为样本[J]. 中国高教研究，2011(6)：70—72.

“我在看文献的过程当中，发现近两年国内学者的发文量是比以前提高了，但他们还是有个特点，比较分散，东发一个，西发一个，这个题目做一做，那个题目做一做，没有始终一致地关注一个领域，因为你要提高国际影响力，零敲碎打肯定是不行的，再高端的刊物上你零零星星发一两篇刊物是形不成影响的，你必须要专注一个领域一段时间才能形成一定影响。”(C)

(二) 进行系统的文献综述，实现学术对话

文献综述被认为是学术研究的根基，张斌贤和李曙光通过对国内13所高校教育学博士论文的调查，认为我们的教育研究应该重视文献综述的规范化，强调应充分占有并合理使用文献，加强对文献的深度阅读和理解。[①] 受访的华人学者在阅读中国教育研究的论文以及作为国际期刊的评阅人审阅论文时，都感受到我们的文献综述亟需规范。

“我读了一些国内的研究，有些只讲自己的经验，没有真正引用谁、是谁、从哪来的。这些东西的来龙去脉也都不知道。如果是国内一直搞这个的人，读完以后可能就觉得是一个信息，但是我觉得都是块块脱节，不知道前后脉络是什么……国内外教育研究最大的差异是对文献的理解，什么叫文献回顾？还是属于对关键的概念进行一个回顾，然后在回顾的基础上构建一个框架……他们不是很清楚。”(G)

“我的感觉差距挺大的，文献综述是最重要的。是否能紧跟国际最前沿的讨论，是怎么去 approach 的问题，怎么 approach 的这个研究，怎么去梳理好这个文献综述是最难的。说实话，因为我也看很多，我做 Reviewer 看了很多，最容易出事的是文献综述这一块。”(E)

(三) 运用实证研究方法，为论点提供证据支撑

中国的教育研究在发展的历史上形成了思辨的传统，有其价值和作用。实证研究的规范是从国际学界引入的舶来品。当前，国内学者普遍认可实证研究的必要性和作用，积极探索二者的融合。但在国内的期刊文章中，单纯的思辨研究仍占压倒性的优

---

① 张斌贤，李曙光. 文献综述与教育学博士学位论文撰写[J]. 学位与研究生教育，2015(1)：59—63.

势，与国际学术期刊的研究方法之间有巨大的差异。[①] 受访学者认为实证研究方法的训练仍需加强，用量化或质性的数据为思辨观点提供证据支撑。

“方法论总是要有的，很多文章你看不出他是用什么方法来研究，结论怎么得出来的不知道。这一点是超越价值观的，超越意识形态的，而且是各个期刊编辑部和学术机构可以把握的……国内有些研究基本上没有方法论，都是拍脑袋或者聊天聊出来一个主意马上就写。这个写短文、感想可以，但它不是学术论文，不是研究。”(A)

“我感觉中国的教育研究国际化，一大障碍是研究方法。如果没有实证的研究方法就会有点空，量化或质性都可以。你可以提出一些思想，但是思想性的东西你可以这样提，别人可以那样提，那到底哪个是对的？有没有什么证据能够说明哪一个比别的更好……一个领域在探索阶段，可能这些头脑风暴式或思辨的东西对指导实现田野工作非常重要。但是田野工作也是不可缺失的，这个理论能不能得到验证，是不是可行，都需要实证研究去证明它。”(B)

“你要跟国际接轨，想在国际刊物上发文，研究方法是必须过的关，这一关过了以后，对我们教育研究整体的提高也是有帮助的……青年学者做实证研究还是有好处的，这样积累了以后，将来可以提炼自己的思想，再走到更高的思辨或者反思的程度。”(C)

四、华人教育学者的学术身份

华人教育学者兼具中国教育与国外教育的双重经历、视角和体验，在中国教育研究国际化的早期，更多地发挥了“桥梁”的作用，促进中国教育研究和世界教育研究之间的沟通和理解。但随着中国教育研究国际影响力的提升，华人教育学者的局内人和局外人身份有所变化，机遇与危机并存，其学术身份认同也出现了困惑与迷茫。

(一) 是否研究中国教育问题?

华人学者是否研究中国教育问题，受到多种因素的影响。每一位学者都有独特的学术经历，但总结起来，促进华人学者研究中国教育问题的因素包括爱国情怀、对中国

① 姚计海，王喜雪. 近十年来我国教育研究方法的分析与反思[J]. 教育研究，2013(3)：20—24.

文化的深入理解、掌握国际研究范式、语言优势;同时,也存在阻碍华人学者研究中国教育问题的因素,主要包括远离中国教育实践、数据可得性较低、与国内学者研究范式的差异等。

> "实际上我在日本没有单独把中国教育做成我的专门研究对象,但是发论文的时候,我关注的这些研究领域需要进行国际比较,我就会把中国做一个案例来介绍,日本和中国的案例研究得比较多。从这个意义上来说的话,也算研究中国教育了。"(A)

> "我的博士论文刚开始选的是中国的题目,我还特意回国拿数据,尝试了各种办法,但就是拿不到数据。开题的时候,我不得已硬生生地改成做美国教育,之后就发现简单多了,因为美国有很多大型的教育数据库,州的、区的、全国的,都是公开的,可以供我做研究,所以过去的十几年,我都是用美国的数据来做研究……感觉自己渐渐远离了国内的教育研究。但我刚开始起家是做中国研究,骨子里对中国研究还是关注的。前两天还跟国内的学者聊,想找感兴趣的国内学者合作。"(B)

> "当初做博士论文的时候,我选了中国的题目,觉得有把握一些。然后越来越被人承认,所以我现在经常做的是关注中国的课题。其实这些年我也在申请加拿大的课题,但很多拿不到,不是我不想做,是因为人家不让我做!哪怕我在加拿大待了十几年,他们可能还是觉得我对他们文化的感悟没那么深……过去的状态是,中国相对比较封闭、国内的学者同行没有这种能力,所以我们海外华人学者做中国教育研究有很大的优势。但我逐渐开始有危机感,对中国教育而言,我逐渐是从局内走向局外,因为中国变化太快,回国的时候经常会发现一些我在海外想不到、看不到、没有听说过的东西,有一种隔膜感。我们这些人贴近现象、获取数据的难度比国内的学者大,越来越多地会产生这种合法性的问题,别人会质疑你干吗跑到加拿大研究中国。所以我逐渐开始研究加拿大的问题或者研究中加对比。"(C)

> "有一批海外华人不做中国研究,例如我一个很好的华人朋友,研究做得非常好,但很遗憾他关注中国不多,他也跟我分享过原因,他感觉和国内的学者不在一个平台上面,可以产生共鸣的东西不太多,至少是我们这个年龄这一代,沟通上就是鸡同鸭讲,完全不同。"(F)

总结以上多位学者的经历，借用推拉理论对人口流动的分析①，在中国教育研究这个华人学者的研究流入领域，同时存在着阻碍华人学者继续研究中国教育问题的推力和吸引华人教育学者研究中国教育问题的拉力。如图6-3所示，在推拉因素的综合作用下，一些华人学者远离了中国教育问题，还有一些在中国教育问题之外积极拓展其他研究领域。

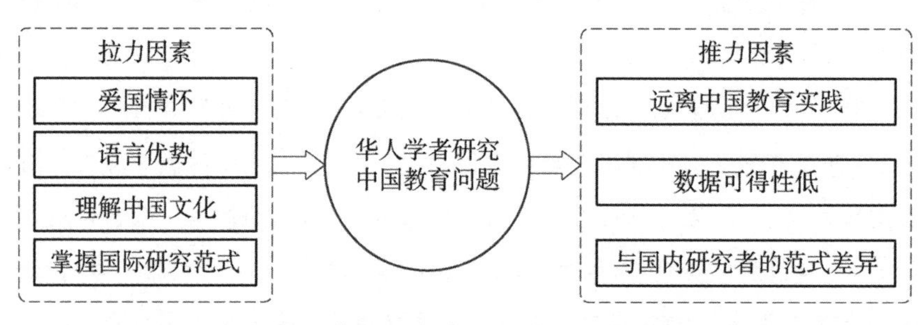

图6-3 影响华人学者研究中国教育问题的推力与拉力因素

(二) 合作还是归国?

受访的华人学者大都具有和国内学者进行合作研究的经历，对他们而言，与国内学者合作是紧跟中国教育动态、获取中国教育数据、理解中国教育实践的重要途径。对国内学者来讲，也是中国教育研究"走出去"、与世界接轨的重要渠道。

> "华人学者和中国内地学者的合作，实际上是想把中国本土的非常有价值的经验和研究，通过某种形式和渠道推向世界、走向世界。"(G)

> "跟国内学者合作肯定是互补的，早先我找国内的合作者，是因为需要收集数据，需要进入这些学校的途径，那时候他们真正参与我的研究程度并不高。但到后来我就越来越倚重国内的学者。中国的变化很快，找个国内合作者的话，他至少给我起一个把关的作用，我不会跑偏掉。所以只要有可能，我都会找国内的合作者。"(C)

访谈中，考虑到归国意愿的话题比较私密和敏感，研究者没有直接询问华人学者自己的归国意愿和考虑因素，但通过他们对海归学者的讨论，可以归纳出影响海外学者归国的因素。根据华人学者的观察，海归学者会面对研究规范不同、行政力量干预、

① Shields G M, Shields M P. The emergence of migration theory and a suggested new direction [J]. Journal of Economic Surveys, 1989,3(4): 277.

研究时间被挤占等方面的挑战，发展状况并不尽如人意，在制度和政策层面应该有更深入和系统的调整，保障学者的学术发展。其他对海归学者的研究也有相似的观点，“青年千人计划”归国学者有跨国学术经历和国外合作网络方面的优势，但也面临重新组建研究团队和实验室的压力、政策支持结束后的长期发展[①]，以及本土学者对其特殊待遇产生的“不公平”感、行政部门要求繁琐[②]等挑战。青年海归教师认为中国的学术体制与环境总体趋向合理，但在学术发表、职称评聘、项目申请等方面仍然存在一些问题。[③] 部分文科青年海归教师遭遇“学术硬着陆”，教学与科研都出现适应困难。[④]

“海归学者一般受过完整的研究方法训练、英语好，作用肯定是有的。但我看到更多的是这种作用在逐渐消失。海归学者逐渐被中国学术研究的主流同化。他们被不同的力量，包括行政的力量驱使，不但是驱使还是一种诱惑。中青年学者没有根基去抵御，谁都忙得团团转，还有多少精力去专注自己的学问？……我们领域有众多的海归，你看到有哪一个真正成长为有影响的学者？好像并没有看到这样的人。我举个例子，某某(海归)是我到目前为止见过的中国学者里面英文最好的，但他这么多年基本上没有什么影响，他自己也跟我讲，早些年他回国的时候他也抗争过，后来胳膊拧不过大腿，他也就放弃了。”(C)

“我的真心话，我觉得应该很好地栽培年轻海归，他们在外受过很严谨的研究法培养，应该给他们一个很好的生活、工作环境，让他们静下心来做研究。很多年轻学者要花很多时间写很多很急的、政策取向的报告，它跟学术研究根本是两码事，完全不同的规范。跟领导干活的时候要回到内地那套思维去，写国际期刊论文的时候又跳回在外读博时候的脑袋，要守住在境外学的东西就很不容易，有一些就被内地的模式给同化了，我看起来就觉得挺可惜的。或者做很多行政上的事情，他们的时间被切碎得很厉害。你说，给他那么多杂活，那么多急得不得了的事情，他们再想静心做研究真不容易、很难。”(E)

---

① Li M, Yang R, Wu J. Translating transnational capital into professional development: a study of China's Thousand Youth Talents Scheme scholars [J]. Asia Pacific Education Review, 2018,19(2): 229-239.

② 马万华，麻雪妮，耿玥.“千人计划”学者回归的动因、学术优势与挑战[J].清华大学教育研究，2013，34(1)：94—97.

③ 张东海，袁凤凤.高校青年“海归”教师对我国学术体制的适应[J].教师教育研究，2014，26(5)：62—67.

④ 朱佳妮.“学术硬着陆”：高校文科青年海归教师的工作适应研究[J].复旦教育论坛，2017，15(3)：87—92.

(三) 本土化还是国际化?

访谈中,受访学者认为当前本土的教育研究和国际化的中国教育研究存在着割裂的现象,没有实现贯通。受访者以教育学者或教育论文的本土影响力和国际影响力为例,发现需要以不同的策略在两个割裂的圈子里分别形成影响力。李若溪等人对37位旅英华人学者的量化调查也发现,他们检索、查阅和使用中文期刊的情况很差。[①] 还有受访者认为我们现在的科研管理制度过于强调国际化,对本土化重视不足,也会导致对本土问题关注不足,本土意识丧失,建构的理论无法服务于本土教育实践等问题。受访者大都认同本土化和国际化应该并重,两者可以相互促进实现共同发展。

> **割裂说:** 同时在国内和国际有影响力很难,其实不仅仅是中国,日本也是这样,韩国也是这样。在国内有名的基本上是这两类人,基本理论的、历史的,因为这两个领域跟国外是没有关系的,没有国际竞争对手,你只要花时间,你只要有资料你就可以出名。有些华人在国外可能不是那么有名。但他回国以后因为他在国外受过系统的训练,他能接触到最前沿的研究课题,他也很可能在一段时间内引领国内的教育研究的前沿。(A)

> **割裂说:** (为什么要抽空写中文论文?)有一个中国内地的学者跟我说,不发表中文文章,内地没有人认识你,我相信是真的。(国际教育学界和国内教育学界)是割裂的,真的是割裂的。我之所以还要好好去写中文文章发表,就在于我要和我们内地的,用中文去阅读写作的这些研究者,保持一种联系,要让他们知道我大概在做什么。(E)

> **偏重说:** 我觉得在中国内地现在是国际化至上、本土化没人过问的一种状态。中国是想平起平坐的,但现在其实中国的教育研究是被 ranking,被 SSCI 这些国外的指标体系牵着鼻子走。大家为了在这些期刊上发表,问的问题也是这些期刊关注的问题,而人家是立足于英、美、澳,甚至欧洲一些国家的实践与理论提出的问题。我们对本土关心不够,会导致在英文期刊上发的文章,中国内地没人理、没人听、没人知道也不爱听,因为你的研究和本土的教育实践关注的不一样,这是一个很大的危机……我不是说国际化没用,国际化是必须的,这样才能跟人

---

① 李若溪,Fytton Rowland, Jack Meadows. 中国学术期刊国际传播的观察与思考——旅英华人学者访谈实录分析[J]. 中国科技期刊研究,2008,19(1):4—8.

对话，通过对话才能拿到话语权，但重要的是国际话语权用来干吗？对我来说，是让国际学术界对教育的认识更丰富。我们国家教育研究里面得出来的东西能影响外国，影响它的理论建设。(D)

偏重说：可能也是因为现在SSCI发文的压力，中青年这一代跟国际接轨的意志和能力是越来越强了。这一方面是好事，会使你的接轨程度越来越高，你的研究方法越来越规范。另一方面它也有隐患，如果大家都在这样的潮流当中去随波逐流的话，可能就忘了一个构建中国本土的研究范式体系这个宏大的使命，本土意识的丧失就会越来越多。(C)

并重说：我觉得本土化和国际化都要关注。因为每个国家其实都是这样子的，有自己的情境，你离开了这种背景，你就没办法应用一些东西，不要说中美之间的差异，中日其他差异，一个国家内部不同的地区之间都有差异，不可能就是这儿的政策和研究完全移植到别的地方去，所以我觉得就是要有基于本土的一种研究，这是非常重要的。但是从另外一个角度来看，你的研究范式、研究方法、研究套路应该是国际化、规范化的，因为只有一个规范化的统一的研究套路下来之后你才能进行比较，才能够互相交流、互相借鉴，所以我觉得这并不矛盾。(B)

华人学者"双重局内人"的身份为我们提供了对中国教育研究国际影响力发展的深入理解。华人学者自身的学术生命发展也与中国教育研究的发展休戚相关。中国国力的增强、教育实践的发展以及高等教育国际化政策的深入都使得中国教育的国际影响力稳步提升，表现在国际会议和国际期刊对中国教育研究的重视，以及国外大学的华人学者有更多发展机会等方面。中国教育研究国际影响力的增强，给华人学者同时带来了"危"与"机"，在是否继续研究中国问题、合作还是归国等决策中，华人学者感受到新的拉力与推力。华人学者认为，中国教育研究今后的发展，需要在研究规范上进一步与国际接轨，完善支持性的学术政策，并寻求国际化与本土化之间的融合与平衡。

第七章

国际舞台上的中国教育研究：中国学者高被引论文的分析

在当前文献计量手段日臻多样、学术量化评价呈现普及化的背景下，对国际期刊论文实质性影响力和学术贡献的探究显得尤为必要。这里基于科学网（WoS）社会科学引文索引数据库（SSCI）数据，从宏观、中观、微观三重维度对中国内地学者在SSCI期刊上发表的教育研究领域学术论文加以审视，并对前10高被引论文进行全文内容分析。

第一节　问题的提出

进入21世纪以来，伴随着国民经济的高速增长和对外开放的不断深入，人文社会科学研究的国际化取向日益明显，这彰显了近20年来中国学术知识生产体系融入全球体系的历史进程。中国教育学研究的国际化进程也进入了加速期，国际期刊英文论文发表量逐年攀升，各高校也陆续出台激励政策，在客观上助推了中国本土学者的国际期刊发表。自20世纪90年代起，中国教育学界即不乏对中国教育研究国际影响力的讨论。[①] 有国内学者认为，提升中国教育研究的国际影响力可被视为21世纪的"时代命题"，其必要性与意义既体现在中国当前的国际地位和受关注程度，也体现在中国教育研究与教育体系自身成熟和完善的现实需要。[②] 科学文献计量学的推波助澜使得对学术影响力的量化评价日益流行，诸如论文被引用量、刊物影响因子、自然指数、h指数和ESI等量化数据受到学术界内外的广泛重视，而这一现实背景也凸显出对学术

① 李梅，丁钢，张民选，杨锐，徐阳. 中国教育研究国际影响力的反思与前瞻[J]. 教育研究，2018(3)：12—19，34.

② 李梅，丁钢，张民选，杨锐，徐阳. 中国教育研究国际影响力的反思与前瞻[J]. 教育研究，2018(3)：12—19，34.

影响力实质性内涵的深入探究具有必要性和紧迫性。①

时至今日,中国教育研究在国际化维度上仍然存在着"重量轻质"的取向,如何让中国教育研究在国际学术舞台上真正发挥影响力,进而向国际学术界讲好教育学领域的"中国故事",仍是学术界亟需深入探讨的问题。基于对8位国际知名教育研究者的深度访谈,吴寒天和李梅发现,中国教育研究目前正处于世界知识生产体系"半边缘"向"中心"过渡的"临界线"上,即在过去20年间虽然在论文发表数量上取得了显著进步,但创新输出能力仍然较为薄弱,实质性国际影响力仍显不足,尚难以在理论或方法论层面上作出普适性贡献。② 阿特巴赫指出,中国本土教育研究者应该在关注本土问题的同时,积极地在国际学术圈发挥影响。③ 在这一背景下,本章对21世纪以来中国内地教育学者国际期刊英文发表中的高被引论文进行分析,试图揭示我国本土教育研究者国际发文在研究内容、研究方法,以及理论创新性等方面的特点,进而探究本土教育研究在国际化进程中应然与实然角色之间的落差。

一、相关理论与研究问题

长期以来,"同行评价"是学术共同体界定研究者水平及其学术成果质量的基本制度逻辑。阎光才认为,学科或专业层次上"同行评价"的公信力和权威性源自学术活动本身的内在逻辑,即学术共同体内部成员对学术理论和研究方法的掌握赋予"同行评价"以有效性,并衍生出学术共同体内部评价行为的排他性。④ 作为一项制度的"同行评价"与17世纪学术团体的组织化相伴而生,进而逐渐成为学术发表、项目资助、职称晋升等学术活动最为倚重的制度安排。⑤ 中国内地学者撰写的英文学术论文得以在国际期刊上发表,其本身即意味着该学术成果通过了国际学术共同体的第一道"同行评价"考验。而所发表论文的被引用情况,在理想状态下可被视为学术共同体内部成员"用脚投票"的自然结果,这在一定程度上可被视为对论文的第二道"同行评价"考验。因此,学界通常将学术论文的被引次数以及所刊登学术期刊的影响因子(即被引

---

① 阎光才.学术影响力评价的是非争议[J].教育研究,2019(6):16—26.

② 吴寒天,李梅.走向世界的中国教育研究:基于国际学者视角[J].教育发展研究,2019,39(3):25—32.

③ 李盛兵.中国成为世界教育中心八问——与菲利普·阿特巴赫教授的对话[J].教育发展研究,2018,38(17):1—5.

④ 阎光才.学术共同体内外的权力博弈与同行评议制度[J].北京大学教育评论,2009,7(1):124—138.

⑤ 阎光才.学术共同体内外的权力博弈与同行评议制度[J].北京大学教育评论,2009,7(1):124—138.

用总次数与发文总数之比)作为衡量论文学术质量和影响力的直观指标。因此,虽然基于量化数据的论文和期刊评价方式颇具有争议性,论文的被引用次数仍可在一定程度上反映出学术成果在共同体内部的实质性影响力。

然而显而易见,"唯影响因子""唯引用次数"的评价模式过分倚重学术研究的"共性",即学术共同体内部成员对本领域内"通识化"学术理论和研究方法的掌握,而弱化了学术研究的"个性",即学术人的个体性和研究成果的独创性、前瞻性。因此,在关注论文被引用情况的同时,有必要对其内容进行具体研究。同时,阎光才指出,作为制度的(狭义的)同行评价是一个制造学术界不平等的制度安排,并因此自英国皇家学会《哲学学报》主编欧顿堡(Henry Oldenburg)将之制度化以降,在西方学术界内长期存在批判之声。[①] 例如科兰(John Conlan)认为,同行评价"是一个基本上为极少数杰出的'老友'(old boys)谋取利益的精英主导制度","完全是一个'近亲密友体制'(incestuous buddy system),窒息了科学新理念诞生和科学突破的生机"。[②] 因此,作为广义的"同行评价",中国内地教育研究者国际期刊发文的被引用情况背后是否存在类似"密友体制"的主导力量,值得加以探究。如存在此类现象,其最直观的反映便是论文的被引用情况存在显著的"马太效应",即论文被引用情况相较于国际学术界的一般规律存在明显的两极分化。显而易见,这一情况的存在将在相当程度上削弱论文被引用情况在反映论文实质性影响力方面的效度。

阿特巴赫曾于20世纪90年代将中国的学术知识生产体系界定为世界知识生产体系中的"巨大的边缘",即虽然拥有巨大的体量和一定的国际影响力,但仍居于知识生产和创新的"下游",学术和研究体系仍建立在外来(西方)模式的基础上。[③] 时至今日,经历近30年的发展,阿特巴赫所提到的某些现象,诸如学术人才向境外单向流失等,已在相当程度上得到改观,"海归"学术人才数量及国际期刊英文学术论文发表量高速增长。在这一背景下,通过对中国内地教育研究者国际期刊发文的深入分析,揭示中国教育研究在世界学术知识生产体系中的真实地位,就显得尤为必要。基于学术发表的以上特征,本章将从论文的被引用情况、高被引论文的内容特征,以及前10高被引论文的具体内容和学术贡献入手,从"宏观-中观-微观"三重维度回答以下三个研

① 阎光才. 学术共同体内外的权力博弈与同行评议制度[J]. 北京大学教育评论,2009,7(1):124—138.

② 阎光才. 学术共同体内外的权力博弈与同行评议制度[J]. 北京大学教育评论,2009,7(1):124—138.

③ Altbach P G. Gigantic peripheries: India and China in world knowledge system [J]. Economic and Political Weekly, 1993,28(24):1220-1225.

究问题：一、中国内地教育研究者国际期刊英文发文的被引用情况是否存在显著的“马太效应”；二、中国内地教育研究者国际期刊高被引论文（前150）在主题内容上存在哪些特征；三、中国内地学者前10高被引论文在研究方法和理论方面是否具有显著的创新性。

二、数据及研究方法

本研究基于课题组建立的“中国教育研究的大陆库”（简称“中国大陆库”）这一子库，含论文共1256篇，进行相关数据分析。基于分析框架和研究问题，本章从“宏观-中观-微观”三重维度对数据进行以下三项分析：一、“中国大陆库”被引次数前500论文不平等指数（基尼系数与泰尔指数）与检索所得“总库”（含论文共5592篇）被引次数前500论文不平等指数的比较；二、“中国大陆库”前150高被引论文内容的整体概貌分析，包括通过论文题目与全文高频词分析，揭示论文的研究对象、研究聚焦地域等特征；三、“中国大陆库”前10高被引论文的全文内容分析，主要关注论文研究的主题、教育阶段（高等教育、基础教育、学前教育）、所关注的地域，以及研究方法和理论创新性。

第二节　研究发现

一、宏观维度：论文被引情况的“马太效应”与“近亲密友体制”分析

为揭示“中国大陆库”论文的被引用情况是否存在“两极分化”“赢者通吃”的马太效应，进而揭示中国内地教育研究者国际期刊发文在被引用情况上是否存在类似“同行评议”机制中的“密友体制”，笔者计算了“中国大陆库”前500高被引论文被引用次数的基尼系数与泰尔指数，并与“总库”前500高被引论文被引用次数的相关不平等指数作比较。基尼系数（Gini coefficient）是由意大利统计学家和社会学家基尼（Corrado Gini）根据劳伦茨曲线（Lorenz curve）提出的公平程度指标，该系数越小表示分配越平均，即实际分配曲线（劳伦茨曲线）与分配绝对平等线越接近。劳伦茨曲线是一种累积

分布函数所对应的曲线，以本研究为例，横坐标表示论文（按被引用次数由低到高）的累积百分比，纵坐标表示论文被引数量的累积百分比，弧线即为劳伦茨曲线（见图 7－1）。劳伦茨曲线和分配绝对平等线之间的面积，与分配绝对平等线和分配绝对不平等线之间的面积之比，即为反映分配不平等性的基尼系数。由于基于该基本定义的数学表达式可计算性不足，通常采用基尼提出的直接计算法对基尼系数进行估算[见公式 1；G 为基尼系数，$|Y_j - Y_i|$ 为任意一对样本（论文）被引数量差的绝对值，n 为文献总数（$n=500$），为被引数量平均值]。

$$G=\left(\frac{\sum_{j=1}^{n}\sum_{i=1}^{n}|Y_j-Y_i|}{n^2}\right)\Big/2u \tag{1}$$

泰尔指数（Theil index）又称泰尔熵标准（Theil's entropy measure），由荷兰计量经济学家泰尔（Henri Theil）于 1960 年提出，用以反映包括经济不平等在内的社会不平等现象（基于信息论推导的泰尔指数公式见公式 2；其中 T 为泰尔指数，Y_i 为特定论文 i 的被引用数量，n 为总论文数（$n=500$），N 为样本内所有论文总被引用量）。在反映量化特征分布的不平等性方面，泰尔指数与基尼系数具有一定的互补性，前者对于靠近样本中位数的个体数值变化敏感，后者对靠近极值的个体数值变化敏感。

$$T=In(n)-\sum_{i=1}^{n}\left(\frac{Y_i}{N}In\left(\frac{N}{Y_i}\right)\right) \tag{2}$$

经计算，“中国大陆库”前 500 高被引论文被引用次数的基尼系数约为 0.473，泰尔指数约为 0.416；“总库”前 500 论文被引用次数的基尼系数约为 0.299，泰尔指数约为 0.170。“中国大陆库”高被引论文的两种不平等性指数均高于“总库”。就“中国大陆库”及“总库”被引数量前 500 论文所呈现的信息而言，中国内地教育研究者国际期刊英文发文的被引用情况相对于全球范围内的整体情况更趋于“两极分化”“赢者通吃”，即被引用量主要由少数论文贡献。基于被引数量分布情况所呈现出的“马太效应”，在论文被引用过程中，即第二道“同行评价”考验的过程中，广泛存在“近亲密友体制”的可能性无法被排除。因此，单纯考察论文的被引用情况无法客观、全面地揭示论文的实质性学术贡献和国际影响力，而需要从中观层面对中国内地教育研究者国际期刊高被引论文的内容整体概貌进行分析，进而从微观层面具体分析单篇论文的内容特征。

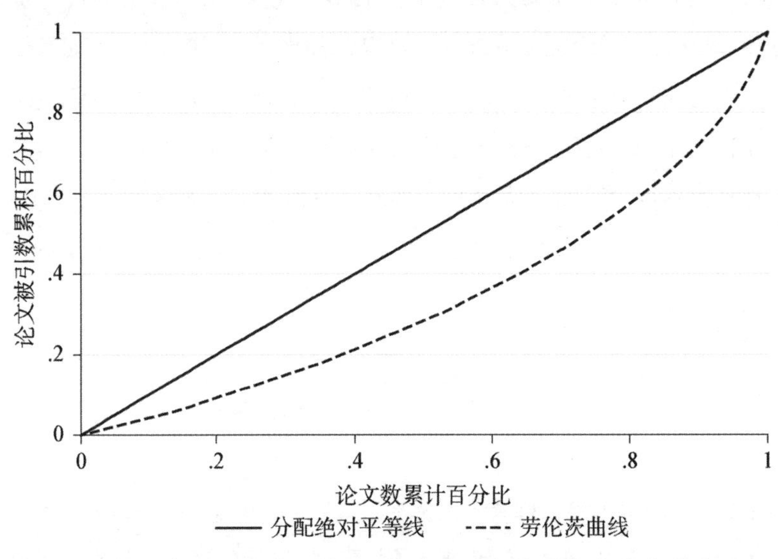

图 7-1 “中国大陆库”前 500 高被引论文被引次数劳伦茨曲线

二、中观维度：中国学者国际期刊高被引论文内容概貌

为进一步揭示中国内地教育研究者国际期刊高被引论文内容的整体情况，本研究基于 WoS 数据对“中国大陆库”前 150 高被引论文所关注的教育阶段、研究所涉国家或地区等特征进行了统计，并通过 NVivo 定性研究软件对该 150 篇论文进行了高频词分析。基于对题录数据中论文题目信息的分析，前 150 高被引论文中至少有 23 篇以高等教育为研究对象，其中 10 篇论文的题目中含有“高等教育”(higher education)，7 篇含有“大学”(university)[其中一篇同时含有“高等教育”(higher education)和“大学”(university)]，7 篇含有“学院”(college)，总计 24 篇，占“中国大陆库”前 150 高被引论文的 16%。其余论文多以基础教育或学前教育为研究对象，其中不少于 7 篇论文以英语语言学习和教学为研究对象，其题目中含有“英语词汇学习”(English word recognition)、“英语写作”(English writing)、“英语学习者”(English language learners)等明确表征研究内容的词组。

就研究所涉及国家或地区而言，除作为数据库检索关键词的“中国”(China)(60 篇)、“中国的/中国人/中文”(Chinese)(51 篇)，以及中国地名如“上海”(Shanghai)、

“北京”(Beijing)、“香港”(Hong Kong)、“澳门”(Macao)、“台湾”(Taiwan)等,部分论文题目中含有“美国”(US)、“英国”(UK)等国别信息,但数量较少。基于题录数据中关于论文所发表期刊的信息,11篇论文发表于以亚太地区或中国为主要研究对象的境外学术期刊,包括 *Asia Pacific Education Review*(5篇)、*Asia Pacific Journal of Education*(3篇)、*Asia-Pacific Education Researcher*(1篇)、*Asia-Pacific Journal of Teacher Education*(1篇)、*Chinese Education and Society*(1篇);14篇论文发表于国际与比较教育相关期刊,包括 *International Journal of Educational Development*(11篇)、*Comparative Education*(1篇)、*Comparative Education Review*(2篇)。其余论文多发表于以某一子学科或具体领域为主要研究对象的期刊[例如 *Computer Education*(7篇)、*Early Childhood Research Quarterly*(5篇)、*Economics of Education Review*(6篇)]。一般而言,发表于以研究领域命名期刊的论文其地域色彩较弱,带有普遍性学术贡献的可能性相对较大;而发表在以某一地区为研究对象的刊物或比较教育类刊物的论文,其地域色彩较浓,在某些情况下仅因提供某一地区的典型案例而得以发表和被引用,同时在发表和被引用的过程中容易为“近亲密友体制”“熟人机制”所主导。

表7-1显示了基于NVivo软件对“中国大陆库”前150高被引论文的全文词频的分析发现。在前25位高频词中,显示作为研究对象的特定人群的高频词包括“学生”(student)(10 229次)、“老师”(teacher)(7 402次)、“儿童”(children)(5 340次)等,显示作为研究对象的特定机构或体系的高频词包括“学校”(school)(7 582次)、“大学”(university)(2 687次)、“体系/系统”(system)(1 889次)等,显示特定地域/语言的高频词包括“中国”(China)(4 749次)和“中文、中国人或中国的”(Chinese)(7 040次)。其他显示论文研究对象的词汇包括“文化”(culture)(2 305次)、“语言”(language)(2 394次)、“社会主义”(socialism)(2 109次)等。“中国大陆库”前150高被引论文的前25位全文高频词相关信息如表7-1所示[已剔除不显示论文研究内容特征的高频词(例如“研究”(research)、“不同”(different)、“使用”(using)、“也”(also)、“年”(year)、“结果”(results)等)]。基于对论文题目和全文高频词的分析可见,就研究所关注的教育阶段而言,高等教育研究占有相当比例,但基础教育和学前教育研究仍占主体,作为基础教育主要参与者的“老师”(teacher)、“儿童”(children),以及作为基础教育机构的“学校”(school)是主要的研究对象。同时,语言、文化相关研究占比较高,相当数量的研究关注中文学习和教学的相关问题。

表 7-1 "中国大陆库"前 150 高被引论文前 25 位高频词

排序	高频单词	出现次数*	加权百分比(%)
1	educator	10 544	1.14
2	student	10 229	1.1
3	school	7 582	0.82
4	teacher	7 402	0.8
5	Chinese	7 040	0.76
6	learns	5 829	0.63
7	study	5 437	0.59
8	children	5 340	0.58
9	China	4 749	0.51
10	reads	3 848	0.42
11	develops	3 660	0.40
12	teaching	3 186	0.34
13	university	2 687	0.29
14	language	2 394	0.26
15	culture	2 305	0.25
16	effect	2 295	0.25
17	tests	2 230	0.24
18	characters	2 227	0.24
19	levels	2 190	0.24
20	relativity	2 178	0.24
21	socialism	2 109	0.23
22	system	1 889	0.20
23	model	1 887	0.20
24	awareness	1 839	0.20
25	English	1 805	0.19

注：* 高频词在"中国大陆库"前 150 高被引论文全文中出现的次数。

三、微观维度：对“中国大陆库”前10高被引论文的内容分析

如前文所述，“中国大陆库”前500高被引论文被引用次数的基尼系数约为0.473，泰尔指数约为0.416，两种不平等性指数均高于“总库”，中国内地教育研究者国际期刊英文发文的被引用情况相对而言更趋于“赢者通吃”，被引用量主要由少数论文贡献。基于对“中国大陆库”前100高被引论文被引次数分布态势及其对数趋势线（$y=-23.45\ln(x)+121.23$）的观察可知，前10%左右高被引论文被引次数显著高于其他论文（图7-2）。为进一步探究中国内地学者国际期刊发文的具体情况和理论及研究方法层面的实质性贡献，本研究选取“中国大陆库”前10高被引论文[①]进行全文内容分析，分析重点包括论文的研究主题、所关注的教育阶段、所关注的国家或地区，以

---

① “中国大陆库”前10高被引论文分别为：

1. Li M, Bray M. Cross-border flows of students for higher education: Push-pull factors and motivations of mainland Chinese students in Hong Kong and Macau [J]. Higher Education, 2007,53(6): 791-818.
2. Wang M, Shen R, Novak D, et al. The impact of mobile learning on students' learning behaviours and performance: Report from a large blended classroom [J]. British Journal of Educational Technology, 2009,40(4): 673-695.
3. Shen L, Wang M, Shen R. Affective e-learning: Using "emotional" data to improve learning in pervasive learning environment [J]. Journal of Educational Technology & Society, 2009,12(2): 176-189.
4. Lewis R, Romi S, Qui X, et al. Teachers' classroom discipline and student misbehavior in Australia, China and Israel [J]. Teaching and Teacher Education, 2005,21(6): 729-741.
5. Tong X, McBride-Chang C, Shu H, et al. Morphological awareness, orthographic knowledge, and spelling errors: Keys to understanding early Chinese literacy acquisition [J]. Scientific Studies of Reading, 2009,13(5): 426-452.
6. Li H, Shu H, McBride-Chang C, et al. Chinese children's character recognition: Visuo-orthographic, phonological processing and morphological skills [J]. Journal of Research in Reading, 2012,35(3): 287-307.
7. McBridge-chang C, Tong X L, Shu H, et al. Syllable, Phoneme, and Tone: Psycholinguistic Units in Early Chinese and English Word Recognition [J]. Scientific Studies of Reading, 2008,12(2): 171-194.
8. Connelly R, Zheng Z. Determinants of school enrollment and completion of 10 to 18 year olds in China [J]. Economics of Education Review, 2003,22(4): 379-388.
9. Ho H Z, Senturk D, Lam A G, et al. The Affective and Cognitive Dimensions of Math Anxiety: A Cross-National Study [J]. Journal for Research in Mathematics Education, 2000,31(3): 362-379.
10. Hu W, Adey P. A scientific creativity test for secondary school students [J]. International Journal of Science Education, 2002,24(4): 389-403.

及在理论和研究方法层面的创新性。其中就理论贡献方面，重点关注论文在提供本土教育实践信息的同时，是否对指导教育实践提出具有普适性的观点，抑或基于对本土实践的研究作出理论层面的贡献。“中国大陆库”前10高被引论文的部分基本信息如表7-2所示。

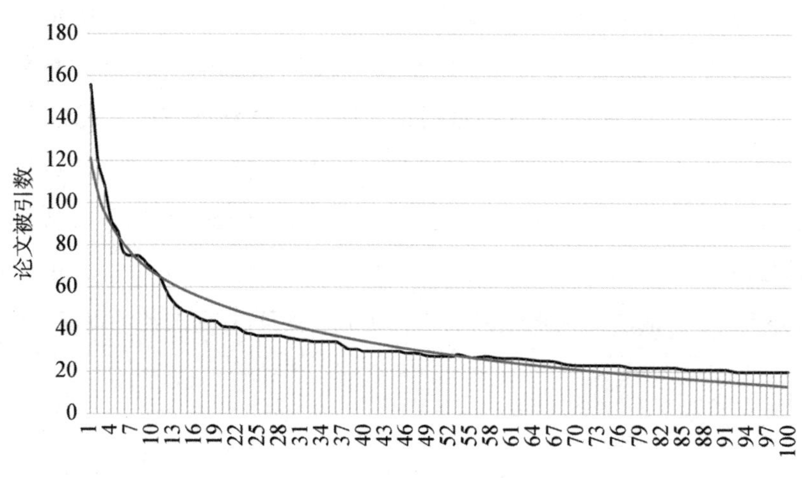

图7-2 “中国大陆库”前100高被引论文被引数分布情况

表7-2 “中国大陆库”前10高被引论文内容基本信息

排序/次数*	作者排序	研究主题	教育阶段**	国家/地区***	研究方法
1/157	1	学生跨境流动	高等教育	中国香港 中国澳门	问卷 访谈
2/120	2	学习行为 学生表现 移动学习系统 (m-Learning system)	高等教育	中国	案例 问卷 观察
3/113	1	在线学习 (e-Learning)	基础教育	中国上海	实验/准实验
4/92	3	课堂纪律 (classroom discipline) 学生行为	基础教育	中国 澳大利亚 以色列	问卷 观察 访谈
5/89	2	早期汉语学习	基础教育	中国香港	实验/准实验
6/80	1;2	儿童识字	基础教育学前教育	中国	实验/准实验

续 表

排序/次数*	作者排序	研究主题	教育阶段**	国家/地区***	研究方法
7/75	2;3	早期英语与汉语识字	基础教育	中国香港	实验/准实验
8/72	2	入学与学业完成情况	基础教育	中国	间接数据
9/70	9	数学教育	基础教育	中国大陆 中国台湾 美国	观察
10/66	1	学生科学创造力(scientific creativity)	基础教育	中国	实验/准实验

注：*论文被引用次数及排序；**研究所关注的教育阶段；***研究所涉及的国际或地区。

研究发现，前10高被引论文的中国内地作者分别来自上海交通大学、北京师范大学、北京大学、四川教育学院(现为成都师范学院)、北京教育学院、山西师范大学及上海教育科学研究院等高校或科研机构，其中4位中国内地研究者为高被引论文的第一作者。前10高被引论文关注的教育阶段大多为基础教育(8篇)，但位居被引数量前两位的论文均以高等教育为研究对象。在8篇以基础教育为研究对象的论文中，其研究主题包括在线学习(e-Learning)、课堂纪律(classroom discipline)、学生行为(student behavior)、早期汉语语言学习(early Chinese literacy acquisition)、入学与毕业情况(school enrollment and completion)、数学与科学教育(math and science education)等。其中，以基础教育或学前教育阶段汉语语言学习为研究主题的论文有3篇，具体研究内容包括儿童识字(children's character recognition)、中英文早期识字比较(early Chinese and English word recognition)等。以高等教育为研究对象的2篇高被引论文分别关注国际留学生的跨境流动(cross-border flows of student)以及高等教育阶段移动学习系统(m-Learning system)作用下大学生的学习行为与表现(learning behaviors and performance)。就研究所关注的国家或地区而言，10篇高被引论文的内容均涵盖了大中华地区(中国内地及港澳台地区)，其中3篇论文以我国香港地区为研究对象，3篇论文进行了跨国(跨地区)比较研究，除中国内地及港澳台地区外，所涉国家/地区包括美国、澳大利亚、以色列等。

就研究方法而言，"中国大陆库"前10高被引论文分别采用了问卷调查、访谈(interviews)、案例研究(case study)、实验/准实验(experiment/quasi-experiment)，以及观察法(observation)等研究方法,其中2例研究采用了多种方法收集数据(问卷、访谈、观察等)。以被引数量排名第一的论文为例,该研究以中国香港和澳门地区高校中的中国内地学生为研究对象,采用问卷调查与访谈相结合的方法收集数据。其中问卷调查共回收问卷323份,访谈研究参与者共计28人(其中香港18人,澳门10人)。问卷内容主要关于中国内地学生赴港澳求学的动机,研究者对问卷数据进行了描述性统计分析,并将结果与以澳大利亚高校留学生为研究对象的同类研究进行比较。① 被引用数量排名第二的论文则采用案例研究的方法,以中国某知名高校的大学英语在线课程为研究对象。② 除文献资料和观察所获取的信息,研究者通过两轮问卷(干预前、干预后)收集学生的反馈,并对数据进行描述性统计分析。关注早期语言学习的3篇高被引论文则采用了准实验研究。以被引数量排名第6的论文为例,该研究对北京地区184名幼儿园儿童和273名小学生的视觉认知能力(visual skills)、正字法知识(orthographic knowledge)、语音认知能力(phonological awareness)、语素意识(morphological awareness),以及汉字识别(Chinese character recognition)等能力进行了测试,并对测试结果进行了回归分析,以探讨上述因素对汉字识别的影响。③

就是否具有理论创新性而言,教育学领域的学术论文大致可分为"提供信息型""指导实践型"以及"理论创新型"。"中国大陆库"前10高被引论文在聚焦本土教育问题的同时,均提出了具有一定普适性的实践建议,以及具有创新性的理论框架或分析框架,而非仅限于为学术知识生产的中心提供信息或分析素材。以被引数量排名第1和第8的两篇论文为例,前者以阿特巴赫提出的国际学生流动"推拉模型"(push-pull model for international student mobility)为基本理论基础④,并批判性地指出现有模型中"推拉因素"(push-pull factors)都属于外部因素,而学生(文中指赴港澳地区高校求学的中国内地学生)的选择实则在很大程度上受个人因素的影响,例如学术能力、性

---

① Li M, Bray M. Cross-border flows of students for higher education: Push-pull factors and motivations of mainland Chinese students in Hong Kong and Macau [J]. Higher Education, 2007,53(6): 791 - 818.

② Wang M, Shen R, Novak D, et al. The impact of mobile learning on students' learning behaviours and performance: Report from a large blended classroom [J]. British Journal of Educational Technology, 2009,40(4): 673 - 695.

③ Li H, Shu H, McBride-Chang C, et al. Chinese children's character recognition: Visuo-orthographic, phonological processing and morphological skills [J]. Journal of Research in Reading, 2012,35(3): 287 - 307.

④ Altbach P G. Comparative higher education: Knowledge, the university, and development [M]. Greenwood Publishing Group, 1998: 240.

别、年龄、动机和愿望等。基于对实证数据的分析，该论文对现有模型中的“推拉因素”做了拓展，指出同时考虑内部和外部因素及其相互作用有助于解释中国内地学生选择赴港澳地区高校学习的原因。被引用次数排名第 8 的论文提出了研究中国环境下 10—18 岁学生入学和学业完成情况的分析框架，将影响因素划分为需求、供给、政府政策三类，并使用 1990 年中国人口普查数据对 5 个重要节点进行了分析，即“小学入学”“小学毕业”“初中入学”“初中毕业”，以及“高中入学”。① 该论文基于分析框架和数据分析了影响 10—18 岁农村和城市学生入学和学业完成情况的主要影响因素。例如，研究发现，县域人均收入与农村学生小学和初中入学率呈正相关，并且该发现与国外类似研究的结果具有一致性。②③

研究发现，前 10 高被引论文在关注中国内地教育问题的基础上具有较为宽广的国际视野，研究所涉及的国家或地区包括澳大利亚、以色列、美国，以及我国港澳台地区等。同时，“中国大陆库”前 10 高被引论文作者所属机构较为多元化，既包括知名研究型大学，也包括地方高校和科研机构，因而从现象学的角度看，中国内地教育研究者的国际期刊发表与论文被引用过程似未受到学术界“寡头政治”和“近亲密友体制”的支配。此外，相较于“中国大陆库”前 150 高被引论文，前 10 高被引论文所发表期刊均为关注某一研究领域的学术期刊，且均为相关研究领域内的顶尖刊物，例如 *Economics of Education Review*（教育经济学领域）、*Higher Education*（高等教育学领域）、*Journal of Research in Mathematics Education*（数学教育领域）等，而非以某一地区为研究对象的刊物。如前所述，前者地域色彩较弱，其论文带有普适性学术贡献的可能性较大，同时在发表和被引用的过程中相对不容易为“近亲密友体制”“熟人机制”所主导。

通过内容分析发现，“中国大陆库”前 10 高被引论文所采用的研究方法较为规范和多元化，且符合国际主流的研究范式。这一方面可归因于多数中国内地作者具有海外学习或从事研究的经历，另一方面则得益于论文合作者的国际资深学者身份。以被引数量排名第 1 和第 4 的论文为例，其境外合作者分别为世界著名比较教育学家、香

① Connelly R, Zheng Z. Determinants of school enrollment and completion of 10 to 18 year olds in China [J]. Economics of Education Review, 2003,22(4): 379 - 388.

② Hannum E. Political change and the urban-rural gap in basic education in China, 1949 - 1990[J]. Comparative Education Review, 1999,43(2): 193 - 211.

③ Brown P H, Park A. Education and poverty in rural China [J]. Economics of Education Review, 2002, 21(6): 523 - 541.

港大学教授马克·贝磊(Mark Bray),以及澳大利亚拉筹伯大学资深学者刘易斯(Ramon Lewis)。前10高被引论文所采用的研究方法包括问卷调查、访谈、观察、实验/准实验等,就数据的定量分析而言既有描述性统计也有回归分析,总体而言所选取的研究方法与研究问题较为契合。在理论创新性方面,前10高被引论文中不乏具有一定的理论贡献的研究,例如被引数量排名第1的论文对相关领域内国际知名学者具有广泛影响力的理论模型作了适当补充,被引数量排名第8的论文则建构了适用于中国环境下的分析框架。因此,论文被引数量上的"马太效应"不能单纯解释为"近亲密友体制"或学术界"寡头政治"作用的结果。

从整体而言,虽然大部分前10高被引论文能基于对本土问题的研究,提出具有一定普适性的实践建议和具有一定创新性的理论框架或分析框架,然而尚未能充分体现中国固有的认识论传统对现有理论或方法论的贡献,尚不足以支撑起国际学术舞台上"中国话语"的建构,中国内地教育研究仍处于世界知识生产体系"半边缘"向"中心"过渡的"临界线"上,尚未能完全摆脱世界学术知识生产体系"巨大的边缘"的历史身份。因此,中国大陆教育研究者仍需要继续探索本土智慧在国际主流研究范式下惠及理论及方法论创新的路径。就相关政策制定和学术成果评价的角度而言,既不能全盘否定科学文献计量学和客观量化指标的作用,进而对客观数据持"彻底虚无主义"态度,也不应陷入"唯量化指标""唯SSCI期刊"的误区,而应对教育研究国际学术发表的现状从"宏观-中观-微观"多重维度加以审视,在对学科整体国际地位有清晰认知的同时,对具体论文的实质性贡献和影响力进行客观定位,进而营造符合学术知识生产规律的、积极的学术文化。

第八章

中国教育学英文期刊的发展现状、特征及其影响

随着全球知识流动与高等教育国际化的深入发展，英语作为当代国际学术通用语言，英文期刊作为全球学术知识生产的重要平台和载体，对于人文社会科学知识的创造、传播和扩散产生不可替代的作用。中国教育学英文期刊[①]的发展对于教育研究“走出去”和中外学术交流对话与话语建构具有不可忽视的意义。本章通过考察教育学英文期刊的发展现状与特点，揭示其作为教育学研究国际化平台和载体的建构过程与面临的问题，分析其在国际学术体系中的影响与作用。

21 世纪以来，中国教育学本土学者的英文国际发文稳步增长[②③]，中国教育研究的国际显示度日益增强。伴随中国文化“走出去”战略的实施，中国自 2006 年开始创办本土英文教育学期刊。与此同时，在全球大学排名和一流学科建设等内外力量的驱动下，中国“双一流”大学的教育学院（学部）日益重视科研国际化发展战略，高度注重教师的国际学术发表，英文期刊作为国际化平台及手段而备受重视。2012 年以来，“双一流”高校教育学院陆续创办多种英文教育期刊。至此，中国拓展了学术论文进入国际知识体系的路径，英文学术发表从单一的以国外期刊为媒介拓展为本土英文期刊与国外英文期刊双向并进，从单一的以英文论文为载体拓展为英文期刊和英文论文并行。教育学英文期刊的创办与发展标志着中国教育研究国际化发展的载体与平台逐步建立，制度化建设不断推进，教育研究“走出去”步入新的阶段。

在全球知识网络中，从西向东、从北向南的知识流动与思想影响依然普遍存在，第三世界和发展中国家的人文社会科学学者依然处于“中心-边缘”体系的边缘或半边缘

① 本章所分析“中国教育学英文期刊”以中国内地教育学英文期刊为例，港澳台地区英文期刊需另文分析。

② 王独慎，丁钢. 中国教育研究的国际发表概貌与特征[J]. 教育发展研究，2019(3)：1—9.

③ 李梅. 中国教育研究的国际发文及其学术影响力——基于 2000—2018 年 SSCI 期刊论文的研究[J]. 教育发展研究，2019(3)：10—16.

位置，且依附于以英美为核心的中心国家[①]，教育学科学者尤为如是[②]。重要的国际出版商、编辑、研究机构和主要的学者都位于少数的核心国家，核心国家及其机构掌控全球知识传播体系与知识生产的权力，科学网（Web of Sciences）的人文社会科学期刊引文索引（SSCI、A&HCI）与评价机制，以及英语语言作为当今全球"世界语"更是加固了核心国家在世界知识体系中的霸权地位。20 世纪 90 年代以来，中国教育学者开始反思西化的中国教育，提出中国教育研究本土化议题[③]，立意破除原有东西二元对立的思维方式[④]，探寻中国教育学如何彰显中国文化与本土实践，实现中国教育本土创新与理论建构，并为世界贡献中国教育学经验与智慧。

在全球化与本土化的双重语境下，在中国教育范式与国际学术规则的现实差异中，在提升高校机构学术排名与提升教育软实力的国家导向的实际需求中，本章将对以下问题进行考察：进入全球知识网络的中国教育学英文期刊是如何组建编辑队伍，如何形成办刊定位、办刊宗旨与办刊特色的？这些期刊是否在提升中国教育国际影响力方面扮演了重要角色，且这些期刊在全球知识网络中的话语权与影响力如何？本章以中国内地 10 种教育学英文期刊为研究对象，阐述其出版状况与知识传播方式，分析其学术影响力及成因。

研究数据主要来源于三个方面。一是各刊网站主页上期刊的信息，如期刊名称、出版社、刊号、刊期、办刊定位、编委会等。二是期刊出版的文章。因多种期刊都为新创期刊，难以获取期刊所有文章的全文，如清华大学的 *International Journal of Chinese Education*（IJCE）和华东师范大学（简称"华东师大"）的 *International Journal of Smart Technology and Learning*（IJSmartTL）无法获取文章全文。关于文章和引用数据，仅选取 8 种期刊 2018—2019 年两年的数据进行分析，其中北京师范大学的 *Beijing International Review of Education*（BIRE）和 *Disciplinary and Interdisciplinary Science Education Research*（DISER）因创刊于 2019 年，这里仅分析 2019 年数据。笔者通过检索 2018—2019 年各刊所发文章，提取文章主要数据，包括文章类型、标题、作者姓名及机构、关键词等信息进行分析。同时，笔者阅读这 8 种期

---

① Alatas S F. Academic dependency and global division of labour in the social sciences [J]. Current Sociology, 2003,51(6),599 - 613.

② 李梅，丁钢，张民选，杨锐，徐阳. 中国教育研究国际影响力的反思与前瞻[J]. 教育研究，2018(3)：12—19,34.

③ 鲁洁. 试论中国教育学的本土化[J]. 高等教育研究，1993(1)：33—35.

④ 丁钢，周勇. 全球化视野与中国教育研究[M]//丁钢. 中国教育：研究与评论(第 10 辑). 北京：教育科学出版社，2006：1—37.

刊的文章，判定其内容是否与中国相关。三是各刊影响力相关数据，主要包括期刊的下载量、各刊被 SSCI、A&HCI 和 SCI 期刊引用数据，被国际权威检索机构收录及排名情况，期刊作者的微软学术引用次数等。

第一节 中国教育学英文期刊的出版状况与知识传播方式

一、中国教育学英文期刊概况

中国英文期刊涉及不同的主管单位和主办单位，不同的出版模式。目前中国本土英文期刊主要由教育部相关部门主管，由高校和国内出版社主办，呈现国内、国外联合出版、自出版、国外出版、开源期刊（Open Access, OA）出版等多种出版模式，且分属国内统一刊号和国际标准连续出版物编号等不同期刊管理类别。因此判定一种教育学英文期刊是否为“中国的”期刊，不能简单按国内正规期刊判定法则，即是否有国内统一刊号（CN 号）为唯一标尺。笔者不赞同以出版机构所在地判断期刊所属，不赞同李存娜和吕聪聪的观点，她们认为就如何判定是否为“中国的”英文期刊，应以拥有期刊“排他性支配权”的版权方来判定期刊的归属，即如果办刊单位为国内高校，而版权属于国外出版社，则视该刊为国外期刊，而非中文期刊。[1]

实际上，中国教育学英文期刊的编辑单位或主办单位在期刊出版模式、管理类型、期刊定位、主编与编委会、办刊模式等期刊关键议题上具有较大的话语权和自主性，直接对期刊内容负责。因此，本章以期刊的编辑单位或主办单位是否在中国内地作为衡量期刊是否为“中国的”判定标准。本章的研究对象限定为中国内地的教育学英文期刊。按此标准，目前中国高校教育学院（学部）与出版社等机构创办（管理）的全英文教育学学术期刊共 10 种，分为综合性英文期刊和非综合性英文期刊。其中综合性英文期刊 4 种，分别为 *Frontiers of Education in China*（FEDC，《中国教育学前沿》，高等教

---

① 李存娜，吕聪聪．中国英文人文社科期刊的国际化研究[J]．清华大学学报（哲学社会科学版），2015(4)：168—183.

育出版社)、*International Journal of Chinese Education*(IJCE,《中国教育国际期刊》,清华大学)、*ECNU Review of Education*(ROE,《华东师范大学教育评论》,华东师范大学)和 *Beijing International Review of Education*(BIRE,《北京教育国际评论》,北京师范大学)。[①] 非综合性英文期刊共 6 种,分别为 *Disciplinary and Interdisciplinary Science Education Research*(DISER,《学科与跨学科科学教育研究》,北京师范大学)、*Entrepreneurship Education*(EE,《创业教育》,浙江大学)、*International Journal of Smart Technology and Learning*(IJSmartTL,《智慧技术与学习国际期刊》,华东师范大学)、*Journal of Computers in Education*(JCE,《计算机教育期刊》,北京师范大学)、*Smart Learning Environments*(SLE,《智慧学习环境》,北京师范大学)和 *The Journal of Educational Technology Development and Exchange*(JETDE,《教育技术发展与交流期刊》,清华大学)。各刊基本信息见表 8-1。

表 8-1 中国教育学英文期刊基本信息

序号	刊名	创刊年	CN 号	ISSN/ E-ISSN	刊期	编辑单位或主办单位	出版单位
综合性期刊							
1	*Frontiers of Education in China*	2006	CN11-5741/G4	1673-341X/ 1673-3533	4 期	高等教育出版社	高等教育出版社、施普林格
2	*International Journal of Chinese Education*	2012	无	2212-585X/ 2212-5868	2 期	清华大学	世哲
3	*ECNU Review of Education*	2018	31-2150/G4	ISSN: 2096-5311	4 期	华东师范大学	华东师范大学出版社、世哲
4	*Beijing International Review of Education*	2019	无	2590-2547/ 2590-2539	4 期	北京师范大学	博睿
非综合性期刊(专业刊)							
5	*The Journal of Educational Technology Development and Exchange*	2008	无	1941-8027/ 1941-8035	不定期	清华大学	无

① 在文中提及各刊名称时多用期刊官网中使用的缩写刊名,其中 *Entrepreneurship Education* 和 *Smart Learning Environments* 官网中未提及缩写,笔者提取刊名实词首字母为期刊缩写,即分别为 EE 和 SLE。

续 表

序号	刊名	创刊年	CN 号	ISSN/ E-ISSN	刊期	编辑单位或主办单位	出版单位
6	*Journal of Computers in Education*	2014		2197-9987/ 2197-9995	4 期	北京师范大学	施普林格
7	*Smart Learning Environments*	2014	无	E-ISSN: 2196-7091	不定期	北京师范大学	施普林格-OA
8	*International Journal of Smart Technology and Learning*	2016	无	2056-404X/ 2056-4058	4 期	华东师范大学	Inderscience
9	*Entrepreneurship Education*	2018	无	2520-8144/ 2520-8152	4 期	浙江大学	施普林格
10	*Disciplinary and Interdisciplinary Science Education Research*	2019	无	2662-2300	不定期	北京师范大学	施普林格-OA

二、 教育学英文期刊的出版状况

本部分将对期刊的出版情况予以梳理，主要包括创刊时间、编辑单位或主办单位、出版方式等。

(一) 创刊

中国内地创办教育学英文期刊始于 2006 年，绝大多数教育学英文期刊创办于 2012 年之后。2006 年，高等教育出版社(简称“高教社”)响应时任教育部长周济号召，开始出版“前沿”系列英文期刊，该系列是目前国内覆盖学科最广泛的英文期刊群，共涵盖 28 种基础科学、生命科学、工程科学和人文社会科学期刊，《中国教育学前沿》为其中一种。[①] 2001—2010 年中国内地共创办 71 种英文科技期刊，是自然科学创办英文期刊的高速发展时期。[②] 高教社《中国教育学前沿》的创办既是国家政策导向的直

① 刘杨. 中国英文社科学术期刊“走出去”集约化路径研究——以 Frontiers 系列社科学术期刊为例[J]. 中州大学学报，2016(6)：58—64.

② 任胜利. 2014 年我国英文版科技期刊发展回顾[J]. 科技与出版，2015(2)：9—13.

接产物，也是中国内地英文科技期刊快速发展的连锁反应，尚不属于出自教育学知识创造主体机构——高校教育学院的内在需求。高校教育学院作为办刊主体，自主创办教育学英文期刊，积极参与国际知识体系中的教育知识生产则肇始于2012年。当时清华大学首开高校教育学科创办英文期刊之先河，创办《中国教育国际期刊》，同年国际华人教育技术学会将创办于2008年的《教育技术发展与交流期刊》编辑部移至清华大学教育研究院[①]，至此清华大学开始编辑两种教育学英文期刊。2014年，北京师范大学（简称“北师大”）创办《计算机教育期刊》和《智慧学习环境》，2016年，华东师范大学创办《智慧技术与学习国际期刊》——IJSmartTL。2018年，华东师大和浙江大学分别创办《华东师范大学教育评论》和《创业教育》，2019年北师大又创办《北京教育国际评论》和《学科与跨学科科学教育研究》两份英文期刊。可见，2012—2019年期间，中国大陆高校一共创办了8种教育学英文期刊，引进了1种英文期刊，呈现著名综合性高校教育学科创办英文期刊的一波热潮。

出版社和高校创办教育学英文期刊具有不同的初衷，相对而言，高校创办英文期刊具有一定的自主性与独立性，主要是由自身发展需求引导，决定是否创办、何时创办和如何创办英文期刊，受国家宏观战略影响相对较弱。而高教社作为国企与部属机构，受国家政策直接影响，创刊过程体现国家意志和繁荣科学研究的需要。

（二）主办单位与编辑单位

期刊的主办单位及编辑团队的构成与运作方式影响期刊的办刊宗旨、定位与声誉。国际上，期刊的主办单位与编辑部门主要有三种情况，一是学会会刊，由某个学会的学术共同体的学者负责。二是出版社负责。期刊由出版社创立和日常运作，出版社邀请学者担任编辑团队成员。三是学术机构负责。学术机构创立和组建期刊的编辑部和编辑团队。在编辑团队组建和期刊运作上，无论是学会会刊，还是出版社和高校的期刊，较为普遍地采取期刊所属单位和学术共同体联合负责的方式，即期刊属于学术机构，编辑团队由来自不同学术机构的学者构成，运作制度上采取任期轮换制。中国教育学英文期刊的主要主办单位是高校，编辑单位是高校教育学院或教育学部。主办单位是中国期刊出版行业用语，根据《期刊出版规定》，中国期刊实行主管主办制度，

---

① Journal of Educational Technology Development and Exchange 期刊介绍[EB/OL]. [2020-08-31]. http://www.ioe.tsinghua.edu.cn/publish/ioe/5354/index.html.

办刊需经主管单位同意后，由主办单位向国家新闻出版署提出申请通过后，方可办刊。以中文期刊《教育学报》为例，其主管单位为教育部，主办单位为北师大，编辑部设在北师大教育学部。再如《高等教育研究》，主管单位为教育部，主办单位为华中科技大学和中国高等教育学会高等教育学专业委员会，编辑部设在华中科技大学教育科学研究院。

在10种教育学英文期刊中，唯有高教社《中国教育学前沿》和华东师大《华东师范大学教育评论》这两种期刊有国内刊号，主管单位为教育部，《中国教育学前沿》的主办单位和出版单位为高教社，《华东师范大学教育评论》的主办单位为华东师大，出版单位为华东师大出版社。

其他8种期刊的编辑单位均为高校的教育学院（学部）。如北师大的BIRE写明是北师大的官方期刊，DISER明确其隶属于北师大教育学部。北师大的SLE在博睿期刊主页上注明其学术支持单位为北师大互联网教育智能技术及应用国家工程实验室及智慧研究院。北师大的JCE在其被Scopus收录的新闻中，施普林格明确写明“与北京师范大学”联合出版。[①] SLE和JCE两种期刊均由北师大智慧研究院院长黄荣怀教授发起并担任联合主编之一，黄主编也分别将两刊作为国际智慧学习环境学会(International Association of Smart Learning Environments)与全球计算机华人教育学会(Global Chinese Society for Computers in Education)的会刊，以提升北师大智慧研究院的国际化水准。华东师大在官方网站上，明确将《智慧技术与学习国际期刊》作为学校的6种英文期刊之一。[②] 浙江大学教育学院在官方网站上将EE期刊标识为“由联合国教科文组织浙江大学创业教育教席与施普林格共同创立”的英文期刊[③]，该刊主编徐小州为浙江大学创业教育教席主持人。该刊除副主编外的编辑团队，包括主编、执行副主编、责任编辑和助理编辑均由浙江大学学者担任。清华大学教育研究院将《中国教育国际期刊》和《教育技术发展与交流期刊》列为研究院的期刊，与中文期刊《清华大学教育研究》一起均为该院期刊，两刊编辑部均在教育研究院。

可见，高校教育学院（学部）是这些期刊的实际发起者、主办者与编辑者，对期刊内

---

① Springer. Journal of Computers in Education 正式纳入 Scopus 数据库[EB/OL]. [2020-09-20]. https://www.sohu.com/a/312714316_783449.

② 英文期刊[EB/OL]. [2020-09-20]. http://www.skc.ecnu.edu.cn/ywqk/list.htm.

③《创业教育》推出第三卷第一期[EB/OL]. [2020-09-21]. http://www.ced.zju.edu.cn/2020/0506/c26951a2092786/page.htm.

容负有主要责任。这种高校教育学院主办英文期刊的模式也是延续了中国中文期刊的机构办刊模式。期刊分散在多个高校机构和科研院所，长期固定且基本保持不变，这些期刊由这些院系（院所）"所有"。这与国际上英文期刊办刊模式有一定差异，国际上期刊多为出版社、学会或个人所有，主编和编辑团队实行定期轮流制度，3—5 年就进行编辑团队更迭，编辑团队由主编组建，编辑未必与主编在同一国家、同一机构，而是分散在世界各地的不同机构。而亚洲的一些教育学英文期刊也类似于中国高校学术机构办刊方式，比如 *Asia Pacific Education Review*（《亚太教育评论》）自 2003 年办刊至今均属于韩国国立首尔大学，*Asia Pacific Journal of Education*（《亚太教育研究》）自 1996 年创办以来均是由新加坡国立大学教育学院组建编辑团队。

在中国内地的 10 种期刊中，9 种为高校教育学院（学部）所办，只有 1 种为出版社办刊。高校中，北京师范大学主办 4 种期刊，占办刊数量之首，华东师范大学与清华大学各办 2 种期刊，浙江大学主办 1 种期刊。在 2020 年 QS（Quacquarelli Symonds）全球大学排名中，北师大教育学科综合排名位列全球第 25 位，中国内地第一。其在 2000—2019 年期间的 SSCI 教育学科英文发文总量也是位列国内第一。华东师大和清华大学也入选 QS 全球大学排名的第 150—200 名。目前进入 QS 大学排行榜前 200 的中国大学的教育学院（学部），唯有北京大学教育学院尚未创办英文期刊。可见，创办英文期刊与综合性高校教育学院（学部）的国际化战略和发展定位存在一定关联。

（三）出版社、出版方式及其对知识传播途径与模式的影响

出版方式包括出版社情况和出版模式。出版模式包括订阅出版、OA 出版以及自出版。中国教育学英文期刊以国外出版社出版和国内外出版社联合出版为主，主要依靠国外出版社。因为不同出版社具有不同的声誉和市场覆盖面与运作模式，因此国内英文期刊对于国外合作出版机构的选择影响其在国际学术出版和发表市场上的传播范围与传播效果。在这 10 种期刊中，高教社的 FEDC 和华东师大的 ROE 都属国内外出版社联合出版，前者由高教社与施普林格出版集团联合出版，后者由华东师大出版社与世哲（SAGE）出版公司联合出版。高教社与华东师大出版社虽然本身都是国内资深出版社且有相当规模，但在国际出版上缺乏渠道与经验，因此都采用"借船出海"模式与国外出版社合作。国外出版社主要负责网络发布、推广和销售等，内容编辑则由主办单位和国内出版单位负责。清华大学 JETDE 是自出版，相较于常见的国际出版或国内外合作出版，JETDE 的自出版相对特殊：其刊号系创刊时自美国国会图书馆申请，该刊是合规的国际连续出版物，有常设编辑部和编委会，未与出版机构合作，采用网络自出版，即所有期刊文章发布在网站上，作者免费出版文章，读者免费在线阅读下载，呈现“作者—自出版平台—读者”的出版模式。① 其余7种期刊均由国外出版社出版。

在国外出版社单独出版或与国内出版社联合出版的9种期刊中，有5种由施普林格出版，2种由世哲出版，1种由荷兰博睿学术出版社出版，1种由Inderscience出版社出版。施普林格是最主要的国外出版商，也是目前唯一在中国北京、上海两地分设编辑机构的国外出版社。21世纪以来，施普林格高度重视亚洲市场，注重学术发展趋势从北向南的方向转换，在亚洲特别是在中国一直采取进取开拓的发展模式，这从其积极开拓中国内地教育学英文期刊出版市场可见一斑。世哲出版社近年来在国内也较为活跃，其在国内唯一的办事处设在上海，上海高校的多种期刊由其出版，华东师大的两种英文期刊 *Journal of Chinese Writing Systems*（《中国文学》）和ROE均与世哲合作。清华大学的IJCE自2012年创刊至2020年由博睿出版，自2021年起，转为世哲OA出版。博睿虽然规模不大，2019年全球销售收入为2 000万美元左右，属于中型专业出版社，但长于汉学出版，高度重视中国市场并在北京设有办事处，在北京国际书展多次亮相并与国内出版社广泛合作。实际上，对于国外合作出版社的选择，与主编或者办刊机构的意向密切相关。如北师大的BIRE期刊的主编之一迈克尔·彼德斯(Michael A. Peters)教授与博睿有长期深度合作，在博睿出版社的 *Video Journal of Education and Pedagogy*（《教育与教学视频》）期刊和 *Creative Education Book series*（创新教育书系）担任主编。

在SSCI教育学期刊中，1/3的期刊由泰勒·弗朗西斯出版集团出版，但中国的10种教育学英文期刊均未选择与其合作。泰勒·弗朗西斯在中国的发展中不注重拓展期刊市场与期刊数量。可见，中国教育学英文期刊对于国外合作出版商的选择，并非取决于国外出版社的专业性和国际地位，而是受出版社在中国的发展战略和地缘优势、主编意向等多种因素影响。

英文期刊论文的出版模式主要分为开放获取、自出版和订阅出版（出版社收费出版、付费下载）等模式。期刊的出版模式对于知识的传播、扩散、下载、引用均产生重要影响，开放获取模式有利于期刊快速提升知识的传播速度和范围，增强期刊的辐射力

① 樊珂，周斌. 国内自出版研究述评[J]. 北京印刷学院学报，2019，27(12)：5—10.

和影响力，促进下载量提升和被引的可能性。这 10 种期刊中，北师大的 SLE 和 DISER、华东师大的 ROE 和清华大学的 ICJE 四种期刊均采用开放获取出版模式，即 Open Access，简称 OA，且是金色 OA，即所有文章均可免费下载，读者无需购买，作者也不需要缴纳任何 OA 出版费用。期刊 OA 费用由期刊编辑部所在机构支付国外出版商。需要说明的是，自出版与 OA 并不相同，前者虽然也可以免费获取，但缺乏强大的出版商网络平台、投审稿系统和推广平台。在开放获取模式下，2019 年北师大的 SLE 全文下载量达 143 038 次，远超同在施普林格合作出版的订阅类期刊北师大 JCE (81 651 次)和高教社 FEDC(36 985 次)。华东师大的 ROE 创刊两年一个月累计下载 56 000 次。[①] 北师大的 DISER 虽最晚创办，不到一年时间下载量已达 22 149 次。略有不同的是，施普林格的两种 OA 期刊都是单篇提前上线出版，不分刊期；华东师大的 ROE 是整期上线出版，清华大学的 IJCE 在 2021 年刚转为世哲 OA 出版，还未出版新期。

可见，OA 出版模式大幅提升了期刊的覆盖范围，能够迅速提升期刊，特别是新刊的国际显示度。国际出版商通过其数字化内容平台推广、信息技术以及与重要搜索引擎的合作等，使读者在任何时间、任何国家都可以免费阅读、下载期刊文章，极大地推动期刊阅读的便利性，进而有利于提升潜在的引用率，这对于新创期刊尤为重要。OA 期刊对于教育技术、科学教育类等偏重自然科学研究范式的社会科学期刊更为有效。[②]

三、 教育学英文期刊的编辑团队与知识生产、传播方式

本部分从教育学英文期刊的编辑团队、主题与定位、栏目设置与文章类型、刊期与文章数量、作者构成等方面阐述其在国际舞台上进行教育学知识生产与传播的方式。

（一）主编、编辑团队和编委会

主编、编辑团队是期刊办刊宗旨、目标、定位和特色的制定者与实施者，其中主编是期刊的核心，是期刊的掌舵人，在期刊中发挥举足轻重的作用。由于各刊的编辑人员结构存在一定差异，有执行主编、副主编、编辑、副编辑、助理编辑、编辑助理、编辑部主任等多种层级，各刊编辑团队相关信息详见表 8－2，其所设编辑人员层级存在差异，

---

① 《华东师大教育评论(英文)》通过 Scopus 评审，正式收录！[EB/OL].[2020－09－25]. https://www.sohu.com/a/410402854_660849.

② 对施普林格编辑的访谈，2020 年 9 月 22 日。

而且相同称谓人员在不同期刊中也可能承担不同职责。

表 8-2　中国内地 10 本教育学英文期刊的编辑人员构成情况

期刊	人员工作地区	总主编（人）	执行（副）主编（人）	顾问主编（人）	编辑（人）
Frontiers of Education in China	中国内地	1	1	0	2
	港澳台地区或国外	0	0	1	4
International Journal of Chinese Education	中国内地	1	0	0	1
	港澳台地区或国外	0	1	0	0
ECNU Review of Education	中国内地	1	1	0	4
	港澳台地区或国外	0	0	2	0
Beijing International Review of Education	中国内地	1	0	0	7
	港澳台地区或国外	1	0	0	2
The Journal of Educational Technology Development and Exchange	中国内地	0	2	0	1
	港澳台地区或国外	1	2	0	1
Journal of Computers in Education	中国内地	1	1	1	3
	港澳台地区或国外	3	0	4	0
Smart Learning Environments	中国内地	1	1	0	1
	港澳台地区或国外	3	3	0	1
International Journal of Smart Technology and Learning	中国内地	1	0	0	1
	港澳台地区或国外	0	2	0	3
Entrepreneurship Education	中国内地	1	0	0	1
	港澳台地区或国外	0	1	0	0
Disciplinary and Interdisciplinary Science Education Research	中国内地	1	0	0	1
	港澳台地区或国外	1	0	0	0

1. 各刊主编、副主编主要由中国学者担任或中外学者联合担任

这 10 本教育学英文期刊中，有 5 种由中国学者担任主编，4 种由国内外学者联合担任主编，1 种由海外学者担任主编。5 种由中国学者担任主编的期刊如下：高教社的 FEDC 主编为北师大的顾明远教授，副主编为华东师范大学的丁钢教授；清华大学 IJCE 主编为清华大学的史静寰教授，执行主编为清华大学长聘教授哈米什·科茨（Hamish Coates）（原墨尔本大学教授）；华东师大的 ROE 主编为教育学部袁振国教

授，副主编为陈霜叶教授；华东师大的 IJSmartTL 的主编为顾小清教授；浙江大学 EE 主编为浙江传媒学院的徐小州教授，副主编为奥尔胡斯大学的阿恩·卡尔森（Arne Carlsen）教授，执行副主编为浙大中国西部发展研究院的倪好博士。4 种期刊为中外学者联合担任主编，均为北师大期刊，其中 BIRE 联合主编为教育学部朱旭东教授与北师大特聘教授迈克尔·彼德斯，彼德斯教授也是 *Educational Philosophy and Theory*（SSCI 期刊，2018 年影响因子为 1.267[①]）和 *Knowledge Cultures* 等期刊的主编。DISER 联合主编为北师大的王磊教授与纽约州立大学布法罗分校的柳秀峰教授。柳秀峰教授曾任 *Journal of Research in Science Teaching*（2019 年 SSCI 影响因子 3.87，位列 SSCI 教育学期刊第 10 位[②]）副主编，执行主编为北师大地理与遥感学院的蔚东英副教授，其博士毕业于美国密苏里大学。JCE 主编由 4 位学者担任，分别是北师大的黄荣怀教授、中国台湾地区台湾科技大学的黄国祯教授、香港教育大学的江绍祥教授与新加坡南洋理工大学的陈文丽（音译，Wenli Chen）教授。北师大 SLE 也由 4 位学者联合担任主编，包括北师大的黄荣怀教授、中国台湾地区云林科技大学的陈年兴教授、美国北得克萨斯大学的金苏克（Kinshuk）教授与密歇根大学安娜堡分校的埃利奥特·索罗威（Elliot Soloway）教授，3 位副主编中有 2 位外籍学者，分别是加拿大阿萨巴斯卡大学的威夫·库马尔（Vive Kumar）教授和罗马尼亚克拉约瓦大学的埃尔韦拉·波佩斯库（Elvira Popescu）教授，还有杭州师范大学的杨俊锋教授。另外，这 10 种期刊中，只有清华大学的 JETDE 由海外学者担任主编，其主编为纽约州立大学奥斯威戈分校的杨浩（音译，Hao Yang）教授。

2. 综合刊的编辑部主任和编辑主要由海归学者、海外华人学者和外籍学者担任，非综合刊则多由中国学者承担编辑职责

高教社的 6 位 FEDC 编辑中有 2 位境外华人学者，分别是香港大学的杨锐教授和约克大学的查强副教授，2 位任教于北师大的海归学者，分别是毕业于比利时根特大学的桑国元教授和毕业于佛罗里达州立大学的张华军副教授，2 位外籍学者分别为芬兰赫尔辛基大学的弗雷德·德文（Fred Dervin）教授和美国肯特州立大学的薇尔玛·塞贝克（Vilma Seeberg）副教授。北师大 BIRE 有 9 位编辑，其中 7 位为北师大海归学

---

① 参见 Educational Philosophy and Theory 期刊主页，https://www.tandfonline.com/action/journalInformation?show=aimsScope&journalCode=rept20[2020-09-16].

② 参见 Journal of Research in Science Teaching 期刊主页，https://onlinelibrary.wiley.com/journal/10982736[2020-09-16].

者(如毕业于剑桥大学的张和颐博士、毕业于美国密歇根州立大学的廖伟博士、毕业于英国伦敦大学学院的林可博士等),1 位为在北师大任职的外籍学者蒂娜·贝斯勒(Tina Besley),1 位为海外华人学者(加拿大西安大略大学的李军博士)。华东师大 ROE 的助理编辑均为华东师大学者,即毕业于伦敦大学的游韵博士和毕业于华盛顿大学的王涛博士。清华大学的 IJCE 的编辑部主任为清华大学的杨娟。北师大 SLE 的两位助理编辑,一位是东芬兰大学的理查德·托托雷拉(Richard Tortorella),他曾任 *Educational Technology & Society Journal*(SSCI, 2019—2020 年影响因子为 3.240)期刊的助理编辑,另一位是北师大的郑兰琴副教授。北师大 JCE 的编辑部主任为北师大的李艳燕教授,助理编辑为北师大的郑兰琴副教授与北京邮电大学的苏友副教授。清华大学 JETDE 的副主编是韩锡斌副教授和美国南密西西比大学的王淑艳(音译,Shuyan Wang)教授,助理编辑为美国南加利福尼亚大学的唐衡涛(音译,Hengtao Tang)博士与清华大学的杨娟博士。

3. 部分期刊邀请国际知名学者、华人学者担任高级顾问编辑、名誉顾问

高教社的 FEDC 的顾问编辑为加拿大多伦多大学的许美德教授。华东师大的 ROE 设有两位高级顾问编辑,分别是华东师大教育学部特聘讲席教授、北卡罗来纳大学教堂山分校的比尔·麦克迪尔米德(Bill McDiarmid)教授和华东师大特聘讲席教授、堪萨斯大学的赵勇教授。北师大的 JCE 设有 5 位名誉顾问,分别为西安电子科技大学的杨宗凯副校长、台湾"中央"大学的陈德怀教授、台湾师范大学的张国恩教授、新加坡南洋理工大学的吕赐杰教授和台湾师范大学的蔡今中教授。

4. 各刊编委会的国际化程度均较高

因编委国籍难以确定,各刊编委会国际化比例的计算方式是以在中国高校任职的非华人学者和在外国高校任职的学者作为国际学者总数,再除以编委总人数。根据各刊在期刊网站主页显示的编委会信息,北师大 BIRE 编委共 38 人,其中国际学者 29 人,国际化比例为 76%。高教社 FEDC 编委共 39 人,其中国际学者 25 人,国际化比例为 64%。清华大学 IJCE 编委共 22 人,其中国际学者 18 人,国际化比例为 82%。华东师大 ROE 编委共 45 人,其中国际学者 35 人,国际化比例为 78%。北师大 DISER 编委共 32 人,其中国际学者 28 人,国际化比例为 88%。浙大 EE 编委共 13 人,其中国际学者 10 人,国际化比例为 77%。华东师大 IJSmartTL 编委共 25 人,其中国际学者 5 人,国际化比例为 20%。北师大 JCE 编委共 28 人,其中国际学者 18 人,国际化比例为 64%。清华大学 JETDE 编委共 21 人,其中国际学者 16 人,国际化比例为 76%。

北师大 SLE 编委共 25 人，其中国际学者 20 人，国际化比例为 80%。

从各刊的编辑团队和编委会来看，英文期刊的国际化取向明显，主编、执行主编和副主编等有相当比例的国外学者，且在学界享有很高的知名度和影响力；编辑部主任、编辑等主要由海归学者和国外学者担任；编委会则由多个国家和地区的知名学者组成。

（二）期刊主题与定位

中国教育学英文期刊在主题与定位上，综合刊与中国教育相关，非综合刊则呈现出明确的“领域取向”和非区域化迹象。从刊名来看，4 种综合刊即高教社 FEDC、北师大 BIRE、华东师大 ROE 和清华大学 IJCE，均在刊名中嵌入“中国”“华东师范大学”“北京”等国家、区域或机构的英文名称，彰显期刊在内容和定位上的地域、文化和国别色彩，其覆盖主题领域包括教育的各个领域。其他 6 种非综合性期刊（专业刊）中，有 4 种为教育技术类期刊，1 种为创业教育期刊，1 种为科学教育期刊，这些专业期刊从刊名到内容都呈现出淡化地域而凸显专业领域的取向，即刊名中均不含有任何与中国有关的词语，而以期刊所刊文章的专题领域为题，如北师大 SLE 的中文译名为《智慧学习环境》，华东师大的 IJSmartTL 中文译名为《智慧技术与学习国际期刊》，浙江大学的 EE 为《创业教育》等。

从刊物的主旨与发文范围来看，综合刊的“中国”属性与专业刊的去中国化的分野明显。综合刊中，只有北师大 BIRE 在办刊宗旨未提及中国，所言宗旨为“本国际期刊是一份订阅的同行评议期刊，旨在出版英语的教育理论、历史、哲学和相关实证科学研究，特别关注教育在社会、道德和经济方面对社会、文化和经济的贡献”，但该刊的专栏、专题和文章有相当比例的中国内容。如在 2019 年的 48 篇文章中，有 19 篇关于中国教育的文章，占比 40%。华东师大的 ROE 在办刊宗旨中明确期刊的主题是“发表与当前国内外教育问题相关的有影响力的研究和创新文章”，既发表关于中国主题的研究，也发表其他国家有影响的相关研究。在其 2018—2019 年的 63 篇文章中，有 27 篇与中国相关，占比 43%。而高教社的 FEDC 和清华大学的 IJCE 则更是将中国教育作为期刊的主题，前者“旨在连接中国与国际的视角，为加深对中国教育的全球意义的理解搭建一个平台。它使世界各地的读者在全球语境下探索中国教育传统和当代模式的真正意义。通过促进对中国教育的多维理解，力求丰富全球教育理论和实践”，后者则旨在“加强中国与世界各国的学术交流与合作，以促进教育研究和教育发展。本刊欢迎对当下问题和政策问题的实证和理论研究。文章涵盖所有与中国相关的教育学科、教育现象和教育问题，包括比较研究”。可见 FEDC 和 IJCE 从刊名到办刊定位，都是以“中国教育”为办刊主题，所刊大部分文章也与中国教育相关，体现了较强的“中国”特色。高教社 FEDC 在 2018—2019 年出版的 63 篇文章都与中国相关，比例为 100%。但是，清华大学 IJCE 的 30 篇文章中，有 8 篇与中国相关，占比 27%，与其他 3 份综合刊相比，“中国教育”的文章比例偏低。该刊自 2018 年起由原墨尔本大学的哈米什・科茨教授担任执行主编，刊物的主题与中国的相关性明显减弱，可见主编或执行主编对期刊的出版主题会产生一定的影响。

6 种专业刊的刊名中没有与中国或其他明显地域或文化属性的界定，主要聚焦于学科领域。从办刊定位来看，这些期刊的办刊定位均在学科领域内，而非在中国语境或区域内。如北师大 SLE 旨在“出版推动现有学习环境向‘智慧学习环境’发展来改革教与学方式的相关问题的学术文章。……本刊的目的是帮助智慧学习环境的各种利益相关者更好地了解彼此在整个教育过程中的作用以及如何相互支持”。该刊 2018—2019 年刊载的 59 篇文章中只有 3 篇与中国有关，占比为 5%。再如浙江大学的 EE 旨在“致力于交流创业教育各方面的最新学术研究和实践成果。本刊主要目的是探索全球终身创业教育的发展，特别是在三个维度，即基本理论、政策研究（国家、区域和国际）和实践问题（如重要企业家的培养、课程发展和教学方法创新）”。其 2018—2019 年出版的 18 篇文章中，有 3 篇与中国相关，占比 17%。再如，北师大 DISER 的办刊宗旨是“推动科学学科内和跨学科科学教育与实践，通过出版原创性实证、概念和政策研究，从学科和跨学科视角反映最新科学教育进展。该刊在正式和非正式、学科和跨学科、K－12 和高等教育，以及英语国家和非英语国家的科学教育之间架起桥梁、促进对话……”。该刊 2019 年出版的 16 篇文章，均与中国没有直接关联。其他 3 种刊物也与此类似，即便是与中国相关，很大程度上也是将中国作为研究取样或实验的地点而已。

（三）栏目设置与文章类型

在栏目设置上，北师大 BIRE 和华东师大 ROE 设置了多个栏目，文章类型多元，体现了办刊者对于期刊的设计，BIRE 有三个特色设计，第一个是选定一个主题，邀请多位学者撰写 500 词左右的反思，对中国学者撰写的中文内容，同时呈现中文和英文两个版本。2019 年第 2 期，围绕“教师与教师教育的未来”共邀请了来自美国、澳大利亚、新西兰、韩国、日本、中国等多个国家和地区的16位学者撰写短文;第4期,围绕“杜威与中国教育”邀请了7位学者撰写短文。第二个是围绕某个学者的文章,其他学者予以短评,如第1期,主编彼德斯教授撰写了《杜威在中国的百年,1919—1921再评估》一文,邀请北师大张华军、浙大赵康和台湾地区王清思三位学者予以评论。第三个是该刊的固定栏目——“Beijing Watch”(北京观察),由加拿大西安大略大学的李军副教授负责,旨在“向国际社会介绍中国教育的最新政策举措和实践改进”,每篇文章2500词左右。该栏目陆续介绍了我国小学科学课程改革、中国高中新课程标准等政策。ROE具有与BIRE的“Beijing Watch”相似的栏目设置,栏目名称为“Policy Review”(政策评论),主要是对中国相关重要教育政策的评述,已出版政策评论专题文章如《加快中国人工智能教育的步伐》《中国高等教育高层次人才培养的构成与演变》《中国课外补习的监管政策评述》等多篇。ROE还设置了“Voice”(声音)栏目,出版《香港家教四十年》《丹麦学前教育的经验和观察》《探索中国幼儿园可持续发展教育》等相关研究。

在文章类型上,各刊都以出版研究型论文为主,辅以少量综述和评论性文章。高教社FEDC还出版书评,这也是10种英文期刊中唯一出版书评的期刊。2018—2019年,FEDC共出版12篇书评,其中7篇为中文图书书评,包括《学科文化视角下的博士生培养》(王东芳著)、《弹性与韧性:乡土社会民办教师政策运行的民族志》(魏峰著)、《近代中国的私塾与学堂之争》(左松涛著)等。书评栏目可以使读者了解中国教育的最新中英文著作,向国际同行推介中文教育成果。

多份期刊还邀请客座编辑组织专题性的专辑论文,围绕某一主题集中出版一组文章,从多角度、多侧面深化专题研究。比如高教社FEDC邀请由香港大学杨锐教授组织“中国高等教育改革开放四十周年”专辑,邀请澳门大学龚杨博士等3位学者组织“汉语教与学”专辑;华东师大ROE邀请原世界比较教育学会会长马克·贝磊教授与华东师大张薇博士共同组织“影子教育”专题;北师大JCE邀请香港开放大学李立基博士等3位学者组织“学习分析”专辑等。综合类期刊中,ROE的专辑占比最高,每年4期中有1—2期属于专辑。

(四) 刊期与文章数量

北师大的两种OA期刊即SLE和DISER,以及自出版的清华大学JETDE不设固定刊期,其他7种期刊中,6种为季刊,清华大学IJCE在2020年之前为半年刊,2021

年改为OA出版。一些新刊在初创时期出现合并刊期、拖期等情况，如华东师大ROE在2018年出版了3期；浙江大学EE在2018年只出版了1期，2019年出版了2期；华东师大IJSmartTL在2016年出版了第1期，其余3期则在2019年才出版。可见新刊在创办伊始面临诸多困难，因稿源不足等问题，出现合并刊期或延长刊期情况。OA期刊中，北师大SLE相对比较稳定，每年文章都保持在30篇左右，DISER在2019年出版文章16篇。

中国教育学英文期刊目前均主要出版英文原创论文，高教社的FEDC早年选刊一些中文论文的英文稿，但从2010年开始转为出版原创英文文章。就发文数量而言，北师大的SLE期刊2018—2019年共出版59篇文章，JCE 2年4期出版49篇文章，BIRE 2019年3期发文48篇，DISER 2019年发文16篇。除DISER发文数量相对不够充足，其他3种期刊文章数量都比较充足。华东师大ROE 2年7期发文63篇，高教社FEDC 2年8期发文62篇，清华大学ICJE 2年4期发文30篇，这些期刊稿件数量比较正常。发文较少的是浙大EE 2年发文18篇，华东师大IJSmartTL 2019年3期发文14篇，清华大学JETDE 2年只有8篇文章。

期刊的文章数量充足与按期出版是衡量期刊影响力的基础指标，在SSCI期刊收录标准中，能否按时出版是必要条件之一，这体现着期刊整体工作处于良性循环状态。而即便是按时出版，如果文章数量过少，也依然表明期刊处于稿件短缺状态。从这两项来看，在订阅刊中，能够提前出版且文章数量充足的，是北师大JCE；能够按时出版且文章数量相对充足的是华东师大ROE、高教社FEDC和清华IJCE。其他订阅期刊或拖期，或文章数量过少。北师大两种OA刊SLE稿源也比较充足，截至2020年9月底，已经出版25篇文章，常规OA社科期刊每年最少16篇，常规不少于24篇，SLE平均每年30篇左右。

（五）作者国际化情况

这10种期刊的作者国际化程度均较高，相比综合类期刊而言，非综合类的专业刊的作者构成国际化比例更高，作者来源更为广泛。如北师大SLE期刊2018—2019年发文59篇，共计作者177人，来自29个国家和地区，国际化比例为87.5%，其中加拿大21人，占比11.8%，美国15人，占比8.5%。综合刊中，如高教社的FEDC，2018—2019共发文63篇，作者来自14个国家和地区，国际化比例为42.9%。华东师大ROE在2018—2019年共发文63篇，作者合计119人次，作者共来自9个国家和地区，作者国际化比例为40.3%，其中来自中国内地的学者为65人次，美国22人次，中国香港地区13人次，挪威8人次。

第二节 中国教育学英文期刊的国际影响力

上文分析了各刊的出版概况、编辑团队国际化程度以及发文数量、内容栏目、办刊规范化运行状况，本部分将着重分析各刊的影响力表现情况。期刊影响力的判定从来就是一个似是而非且充满争议的话题——无论是英语世界的影响因子还是中国本土的CSSCI期刊，各类期刊评价都备受质疑却又不乏拥趸。学术评价不同于其他产品和服务的评价，因学术活动具有高度的复杂性、专业性，以及学术产品和学术劳动价值的潜在性与不可确定性，导致任何学术评价都存在一定的局限性，评价只能在有限的目标和价值上具有相对的客观性、科学性和有效性。学术评价涉及不同的评价对象，包括学术作品评价、学术期刊评价、学者评价、学术机构或者学科评价等。学术评价与学者在学界的地位、声望、职业晋升等切身利益紧密相连。那么，如何判定一种期刊的国际影响力？

一、期刊影响力评价指标

目前全球最主要的期刊评价方式莫过于基于影响因子的评价。影响因子由加菲尔德[①]创制于1955年，按照其在《期刊影响因子的历史与含义》(The history and meaning of the Journal Impact Factor)一文中的计算方式，期刊影响因子取决于两个要素：过去两年文献在当年的引用数量与过去两年的论文数量，二者相除即是期刊的影响因子。[②] 尽管不乏对以影响因子评价期刊的批评之声，但是很多期刊的影响因子的确与期刊质量高度关联，且影响因子作为期刊质量的评价指标具有一定的合

① Garfield E. Citation indexes for science. A new dimension in documentation through association of ideas [J]. Science, 122(3159): 108 - 111.

② Garfield E. The history and meaning of the Journal Impact Factor [J]. JAMA: Journal of the American Medical Association, 2006,295(1): 90 - 93.

理性。[①] 正如霍菲尔(C. Hoeffel)所言:“影响因子绝非衡量文章质量的完美工具,但绝没有比它更好的了。它具有已经存在的优势,是进行科学评价的好技术。经验表明,一个专业内最好的期刊就是文章最难被接收的期刊,而这些期刊具有很高的影响因子。而这些期刊在影响因子问世之前也出版良久。用影响因子来评价期刊得到了广泛使用,因为它很好地符合了我们在每个领域最好期刊的意见。”[②]加菲尔德也认同这一观点。[③] 基于影响因子的期刊引证报告(Journal Citation Report, JCR)和期刊排名已成为高校排名、学者学术晋升的重要判断依据,并成为全球学术建制的结构性因素,对各国知识生产、分配与流动产生了广泛而深远的影响。甚至在英语为非母语的发展中国家,已经形成全球性“SSCI/SCI 现象”和影响因子崇拜。[④]

能否被 SSCI 收录已成为判定一种教育学期刊是否具有重要国际影响力的依据。但是,对于全球大部分期刊而言,都未被收录且没有影响因子。对此,科睿唯安在其网站上介绍了如何通过其数据库查询未被收录期刊被 SCI、SSCI 和 A&HCI 期刊的引用情况,即通过这些未被收录期刊被已收录期刊的引用情况,来判断该刊产生的影响。鉴于中国教育学英文期刊均未被 SSCI 或 SCI 收录,笔者将主要使用该方法来分析中国教育学英文期刊的被引情况,判断各期刊的国际影响力。同时,这些核心期刊也代表着当前西方主流的研究议题与研究范式,能否被这些期刊引用从一个侧面反映了中国教育学英文期刊对国际学界的影响程度。

对影响因子的批评之一即是影响因子引用的计算来源只限定在 SSCI 收录的期刊中产生的引用,而 SSCI 收录期刊数量非常有限,如 2019 年 SSCI 只收录了 263 种教育与教育研究类期刊。爱思唯尔(Elsevier)则在 2006 年推出更大规模的文摘与索引数据库 Scopus,截至 2020 年,该库包含 24 600 种活跃期刊[⑤],其中教育与教育研究类期刊为 1 401 种[⑥],从而成为目前全球重要的期刊评价,比如 QS 大学排名的重要指标之

---

① Saha S, Saint S, Christakis D A. Impact factor: a valid measure of journal quality? [J]. Journal of the Medical Library Association, 2003,91(1): 42 - 46.

② Hoeffel C. Journal impact factors [J]. Allergy, 1998,53(12): 1225.

③ Garfield E. The history and meaning of the Journal Impact Factor [J]. JAMA-Journal of the American Medical Association, 2006,295(1): 90 - 93.

④ 刘雪立. 全球性 SCI 现象和影响因子崇拜[J]. 中国科技期刊研究,2012(2): 185—190.

⑤ Elsevier. Scopus. [EB/OL]. [2020 - 09 - 04]. https://www.elsevier.com/solutions/scopus?dgcid=RN_AGCM_Sourced_300005030.

⑥ SCImago, (n. d.). SJR — Scimago Journal & Country Rank[EB/OL]. [2020 - 09 - 05]. https://www.scimagojr.com/journalrank.php?category=3304.

一。基于 Scopus 计算的 SCImago 期刊排名(Scimago Journal Rank, SJR)也是除影响因子外较为重要的全球期刊影响评价来源。科睿唯安自身也认识到 SCI、SSCI、A&HCI 三大引文索引的来源期刊过少,于 2015 年推出了新的数据库,即新兴来源引文索引(Emerging Sources Citation Index, ESCI),目的是提供更多的期刊数据以支持科研评价和分析,更多地收录那些已产生地区性影响力的本地期刊,更早地让新兴领域及其发展趋势得到推广。科睿唯安规定 ESCI 的收录标准与 SSCI 相同,但是 ESCI 期刊没有影响因子;新刊都需要先被收录 ESCI,再被考虑收录到 SSCI, ESCI 也被视为 SSCI 的"预备队"。因此一旦被 ESCI 收录,即证明期刊已经具有一定优势并符合规范、按时出版。截至 2020 年,ESCI 已收录 7 800 种以上期刊,整体规模依然小于 Scopus。因此,除了借助各刊被 SCI、SSCI、A&HCI 期刊的引用情况分析中国教育学英文期刊影响力状况,本章将使用 Scopus 的 SJR 和 ESCI 收录情况等作为分析工具。

二、 中国教育学英文期刊影响力分析

(一) 部分办刊时间较长的期刊被 ESCI 和 Scopus 收录

这 10 种期刊中,目前已被 ESCI 收录的期刊有高教社 FEDC 和北师大 JCE 2 种期刊;被 Scopus 收录的期刊有高教社 FEDC、清华大学 IJCE、华东师大 ROE、北师大 JCE 和 SLE 5 种期刊。因华东师大 ROE 和北师大 SLE 都是 Scopus 新收录的期刊,尚未有 SJR 数据和期刊排名。北师大 JCE 的 2020 年 SJR 为 0.45,排名 Q2 区,h 指数为 7;高教社 FEDC 的 2020 年 SJR 为 0.39,排名 Q2 区,h 指数为 16;清华大学 IJCE 的 2020 年 SJR 为 0.16,排名 Q4 区,h 指数为 6。

从上述检索与收录来看,办刊较长时间的期刊如高教社的 FEDC 和北师大的 JCE 都已被 ESCI 和 Scopus 收录,表明这两种期刊都已经符合国际期刊要求,并具备一定的潜力和区域期刊的国际影响力。值得一提的是,华东师大 ROE 在办刊 2 年就已被 Scopus 收录,综合其较为突出的被引表现,该刊也具有较好的发展趋势。

(二) 开放获取期刊在下载量上具有明显优势

在 10 种教育学英文期刊中,笔者可以获取其中 6 种期刊的下载量。其中施普林格出版的 4 种期刊在 2019 年的下载量分别为:浙大 EE 是 7 831 次,高教社 FEDC 是 36 985 次,北师大 JCE 是 81 651 次,北师大 SLE 为 143 038 次。北师大 DISER 于 2019

年创办，截至 2020 年 9 月底下载达 22 149 次。华东师大 ROE 创刊 2 年下载达 56 000 次。从这 6 种期刊的下载量来看，OA 期刊的下载量优势明显，无论是北师大的 SLE，还是华东师大的 ROE，都在下载量上表现突出。浙大 EE 因是新刊且是订阅，整体下载量还有较大的提升空间。高教社的 FEDC 虽然是老牌期刊，但是 2017 年刚从博睿转回施普林格出版，其下载量近两年一直保持在 30%左右的年增长率，但订阅类期刊一般需要 5 年以上才能获得较大的订阅量。①

下载量对于当今网络时代下的学术期刊非常重要，代表着被读者阅读和使用的可能性——下载量高，可能带来更多的下载和阅读，这是引用的前提和基础，就这一点而言，OA 期刊相比订阅期刊更具优势。

（三）各刊被 SCI、SSCI、A&HCI 期刊的引用情况

笔者统一截取了 8 种期刊 2018—2019 年出版的文章的引用数据，以及北师大 BIRE 和 DISER 在 2019 年出版文章的引用数据。综合刊中，高教社 FEDC 和华东师大 ROE 的引用突出，FEDC 有 18 篇文章被引 35 次，2 年总计发文 63 篇，被引文章占比 29%，其中 8 篇文章为中国作者参与撰写，占比将近一半，共计引用 15 次。华东师大 ROE 共出版 7 期 63 篇文章，已有 17 篇文章被引 22 次，被引文章占比 27%②，其中 9 篇为中国作者撰写且与中国教育主题相关的文章，占比超过半数，引用 11 次，还有 5 篇 2020 年出版的文章已在 2020 年被引，显示出期刊较好的即时引用。专业刊中，北师大 JCE、SLE 和 DISER 引用突出。北师大 SLE 共发文 59 篇，有 16 篇文章被引 82 次，其中有一篇文章引用已达 41 次，被引占比 27%，其中中国内地学者参与的被引论文有 2 篇，其中一篇就是被引达 41 次的文章，该文作者共 4 位，前三位作者来自北师大，第四位作者来自台湾中山大学。北师大 JCE 发文 49 篇，被引 23 篇，被引 81 次，被引占比 47%，有一篇文章被引达 17 次，2020 年已有 6 篇文章被引 11 次，显示出很好的期刊即时引用。被引的 23 篇中，有 2 篇与中国主题相关，2 篇为中国作者参与撰写，共计引用 12 次。浙大 EE 共发文 18 篇，被引 5 篇文章，共计被引 8 次，被引占比 27%，被引中有 1 篇为大陆学者参与撰写，被引 3 次。北师大 DISER 虽创办

① 对施普林格编辑的访谈，2020 年 9 月 22 日。

② 加菲尔德影响因子的计算是用被引次数除以两年研究性论文和研究性综述的总和，因科睿唯安没有明确说明研究性论文和研究综述的界定，此处我们用全部文章数量作为分母，只是具有一定的参考意义，而非代表各刊实际的影响因子。

不到一年，已有8篇文章被引18次，被引占比50%，其中没有中国内地学者参与的被引文章。

其他4种期刊引用偏低，清华大学的IJCE有3篇文章共计被引4次，其中2篇为中国内地学者参与撰写，被引3次。北师大BIRE共发文48篇，有3篇文章被引3次，被引占比6%，其中1篇为中国内地学者参与撰写，被引1次。清华大学的JETDE共发文8篇，被引1篇文章，被引1次，被引占比12.5%。华东师大IJSmartTL尚未有引用。这4种期刊的被引情况均不理想，引用次数、被引比例较低。北师大BIRE的引用不高既与办刊时间过短有关，也与博睿相对不够庞大的网络覆盖有关。

从引用来看，高教社FEDC作为办刊最久的英文期刊，引用平稳；从绝对引用数量来看，北师大2份教育技术期刊SLE和JCE引用次数比较突出，出现少量被引次数较高的文章，大幅提升了期刊的整体引用次数。部分新创期刊虽然创刊时间短，但是已经显现较好的潜力，如华东师大ROE和北师大DISER。实际上，对于不同类型的期刊，如综合刊和教育技术、科学教育刊，不适宜简单进行引用次数比较，因为分属不同的类别，教育技术和科学教育类期刊平均影响因子和引用次数都要远高于综合刊，只能进行同一学科领域和类型期刊的内部比较。从被引文章来看，中国作者在一些期刊如FEDC、ROE中的被引都占到总被引的一半左右，而且期刊的高被引论文正是来自中国内地学者，由此也体现出内地学者的学术研究成果已经被国际同行关注和重视。

第三节　分析与结论

基于以上分析，最后将总结中国教育学英文期刊的特征，分析其所面临的问题与挑战及发展的趋势，进而提出中国教育学英文期刊在中国教育研究国际化中的意义。

一、英文期刊构筑了中国教育知识生产的国际平台

进入21世纪以来，中国内地教育研究的国际影响力逐步提升。在2019年Scopus数据库中，全球教育论文一共84 833篇，中国内地出版的论文达3 792篇，位

列全球第4，中国内地的发文数量超过香港地区（955篇）和台湾地区（972篇），篇均被引0.48次，虽不及香港地区的0.65次，但超过台湾地区的0.43次和美国的0.44次。[①] 可见，在国际学术舞台上，中国教育研究已经从21世纪初很少发声，发展成为是全球教育研究的重要组成部分与重要发文来源，国际影响快速提升。与此同时，中国也具备了创办教育学英文期刊的基础与条件，创办了10种教育学英文期刊。这些期刊每年出版250篇左右论文，论文绝对数量约占中国英文论文总体数量的十分之一。至关重要的是，这些英文期刊改变了中国教育研究原本只能通过西方外文期刊出版学术论文的单一路径，转而可以自建平台，在特定领域设定学术议题，以英文连续出版物的方式，按照国际期刊的要求，集结国际学者和海归学者，定期稳定地进行以全球学术共同体为使用者的知识生产。其中有些英文期刊已经在国际学界崭露头角并颇具潜力，对共同体内的知识生产形成日益重要的影响，而办刊的中国学者和教育学院（学部）也在国际化办刊与机构国际化的双重作用下走向国际舞台，迈出了打破完全由西方教育期刊主导国际学术平台和知识生产过程的重要步伐。

"世界知识体系的建构性与不平等性决定了中国教育研究提升国际影响力不可能一蹴而就，需要经历三个重要阶段，即参与者-建构者-主导者之一。"[②]英文期刊的创办意在促使中国本土学者从知识生产的参与者逐渐转变为建构者，乃至最终成为主导者之一，从而进一步影响全球知识路径和走向，这是中国教育研究国际影响力提升的重要一步，其战略意义非凡。

二、英文期刊还需注重质量，进一步提升国际影响力

在肯定中国创办英文期刊价值的同时，更要理性、客观看待这些英文期刊的发展状况，大部分期刊都处在初创阶段。从其办刊日常运行和规范性来看，10种期刊中有一半以上还面临着稿源不足、出版拖期、文章数量过少、被引用文章数量少、被引次数低等诸多问题，这直接影响这些期刊能否正常出版、长期办刊。如果期刊长期处于拖期和文章数量过少，正常出版都将难以实现，遑论加入国际权威检索或具有国际影响

① Scimago Journal & Country Rank. [EB/OL]. [2020-10-02]. https://www.scimagojr.com/countryrank.php?category=3304&year=2019.

② 李梅，丁钢，张民选，杨锐，徐阳. 中国教育研究国际影响力的反思与前瞻[J]. 教育研究，2018(3)：12—19，34.

力。因此，这些英文期刊的当务之急是需要认真研究办刊定位，重组编辑团队，切实解决这些难题，否则期刊将沦为无活力、低影响力的期刊。

从国际检索来看，北师大的 JCE 和高教社的 FEDC 都已被 ESCI 和 Scopus 双收录，这也表明其已经满足国际期刊构成要件，并具有一定的特色和水准。另外北师大的 SLE、华东师大的 ROE 和清华大学的 IJCE 均被 Scopus 收录。从被引数据来看，北师大的 JCE、SLE 和高教社的 FEDC 引用较为稳定，新刊 ROE 和 DISER 表现亮眼，显现出一定的发展潜力。其他未被收录的期刊和引用数据不高的期刊，其国际影响力亟待提升。正如有些学者对中国人文社科英文期刊的整体判断，中国教育学英文期刊整体上尚处在初创阶段，国际影响力偏低。① 目前这 10 种教育学英文期刊均未被 SSCI 收录。相比新加坡的《亚太教育评论》和韩国的《亚太教育研究》这两种 SSCI 期刊，中国教育研究在亚太地区的影响力仍需要进一步提升。

三、 英文期刊有效促进了中国高校教育学科的国际化发展

2015 年国家颁布《统筹推进世界一流大学和一流学科建设总体方案》，明确将“推进国际交流合作，加强与世界一流大学和学术机构的实质性合作，加强国际协同创新，切实提高中国高等教育的国际竞争力和话语权”作为改革任务之一，而创办英文期刊作为提高国际竞争力与话语权的重要手段之一，其战略重要性已经被高校普遍认可，近年来高校创办英文期刊数量不断增长，现有 10 种教育学英文期刊，5 种均在 2016 年以后创办，比如北师大教育学部在其“双一流”学科建设上重视英文期刊布局，有 4 种英文期刊并驾齐驱，既有综合刊，也有专业刊；投入大量资金和人力，如高薪聘请国际知名学者迈克尔·彼德斯教授担任执行主编，支付 SLE 期刊开放获取费用，主办多个国际学术会议以推动期刊组稿。华东师大教育学部在推动 ROE 期刊发展上也采取相似策略。同时，这些英文期刊集结的重要国际学者资源也有利于进一步推动教育学院(学部)的国际化发展。比如华东师大 ROE 的顾问编辑赵勇教授除为该刊组稿、写稿外，还在教育学部的多个国际会议上作主题发言。近年来，华东师大聘任马克·贝磊教授、北师大聘任彼德斯教授、清华大学聘任科莰教授任专职教师，这些知名学者在英

---

① Li M Y, Yang R. Enduring hardships in global knowledge asymmetries: A national scenario of China's English-language academic journals in the humanities and social sciences [J]. Higher Education, 2020,80 (2): 237 - 254.

文期刊工作中扮演着重要角色，同时也承担日常教学、科研和国际交流与合作等职责。

高校教育学院将创办英文期刊作为提升、彰显其国际影响力的重要手段。在全美教育年会上，北师大和华东师大分别就 BIRE、DISER 和 ROE 举行新刊发布，ROE 也针对期刊被 Scopus 收录和世哲合作出版等多次发布新闻。这些期刊被寄予厚望：在未来能够加入 SSCI 等国际权威检索，从而进一步提升教育学科的国际影响力。可见，教育学英文期刊作为高校教育学院（学部）国际化的重要手段，是国际化的重要载体，更是推动高校教育学院（学部）国际化发展，提升国际化水平的重要发展战略。

四、 英文期刊提升了中国教育研究的国际影响力

全球的知识生产机制和平台主要为发达国家所掌握。发展中国家、非英语国家在世界知识生产机制和平台建设中处于后发和不利地位。所谓世界知识体系的不平等结构性因素是指在现有全球“中心-边缘”的教育研究体系中，英语、SSCI 评价、国际出版商等都是限制发展中国家和非英语国家学术地位提升的结构性因素，这些因素相互作用，进一步加固已有的“中心-边缘”结构，而使处于边缘的国家难以发展。从我国现有的 10 种教育学英文期刊来看，的确深受这些结构性因素影响，期刊呈现出显著的国际化特征，不仅表现为国际编辑团队和国际编委会中国际学者比例较高，而且表现为期刊作者的国际化比例高，中国的教育学英文期刊在英文学术发表、SSCI 收刊等要求下，主动选择了国际学者、海归学者组成编辑团队。他们代表着知识生产机制的“守门员”与主体，负责在学术共同体内邀约稿件，组织同行评审，从而确定知识来源于哪些学者，通过哪些同行评审人，确定哪些知识具有价值和合法性。这些学者对国际办刊规则熟稔，很好地保障了期刊从形式到内容的国际性，高度符合国际通行办刊规则，或者说国际检索对期刊的要求。在形式上，所有期刊都是在线发布，可以通过网络平台下载；所有期刊都符合学术文章基本规范，如都包含摘要、参考文献、作者及其联系方式等基本信息；大部分期刊都实行同行评审；各刊均有国际化编辑团队，并设置国际化编委会；等等。在内容上，国际化更多地表现在作者来源的国际化，这 10 种期刊均有较高程度的国际化水准，特别是专业刊，国际化程度更高。

在国际出版上，这 10 种期刊绝大多数都主动选择了与国际出版商合作，通过其国

际市场网络和在线平台，以期推动知识在全球的传播与流通，多种期刊还选择了 OA 出版以期最大限度地保障文章可以随时随地被分享、阅读和使用，促进知识流动效果的最大化。而这种选择一方面体现国际出版商在全球各个国家对国际知识传播的垄断性，这是当前“中心-边缘”国家二元对立的结构性原因之一，也显现出中国虽是大国，却在文化和学术知识传播上尚处于弱势，知识传播严重依赖于国际出版商。尽管对中国建立自主的大型传播平台的声音不绝于耳，但短期内还需依赖国际出版商，这是我们不得不面临的现状。

从这些结构性因素来看，教育学英文期刊在相当程度上都存在张维迎教授所指出的问题：“让外国人在演戏。舞台是我们的，但自己的人都是跑龙套的，剩下的花旦、主角和名角都是别人的。”[①]虽然有这样的结构性因素的限制，中国教育学英文期刊通过两种方式显现了中国教育研究的国际影响力。

一是中国教育学者自身的国际影响力正在通过高被引论文体现出来。北师大 SLE 被引 41 次的高被引论文正是出自三位北师大学者和一位台湾地区学者。北师大是该刊的创办者、编辑者，北师大智慧学习研究院以黄荣怀院长为核心，高度重视英文期刊日常办刊，将期刊、学会、学者、机构的共同发展有机结合起来，期刊成为推动中国教育技术学者在国际学术舞台崭露头角的平台，期刊成为北师大智慧学习研究院国际影响力提升的重要平台，期刊也同时受益于基于被引的影响力。在办刊的过程中，中国教育技术学者在国际学术共同体中的话语权、显示度都在提升。因此，当期刊面临各类结构性因素制约的同时，需要将这些结构性因素变为自身发展的资源。这是值得中国教育机构和学者重视的宝贵经验——如何在国际化发展和全球化语境下，找准期刊发展、学者自身发展和机构发展的方向，从而真正在国际学术共同体内影响他者的同时，不断从边缘走向中心。

综合期刊也与此类似，相当比例中国内地学者的文章都产生了引用，如 ROE 和 FEDC 的引用中一半左右的文章为中国作者。中国教育研究者是具有一定研究水准的，其国际影响力并不逊色于国外学者。

二是“中国教育”通过中国教育学英文期刊成为重要议题，而引发国际学者、学术共同体开展更多的中国教育研究。4 种综合教育刊都将中国教育本身作为期刊的重

---

① 张维迎. 引进外资不等于歧视民族企业[EB/OL]. [2019 - 10 - 20]. http://news.cnnb.com.cn/system/2006/10/20/005195645.html.

要议题，对中国教育理论与实践的反思与研究构成期刊的主要内容，彰显期刊特色，从而显现出期刊的区域性、本土化特征。这些期刊主要涉及三种类型的中国教育研究，第一类是“中国教育”对全球教育发展的意蕴和影响。包括高教社 FEDC 近年来围绕这一议题出版的系列论文，如多伦多大学许美德教授的《居于中心的中国：对全球教育意蕴何在》，英属哥伦比亚大学罗伯特·蒂尔尼（Robert Tierney）教授的《西方时代的全球教育研究：中国教育研究的兴起与困境》，悉尼大学安东尼·韦尔奇（Antony Welch）教授的《全球雄心：国际化与中国崛起为知识中心》等，以及华东师大 ROE 出版的赵勇教授的《教育范式的转变：为什么国际借鉴不再足以改善中国的教育》等文章分析中国教育的独特特征，分析其对世界教育的独特贡献，探索中国教育的世界意义。第二类是中国教育发展的最新变化，比如北师大 BIRE 的“Beijing Watch”和华东师大 ROE 的“Policy Report”。第三类是中国教育理论与实践相关研究。可见，通过这些教育学英文期刊，中国教育作为重要议题在全球学术共同体内得以引起关注，甚至成为研究的兴趣点，中国教育理论与实践的相关研究通过这些期刊得以出版并影响其他国家的教育研究者，中国教育研究的影响力通过英文期刊的推动而日渐上升。

在全球化与本土化的双重语境下，在中国教育范式与国际学术规则的现实差异中，在提升高校机构学术排名与提升教育软实力的国家导向的实际需求中，中国教育学英文期刊走进了全球知识网络，在“中心-边缘”体系的结构性因素中，通过国际化办刊，在提升中国教育国际影响力中扮演了重要角色，开始在国际学术共同体内崭露头角，并产生了初步的国际影响力，这对于中国教育研究国际化而言意义非凡。这些处于初创阶段的英文期刊被寄予厚望，虽然困难重重，但挑战与机遇并存，相信这些期刊终将伴随中国教育研究国际影响力的提升而被权威检索机构收录，为中国学者、中国机构和中国教育研究走向全球学术共同体做出独有贡献。

第九章

中国和经济合作与发展组织的教育合作

当今国际联系日益增强，国际组织蓬勃发展，成为极其重要的国际关系行为主体。在教育领域，许多国家都在面对相似的教育问题，为解决这些类似的教育问题，各国在进行日益频繁的国际交流与合作，国际组织国际教育治理的职能逐渐凸显出来。作为学术交流与合作的重要平台，国际组织在教育研究、教育规划、教育政策的国际交流与合作方面的作用和功能日渐发展。

国际组织在连接各国经济、社会、文化等发展的进程中发挥着重要作用。中国在与这些国际组织建立各方面联系之际，既影响着中国在国际组织中的地位与参与能力，也通过国际组织发挥着来自中国的影响。梳理中国在不同国际组织中发挥的教育影响，分析教育实践层面、教育专业知识层面的深入交流，探讨教育知识概念层面的研究，有助于我们理解中国教育在国际组织中发挥的教育影响力程度，对于如何更好地发挥中国教育在国际组织中的影响力有着重要的指引作用。

第一节　OECD与中国教育

经济合作与发展组织（Organization for Economic Cooperation and Development，OECD，以下简称“经合组织”）作为一个综合性的国际组织，在国际教育治理领域发挥着举足轻重的作用，其教育政策对各国教育政策与实践乃至世界整体教育发展趋势具有广泛而深远的影响。经合组织前身为1948年设立的欧洲经济合作组织（Organization for European Economic Cooperation，OEEC），是第二次世界大战后美国对欧洲经济援助的“马歇尔计划”的产物。1959年欧洲成功重建后，欧洲经合组织开始改组。1960年，18个欧洲国家以及美国、加拿大意图合力创建一个致力于经济发展的国际组织，于1960年12月14日共同签署《经济合作与发展组织公约》，并于1961

年 9 月 30 日正式生效，经合组织也于该日正式成立。经合组织为顺应全球化的发展与对话合作的需要，从原先以欧洲发达国家为主的 20 个成员国逐步纳入欧洲、南北美洲、亚洲、大洋洲的其他国家，除发达国家外还纳入了像墨西哥、智利、土耳其这样的新兴国家，发展至今成员国近 40 个。

经合组织教育职能的发展可以划分为四个阶段：20 世纪 60 年代以培养科技人才，开发人力资本为主；20 世纪七八十年代以重视教育效益，注重经济功能为主；20 世纪 90 年代以开展质量测量，倡导终身学习为主；21 世纪以来以深化教育影响，实现国际治理为主。

一、OECD 对中国的影响

随着国际化的深入发展，OECD 在国际上的角色和影响力发生了变化，从思想库发展为政策参与者。[①] 在与中国进行教育政策对话的过程中，OECD 对推进教育公平的不懈研究和实践不断影响着中国教育。

在理论研究上，自 1997 年经合组织成员国开展 PISA 项目以来，国内学者对 PISA 项目开展了系统研究，在教育理念层面产生了相应的影响，这种影响包括教育评价的理念、教育评价的技术等，也包括中国教育学界重新思考教育质量与教育公平问题。此后，中国有关 OECD 教育政策、教育项目的研究也不断扩展、深入，自 2002 年至今，仅在篇名中含有“PISA”的期刊论文就多达 406 篇，由于芬兰在 PISA 测试中表现优异，引发了中国的一波“芬兰研究热”。

在实践上，中国将 PISA 引入中国进行试测与正式测评。为了学习和研究 PISA 的教育评价理念与操作方法，2006 年 10 月教育部考试中心与 OECD 签署了 PISA2006 中国试测研究协议。2009 年为了配合测评工作，上海市教委成立了 SHPISA 项目上海领导小组和项目组，项目组单位包括上海市教委 5 个相关处室、4 个直属机构和 19 个区县的教育局招办，可以说是全面参与 PISA2009 的实践。

OECD 对中国教育指标体系建构产生了影响。OECD 与世界银行和联合国教科文组织合作发展了世界教育指标体系项目，开展教育数据研究，在国际社会上产生了

① Henry M, Lingard B, Rizvi F, Taylor S. The OECD, Globalization and Education Policy [M]. UK: Elsevier Science Ltd, 2001: 5.

广泛影响力。OECD 教育系统指标也是一个在国际社会具有举足轻重影响力的教育指标体系。OECD 的教育系统指标及其蕴含的理念已经在理论层面上对中国教育指标体系建构产生一定的影响。

经合组织高等教育出版物逐渐引入也是 OECD 对中国教育研究产生影响的重要形式。近 20 年来，越来越多的经合组织教育出版物引入中国，中国已翻译出版的经合组织教育类出版物主要包括四个系列：教育政策分析译丛、教育概览指标系列、面向未来的学校教育译丛、学习科学与教育创新译丛。

可见，无论是在教育理论研究还是在教育实践上，中国都受到经合组织的影响，其影响范围涵盖各级各类教育，且其影响正在不断扩展和逐步深入。

中国与 OECD 在教育领域内的对话始于 1999 年，合作交流已有 20 余年的发展历史，主要以全球教育论坛、增强型合作、地区合作等方式进行合作。中国的教育不断融入 OECD 教育研究的版图。一方面，OECD 的教育政策与研究对中国教育产生越来越广的影响；另一方面，中国的教育经验也纳入了 OECD 的研究范围，中国教育进入了 OECD 教育国际比较的视野，为世界各国提供教育经验。总而言之，中国教育进一步融入国际教育治理的洪流中。正如秦亚青、刘兴华所言："如果我们假定当今世界是一个国际社会，那么中国就是一个正在经历社会化过程的重要国家。"在此过程中，正确处理与经合组织这个国际组织的关系无疑是其中的重要步骤之一。①

中国是一个发展中国家，需要借助国际组织扩大对外交往与合作，推动国家发展。中国又是一个大国，有必要、有义务借助国际组织发挥更大的影响，履行大国职责，彰显大国风范。② 随着国际间合作的加强，中国应更具有主动意识，在国际教育治理领域发挥重要作用。

自 20 世纪 90 年代以来，中国一直与 OECD 保持着良好的合作关系。1995 年 10 月制定了经合组织-中国国家方案。1999 年，中国与 OECD 开启在教育领域内的对话与合作。2015 年中国加入 OECD，成为 OECD 正式成员国。中国教育研究对 OECD 的影响力大致体现为以下三个方面：一是 OECD 主动探索中国教育经验，获取中国教育数据；二是 OECD 与中国教育界进行对话合作；三是中国主动参与国际教育治理，中国教育对国外教育产生影响。

---

① 秦亚青. 国际关系理论的核心问题与中国学派的生成[J]. 中国社会科学，2005(3)：165—176，209.

② 罗晓静. OECD 教育公平政策探析[D]. 上海：华东师范大学，2010.

二、OECD主动探索中国教育，获取教育数据

1995年10月，中国开启了与OECD委员会的合作交流。在经合组织在线图书馆中，自1999年起到2013年为止，检索到的涉及国别高等教育问题的著作共26本，在这26本中有一本是有关中国高等教育问题的著作，即2001年的《当前中国高等教育问题》(*Current Issues in Chines Higher Education*)。

2002年，美国纽约州立大学温德海默教授和英国阿伯丁大学前任校长伯格带领OECD专家小组对中国高等教育质量和财政情况进行了考察。2004年，在"高等教育发展与财政政策国际研讨会"上，OECD公布了关于中国高等教育质量评估与财政拨款考察报告。该报告是基于2002年OECD专家小组对中国进行的访问研究。OECD的这份考察报告着重考察高等教育的财政和教育质量，并提出多个指向性的政策性建议。[①] 2005年发布的《OECD教育概览》提供了一整套内容丰富、可比较而且最新的教育系统表现指标。尽管这套指标以30个经合组织国家为重点，但指标也覆盖了包括中国在内的一些伙伴国家。报告中指出，从2005年《OECD教育概览》在对学生跨国界流动的研究上来看，来自韩国、日本、德国、法国、希腊和土耳其的学生是外国学生流入的最大来源，而伙伴国家最主要的国际学生来源国是中国、印度和东南亚国家。可见，OECD越来越关注中国教育数据，并且有意图将中国数据纳入国际教育数据中，参与国际教育信息共享。

中国高等教育在与OECD的教育合作中受其影响。2005年，中央教育科学研究所与OECD、吉林大学在北京共同举办了"高等教育使命、经费和管理"会议，来自16个国家和国际组织的专家学者参加了会议。此次会议为正在开展的中国高等教育改革提供了有益的借鉴和启发。[②] 2009年《OECD高等教育评论：中国》(*OECD Reviews of Tertiary Education: China* 2009)用132页的篇幅介绍了中国高等教育概况。该报告指出："中国高等教育不仅仅只是在模仿其他国家，而是在走一条独特的道路，中国在政策目标、决策模式和治理文化上存在显著的制度特点。"OECD审查小组发现中国高等教育处于过渡阶段。中国政府非常了解高等教育的现状和改革的必要

---

① 伊万·韦特曼. OECD：给中国高等教育的政策建议[N]. 中国教育报，2004-10-15.
② 宗秋荣，程方平. 高等教育使命、经费和管理国际会议述要[J]. 教育研究，2005(6)：94—96.

性。审查小组对中国高等教育7个政策领域进行了探讨。这7个领域包括：高等教育体系规模与结构的规划及其与劳动力市场的联系；全日制学生和成人入学；为培养能力的学习；质量提升与质量保障；平等、有效、透明的财政资助；连接企业与区域实现知识创新；教育与研究的国际化。[①] OECD报告称，高等教育已经促进中国建立了一个具有国际竞争力的经济和有凝聚力的社会。预计未来10年，中国将逐步扩大对高等教育的参与，发展多元化院校的优质高等教育体系，以适应学生需求的变化。这份报告系统而全面地对当时中国高等教育的现状进行了叙述，并认为中国高等教育的质量通过统一标准化的政策制定得到了很大的改善，教学实践也得到了改善，学生能够发展沟通、推理、批判性分析、创造力、团队合作和解决问题的能力。OECD报告向世界教育界传达了中国正在建设一流大学的信息，OECD对中国教育未来的发展充满信心。

2010年6月，OECD发布《为工作而学习：经合组织职业教育和培训审查——中国的备选方案》(OECD Reviews of Vocational Education and Training: A Learning for Jobs Review of China 2010, Chinese Version)报告，指出中国的高中职业教育和培训制度具有诸多优势、挑战和政策选择，并总结了中国职业教育的特点。2011年《OECD教育概览》一书为中国开设了专题报告说明。报告内容涵盖中国高等教育的人口比例及发展情况、中国职业教育的发展现状、中等教育的性别差距现象、中国的公共教育支出以及生均经费情况、出国留学生等详细的数据说明。OECD还将中国的数据与各个大国的数据进行了比较，体现出OECD对中国教育数据重要性的认可。

自2012年以来，OECD对中国教育进行了更深入的研究。2012年12月，OECD发布了《聚焦中国：教训与挑战》，其第二章讨论了中国教育的不平等现象以及建议措施；第六章是关于上海PISA的优异成绩，并建议中国通过教育以提高技能，促进经济转型。此书认为，世界面临的挑战是全球性的，解决这些挑战需要经合组织与其合作伙伴更加密切地合作，设计更好的政策方案，真正解决全球性问题，中国经验和发展道路对经合组织至关重要。

2014年，OECD开启对中国教育地区性的研究。2014年7月17日，经合组织发布《衡量教育创新——中国(香港)教育制度》，内容包含了2014年经合组织衡量教育

---

① Gallagher M, Hasan A, Canning M, et al. OECD Reviews of Tertiary Education: China [M]. Paris: OECD, 2009: 7,17.

创新的背景报告、关于教育创新的主要报告结果、衡量教育制度创新的报告方法、香港高层组织教育创新、香港高等教育创新。从对香港创新教育的研究实践中发现，香港对中小学教师进行更多的同行评议，存在更多的中小学教师外部评价，比如中国香港的教师会受到督察或学校外部人员的观察，以及香港中学存在更多的数学补习教育，教师会对中学科学课堂进行观察。

2016 年，OECD 以中国教育为主题，出版《教育在中国》一书。全书涉及中国的教育体制、当前的教育问题和改革，并且重点考察了北京、上海、江苏、广东 4 个省市的教育概况与教育现象。书中关注了如高考改革、基础教育课程改革、户口与入学等社会热点教育问题。尽管中国已成为世界上最具影响力的经济体之一，但是经合组织认为，其他国家对中国教育体系或学生学习方式的了解相对较少。此外，这份报告对参加 2015 年 PISA 的 4 个中国经济体进行了更详细的分析。

目前，大量中国官方教育数据已经纳入经合组织的若干数据库，这使得中国能够将其自身与 40 多个经合组织国家和非经合组织国家在诸如宏观经济、国民账户、养老金、农业、教育、能源与环境以及科学与技术等广泛政策领域进行比较，而且所有有关中国的统计数据都可以在经合组织统计门户网站 OECD. Stat 搜索到。可见，从 1995 年至今，经合组织对中国教育的兴趣不断提升，中国经验和中国发展对国际社会而言，已是不可或缺的一种力量。

三、 OECD 与中国教育界的对话与合作

1999 年，中国与 OECD 正式开启在教育领域内的对话与合作，其对话与合作主要是在非成员经济体合作中心（Centre for Cooperation with Non-Members，CCNM。教育领域内与之相应的是 NME）的组织下展开。20 世纪 90 年代末，OECD 对北京和陕西高等教育进行了近两周的考察，并于 2001 年发表结论性报告，指出了中国的教育公平问题。2002 年后，中国与 OECD 就继续在高等教育领域内的合作达成了协议，并在之后参与了高等教育主题审查，拓展了考察的深度和广度。

2007 年之后，中国与 OECD 的合作关系逐渐密切。2007 年，OECD 与巴西、印度、印度尼西亚、南非和中国这 5 个推动全球经济发展十分重要的经济体之间开展了合作项目。合作项目聚焦于高等教育政策与体系。2007 年 3 月 OECD 对中国进行了实地考察。考察专家组有两位 OECD 秘书处成员，还包括来自澳大利亚、爱尔兰、瑞士和

英国的学者与政策制定者。[①] 除了继续高等教育审查的合作之外，中国与OECD还拓展了其他项目，例如PISA项目、INES项目[教育系统指标项目(Indicators of Education Systems, INES)]以及TALIS项目。

在教育数据上的官方合作始于2008年的INES项目。2008年4月，"中国-OECD教育决策与教育指标"研讨会在京举行，来自OECD的6位专家、各省教育厅负责教育规划的副厅长、规划处处长以及国内部分学者共120余人就中国和OECD国家教育发展，包括教育质量、教育公平、教育效率等方面的问题和指标体系进行研讨。会议上，中外专家学者和教育官员就如何建构符合中国国情的教育质量、公平和效率等方面的指标体系为教育决策服务展开了热烈讨论。[②]

2018年OECD发布的《OECD与中国积极合作》(Active with China)[③]中谈道，中国与OECD双方合作不断取得进展，在教育领域也是继续保持良好的合作势头。为促进知识分享，加强经合组织与中国政府的联系，经合组织于2012年设立了"中国政府官员赴经合组织短期借调项目"。该项目为中国官员创造了在经合组织巴黎总部秘书处工作若干个月的机会，负责与他们工作领域相关的具体任务，其中也包括教育领域。通过交流，中方官员可以帮助其所在部委更好地了解经合组织及其工作能如何支持中国的改革。交流官员也帮助经合组织在其分析之中更好地融入中国视角。自2012年以来，OECD的借调项目接受了40多位中国官员。这些官员来自10多个中国的重要部委和机构，经合组织欢迎交流官员在深化中国与经合组织相互学习和政策对话中发挥重要作用。

经合组织的工作有利于促进中国政策制定者探索推动使中国学校体系走向卓越的战略。2018年OECD发布的手册《OECD与中国积极合作》中显示，经合组织与中国就教育进行的合作在以下领域取得了巨大进展：中国已确认北京、上海、江苏和浙江的学校代表将参与2018年学生能力国际评估计划，香港和澳门特别行政区也将继续参加这一计划；上海继续参加2018年教与学国际调查。OECD积极鼓励中国参加到各项教育系统指数项目中，并希望"教育概览"系列能更好地覆盖中国的教育指数。

---

① Gallagher M, Hasan A, Canning M, et al. OECD Reviews of Tertiary Education: China [M]. Paris: OECD, 2009: 19.

② "中国-OECD教育决策与教育指标"研讨会在京举行[J]. 教育学报，2008(03): 9.

③ OECD. Active with China [R]. Paris: OECD, 2018.

四、中国主动参与国际教育治理，中国教育对各国教育产生影响

自1995年10月经合组织-中国国家方案启动以来，中国与OECD的教育合作不断深入。2009年，中国主动提交参加OECD多个教育政策研究机构，例如教育政策委员会(包括特殊教育全球专家小组、校园暴力制止网络移民教育全球专家小组、职业教育与培训全球专家小组)、国际学生能力评估管理委员会、教育研究和革新中心管理委员会和统计委员会等。2009年中国参与了OECD教育统计工作的指标工作。① 至此，在与OECD的合作过程中，中国已经实现了角色的转变，从单方面接受OECD决策信息受其影响这样的地位转变为主动输出信息，使自身成为评价标准的一部分。

2014年8月25日，经合组织和中国宣布，成功在上海实施PISA 2009和2012后，他们将扩大在PISA的合作。除上海外，北京、江苏和广东省将参加2015年的调查。

2014年9月22日，应经合组织教育司约请，时任教育部评估中心主任吴岩在京会见了该司副司长迈克尔·史蒂文森(Michael Stevenson)和前司长芭芭拉·伊申格尔(Barbara Ischinger)一行，双方围绕经合组织"高等教育学习成果评估"(The Assessment of Higher Edcation Learning Outcomes, AHELO)项目进行了深入的工作会谈，双方积极推动经合组织AHELO项目落户中国。教育部评估中心吴岩主任认为："鉴于近年来中国上海参加PISA测试中连续取得优异成绩，而且中国拥有全球最大的高等教育体系和多样化的高等教育形态，相信中国参与AHELO项目也会形成一种双赢格局。这对增强AHELO项目的多样性和权威性起到积极的推动作用，也有利于完善中国高等教育质量保障体系和提升国际影响力。"经合组织愿意进一步与中方开展"高等教育院校管理"(Programme on Institutional Management in Higher Education, IMHE)、"教学质量提升"(FQT)等项目的实质性合作，逐步构建起中国与经合组织间在高等教育领域互利互惠的双赢合作格局。②

中国与经合组织合作不断增加，这使得中国能对照基准，比较本地区与国内其他地区和全世界提升学生表现上取得的进步。比如学生能力国际评估项目的数据有助于为教育政策提供参考，在技能发展上更好地实现公平，参与教与学国际调查使上海

---

① 罗晓静. OECD教育公平政策探析[D]. 上海：华东师范大学，2010.

② 积极推动经合组织AHELO项目落户中国——评估中心与经合组织教育司举行工作会谈. [EB/OL] http://www.heec.edu.cn/modules/jiaoliuyuhezuo_d.jsp? id=64701.

就影响学生学习的课堂因素获得了国际可比数据。经合组织教育相关的国际调查和研究也使中国能参与国际网络,这些网络会分享有效的教育体系的成功政策和惯例,进一步改善教育。经合组织的工作还能支持中国政策制定者找到推动中国学校体系走向卓越的战略。然而,中国与经合组织的合作是双向的。经合组织正日益将中国的观点纳入其政策分析和建议,以便为其成员国提供更明智、更创新的政策选择。反过来,随着中国成为一个更加繁荣的国家,中国在经济发展中面临的挑战也越来越类似于许多经合组织国家,特别是如何促进和保持更包容与更绿色的增长。因此,经合组织国家的经验对中国自身的政策选择越来越具有借鉴意义。同时,中国经验对丰富经合组织全球人才库的数据,为国际社会提供一条新的教育路径也有很大的意义。

第二节　PISA、TALIS 与走向国际视野的上海基础教育

一、PISA 简介

PISA 是经济合作与发展组织[①]于 2000 年发起的一项国际学生能力比较研究项目,是"Programme for International Student Assessment"的英文缩写,中国内地通常将其译为"国际学生评估项目",中国香港和澳门地区将其译为"学生能力国际评估计划",中国台湾地区将其译为"国际学生评量计划"。

PISA 是一项由政府推动的研究项目,最初发起的原因主要是发达国家对基础教育质量的反思以及"知识社会""信息社会"和"经济全球化"带来的新挑战。[②] PISA 以改善教育政策为导向,通过把学生学习结果的数据与学生个人特征数据以及学校内外影响他们学习的关键因素联系起来,分析那些影响学生学习的最关键因素,帮助各国政府深入了解本国教育特征,借鉴其他国家的经验,促进教育政策的改进。

---

① OECD 目前有近 40 个成员,该组织的主要目标是使成员国实现最佳的可持续经济发展和就业水平,不断提高生活水准,同时保持财政稳定,以对世界经济的发展作出贡献。OECD 官方网站:http://www.oecd.org.

② 张民选,陆璟,占胜利,朱小虎,王婷婷. 专业视野中的 PISA [J]. 教育研究,2011(6):3—10.

PISA 评估的对象是 15 岁学生群体。在上海，这一年龄段的学生主要处于 9 年级和 10 年级。分布在包括初中、九年一贯制、完中、普通高中、实验性示范性高中、中职校等 6 类学校中。[①] 在其他国家和地区，学生年龄的界定与上海相同，其所在的学段也主要处于义务教育末期。

PISA 将其测评的对象称为“素养”，指有关学生在主要学科领域应用知识和技能的能力，分析、推理和有效交流的能力，以及在不同情境中解决问题和解释问题的能力。[②] PISA 聚焦于阅读、数学、科学和问题解决等关键领域，评价的不仅是学生能否再现他们所学到的内容，还包括学生在多大程度上能将所学到的内容推及其他，以及多大程度上能将知识和技能运用于不熟悉的情境中，包括学校情境和学校之外的情境。这反映了当今社会的现实情况，即人们不会因为其掌握了多少知识而得到回报，而因为他们能用所掌握的做什么而得到回报。除了认知方面的知识和技能，PISA 还通过问卷来调查学生自己的学习动机、自我信念和学习策略。PISA 的“素养”和一般问题解决能力是包含认知与非认知的综合概念。

从 2000 年开始，PISA 每 3 年进行一次评估，每次从阅读、数学、科学中选择一个作为主要评估领域，另外两个作为次要评估领域（见图 9－1）。PISA 历次测评的主要评估领域分别是阅读（2000 年、2009 年、2018 年）、数学（2003 年、2012 年）、科学（2006 年、2015 年）。除了 3 个主要测评领域外，PISA 还分别在 2003 年进行了基于纸笔的问题解决能力测试，在 2012 年进行了基于计算机的问题解决能力测试；从 2009 年开始进行基于计算机的阅读测试[③]，并在 2012 年进行了数字阅读和基于计算机的数学测试；2012 年，PISA 还进行了基于纸笔的学生财经素养测试选项；2015 年进行的 PISA 测试中，所有测试全部基于计算机进行[④]，同时增加了基于计算机的合作问题解决能力测试。

---

① 这里包括所有在上海举办的、有 15 岁在校生的学校，学生中包括外来务工人员子女和外籍学生。特殊教育学校和国际学校的学生、有智力障碍和严重功能性残疾（例如盲聋哑）的学生以及学习汉语不足一年的学生可以在最后的抽样阶段剔除。

② 经济合作与发展组织（OECD）. 面向明日世界的学习：国际学生评估项目（PISA）2003 报告[M]. 国际学生评估项目上海研究中心，等译. 上海：上海教育出版社，2008.

③ 在 2009 年，PISA 将基于计算机的阅读测试称为“电子阅读测试”，英文为 Electronic Reading；PISA 2012 中称为“数字阅读”，英文为 Digital Reading。

④ PISA 2015 所有测评领域都采用计算机进行测评，如果一些国家（地区）不选择使用计算机测评，则不能参加新开发的测评，只能进行连接试题的测评。OECD. PISA 2015 Draft Science Framework [EB/OL]. 2014－06－15，46.

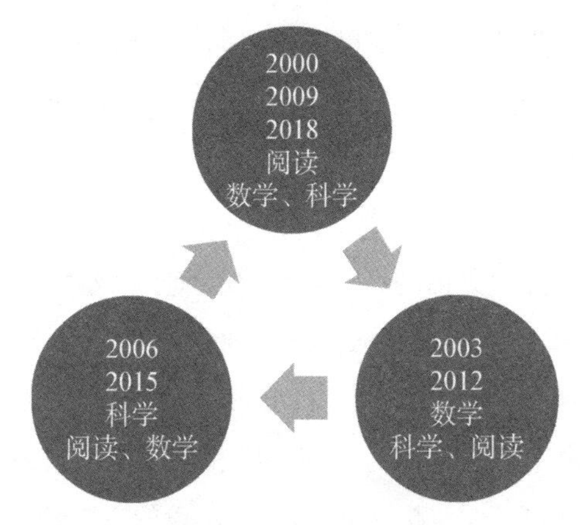

图 9－1　PISA 测试主要领域循环示意图

到目前为止，PISA 可称为全世界最大规模的学生学习评估项目，2015 年，共有 72 个国家和地区参与了这一项目，其 GDP 总和超过了全球 GDP 总量的 90%。

上海以中国一个地区的身份于 2009 年开始参加已进入第二轮的 PISA 测试，并在 2012 年参加了所有 PISA 测试选项[①]。2015 年，上海作为全国 4 个省市之一参加了由教育部考试中心组织的 PISA 测试。2018 年，上海仍作为全国 4 个省市之一参加 PISA 测试，上海的数据可以与其他国家（地区）进行比较。

二、TALIS 简介

有效教学是学生取得优异表现的关键因素，这一点毋庸置疑。那么，各个国家和地区是如何使教师准备好迎接当前学校所面临的各项挑战呢？TALIS 项目就是为了回答这个问题而发起的一项国际调查。TALIS 是教与学国际调查（Teaching and Learning International Survey）项目的英文缩写，是 OECD 开发的调查项目，它从学校教师和校长的角度发现不同国家（地区）教育体系表现差异的根本原因，了解教师是否做好了迎接教育转型的充分准备，帮助参与国和地区学习与借鉴他国先进的政策制定方法，进而提高基础教育的质量。TALIS 主体调查对象是初中教师，同时也提供小学、高中学段以及 PISA 调查学校的调查选项。

TALIS 从 2008 年开始首次调查，2013 年有 34 个国家和地区参加了第二次调查。

① 这里是指所有测评选项，实际上上海并没有参加 2012 年的教师问卷和家长问卷。

之后，上海等4个国家(地区)在2014年至2015年参加了TALIS调查，调查问卷和参加调查的标准与2013年调查完全相同，至此，全球已有38个国家(地区)参加TALIS 2013项目。2018年，上海与其他50个国家和地区参与了TALIS的第三轮调查，其结果于2019年6月公布。

尽管各轮次的调查会有变化，但TALIS的调查重点始终聚焦于教师的工作环境和学校的学习环境，帮助不同国家和地区反思和制定教育政策，以构建一支高质量的教育队伍。TALIS为教师和校长提供了机会，使他们的意见可以进入关键教育政策领域的分析和政策制定中。TALIS分析使各国和地区能够找到那些面临相同政策问题的国家和地区，以便相互学习，相互借鉴，促进决策的有效性和科学性。

招聘到好的教师、维持教师队伍稳定，以及通过专业发展使教师能力不断提升，这些是各个国家和地区教育决策部门需要优先思考的问题，因此TALIS会将教师工作获得认可的程度、教师评价和奖励方式、教师专业发展的状况作为重要调查内容。教师的教学信念、教学态度、教学方法对于教育结果具有直接的影响作用，这当然也是TALIS的重要调查内容。学校校长的领导力，他们在构建良好的学校教学和学习环境中的支持性作用是学校成功的重要保障。此外，学校和教师是如何创新以应对21世纪新的变化和需求，他们如何应对多样化的教育需求以及教师的工作状态等都是TALIS关心的内容。

上海市教委对TALIS项目非常重视，2014年专门设立了由市教委副主任领衔的上海TALIS项目领导小组，并在上海师范大学国际与比较教育研究院设立了上海TALIS秘书处，具体承担上海TALIS的实施和研究工作。上海首次参加TALIS的结果发布后，市教委的多项决策都将其作为重要依据。

三、上海学生在PISA中的优异表现

(一) PISA学科素养成绩表现优异

如表9-1所示，上海作为中国内地第一个参加PISA测试的地区，在PISA 2009和PISA 2012均取得了优异的成绩，在“阅读”“数学”“科学”三个主要学科领域成绩排名第一。

在PISA 2009中，上海学生三个主要学科的纸笔测试成绩均排在所有国家(地区)首位。其中，上海学生阅读平均成绩556分，显著高于排在第二位的韩国及之后的芬

兰和中国香港。上海学生数学平均成绩 600 分，显著高于排在第二位的新加坡；科学平均成绩 575 分，显著高于排在第二位的芬兰及之后的中国香港。

表 9 - 1　PISA 2009 部分国家(地区)在三个学科领域主要成绩表现

阅读			数学			科学		
国家（地区）	平均成绩	标准误	国家（地区）	平均成绩	标准误	国家（地区）	平均成绩	标准误
中国上海	556	(2.4)	中国上海	600	(2.8)	中国上海	575	(2.3)
韩国	539	(3.5)	新加坡	562	(1.4)	芬兰	554	(2.3)
芬兰	536	(2.3)	中国香港	555	(2.7)	中国香港	549	(2.8)
中国香港	533	(2.1)	韩国	546	(4.0)	新加坡	542	(1.4)
新加坡	526	(1.1)	中国台湾	543	(3.4)	日本	539	(3.4)
加拿大	524	(1.5)	芬兰	541	(2.2)	韩国	538	(3.4)
日本	520	(3.5)	日本	529	(3.3)	加拿大	529	(1.6)
澳大利亚	515	(2.3)	加拿大	527	(1.6)	澳大利亚	527	(2.5)
美国	500	(3.7)	中国澳门	525	(0.9)	中国台湾	520	(2.6)
德国	497	(2.7)	澳大利亚	514	(2.5)	德国	520	(2.8)
法国	496	(3.4)	德国	513	(2.9)	英国	514	(2.5)
中国台湾	495	(2.6)	法国	497	(3.1)	中国澳门	511	(1.0)
英国	494	(2.3)	英国	492	(2.4)	美国	502	(3.6)
中国澳门	487	(0.9)	美国	487	(3.6)	法国	498	(3.6)
意大利	486	(1.6)	意大利	483	(1.9)	意大利	489	(1.8)
俄罗斯	459	(3.3)	俄罗斯	468	(3.3)	俄罗斯	478	(3.3)
巴西	412	(2.7)	巴西	386	(2.4)	巴西	405	(2.4)

与 PISA 2009 年类似，上海学生在 PISA 2012 三个主要学科纸笔测试的成绩仍排在所有国家(地区)首位(见表 9 - 2)。主要评估领域数学方面，上海学生平均成绩达 613 分，显著高于第二名新加坡的 573 分；科学平均成绩为 580 分，显著高于第二名中国香港及之后的新加坡和日本；阅读平均成绩 570 分，显著高于第二名中国香港及之后的新加坡、日本和韩国。并且，与 2009 年相比，学生 2012 年的数学、阅读平均成绩

显著提高。

表 9-2　PISA 2012 部分国家(地区)在三个学科领域主要成绩表现

数学			科学			阅读		
国家(地区)	平均成绩	标准误	国家(地区)	平均成绩	标准误	国家(地区)	平均成绩	标准误
中国上海	613	(3.3)	中国上海	580	(3.0)	中国上海	570	(2.9)
新加坡	573	(1.3)	中国香港	555	(2.6)	中国香港	545	(2.8)
中国香港	561	(3.2)	新加坡	551	(1.5)	新加坡	542	(1.4)
中国台湾	560	(3.3)	日本	547	(3.6)	日本	538	(3.7)
韩国	554	(4.6)	芬兰	545	(2.2)	韩国	536	(3.9)
中国澳门	538	(1.0)	韩国	538	(3.7)	芬兰	524	(2.4)
日本	536	(3.6)	加拿大	525	(1.9)	加拿大	523	(1.9)
芬兰	519	(1.9)	德国	524	(3.0)	中国台湾	523	(3.0)
加拿大	518	(1.8)	中国台湾	523	(2.3)	澳大利亚	512	(1.6)
德国	514	(2.9)	澳大利亚	521	(1.8)	中国澳门	509	(0.9)
澳大利亚	504	(1.6)	中国澳门	521	(0.8)	德国	508	(2.8)
法国	495	(2.5)	英国	514	(3.4)	法国	505	(2.8)
英国	494	(3.3)	法国	499	(2.6)	英国	499	(3.5)
意大利	485	(2.0)	美国	497	(3.8)	美国	498	(3.7)
俄罗斯	482	(3.0)	意大利	494	(1.9)	意大利	490	(2.0)
美国	481	(3.6)	俄罗斯	486	(2.9)	俄罗斯	475	(3.0)
巴西	391	(2.1)	巴西	405	(2.1)	巴西	410	(2.1)

从各学科领域的综合成绩来看,上海学生无疑具有非常好的表现。尤其是数学方面,上海学生的成绩比第二名的新加坡高出约 40 分,比 OECD 平均高出约 1 个标准差。这表明,上海学生对主要学科领域的知识、技能和方法的掌握程度较高,并且能够有效运用这些知识、技能和方法解决相应的问题。

从三个学科都处于最高水平的学生比例来看,上海学生达到 19.6%,相应的 OECD 平均为 4.4%,两者之间的差异不言而喻。

此外，除了主要测评领域的优异表现外，上海学生还在 PISA 2012 财经素养测评中取得排名第一的成绩，在基于计算机的问题解决能力方面排在第 4—6 名。

（二）教育公平程度较高

除了教育质量外，考察一个教育体系整体教育质量的另一个重要指标就是公平程度。通常运用学生家庭社会经济背景对成绩的影响程度来判断。

在这方面，上海的表现也达到了较高水平。作为一个正在迅速发展的城市，上海与 OECD 绝大多数发达国家相比，在人均 GDP 方面仍存在较大差距，上海本地区仍存在着城乡之间的显著差异。然而，随着对教育投入的逐年增加，以及通过各种政策设计，上海基础教育在公平程度已经达到了 OECD 的平均水平。

图 9－2 横坐标显示的是学生 ESCS（家庭社会经济文化地位指数）对其 PISA 2012 数学成绩的解释率，即学生家庭背景对其成绩的影响程度；纵轴显示的是 PISA 2012 各国和地区的平均成绩。可以看到，上海学生与 OECD 在家庭背景对数学成绩的影响方面处于同一水平。这显示出上海教育的公平程度达到了 OECD 的平均水平，考虑到上海当前经济的发展水平和上海学生的总体成绩表现，这是非常难能可贵的。

四、TALIS 视野下的上海教师

（一）上海教师队伍的主要优势

上海初中教师平均为 38 周岁，是除新加坡以外所有参与国家和地区中最年轻的教师群体。上海教师的职前教育、入职培训和在职专业发展均呈现出较高的水平。在职前教育方面，上海教师本科及以上学历水平的达 98.5%，教师专业准备充分，对学科专业知识、教育教学法均非常自信；上海基本做到了入职培训和带教活动全覆盖，99.2%的学校向教师提供正式入职培训，100%的学校提供带教活动，远高于国际平均水平；在职专业发展是上海教师最为突出的特征，不仅参与率高而且强度最大，教师一年中用于各项专业发展活动的天数达 62.8 天，是国际均值的 2 倍还多。

在教师的教学理念和教学方法方面，上海教师也表现独特。上海教师普遍认同学生主动学习理念，九成以上的教师都认同教学应重视自主探究、主动思考和思维推理过程；上海教师常用多种教学方法，运用最多的是“总结内容”“检查作业”“学生个别回答问题”（86.8%）以及“结合日常生活”，其中“总结内容”和“学生个别回答问题”是所有

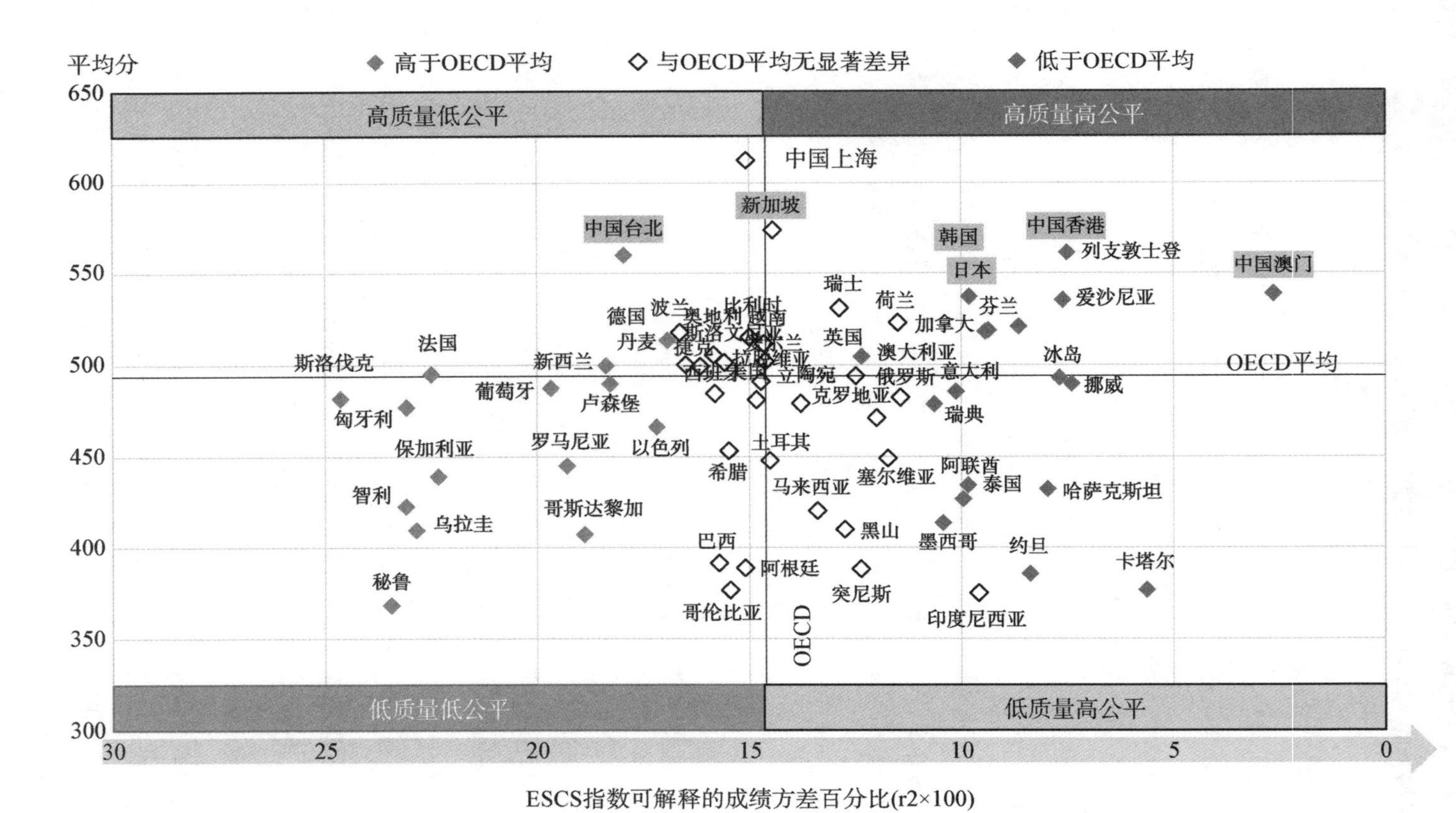

图 9-2 PISA2012 数学成绩与学生家庭社会经济文化地位的关系

国家和地区中运用比例最高的。小组学习也是上海教师常用的一种学习方法。

上海教师的工作时间结构独特。尽管每周工作时间处于中等水平，但教师用于教学的时间是最少的，占工作时间的三分之一。这与TALIS平均上课时间占工作时间二分之一形成鲜明的对比。上海教师能高效利用有限的课堂时间，平均能将86.1%的课堂时间用于实际教学，用于管理任务和维持纪律的时间均低于国际平均水平，这与上海学校良好的课堂纪律风气有非常密切的关系。虽然教学时间短，但上海教师备课、改作业、辅导学生和与本校同事合作交流的时间显著高于国际均值。另一方面，上海教师通过更多、更深入的专业合作使得个人在教学方面更“专业”。这些方面相辅相成，共同促进了上海教师队伍的高水平发展。

（二）上海教师队伍的问题和不足

与PISA中上海在基于计算机测试中的表现类似，上海教师对于教学中ICT的运用相比国际平均水平也存在显著差异。上海教师经常要求学生使用ICT完成项目和作业的比例非常低，仅为15%左右，大大落后TALIS国际均值，差异达到22.8个百分点。在这方面，尽管教学相关ICT的培训活动逐步提高，比如TALIS调查中“过去一年”上海参加ICT方面专业发展活动的教师占63.9%，教师需求的比例也达到67.2%，两者均超过了TALIS国际均值，但上海教师对这方面的认识相比其他国家仍有很大差异，TALIS平均来看，教学相关的ICT和教学场所的新技术是教师专业发展需求中最多的两项，比例达59.5%和56.1%，而上海教师尽管分别有67.2%和44.3%也需要这方面的发展活动，但相比其他传统学科和教学领域专业发展主题，这两方面的需求比例要低得多。

全球化带来了学生群体和教育需求的逐步多元化，特别是“为了每个学生全面发展”的教育追求，上海教师应更多重视学生多样化的需求。TALIS调查发现，尽管上海教师已经非常关注个性化学习方面的专业发展，但在不同语言、多元文化下教学的专业发展活动，针对特殊需要学生教学的专业发展活动以及学生职业生涯指导方面的专业发展活动都比较少，仍有待加强。

第三个显著方面是上海教师对职业和工作环境的满意度，尽管绝大部分（86.9%）教师对自己的工作总体满意，但上海教师对职业的满意度、当前工作环境的满意度以及总体的工作满意度都是所有TALIS参与国家和地区中最低的，这需要特别引起我们的重视。如何进一步提高中小学教师职业地位，提高教师收入并改善学校的工作环境，建设一支积极向上、爱岗爱生、专业化的教师队伍是上海亟待解决的问题。

五、走进国际视野的上海教育

连续两次在PISA中的优异表现，使得上海乃至中国教育成为国际教育领域的热点。国际媒体、教育研究者、政府官员以各种方式对这一话题展开讨论。

(一) 国际媒体的报道

上海学生在PISA 2009中的成绩引起了巨大的反响，全球知名的媒体大都对此进行了报道，其中美国《纽约时报》《华尔街日报》《时代》，法国法新社，日本共同社，韩国《朝鲜日报》，澳大利亚《悉尼先驱晨报》，西班牙《国家报》等均进行了长篇报道。PISA 2012的结果同样引起了外媒的强烈反响，美国《时代》《华盛顿邮报》、有线电视新闻网以及英国广播公司(BBC)和《每日电讯报》均对此进行了深入报道。

在媒体报道的同时，一些著名的国际媒体围绕上海教育开展了主题性的报道，其中影响最为广泛的是《纽约时报》和BBC。《纽约时报》于2013年10月22日刊发了普利策奖获得者托马斯·弗里德曼(Thomas Friedman)的专栏文章《上海的秘密》，以作者第一视角的方式对上海教育的特征进行了描述：

> ……当你坐在教室里，与校长和老师见了面，你会发现他们不懈地关注成就优秀学校的一切基本原则，虽然大家都知道这些因素的重要性，但很难在整个学校体系中贯彻始终。这些原则包括：注重教师培训和教师之间的相互学习，专业上的不断发展，父母深入参与孩子的学习，学校领导坚持最高标准以及培养尊师重教的校园文化……

弗里德曼对上海教育的描述在国内外均引起了较大的反响，包括美国亚洲协会(Asian Society)在内的多家机构和媒体对此做出回应报道[①][②]。

英国广播公司(BBC)借上海学生在PISA中优异表现的时机，于2015年拍摄了一部3集纪录片*Are Our Kids Tough Enough? Chinese School*，讲述5位中国老师在一

---

① Jessica Kehayes. Learning from the "Shanghai Secret"[EB/OL]. [2020 - 08 - 10]. https://asiasociety.org/global-cities-education-network/learning-shanghai-secret.

② Huang Q Y. Debunking the "Shanghai Secret"[EB/OL]. [2020 - 08 - 10]. https://www.ozy.com/opinion/debunking-the-shanghai-secret/6222.

所英国学校采取“中式教学”与英国教师进行比赛的事件。这部纪录片在国内外均引起了较大的反响。尽管这部纪录片并没有提及上海 PISA,其中教师的教学方法也不能代表上海教师的教学,但毋庸置疑,这使得对中外学校教育的反思更大范围地传播开来。

除了上述媒体,世界上其他媒体的报道也很多,这里不一一赘述。可以说,上海学生在 PISA 中两次突出的表现使得上海乃至中国教育第一次走进了全球媒体的聚光灯下,这是非常难能可贵的。

(二) 国外教育研究者对上海教育的关注和研究

除了媒体的报道外,国外研究者对上海教育的关注在 PISA 之后也呈现出明显上升趋势。其中最为引人注目的是美国国家教育经济和教育研究中心(NCEE)主席马克·塔克(Mark Tucker)和美国布鲁金斯学会汤姆·洛夫莱斯(Tom Loveless)的相关研究。

上海连续两次在 PISA 中取得三个领域第一的成绩引起了美国朝野的巨大反应。基于这一事实,马克·塔克于 2016 年出版了《超越上海:美国应该如何建设世界顶尖的教育系统》(*Surpassing Shanghai: An Agenda for American Education Built on the World's Leading Systems*)。该书介绍了作者认为的世界最顶尖的 5 个教育系统:上海、芬兰、日本、新加坡、加拿大,并对它们的成功经验进行了详细的分析和解读。作者以一名美国教育研究者的视角,试图回答美国应该如何从这些优秀的教育系统中学习什么,以及美国该如何建立一个更好的教育系统的问题。

这本书中关于上海教育的研究实际上是由香港大学程介明教授完成的。上海学生在 PISA 中的优异表现被置于各国广阔的教育文化背景、制度环境之中,并从上海自身的文化传统、学生投入、课程改革、克服差距 4 个方面来总结上海学生 PISA 成绩优异的经验。作者最终总结出上海的经验在于制定明确目标、触及文化的改革、全面的改革方案、重视教和学、统一的行政力量、设置入学考试和有效的问责制度 7 个方面。

2016 年,NCEE 发表了张民选等人完成的报告《上海教师发展》,从教师职称制度、教师在职培训和教师绩效评估三个方面全面介绍了上海在教师发展方面的政策设计。

当然,对于中国乃至上海教育质疑的声音在国外研究者中也非常多。其中影响最大的是美国布鲁金斯学会的汤姆·洛夫莱斯。2013 年 10 月 9 日，即 PISA 2012 成绩公布前两个月，他在布鲁金斯学会网站上刊发了 *PISA's China Problem*。在这篇文章中，他对上海在 PISA 中的成绩提出了质疑，质疑的关键点在于上海是否将没有户籍的在校生排除在 PISA 测试之外，并借此获得最好的成绩。他在列举了包括中国香港、奥地利、捷克等 10 个发达国家和地区 PISA 15 岁人口数及总人口数的数据后，做了这样一个推论：这些地方的 15 岁人口与上海接近，而上海的总人口是这些地区的 2 至 4 倍，因此，上海的 15 岁人口应该有 24 万人。在进行了各种可能的猜测之后，洛夫莱斯认为："唯一可能的解释是上海官方仅统计了有上海户口的孩子，他们的人数是 108 000 人。"①

洛夫莱斯的观点其实代表了众多质疑上海 PISA 成绩的西方学者的观点，例如《西雅图时报》2011 年 1 月 2 日的报道《尽管最近的测试成绩优秀，中国没有正在"吃掉我们的午餐"》(*Despite recent test scores, China is not "eating our lunch"*)、BBC 新闻《中国的学校教育赢在哪里》(*How China is winning the school race*)、《商业内幕》(*Business Insider*)于 2011 年 10 月 22 日刊发《有关在教育竞赛中中国如何获胜的惊人事实》(*Unbelievable facts about how China is winning the school race*)的报道等。这些报道均质疑上海的户口问题可能是造成上海学生取得良好成绩的重要因素。

2013 年 12 月 3 日，《商业内幕》发表题为《为何上海的惊人测试分数几乎无意义》(*Why Shanghai's Amazing Test Scores Are Almost Meaningless*)的报道。② 该篇报道全面引用了汤姆·洛夫莱斯的观点，对上海的 PISA 成绩提出质疑。

2013 年 12 月 11 日，汤姆·洛夫莱斯在布鲁金斯学会发表文章 *Attention OECD-PISA: Your Silence on China is Wrong*③，再次就户口问题对 OECD PISA 提出质疑，进一步指出，中国的户口制度彻底否定了 OECD 有关上海教育系统公平的判断。

汤姆·洛夫莱斯的观点引起了一场国际范围内的辩论。2013 年 12 月 10 日，时任

---

① Loveless T. PISA's China Problem Continues: A Response to Schleicher, Zhang, and Tucker [EB/OL]. [2020-11-10]. https://www.brookings.edu/research/pisas-china-problem-continues-a-response-to-schleicher-zhang-and-tucker/.

② Nisen M. Why Shanghai's Amazing Test Scores Are "Almost Meaningless"[EB/OL]. [2020-03-01]. http://www.businessinsider.com/shanghai-pisa-test-scores-2013-12201.

③ Loveless T. Attention OECD-PISA: Your Silence on China is Wrong [EB/OL]. [2020-11-10]. https://www.brookings.edu/research/pisas-china-problem-continues-a-response-to-schleicher-zhang-and-tucker/.

OECD 教育政策特别顾问的安德烈亚斯·施莱歇尔(Andreas Schleicher)在回应该类批评时写道:他们根本没看过 PISA 2012 技术报告的附录,这里面显示根本不存在欺骗。他们也没有与抽样的专家和国际审核人员谈过,这些审核人员仔细地检查并确认了上海和其他国家样本的有效性。①

时任上海师范大学校长、上海 PISA 负责人张民选教授在 *Education Week* 上发表 *Shanghai Responds to School Ranking Cheating Allegations*,基于上海人口统计数据,上海 PISA 中新上海人成绩表现的分析回应了该项质疑,指出上海的 PISA 成绩是真实的,并不存在排除外来人口子女的问题。②

美国教育和经济研究中心主席马克·塔克于 2013 年 12 月 26 日在 *Education Week* 上发表 *Response to the Brookings Institution Attack On PISA*。他对中国的户口制度进行了介绍,并指出上海在对户口制度进行改革,尤为关键的是,那些希望继续读高中的学习更优秀的学生在初中后会离开上海,而不太优秀的学生则留在上海,因为他们可以在上海读职业学校。这与马克·塔克所设想的上海学校情境完全不同。他指出,上海参加 PISA 是因为希望借助 PISA 来提高其学校教育,上海同中国澳门、中国香港、中国台湾、日本和新加坡一样,不是通过欺骗取得成绩,而是通过对儿童进行良好的教育。③

马克·塔克于 2014 年 1 月 8 日在布鲁金斯学会发表 *PISA's China Problem Continues: A Response to Schleicher, Zhang, and Tucker*,回应上述批评,并再次对上海教育公平提出质疑,对 OECD 为何不公布中国其他地区成绩提出质疑。④ 实际上,这些质疑很大程度上表明其对上海基础教育缺乏认知,对 OECD PISA 在中国的实施细节缺乏了解。

学者之间的辩论使得上海教育的真实情况越发清晰,同时也引起了更多教育研究

---

① Schleicher A. Are the Chinese cheating in PISA or are we cheating ourselves? [EB/OL]. (2013-12-13)[2020-12-13]. http://oecdeducationtoday. blogspot. fr/.

② Zhang M X. Shanghai Responds to School Ranking Cheating Allegations [EB/OL]. (2013-12-21)[2020-12-21]. http://blogs. edweek. org/edweek/global_learning/2013/12/shanghai_responds_to_school_ranking_cheating_allegations. html.

③ Tucher M. Response to the Brookings Institution Attack On PISA [EB/OL]. (2013-12-26)[2021-12-26]. http://ncee. org/2014/01/tom-loveless-on-hukou-in-china/.

④ Loveless T. PISA's China Problem Continues: A Response to Schleicher, Zhang, and Tucker [EB/OL]. https://www. brookings. edu/research/pisas-china-problem-continues-a-response-to-schleicher-zhang-and-tucker/.

者对上海乃至中国教育的关注。

(三) 政府官员对上海教育的关注

2014年2月24日至25日,时任英国教育和儿童事务部副国务卿伊丽莎白·特拉斯(Elizabeth Truss)率领英国代表团访问上海。她通过与政府部门、研究机构和大学的走访以及到学校实地听课,深刻地感受到上海教育,尤其是上海数学教育的独特之处。回国后,她在英国《每日电讯报》撰写了专栏文章 *Britain's schools need a Chinese lesson*。[①] 在文中,她高度赞扬上海的数学教育,否认了之前西方普遍的刻板印象,即中国孩子死记硬背,中国孩子长时间待在学校。在她看来,班级授课制、层层递进式的教学、学生的专注、教师的专业以及对数学的重视是促成上海学生数学成绩优异的根本原因。这些与英国学生的数学学习形成鲜明对比。在实地探访和相关研究结果的支持下,英国政府开启了"中英数学教师交流"项目,每年上海派60位左右的数学教师前往英国30所学校进行为期一个月的教学,而这些学校也将各派遣2位优秀数学教师前往上海的学校。

上海学生在PISA中的优异表现同样引起了美国政府的关注。美国时任教育部长邓肯在获知上海学生在2009年的表现后说,这是一个让我们醒来的号角,我们可以诡辩,也可以认可美国教育落后这个残酷的现实。而在罗纳德·里根任总统期间的教育部任职的切斯特·E.费恩(Chester E. Finn Jr.)说:"我感到有点震惊,这让我想到Sputnik(苏联发射的第一颗人造卫星)。"2015年5月12日至14日,第三届中美省州教育厅长对话在上海召开,此次会议以"学生评估"和"教师发展"为主要议题,上海在PISA方面的成功经验得到了与会者的一致赞同,美方认为上海有许多值得学习的方面。2016年,时任美国教育部长小约翰·B.金博士(John B. King, Jr.)访问上海,专程来到上海师范大学与张民选教授进行交流。而其此行的主要目的之一正是"了解上海世界闻名的教育体制"[②]。

除英美等国外,上海教育同样引起了世界其他国家和地区政府的高度重视。上海

---

① Truss E. Britain's schools need a Chinese lesson: A visit to Shanghai's classrooms confounds our every expectation about Asian maths teaching [EB/OL]. (2014-03-04). https://www.telegraph.co.uk/education/10673512/Britains-schools-need-a-Chinese-lesson.html.

② 美国驻华大使馆和领事馆. 美国教育部长访问上海[EB/OL]. (2016-08-07). https://china.usembassy-china.org.cn/zh/secretary-education-visits-shanghai-zh/.

教育不仅成为研究者关注的焦点，也成为各国政府教育官员想要了解的对象。

六、 对上海教育的不同分析视角

PISA之前，西方对中国基础教育一直存在着比较片面的认识。然而，在由西方国家为主开发的基于学生“素养”的测评中，中国上海学生的优异表现无疑令世人惊奇。围绕这一结果呈现出多种不同视角的观点，肯定上海教育成果的人赞叹上海学生能力强，转变了对中国学生的刻板印象；质疑的也有很多，特别是认为中国学生注重学习学科知识，考试能力强，但创造力和实际运用知识的能力仍然比较差。①② 以下，我们对三种主要视角进行论述。

（一）肯定上海基础教育的巨大成就

在OECD PISA 2009发布会上，OECD秘书长古里亚（Angel Gurria）对上海学生的优异表现不吝赞美，他指出：

> ……中国上海学生的表现令人震惊，学生在这次评估的每个领域中都以明显优势领先，表明了在多元社会背景中，凭借中等经济资源也可以取得令人瞩目的教育成就。在数学领域，上海有四分之一以上的15岁学生能够根据自己的研究和对复杂问题的建模来构思、概括和创造性地使用信息，上海学生在解决新问题时，能够应用自己的理解和见识，及新的方法和策略，OECD只有3%的学生达到这一水平……③

OECD PISA负责人安德里亚斯·施莱歇尔（Andreas Schleicher）表示，OECD评估的是创新思维，上海的学校不是在培养死读书的学生，他们正引导学生将能力和热情转化为优异的成绩。

美国《纽约时报》对上海学生PISA 2009的表现进行报道④，文中引用了布什政府

---

① 陆璟，朱小虎. 如何看待上海2009年PISA测评结果——中国上海中学生首次参加国际测评结果反响述评[J]. 上海教育科研，2011(1)：17—19.

② 王湖滨. 上海PISA 2012结果的外媒反映述评[J]. 上海教育科研，2014(2)：36—39，9.

③ 臧莺. 上海再夺PISA测评全球第一：数学、阅读、科学三个领域高水平学生比例世界最高[N]. 东方教育时报，2013-12-04(4-5).

④ Dillon S. Top Test Scores From Shanghai Stun Educators [EB/OL]. (2010-12-07) [2020-03-10]. https://www.nytimes.com/2010/12/07/education/07education.html.

期间教育研究部门马克·施耐德(Mark Schneider)的话:"这是我们第一次获得有关中国教育结果的可比数据,结果是很重要的,但对我来说,这些结果最为重要的意义在于它们否定了以前我们通常所持有的中国只是进行死记硬背式学习的想法。"

西班牙《国家报》2010年12月8日发表的文章指出,拥有2200万人口的中国上海第一次出现在国际学生学业成就这类研究中,结果获得了全球最好成绩。上海学生在阅读测试中位列第一。在亚洲保持领先的所谓"数学文化"方面,上海以令人惊讶的600分高居榜首,同时打破了所有纪录。在科学科目测试中,上海学生同样拔得头筹。

(二)指出中国教育存在多种问题

大量媒体对于上海PISA成绩表现提出质疑,从学生的学习方式、课业负担、创造力等方面指出中国教育存在的问题。

英国《每日电讯报》指出:"最好的学生实际上不是最聪明的,不是善于思考的,也不是未来世界的学者,他们只是极其努力,是只会在很短的时间内记住并快速给出测试答案的学习机器。他们把所有时间都用于学习、背诵、作业和预习、学考试技巧以及做练习卷。晚上、周末,甚至节假日也都被一个接一个的学习活动挤满,头脑中只有这唯一一个目的。"①

《悉尼先驱晨报》报道称,中国学生的确考得"世界最好",但也付出了代价。报道说,尽管上海学生考了世界第一,但并不能停止家长们对中国教育体制的抱怨。报道援引一名家长的话说,"我的孩子没有创造力,他们被培养成了书呆子"。该报道引用澳大利亚课程及评价机构负责人希尔的观点,他认为中国的教育体制和儒家文化有关,"中国学生缺乏创造力,以及总被雇主抱怨,更多是因为儒家文化,它强调学生对教师乃至文化的遵从,而非个人能力"。

北京大学附属中学校长助理兼国际部主任江学勤在《华尔街日报》撰文指出,上海学生考高分是问题的征兆,中国的学校十分善于帮助学生应付标准化的考试,正是由于这个原因,他们无法帮助学生们做好接受高等教育和知识经济的准备。

---

① Vanbergen E. OECD education report: case study China [EB/OL]. [2019-12-25]. http://www.telegraph.co.uk/education/10490471/OECD-education-report-case-study-China.html.

（三）对上海样本的代表性以及上海本身代表性的质疑

对上海样本学生代表性的讨论前文已经进行过较为详细的论述，可以看出，对于户籍制度的质疑以及由此引发的教育权利公平问题仍将在长时期内成为中国教育不可避免的批评方面。

除了样本对上海学生代表性的质疑以外，众多媒体和研究者也对上海对中国教育的代表性提出质疑。PISA 的参与主体绝大多数为国家，同样也有一些地区作为独立的单位参与。这使得 PISA 结果代表的普遍性受到质疑。例如，上海这样一个中国的城市，怎么能和美国全国学生的成绩相比？另一方面，上海作为中国最为发达城市，集中了中国顶尖的人才，其对中国的代表性有多大？来自这方面的质疑非常普遍。支持可比的学者一般认为，上海作为一个拥有 2 400 万人口的超级城市，单从绝对数量上，完全超过了很多中等国家人口。同时，上海尽管是中国最为发达的城市，其经济发展水平仍落后于绝大多数发达国家平均水平，因此，上海取得的成就完全是超出预期的。在这方面，比较典型的是 NCEE 的马克・塔克和前面提及的马克・施耐德。

七、借势 PISA 和 TALIS 走向世界

PISA 和 TALIS 作为教育国际比较研究项目，向全世界展示了各国基础教育阶段学生和教师的特征。对上海来说，它们更像两扇面向世界打开的大门，上海的学生和教师的优异表现向所有人展示了上海乃至中国教育的独特经验，而上海教育也因此走入国际教育的核心视野。

2014 年，英国教育部副部长伊丽莎白・特拉斯在访问上海后提出在原有教师交流机制基础上进一步进行工作互派，加深交流深度，从而开启了"中英教师交流项目"。至 2018 年底，中英双方已互派教师达 548 人，英国有 12 000 名教师先后观摩了上海数学教师的公开课。① 双方在交流的过程中，不断反思和总结，不断相互学习，真正促进了共同发展。在中英教师交流的过程中，上海的数学教材和教辅书籍逐步被英国引入，越来越多的英国学校决定引入"上海掌握数学教学"(Shanghai Mastery Math)，向世界展示了上海经验可以为他国借鉴的事实。

---

① 徐瑞哲. 就"上海掌握数学模式"互派 548 人，中英数学教师交流项目创最大规模"浸入"62 校[EB/OL]. [2019 - 08 - 06]. https://www.jfdaily.com/news/detail?id=118554.

世界银行一直将减少贫困、推动共同繁荣和促进可持续发展作为其努力的方向，而支持发展中国家尤其是贫困国家的教育发展无疑是实现上述目的最有效方法之一。中国作为世界上最大的发展中国家，几十年来得到了世界银行众多教育方面的项目资助。同时，随着中国经济的高速发展，中国教育的经验也越来越多为许多发展中国家所看重。当上海教育在PISA中取得世界反响的表现时，世界银行也开展了针对性的研究项目。通过对上海200所学校的调查研究，世界银行发布了“How Shanghai Does It”的研究报告，向世界分享上海乃至中国的基础教育发展经验。众多发展中国家借助这一平台与上海教育建立了联系，通过各种方式来分享上海经验。

为了更好地将上海教育的经验推向全世界，同时也为了承担更多的国际责任，上海借助上述项目提出申办联合国二类机构“教师教育中心”，将作为全球教师教育知识生产和创新平台，肩负“知识生产、能力建设、信息交流和技术支持”的重要任务。在联合国教科文组织第39届全体大会上，100多个国家和地区代表通过了这一提议。

回归这一发展历程，可以说，PISA和TALIS为上海教育提供了机遇，而真正能够使我们把握这种机遇的则是几十年坚持不懈的教育改革和创新，是千千万万教育一线的教师、校长、教育基层管理者和教育研究者的艰苦努力。因此，中国教育对世界的贡献和影响，最根本的取决于我们对自身问题的关照以及放眼世界的胸怀。

第十章

中国教育研究在世界银行中的影响力

中国自1980年恢复世界银行合法席位以来，一直保持着与世界银行的良好合作关系，主要涉及贷款合作、知识合作、国际发展合作等方面，产生了较为丰硕的成果。这也是中国运用国际话语和规范梳理中国教育发展经验、参与全球教育治理，从而发挥中国教育影响力的一个重要案例。

第一节　中国与世界银行教育合作概述

一、世界银行概况

1944年，来自44个国家的700余名代表在美国参加了布雷顿森林会议。会上各国讨论并确立了以美元为中心的国际货币体系，同时决定建立国际货币基金组织(International Monetary Fund，简称IMF)与国际复兴开发银行(International Bank for Reconstruction and Development，简称IBRD，即世界银行前身)两大金融机构，以帮助各国进行战后重建，稳定世界经济格局。随着世界各国经济的发展，国际复兴开发银行的服务宗旨逐渐从“促进战后重建与发展”转向了“致力于全球范围内的减贫事业”，并通过向广大发展中国家提供低息或无息贷款、赠款，支持各受助国发展本国的教育、卫生、交通事业，建设基础设施等。

20世纪50年代起，联合国在国际复兴开发银行的基础上先后成立国际金融公司(International Finance Corporation, IFC, 1956年)、国际开发协会(International Development Association, IDA, 1960年)、解决投资争端国际中心(International Center for Settlement of Investment Disputes, ICSID, 1965年)和多边投资担保机构

(Multinational Investment Guarantee Agency, MIGA, 1988年),由这5个机构共同组成世界银行集团(Word Bank Group)。其中,国际复兴银行与国际开发协会延续了向发展中国家发放贷款及赠款的职能,主要为发展中国家的政府提供资金、政策咨询和技术援助。在教育、人力资源开发等相关领域中,人们常说的"世界银行"主要代指这两大机构。

目前,世界银行共有189个成员国,在130多个地方设有办事处。自成立以来,世界银行已向世界各国提供了459亿美元的资金援助,支持了12 000余个发展项目(Word Bank, 2018)。如今,世界银行集团已成为一个服务于全世界发展的国际金融集团,5个机构共同致力于帮助发展中国家减少贫困,推动共同繁荣,促进可持续发展。

二、 中国与世界银行的教育合作

(一) 贷款合作

中国与世界银行的主要合作内容就是贷款合作,总体上经历了起步、调整巩固、稳步发展与双向交流的阶段。中国初期是作为世界银行面向最贫困国家的国际开发协会的受援国,1981年我国接受了世界银行的第一笔贷款援助,并将其用于高等教育领域,大力推动国内28所重点大学的建设与发展,正式开启了我国利用世界银行贷款促进本国教育发展的序幕。在与世界银行合作交往的37年,中国扮演的角色也发生着不断转变,目前我国已经从贷款的受助者的角色转变成为知识经济的贡献者。1999年,中国人均国民收入超过世界银行"最贫困国家"限制线,从国际开发协会"毕业",2007年成为国际开发协会的捐款国。在2010年世界银行增资完成后,中国与世界银行合作30周年之际,中国成为世界银行第三大股东国。① 同年,世界银行制定2011—2016年中国国别伙伴战略,与我国制定的"十二五"规划保持一致,自此,我国与世界银行的合作进入了双向合作发展的新阶段。如今,中国的发展成就和减贫纪录吸引了来自全球的目光,许多发展中国家通过世界银行转向寻求中国的知识与经验。

截至2018年7月,世界银行与我国合作的各类贷款项目共计533个(106个正在

① 世界银行.世界银行与中国-简介-成果[EB/OL].(2021-03-29)[2021-07-01]. https://www.shihang.org/zh/country/china/overview#3.

进行)，遍及交通、农业、城建与环境、能源、工业、教育、卫生等领域。其中，教育发展合作项目 27 个(见表 10-1)，涵盖学前教育(1 个)、基础教育(6 个)、高等教育(8 个)、农业教育(2 个)、师范教育(1 个)、职业技术教育与培训(7 个)、教师培训与教材开发(2 个)等方面。自 1981 年至今，世界银行总共向我国教育事业提供了 22.574 亿美元的贷款，其中 12.535 亿美元为早年的长期无息贷款(Word Bank，2018)。

表 10-1　世界银行在中国教育贷款情况一览表

	起止时间	贷款项目名称	领域	金额(亿美元)
1	1981.6.23	大学发展项目	高等	2
2	1982.11.2—1989.3.31	农村教育科研项目	高等	0.754
3	1983.9.13—1992.6.30	广播电视大学和短期职业大学项目	高等	0.85
4	1984.5.8—1991.12.31	农村卫生和医学教育项目	高等	0.85
5	1984.6.14—1992.6.30	第二农业教育项目	农业	0.688
6	1984.9.11—1992.6.30	农业教育科研项目	农业	0.25
7	1985.2.26—1992.12.31	第二大学发展项目	高等	1.45
8	1986.3.25—1992.12.31	地方大学项目	高等	1.2
9	1988.5.24—1993.12.31	教师培训项目	教师	0.5
10	1989.4.18—1995.6.30	教材开发项目	教材	0.57
11	1990.3.27—1996.12.31	职业教育项目	职业	0.5
12	1991.2.26—1998.12.31	重点学科发展项目	高等	1.312
13	1992.3.10—1999.12.31	贫困省教育发展项目(贫一)	基础	1.3
14	1993.3.16—1999.12.31	师范教育发展项目	师范	1
15	1994.9.6—2000.12.31	贫困及少数民族地区基础教育项目(贫二)	基础	1
16	1996.3.21—2001.12.31	第三贫困省教育发展项目(贫三)	基础	1
17	1996.7.2—2002.12.31	职业教育改革项目	职业	0.3
18	1997.5.27—2003.9.30	第四基础教育项目(贫四)	基础	0.85
19	1995.5.18—2005.9.30	高等教育改革项目	高等	0.7
20	2003.9.9—2009.12.31	西部地区基础教育项目(与英国国际发展署合资)(贫五)	基础	1
21	2009.6.2—2014.12.31	职业技术教育与培训项目	职业	0.2
22	2010.6.1—2015.12.31	辽宁和山东职业技术教育与培训项目	职业	0.4

续　表

	起止时间	贷款项目名称	领域	金额(亿美元)
23	2012.5.15—2017.12.31	中国云南省职业技术教育与培训项目	职业	0.5
24	2015.5.29—2020.4.30	新疆职业教育项目	职业	0.5
25	2016.12.9—2021.12.31	云南学前教育发展实验示范(YECEIP)	学前	0.5
26	2017.3.31—2023.6.30	中国：甘肃职业教育培训项目	职业	1.2
27	2017.10.31—2023.6.30	广东省欠发达地区义务教育均衡优质标准化发展示范项目	基础	1.2

资料来源：研究者根据世界银行网站(http://projects.shihang.org)不同项目数据整理形成。

20世纪80年代至90年代初，世界银行与我国的教育发展合作主要集中在高等教育领域，如大学发展项目、广播电视大学和短期职业大学项目、第二大学发展项目、地方大学项目等，有力地推动了我国高等教育的恢复与发展。90年代以后，我国确定了普及九年义务教育及基本扫除青壮年文盲的教育发展目标，世界银行贷款重点也逐渐转向了我国农村贫困基础教育项目，如"贫一""贫二""贫三""贫四""贫五"项目，对弥补我国基础教育发展资金缺口，尤其是对贫困地区的基础教育事业发展起到了重要推动作用。21世纪以来，知识经济时代的迅速发展对各国劳动力人才的发展提出了新要求，世界银行开始更加关注我国的职业教育与培训，连续开展了职业技术教育与培训项目、辽宁和山东职业技术教育与培训项目、云南职业技术教育与培训项目、新疆职业教育项目、甘肃职业教育培训项目等。

(二) 知识合作

除了贷款合作以外，世界银行与我国的知识合作主要包含技术援助、经济分析、人员培训、政策咨询等。迄今为止，世界银行共向我国提供了超过5亿美元的技术援助，并开展了多次机构建设和能力培训活动。近年来，世界银行针对我国社会保障、财政金融、企业改革、投资环境、知识经济、农村发展、扶贫开发、教育卫生、交通运输、能源水利、环境保护等经济社会发展的瓶颈领域进行专门调研。在合作中，世界银行独立或与中方合作完成研究报告200多篇，为我国宏观经济管理和行业部门改革提出了许多具有参考价值的意见和建议，对推动我国进一步深化改革和重大体制创新发挥了积极作用。

在教育方面，随着双方发展合作的不断深入，世界银行对我国的教育发展支持不再局限于贷款项目，开始通过咨询建议影响我国教育体制改革，如《中国：高等教育管理和财政》《中国：高等教育改革》《中国：中等教育的挑战》《21 世纪中国教育的战略目标》等。而在世界银行领导的国际测评项目、全球决策咨询中，中国学者也积极参与贡献自身力量。

（三）国际发展合作

随着中国经济的快速发展和国际影响的不断扩大，国际发展合作也日益成为中国与世界银行合作的一个重要领域。一方面，世界银行是我国获得先进教育发展理念的重要渠道之一。另一方面，通过世界银行宣传中国的教育发展理念、成就与经验，客观上也促进了国际社会对中国教育发展的理解与支持。中国一直积极支持并参与南南合作，充分利用世界银行在发展援助方面所具备的独特优势，扩大中国在发展中国家的影响。近年来，中国与世界银行合作举办了“中非共享发展经验高级研讨会”“公平与卓越：全球基础教育发展论坛”等多项活动，同时在世界银行的资助下，肯尼亚、巴西等许多发展中国家也陆续来我国上海学习中国教育发展经验，真诚支持和帮助亚太及非洲地区发展中国家加快减贫和教育发展步伐。

三、 中国教育研究对世界银行的影响

贷款合作方面，中国与世界银行的教育发展合作主要集中在基础教育、高等教育、职业教育三大领域。因此，在探索中国教育研究对世界银行影响力过程中，分析中国与世界银行在基础教育、高等教育与职业教育领域的交流内容、形式、层次以及中国教育研究在世界银行发展基础教育、高等教育和职业教育领域中的话语权尤为重要。在基础教育领域，以世界银行与上海师范大学合办的“公平与卓越：全球基础教育发展论坛”为例，目前已相继有来自美国、英国、马来西亚、肯尼亚、巴西等国家的政府官员及教育工作者来访上海，学习上海基础教育发展与改革经验。在来访期间，中国学者通过学术报告、教育工作坊等形式将中国教育研究成果分享给来访国家，加强了对他国的教育影响。在高等教育与职业教育领域，我国学者也多次受世界银行邀请，前往国际教育论坛参与决策咨询作学术报告。但总体而言，此类学术交流大多基于当前的教育实践服务，还未上升到理论层面，可以说中国教育研究的话语权在交流实践中还未发展成为中国与世界银行教育交流中不可或缺的一部分，中国教育研究的文化立场、理论体系、话语体系以及研究范式还未建立，能够对他国形成的教育影响较小。

知识合作方面，21 世纪以来大型国际教育研究项目尤其是教育测评研究和比较项目日益增多，中国政府和学者积极参与其中发挥了中国教育研究的影响力。2010 年世界银行启动关于教育成果的系统评估和标准制定（System Assessment and Benchmarking for Education Results，简称 SABER）的国际教育质量监测项目。上海师范大学应邀参加该项目，在评估过程中，我国学者积极参与研究框架的建构，并于 2014 年 4 月和世界银行专家共同完成了题为《上海是如何做到的》（*How Shanghai Does It: Insights and Lessons From the Highest-Ranking Education System in the World*）的研究报告。世界银行东亚和太平洋地区教育实践局局长哈里·巴特诺斯认为，报告中上海为提升薄弱学校绩效而采取的方式与提高全体学生学业成绩方面的经验，对正在寻求培养更多技能人才的发展中新兴经济体很有借鉴意义。此外，SABER 项目中，中国学者还与国际学者共同完成了《中国劳动力发展国家报告》（*SABER Workforce Development China Country Report 2014*）与《中国儿童早期发展国家报告》（*SABER Early Childhood Development China Country Report 2016*），提供了一定的经验与借鉴。

理论研究方面，国内学者对中国与世界银行的交流合作所进行的研究数量不是很多，主要集中在以下几类：中国与世界银行合作关系研究，世界银行贷款援助项目的总体研究或某一项目的具体研究与世界银行对华政策与报告的述评。这些研究多为实践经验的完善，研究范围和层次具有明显的局限性，研究的深度和广度仍显不足，同时缺乏理论层面的相关支撑，因此中国教育研究能够发挥的影响力是极其有限的。

总体来说，在中国与世界银行的合作交流中，中国教育研究的影响还处于经验分享与实践服务的层面，理论研究较为缺乏，研究体系尚未形成，基本呈现教育交流合作与对话在前，中国教育研究影响力在后的状况。

第二节　从世界银行 SABER 上海测评看我国教育影响

越来越多的社会学和人类学研究发现，国际组织通过在专业领域进行文化建构来建立起自己的权威，从而对世界发挥影响并行使权力。国际组织影响世界的主要途径有三种：(1)对世界进行分类，包括对国家在世界上的角色、行为进行分类，并不断创造类别名目；(2)建立一系列话语、概念、评价体系等并赋予意义；(3)在全球范围内传播新的规范、原则和行为准则。而所有这些都来自国际组织自身拥有的专业能力和专业资源。①

一、 世界银行全球治理思想

建构主义者观察到，即使国际组织是为成员国而创建的，随着时间的推移，它们也会演变成独立的资源权力，国际组织通常有足够的自主权来解释和重新定义自己的广泛职责，同时影响成员国的决策。② 全球治理的概念最早起源于世界银行。世界银行对发展中国家政策的影响，已经远远超出了世界银行给予该国的援助经费的影响。正如世界银行自身宣称的那样，“当人们需要知识的时候希望能够想到世界银行，而不是仅仅在缺资金的时候想到世界银行”。③ 世界银行一直在努力打造“知识银行”的印象，与其他国际组织一样，世界银行通过所拥有的专业精英人才对发展中国家提出建议。世界银行被认为是最能吸引“发展专家”和“最优秀和最聪明的”人才的磁石。世界银行的专业权威发展迅速。世界银行已经打造了一个不仅在经济领域，而且包括能源、农业、卫生、教育等多个领域都极具专业信服力的组织。比如世界银行的职员大都拥有“金光闪闪”的履历，从世界最著名的大学毕业，拥有各种专业类高级资格证书，世界银行在各个领域的研究小组也已经建立起了“发展领域专家”的形象，多年来在发展领域中具有很大的影响力。世界银行出品精心制作的各种评价模型、一系列研究报告……世界银行拥有的这种专业知识集群，再加上其声称中立和不关心政治的专家决策风格，给世界银行在包括经济领域在内的许多领域都树立起了一个权威的专家形象，世界银行成功地支配或者摆布了全球发展事业的内容、方向和范围。④

---

① Bereket Habte Selassie. The World Bank: Power and Responsibility in Historical Perspective [J]. African Studies Review, 1984,27(4): 35 - 46.

② Marshall, K. The World Bank: From Reconstruction to Development to Equity [R]. Routledge, London, 2008: 131.

③ World Bank. Review of World Bank Conditionality [R]. The World Bank Group, Washington, DC, 2005:12.

④ Abbott, KW, Sindal, D. Why states act through formal international organizations. [M]//Dihel, P. F. (Ed.), The Politics of Global Governance: International Organizations in an Interdependent World. Boulder, London, 2005: 25.

二、世界银行 SABER 测评：后华盛顿共识下的重要教育行动

教育是世界银行"后华盛顿共识"时代议程的核心内容。从 1961 年第一个教育项目以来，世界银行凭借其雄厚的贷款能力、权威性的知识生产和跨国政治影响力，已经成为发展教育领域中最重要的全球治理参与者之一。教育已经在世界银行的贷款组合中占了很大一部分。从组织文化的角度来看，世界银行有一套组织运转必须遵守的惯例和规范，经济学在世界银行各个领域的决策过程中都长期占据主导地位，世界银行工作人员必须面对放贷压力。这使世界银行长期以来都以贷款作为和成员国建立联系的主要方式。然而，进入 21 世纪，相比贷款这一核心工具，世界银行越来越多地开始利用软实力机制（如制定基准、技术援助、思想传播等），作为影响成员国决策的一种方式①，尤其在诸如教育或养老金改革等社会政策领域，世界银行工作人员更擅于使用世界银行的知识资源和专业权威来影响成员国决策。② 这使得世界银行的教育政策议程变得越来越广泛，也越来越复杂，一开始是向教育系统提供基本的物质投入，现在则侧重于帮助成员国通过雄心勃勃的教育系统改革提高学习成果。

从 20 世纪 90 年代末开始，世界银行在教育领域的贷款大幅下降，尤其中等收入国家的贷款呈现减少趋势。为了应对这种需求下降，世界银行寻求将其教育部门资金对不同类型借款人的吸引力多样化，更多地关注客户驱动型贷款。世界银行在 2011 年起草并通过了一项新的教育部门战略《2010—2020 教育战略》。③ 新政策侧重于"全民学习"，旨在打破世界银行以前的项目投入融资模式，支持基于政策的贷款。在其新战略中，世界银行承诺将专注于整个教育体系改革，同时承诺扩大世界银行作为政策咨询和专业知识提供者的角色职能。其中一个重要举措就是开发了"为了更好教育结果的系统测评"（System Approach for Better Education Results，简称 SABER）这一面向政府教育政策的基准测评工具，通过 SABER 测评来为成员国做教育系统的测评和诊断，使得世界银行的教育贷款行为更加合法化和合理化。

---

① Stone, D, Wright, C. The World Bank and Governance: A Decade of Reform and Reaction [R]. Routledge, London, 2007.

② Haas, P M. When does power listen to truth? A constructivist approach to the policy process [J]. Journal of Europe Public Policy 2004, 11(4), 569.

③ Verger, A, Edwards Jr. D B, Altinyelken, H K. Learning from all? The World Bank, aid agencies and the construction of hegemony in education for development[J]. Comparative Education, 2014, 50(4), 381 - 399.

“为了更好教育结果的系统测评”作为世界银行近十年来的主要教育测评工具，以实现“全民学习”为目标，以一个国家或城市整体教育系统作为监测对象，以诊断性评价作为首要功能，通过概念框架制定、诊断工具开发、国家报告、案例研究等途径来实施监测，以期为世界各国提供教育政策借鉴。

SABER 主要分为：学生监测系统，有效的教师政策，教育信息管理系统，学校自主和问责，私立部门参与等 13 个模块。主要特点有：(1)侧重考察国家或地区教育政策制定与实施情况。与近年来国际上流行的教育测评不同的是，SABER 不考查学生的学业成就，而是关注一个国家或地区的教育系统。(2)建立统一标准，对各国教育发展状况进行诊断。建立各项教育政策的国际基本标准，正如人体各项指标的健康标准一样。当一个国家或地区定期上传其相关教育政策时，SABER 就可以通过这一国际基本标准来判断该国或地区在教育政策中存在的问题。(3)建立网络平台，对监测结果进行全球共享。SABER 认为，虽然各个国家和地区的情况不同，教育发展水平不同，但一些国家和地区的成功经验，对于其他国家和地区尤其是国情较为相似的国家和地区仍然具有一定的参考价值。因此，SABER 项目将建立一个基于知识的网络平台(Knowledge-Based Website)，分享所收集到的各国和地区的政策数据、支持性的资料以及对每一个政策领域的分析结果。①

三、上海在 SABER 测评中的角色与中国教育影响

(一) 上海作为参与者：发现 SABER 测评存在的问题

上海于 2009 年和 2012 年在经济合作与发展组织开发实施的 PISA 测试中两次夺冠，引起了世界银行对上海基础教育的关注，2014 年世界银行正式邀请上海参加 SABER 测评，以期在 SABER 视角下全面和真实地反映上海基础教育的现状、成功经验与存在问题，并提炼出能够为世界其他国家借鉴的有益经验。该项目具体目标为：由上海教育部门完成一套包含多项模块的世界银行 SABER 的主问卷。按照世界银行的预期，主要有三步。

第一步，完成诊断问卷。国家基于自身教育质量监测政策和教育系统的情况，完成项目组开发的自我诊断问卷，将信息上传到 SABER 评价网站。第二步，根据“诊

① Verger, A, Edwards Jr. D B, Altinyelken, H K. Learning from all? The World Bank, aid agencies and the construction of hegemony in education for development[J]. Comparative Education, 2014, 50(4), 381 - 399.

断"给出"处方"。世界银行的研究团队根据问卷所收集的数据，生成国家概况报告，说明该国或地区在监测制度和相关政策方面的优势和改进的潜力。在与测评国家或地区共同讨论后，将该报告的最终版本放到 SABER 评价网站。第三步，基于报告中发现的问题，测评国家或地区参考项目组在报告中提供的建议，制定采取行动的计划，并予以执行。SABER 评价团队可以通过与当地世界银行项目团队的合作，支持各国和地区改善自己的监测系统，改进相关的教育政策，加强各国或地区间的交流和经验共享。[①]

然而项目在上海实施的第一步就遭遇问题，导致问卷调研进展缓慢。负责在上海地区实施该项目的上海师范大学研究团队对问卷和调研反馈进行分析后，发现研究方案存在以下问题：

1. 问卷部分问题与中国教育体制和实际发展情况不符

世界银行的 SABER 问卷对于每个模块的问题都基于其相应的测评指标，但测评指标与中国国情不匹配，与教育发展实际存在偏差，例如在学校管理模块，世界银行问卷有大量关于校董会的问题。

> 有没有解释校董会参与准备学校预算的一份明文规定？校董会是否有一份如何使用学校和学生年度评估结果的明文规定？校董会是否有监督学校执行预算的法律权力？校董会是否有法律权力外聘审核员进行财务审计？政府是否设立专门的培训项目，帮助校董会成员理解学校管理？相关政策条文是什么？

对于这一系列问题，受访者表示，上海只有部分私立学校才有校董会，政府并没有将这少部分校董会归在管理范围之内，根据 SABER 测评方法来看，只要是政策缺失部分都应扣分，但如果因为这一项导致上海失分，又不够合理。

> 在学生模块，世界银行问：学校是否有义务使用学生标准化考试结果来做教学、人事和行政方面的调整？相关政策条文是什么？

受访者认为，在上海，用学生标准化考试的结果来作为学校教学、人事和行政方面的调整这种情况应该是存在的，但并没有明确的政策条文来约束学校必须这么做。因为学生标准化考试的结果仅仅只是反映学校教学、人事和行政问题的其中部分指标而已。

> 在课程模块，世界银行问：学校是否可自由编制课程中占70%的核心内容(core portion of the curriculum)？学校是否可以编制属于课程中项目教学30%的

① Verger, A, Edwards Jr. D B, Altinyelken, H K. Learning from all? The World Bank, aid agencies and the construction of hegemony in education for development[J]. Comparative Education, 2014, 50(4), 381 - 399.

课程(the 30% project/inquiry-based portion of the curriculum)?

受访者对此问题也表示无法理解。由于中国的课程都按照教育部或本地区教育管理部门的规定进行，到底如何回答“自由编制课程中占70%的核心内容”?

以上疑问在与世界银行沟通后得到的反馈是，按照中国上海的教育实际，这道题可以改为对学校校本课程设计的调查。但受访者认为，校本课程由各个学校根据自己学校情况制定，不存在统一标准，有的学校开设几百门，有的学校开设一两门，因此本题无法给出单一的或固定的答案。

学校和学生表现的评估是否属于国家或者省市评估的一部分?

受访者表示对此题的表述不太理解。经沟通后，世界银行解释，他们是想问，国家或者省市有没有一个包含学校和学生表现评估在内的评估框架。

2. 问卷部分问题与我国社会经济文化发展情况不符

在学生模块，世界银行问：学生评估结果是否被用于和其他类似学校做比较?相关政策条文是什么?

受访者表示，教育部《关于贯彻〈义务教育法〉进一步规范义务教育办学行为的若干意见》就明确指出，要严格控制学生在校考试次数，不得公布学生考试成绩，不得按考试成绩对学生进行排名。《上海市未成年人保护条例》也增设了“不得公布学生的考试成绩名次”的规定。显然，受访者给出的答案是符合我国教育实际和社会文化的，但与世界银行设计本题的初衷和评测目标不符。

在学校财政管理模块，世界银行问：是否有机制跟踪小学阶段在开学一个月之内收到相关教科书的学校比例?

对这道题目受访者表示困惑，为什么还要有机制跟踪学校在一个月内是否收到教科书，上海的学校都会及时收到教科书。世界银行解释，在部分发展中国家尤其是低收入国家，政府会因为经费问题延迟发给学校教科书。因此，世界银行想要了解从政策上如何保障学校及时收到教科书，以及有多少学校会及时收到，尤其是对很多低收入发展中国家而言。这个问题是很有必要进行调查，但这一类问题由于国情差异，对于中国上海的意义并不大。

3. 世界银行SABER问卷对受访对象级别要求高，但问题深入度不足

世界银行对受访对象的要求比较高。考虑到职务级别越高，对政策的制定和执行情况了解越全面，因此要求每道问题的回答者必须是与问卷问题相关的教育部门负责人。比如回答教师培训政策问题，要求上海市教育委员会人事部门管理层级别的人员

回答。比如回答学生管理问题，要求上海市教育委员会学生管理部门负责人回答。按照世界银行的要求，整套问卷需要采访的范围大概在60名到70名上海市教育委员会不同部门的负责人。

尽管对受访对象的要求很高，但与之不匹配的是问题的复杂程度。从问题的形式上看，每道问题仅仅需要回答是或者否，如果回答"是"，则需要提供相关政策条文。由于问题都集中在某项主题是否有相关政策文件方面，而上海的教育政策文件都可以在公开渠道查找到，因此，即使不访谈直接负责该项业务的教育部门人员，也可以得出"是"或者"否"的答案，也可以提供相关政策条文。例如：

是否有明确政策规定小学必须提供基础设施？是，否。

是否有明确政策规定小学必须提供教案教材？是，否。

在教育系统层面，是否有小学阶段学习成果目标？是，否。

是否有机制跟踪小学实际上课多少天？是，否。

对于上海而言，世界银行SABER指标中涉及的要点，上海都有相关政策出台，而且都可以在公开渠道获得相关信息。但按照SABER测评的评级标准，显然最关心的不仅仅是这些政策条文是否齐全的情况，还关心贯彻落实的情况。但在问卷中并没有得到充分体现。

综上所述，世界银行问卷问题表述与中国教育实际和社会文化等都存在偏差，在调查过程中，受访人对部分问卷问题的理解消化存在困难，实施团队需要对问题中的某个概念或者整个问题的含义咨询世界银行，再根据中国语言文化习惯进行转化，中间来回花费时间较多，进展缓慢。同时，世界银行问卷的问题虽然对受访对象要求较高，但问题深入度不足。由于上海教育政策信息透明度高，几乎所有政策条文都可以在公开渠道获取，而且就问卷本身的问题难易程度来看过于简单，并不需要去采访教育行政管理部门相关人员。

（二）上海转变为合作者：与世界银行共同开发SABER上海问卷

世界银行SABER问卷设计框架深受西方发达国家影响，对发展中国家的实际情况考虑不足。比如问题有些来自西方教育制度，如校董会问题。在具体的问题设计上，又有一些来自低收入发展中国家的实际情况反映，比如教材问题、基础设施问题、教师缺勤问题等。这些问题与中国实际国情都存在较大偏差。中国既不是西方教育体制，又不像低收入国家那样还停留在基本的教育需求满足上。因此，仅仅靠这样一套问卷，很难真实科学地反映上海基础教育发展实际状况，很难发现并提炼上海基础教育发展的经验。因此，上海团队与世界银行协商后达成一致，由上海团队根据世界银行原有的 SABER 问卷，重新设计一份既能契合世界银行 SABER 目标与模块，又符合上海本土教育情况的问卷来作为世界银行 SABER 问卷的补充。事实证明，上海问卷为 SABER 测评的顺利实施作出了以下几点建设性贡献。

1. 补充完善 SABER 上海问卷调研对象结构

世界银行主动邀请上海参与 SABER 测评，很大一部分原因是因为上海近年来在 PISA 测评中两次取得全球第一的好成绩。而参与 PISA 测评的是上海的 200 所初中学校。因此，不能仅仅将 SABER 的调研对象集中在上海教育行政管理部门身上，还应该调研政策的落实者学校方面。为了进一步扩大测评范围，上海团队将 SABER 的受访对象扩大到上海 17 个区县的 200 所初中学校。SABER 原有问卷只是对教育政策的制定者进行调研，而上海问卷的调研对象是教育政策的执行者，从制定者到执行者，完善了 SABER 调研对象的结构。

2. 保证问卷调查对象具有代表性

校长是贯彻落实教育政策的关键人物，因此，上海问卷将调查对象锁定为 200 所初中学校的校长。本次调查在上海市教委和区县教育局的支持下，课题组发放问卷 200 份。回收问卷 198 份，其中有效问卷 196 份，有效率 98.99%。有效样本人数为 196 位初中校长。经分析，样本具有一定代表性，能客观反映上海初中学校在不同层面间分布差异的实然情况，受访校长群体情况见表 10－2。

表 10－2　样本总体情况①

项目	分项目	人数	百分比	项目	分项目	人数	百分比
性别	男	109	55.6%	校长职级	特级	8	4.1%
	女	82	41.8%		高级	45	23.0%
年龄	≤40 岁	10	5.1%		中级	52	26.5%
	40＜i≤50 岁	110	56.1%		初级	49	25.0%
	50＜i≤60 岁	56	28.6%	学校性质	公办	158	80.6%
	＞60 岁	20	10.2%		民办	38	19.4%

① 闫温乐，陈建华. 校长专业标准视野下的学校发展规划[J]. 现代教育管理，2018(3)：36—41.

续　表

项目	分项目	人数	百分比	项目	分项目	人数	百分比
学历	专科	1	0.5%	学校区域	城区	111	56.6%
	本科	165	84.2%		郊区	69	35.2%
	研究生	28	14.3%	学校类型	初中	110	56.1%
任职年限	≤3 年	77	39.3%		九年一贯制	49	25.0%
	3 年＜i≤6 年	44	22.4%		完中	29	14.8%
	6 年＜i≤9 年	44	22.4%		成校	4	2.0%
	9 年＜i≤12 年	18	9.2%		十二年一贯制	2	1.0%
	＞12 年	10	5.1%	总样本		196	100%

3. 问卷设计的理论框架与世界银行 SABER 模块相契合

问卷理论依据为中国教育部 2013 年颁布的《义务教育学校校长专业标准》(以下简称"《标准》")。整套问卷共分为七大部分,其中第一部分为校长个人背景信息,如年龄、性别与学校所处区域等,第二部分到第七部分按照《标准》中"学校发展规划""引领教师成长""学校内部管理"等六大模块的内容进行设计,每个模块为 10—15 道题。问卷题目以封闭式为主,包含开放性问题。在《标准》中,每个模块分"专业理解与认识""专业知识与方法""专业能力与行为"三个维度和 10 项具体表述对校长提出了专业要求。依据《标准》框架下的上海问卷模块,与世界银行的 SABER 模块基本契合。

(三) 上海成为示范者:对基于测评结果的教育经验进行提炼和推广

世界银行团队根据 SABER 主问卷和上海问卷的调查结果,撰写分析报告。上海团队作为合作作者,全程参与报告撰写,对 SABER 测评中体现出的上海经验进行提炼,并承担了与世界银行一起面向全球的推广工作。

1. 修正世界银行测评分值与最终结论

在合作撰写报告的过程中,上海团队对于世界银行 SABER 团队给出的评分结果提出了校正建议,并对世界银行最后的评价结论进行了修改,世界银行接受了上海团队的所有修正。最终,报告《上海是如何做到的》出台,报告总体调查结论指出:按照 SABER 框架和相关指标,上海在 4 大关键教育领域,即教师、学校经费、办学自主权与权责关系、学生评估的几乎所有方面的评估中,均取得"完善"(Established)和"先进"(Advanced)得分,上海在教育政策的制定与执行上表现出高度一致。

2. 承办世界银行全球会议，提炼推广上海经验

为了向全球正式发布《上海是如何做到的》报告，并进一步探讨分享上海基础教育发展经验，2016 年 5 月，由世界银行主办、上海师范大学承办的“公平与卓越：世界银行基础教育发展全球论坛”在上海举行。来自世界银行和 25 个发展中国家的 130 多位教育官员与学者参加了论坛。其中包括阿富汗、孟加拉国、卢旺达等国家的副部长级教育官员。上海的教育行政管理部门相关人员、上海教育专家、上海初中学校校长代表等，就 SABER 测评重点模块发表演讲。

3. 由世界银行提供经费，支持上海为需求国家提供短期课程

会议结束至今，通过世界银行介绍来访上海洽谈合作和进行交流学习的国家有 20 余个，截至 2021 年 1 月，已经启动实质性合作的主要集中在非洲、南美，有肯尼亚、赞比亚、莱索托、埃塞俄比亚、坦桑尼亚、巴西等国家。在世界银行的经费支持下，上海按照对方的学习需求设置短期学习课程和考察清单，由世界银行在对这些国家的现有项目经费中给予拨款支持。

四、思考与讨论

（一）世界银行组织在全球教育治理过程中存在不足

从治理工具来看，国际组织实现全球治理的主要工具之一是包含研究报告、评价工具在内的知识产品。以世界银行为例，该组织因为集中了全球范围内各领域中的一批专业精英而拥有了专业权威性。这些专家人士的共同特征是来自西方发达国家或者在西方发达国家接受教育。一直以来，世界银行都因为其不适用于发展中国家国情的话语体系和评价工具而备受质疑。SABER 问卷在上海的水土不服就充分说明了这一问题。此外，无论是世界银行还是上海都没有根据本次调查出具详细的诊断或自我诊断报告，因为上海教育在世界银行 SABER 体系下被调查出来的结果，几乎每一项都是“先进”或者“完善”。[①] 但这并不代表上海教育没有问题，相反，这说明了 SABER 测评的适用性和深入性有限。

从治理工具的执行人员来看，世界银行负责教育部门的专业人员教育背景大多是

---

① World Bank. How Shanghai Does It [EB/OL]. (2018 - 12 - 22). http://dx.doi.org/10.1596/978-1-4648-0790-9.

经济学，对教育问题的理论分析框架和视角均来自经济学。有观点认为世界银行把教育视作促进经济发展的有效工具，过于强调教育的工具理性而不是价值理性，善于用投资-回报观点定义教育在经济发展中的角色，从而引发争议。

从知识产品的呈现形式来看，世界银行报告的深刻性和针对性、操作性也受到质疑。以 SABER 为例，实施至今，SABER 仅有 5 份跨国比较的研究报告，如 2013 年的《中东和北非地区关于教师政策调查的综合报告》(*MENA Regional Synthesis on the Teacher Policies Survey*)、2014 年的《南亚地区学生评估政策的调查综合报告》(*Student Learning in South Asia: Challenges, Opportunities, and Policy Priorities*)以及 2017 年的《为了学习的数据：构建优秀的教育数据系统》(*Data for Learning: Building a Smart Education Data System*)等。这 5 份跨国研究报告最终给出的对策建议基本都是在已有问题描述的基础上略微改动，增加一些诸如“需要改进”“需要实现”等词语。[①]

事实上，世界银行自身的组织问题在全球治理的过程中不断凸显。高层更换频繁，在相对较短的时间内(2005 年至今)，它已经有了三位行长，最近的一位是金墉(Jim Yong Kim)，与以往许多银行行长不同，金墉既不是经济学家，也没有商业/金融领域的经验。金墉上任后，对世界银行内部结构再次进行重组，成立全球实践局，中高层人员变动频繁，以 2016 年来上海参加全球教育论坛的世界银行高层为例，短短两年间，当时的几十名教育高级官员已经全部调动或者离开世界银行。随着这一批参与者的调任，换成一批不熟悉上海教育的官员到任，将直接影响世界银行预期的提炼和传播上海基础教育发展经验的持续性。2019 年 4 月 9 日马尔帕斯正式就职世界银行行长，开始为期 5 年的任期。此前他一直担任美国财政部副部长，被外界认为是特朗普的忠实支持者。2019 年至今，世界银行 SABER 项目在全球未有新增成果。后续发展如何，拭目以待。

(二) 中国教育研究利用多边机构平台发挥多重影响力

中国上海 SABER 团队参与该项目的全过程反映出，一方面，随着中国经济地位的提升和在多次大型国际教育测评中取得佳绩，中国已经获得了重要国际组织的关注和信任。从问卷设计、论著引用、大会发言、访谈交流、授课讲学、参与论文合作等，中

---

① World Bank. SABER Students For 11 Countries Report [R]. World Bank, Washington, DC, 2018: 05.

国可以通过多重途径发挥教育研究的影响力。具体包括以下方面。

1. 工具开发和报告撰写体现的影响力

世界银行SABER项目中，上海团队参与上海问卷的设计开发，以及最终评估报告的撰写。

2. 教育论著体现的影响力

世界银行在撰写评估报告的过程中，参考了若干中国学者发表的相关研究论著。

3. 大会发言体现的影响力

项目结束之后，上海承办了世界银行全球基础教育大会，各位上海发言者，通过提炼和总结，向世界传播上海经验。

4. 授课讲学体现的影响力

世界银行大会结束之后，当时来参会的一些国家，例如肯尼亚、卢旺达、埃塞俄比亚、赞比亚、巴西、阿联酋、马来西亚等国家，都积极与上海师范大学联系，通过到访上海、视频会议等方式进行交流。其中，肯尼亚团队来上海进行了为期一周的学习，由世界银行付费。

综上可见，教育研究的影响力产生于教育发展成就的影响力。就世界银行SABER项目而言，首先，上海基础教育发展成就自身对世界各国和国际组织具有了吸引力。其次，世界银行接纳上海团队对其测评工具的修正意见并授权开发补充工具，这是吸引力转化成了影响力。第三，上海团队对上海基础教育发展成就经验进行梳理和提炼，形成了研究，通过报告、论著、会议、讲学等形式传播给其他国家，发挥了教育研究的影响力。

（三）把握契机，通过国际组织平台参与全球教育治理

有研究认为，世界银行在全球教育领域的影响力已经在减弱。首先，世界银行长期处在以经济大国组成的执行董事会的管理决策和监督下的格局正在逐渐变化，越来越多的新兴经济体和中等收入国家的声音开始影响世界银行决策。其次，原世界银行借款国的贷款偏好也在日益多样化，许多国家更喜欢加入经合组织（OECD）的“俱乐部”，而不是去世界银行，加上多样化的民间融资渠道不断涌现，世界银行对主权国家的经费支持吸引力正在逐渐下降。[①] 第三，世界银行对教育体系开出的“处方”趋于模

① 闫温乐. 比较教育视阈下世界银行教育系统测评研究[J]. 比较教育研究，2021(5)：86—94.

式化，在快速转型的各新兴经济体的政治经济变化态势中，由世界银行具有经济学背景和深谙西方教育制度的专业人士开发的研究工具，究竟在多大程度上契合发展中国家的教育实际，受到越来越多的质疑，从而导致了世界银行开出的教育“处方”价值受到质疑。

综上所述，几十年来世界银行通过其强大的贷款实力和专业权威在教育发展领域建立起来的霸权已经受到挑战。国际组织自身的问题凸显，使主权国家通过国际组织平台参与全球教育治理有了更多的契机和空间。可以说，中国与世界银行的新型战略伙伴关系的核心已转变为“双方合作研究”与世界银行的“知识中介”角色的战略伙伴关系，而不再是过去的贷款方与借款国、资助者与受资助者的单一关系，上海 SABER 测评项目的实施也反映出了这一转变。在世界教育研究从以前的“向西看”逐渐转为“向东看”之际，在以世界银行、经合组织为代表的国际组织开始积极探讨中国教育发展经验之际，基于中国教育发展成就的教育研究迎来了具有历史意义的良好机遇。如何使用国际话语体系和国际学术规范来梳理中国教育发展经验，如何通过国际组织平台发挥中国教育影响力，中国如何通过多种方式参与全球教育治理，已经成为新时代教育研究者亟需关注的重要议题。

第十一章

中国教育研究在 UNESCO 和其他国际组织中的影响力

国家的经济富强、文化繁荣、社会和谐离不开教育事业的蓬勃发展，而教育事业的可持续发展，离不开教育研究的日益进步。教育研究无论是在国内对教育政策或教育实践的参考指导，还是在国际平台对国际活动或合作的影响，都具有不可替代的作用。

随着多元文化社会的发展，国际组织在促进各国合作、加强各国联系中起到关键作用，探讨中国教育研究的影响力，中国与国际组织在教育领域的交流与合作不可或缺。联合国教科文组织（简称 UNESCO）是联合国系统中最大的专门机构，也是各国政府商讨教育、科学和文化事务的平台。[①] 本章的第一节至第三节以联合国教科文组织为例，将中国教育研究放在国际教育发展的大视野下观察，旨在厘清中国教育研究在 UNESCO 影响力的主要特征。第四节聚焦中国教育研究在东盟国际组织的影响，第五节考察中国教育研究与上海合作组织的关系。

第一节　UNESCO 的重要性

当前提升中国教育研究在国际的影响力是中国由教育大国走向教育强国的必由之路。探析中国教育研究在 UNESCO 的影响力是一个窗口，有利于通过国际组织的多元文化平台，满足国际人士对中国教育情况的了解，在此过程中，完善中国教育领域研究者的话语体系，使我国教育研究日臻成熟。

UNESCO 是联合国的“智力”机构，截至 2018 年，UNESCO 已有 200 个左右的成员国家和地区，UNESCO 注重在各国之间建立网络，以促进教育、科学及文化方面的

① 张民选. 国际组织与教育发展[M]. 上海：上海教育出版社，2010：46，95，128—161.

国际合作。UNESCO 主张通过智力合作、知识共享和业务伙伴关系加强国际和地区合作，为每个成员提供一个相互交流的平台。

一、借助 UNESCO，促进世界对中国教育的理解

UNESCO 约有 200 个成员国，并在大部分成员国设有办事处，通过其办事处与国家当局或其他合作伙伴协商，制定战略、方案和活动。UNESCO 还经营一些专门机构和中心，是一个多元文化的国际平台，为各国提供了可以相互了解的国际平台。UNESCO 通过建立书店、数据库、图书馆、档案馆为其成员国提供一个信息平台，网上书店主要出售 UNESCO 参与编写的研究报告、期刊、学术地图等，而教科文组织数据库（UNESDOC）存有自 1945 年以来发布的超过 146 000 份教科文组织文件全文以及 UNESCO 图书馆和总部外办事处和机构文献中藏馆资源的元数据[①]，UNESCO 图书馆提供参考、报告、信息及研究服务，教育领域学者在内的普通大众也可以享用图书馆的资料成果。UNESCO 通过类似的渠道满足了国外学者或普通大众想要了解中国教育的想法。例如，联合国教科文组织统计研究所（UNESCO Institute of Statistics，简称 UIS）专门设有与中国教育相关的网页，展示与中国教育相关的数据图表。通过 UNESCO 的相关网页及资料，国内外教育领域学者可以加深对中国教育状况的了解。

二、增强中国与世界的教育对话

借助 UNESCO 国际平台，可以促进世界了解中国教育，提升中国教育国际认可，增强中国与各国进行教育对话。近年来，由于中国教育研究等活动在国际学术领域的参与度逐步上升，国内教育学术界赢得了在某些特定领域与国际学术界对话的机会。以中国上海参加国际大型的教育测试 PISA 为例，上海在基础教育取得出色的成绩，令世界刮目相看，英国、芬兰等国纷纷来上海交流学习，UNESCO 也来中国交流。类似的教育活动为中国教育学者打通了与国际学者相互交流、互相对话的通道，通过交

---

① 联合国教科文组织. 教科文组织数据库（UNESDOC）[EB/OL]. [2020 - 12 - 10]. http://www.unesco.org/new/en/unesco/resources/publications/.

流，双方加深对彼此国家教育的了解，从而增强双方就教育话题的对话。想要扭转当今国内学术界严重依赖国外教育研究概念体系、工具方法、思想成果的现状，国内教育学术界应从“学习者”转变为“建构者”甚至“奉献者”。

第二节　中国教育研究在 UNESCO 的影响力体现

联合国教科文组织成立于 1946 年，中国是其创始会员国之一。1971 年，中国在联合国第二十六届大会上，以 76 票赞成、35 票反对、17 票弃权的表决结果获得联合国合法席位，联合国教科文组织成为恢复中国合法席位的第一个联合国专门机构。但从当时直至 1978 年上半年，中国与 UNESCO 的合作项目仍然是零。① 参照奥克森伯格探讨中国和国际货币基金组织的关系（接触、最初参加、相互调整、成熟的伙伴关系），中国与联合国之间的合作关系更像是从旁观者、学习者到参与者甚至是贡献者的演变过程。

一、合作内容与阶段

1978 年之前，中国对于 UNESCO 的教育合作等活动只能置身事外。1978 年之后，中国与 UNESCO 的关系由旁观者转变为学习者。1978 年，中国共产党第十一届三中全会召开，确立了改革开放的发展道路。同年夏天，邓小平会见了 UNESCO 总干事姆博，并明确指出：有条件吸收一切先进的科学技术成果，勇敢地向国际上一切先进的东西学习。和你们这样的组织合作，我们将采取积极的态度。我们可以派工作人员去，可以参加你们举办的学术活动。你们组织也可以派专家来华讲学，办训练班。② 从 1978—1989 年，中国与 UNESCO 的合作数目不断上升，20 世纪 90 年代，中国与 UNESCO 的合作项目逐步保持平衡，每年约有 250 项合作项目。

---

① 今日中国，中国与联合国教科文组织携手共进[N]．(2015 - 11 - 24)[2020 - 10 - 11]．http://www.chinatoday.com.cn/chinese/sz/zggc/201511/t20151124_800043213.html.

② 杨蕴玉．一次重要的会见[M]//中华人民共和国联合国教科文组织全国委员会．中华人民共和国联合国教科文组织全国委员会史迹，2006：24.

从20世纪90年代末开始，中国与UNESCO的关系有所转变，中国从主要接受UNESCO派专家来华讲学、参加培训班的学习者逐渐转变为能够参与UNESCO的一些教育项目，并在UNESCO的国际平台上发表讲话的参与者。1996年2月13日，中国联合国教科文组织全国委员会第18次会议在北京举行。全委会主任、国家教委副主任韦钰出席会议并讲话。全委会副主任、外交部副部长李肇星在会上作了关于国际形势的报告。1995年中国与UNESCO各类合作项目和活动共228项，其中有94项为教育项目。① 中国国际关系学会副会长、北京大学国际关系学院副院长王逸舟认为，中国参与国际组织的复杂进程，不只是一种单纯自我调整的、被动的和单向的过程，它实际上也是受影响、改造、修正这些体制的正反馈过程。② 随着中国与UNESCO的合作越来越频繁，两者间关系发生了微妙变化，关注中国与UNESCO之间关系的学者也随之增加。国外学者以玛莎·费丽莫(Martha Finnemore)为首，对国内学者影响最大，她的研究理论支撑主要是国际组织对国家的社会化，她的研究为国内学者将中国与UNESCO的关系归纳为“教授”和“学习”奠定了基础。国内学者如王逸舟、苏长和、朱立群等开始研究中国与UNESCO的合作关系演变等问题。2014年3月27日，习近平在UNESCO总部发表的演讲中提倡积极发展教育事业，通过普及教育，启迪心智，传承知识，陶冶情操，使人们在持续的格物致知中更好地认识各种文明的价值，让教育为文明传递和创造服务。③ 中国积极参与UNESCO的各项会议与活动，深化合作关系，为建设人类命运共同体奉献智慧与力量。

二、机构设立与项目参与

中国教育研究对于UNESCO的影响力体现在多种形式之中，其中一个表现形式就是中国与UNESCO之间的教育项目合作。

有不少相关机构在中国与UNESCO的关系中搭建桥梁。1979年，我国正式成立UNESCO全国委员会，简称教科文全委会，负责为我国政府、有关部门提供有关UNESCO情况咨询、建立合作的政府机构。在教科文全委会下设有多家委员单位，包

---

① 中华人民共和国教育部. http://www.moe.gov.cn/jyb_sjzl/moe_1695/tnull_190180.html.

② 王逸舟. 磨合中的建构：中国与国际组织关系的多视角透视[M]. 北京：中国发展出版社，2003：39.

③ 俞可. 以教育构筑人类命运共同体[N]. 中国教育报，2015-09-30(007).

括教育部、中国教育学会、研究机构等。此外，UNESCO 在北京设有办事处，简称教科文驻京办，是联合国在中国设立的地区办事机构，涵盖 UNESCO 全部重大业务领域活动。教科文驻京办自 1984 年以来，坚持以联合国会员国服务的宗旨，给予中国多方面技术支持和智力帮助。还有中国教育国际交流协会（China Education Association for International Exchange, CEAIE）是中国教育界开展对外教育交流的全国性民间团体。该机构于 1984 年在北京成立，本着积极推动中国教育界与世界各国教育界进行合作和交流的宗旨，促进教育、科学、文化事业的发展，增进各国或地区之间的了解和友谊。目前，该机构已与 70 多个组织或机构建立合作关系。

诸如此类的机构建设，有效地构建了中国与 UNESCO 的交流平台和桥梁，我国能够更加积极地参与到 UNESCO 的各类项目和活动中，中国教育研究为这些项目提供了科学理论的支持。20 世纪末的扫盲运动以及踏入千禧年中国确立的全民教育目标政策，与此相关的教育研究为上层决策的制定积极提供决策建议。截至 2015 年，我国文盲率已从 1982 年的 34.5％减少至 3.64％，九年义务教育入学巩固率达到 93.0％，中国农村教育的发展速度被国际社会称为“世界奇观”。[①] UNESCO 农村教育研究与培训中心落地在中国，是世界对中国农村教育发展模式的认同，也是对中国农村教育研究成果的肯定。中国在扫盲运动和全民教育中都取得优异的成果，不仅提升了中国教育的整体水平，而且大幅度改善了世界统计数据。

中国用实际行动表明参与并支持 UNESCO 的项目，2006 年中国在 UNESCO 还设立“孔子教育奖”，奖励对扫盲和支持弱势群体教育有杰出贡献的个人、政府机构和非政府组织，为支持 UNESCO 全民教育计划、千年发展目标作出实质性贡献。2012 年，中国出资 800 万美元，首次在联合国教科文组织设立了教育信托基金（CFIT），以 4 年为一个周期，用于对 8 个非洲国家开展教师培训。这标志着双方的合作伙伴关系更深入一步，博科娃用“非常满意”评价该项目的设立与进展。这些奖项、信托基金的设置，一定程度上间接表明中国教育研究在 UNESCO 平台产生的影响。2017 年，UNESCO 召开 9 个人口大国 2030 教育部长会议，认为中国教育已经走在 9 国前列。UNESCO 传播与信息项目官员胡献红说她切实感受到中国软实力有了实质性提高。现在做项目评估或者讨论新概念时，都会考虑中国实践，邀请中国专

① 中华人民共和国教育部. 信息技术点亮农村教育这片蓝天[EB/OL]. (2017-09-09). http://www.moe.gov.cn/s78/A16/s5886/s7822/201801/t20180111_324385.html, 2017-09-09.

家提供意见。[①] 从2010年开始,国际社会认可中国教育的发展,希望中国能为发展中国家的教育提供援助,分享中国教育的经验,为"教育2030行动框架"奉献中国智慧。中国也十分愿意在教育问题上分享理念与经验,并且将中国教育政策的制定与国际议程紧密结合在一起,于2016年发布《中国落实2030年可持续发展议程国别方案》。此外,中国也积极选派专家参与UNESCO 2030教育指导委员会、联合国可持续发展目标检测指标跨部门专家组、技术支持与合作等一系列国际机制。又如,UNESCO更新《亚太地区承认高等教育学历、文凭与学位的地区公约》,中国率先签订该公约,并在南京承办全球公约可行性研究的专家咨询会,派遣专家参与公约初稿的研讨磋商与文本起草。该公约草案在联合国教科文组织第39届大会已获得批准继续推进,在2019年联合国教科文组织第40届大会上审议通过。

2013年11月,中国教育部副部长郝平当选UNESCO第37届大会主席,这是首位中国人出任该职务。马达加斯加常驻UNESCO副代表安德里亚曼贾图说,更多中国人在教科文组织内任职,为该组织带来新的活力,也为教科文组织建设贡献了强有力的智力支持。[②] 2014年6月,中国政府与UNESCO合作,在江苏苏州召开"语言能力与人类文明和社会发展"为主题的世界语言大会,大会形成了《苏州共识》,向世界传达了中国声音,展示了中华文化软实力。

中国多所教育机构获得UNESCO批准。2017年11月,在巴黎举行的UNESCO第39届全体大会上,100多个国家和地区会员代表以"无辩论"通过的方式,决议在中国上海设立UNESCO教师教育中心,这是落户上海的首家二类机构。UNESCO二类机构作为全球教师教育的知识生产与创新平台,为教科文组织成员国提供创新项目建议和政策改善参考,该机构开展东南亚、中亚、中东、非洲等地约10个研发与培训项目,中国教育研究的影响力将进一步扩大。2018年,在巴黎举行的UNESCO第204届执行局会议审议决定,UNESCO联系学校国际中心落户海南三亚,该二类中心以联校网(ASPnet)为依托面向全球开展活动,通过促进全球联校网学校之间有效、包容的合作伙伴关系,为全球所有的联校网学校提供优质服务,促进知识共享和跨区域的有效沟通,推动建立包容、公平和优质的教育体系。

---

① 中华人民共和国国务院新闻办公室. 联合国教科文组织赞扬中国积极作用[EB/OL]. (2014-03-21). http://www.scio.gov.cn/zhzc/2/2/Document/1367062/1367062.htm.

② 中华人民共和国国务院新闻办公室. 联合国教科文组织赞扬中国积极作用[EB/OL]. (2014-03-21). http://www.scio.gov.cn/zhzc/2/2/Document/1367062/1367062.htm.

联合国教科文组织非洲部门助理总干事拉拉·艾莎·本·巴尔卡认为，中国对于教科文组织来说是个非常重要的国家，中国与教科文组织的关系具有战略意义。巴基斯坦常驻UNESCO代表伊克巴尔·加利卜也表示，中国在教科文组织内扮演着积极、平衡的角色。①

三、出席会议与高层交流

中国教育研究的影响力不仅通过中国各类UNESCO相关机构的设立得到体现，还体现于双方出席会议与高层交流。出席会议是指中国教育领域官员、专家、学者等相关人士出席UNESCO重大会议或者UNESCO相关人士应邀出席中国教育会议，是一种双向的参与。

自中共十八大以来，中国参与全球教育治理不断推进。随着中国在教育领域取得的成果越来越丰硕，中国在UNESCO的政策建言更加有说服力，双方教育高层间的交流需求日益明显与频繁。2014年3月，中国国家主席习近平访问UNESCO总部，UNESCO总干事博科娃称之为"重要的历史性访问"，推动了中国与UNESCO的关系发展。中国在教育方面的工作获得UNESCO的肯定，为日后中国在UNESCO的项目参与打下坚实基础。同年，UNESCO授予彭丽媛"促进女童和妇女教育特使"荣誉称号，也是缘于中国对发展中国家女性教育的支持。中国支持UNESCO政策，支持全球的教育弱势群体，注重非洲等发展中地区女性的受教育问题，并为此举办很多培训活动。2017年，彭丽媛出席第二届UNESCO女童和妇女颁奖仪式，UNESCO总干事博科娃也出席致辞，并表示中国为促进妇女儿童教育国际合作作出重要贡献。

既有中国访问UNESCO，也有UNESCO官员、专家出席我国重要活动。继中国国家主席习近平提出"人类命运共同体"理念，伴随着"一带一路"倡议等全球合作理念与实践不断丰富，逐渐为国际社会认同。2017年5月，教育部部长陈宝生接见了来华出席"一带一路"国际高峰论坛的UNESCO总干事伊琳娜·博科娃(Irina Bokova)。2018年5月，教育部副部长、中国联合国教科文组织全国委员会主任田学军会见了联

---

① 中华人民共和国国务院新闻办公室. 联合国教科文组织赞扬中国积极作用[EB/OL]. (2014-03-21). http://www.scio.gov.cn/zhzc/2/2/Document/1367062/1367062.htm.

合国教科文组织执行局主席李炳铉。双方就UNESCO战略性变革，执行局治理改革以及中国与UNESCO的合作等交换了意见。

第三节　中国教育研究在UNESCO的影响力特征分析

了解中国教育研究在UNESCO的施加影响的特点，有助于我国更好地参与UNESCO的教育项目与合作，传播中国教育的声音，讲好中国教育故事，为UNESCO教育目标贡献智慧，分享经验，扩大教育影响力。根据前文所述中国教育研究影响力在UNESCO的体现形式，中国教育研究在UNESCO的影响力可归纳为以下特点。

一、以多类机构为依托

UNESCO与多类合作机构建立合作伙伴关系，包括政府组织、非政府组织、私营部门、国际网络、媒体等。目前，中国与UNESCO联系紧密的官方机构有UNESCO全国委员会、UNESCO驻京办等。UNESCO全委会是跨部门的政府机构，由30个职能部门、国家公共机构、全国非政府组织和机构组成，涉及各部、局、科学院、会（如：工会、协会、联合会）及媒体等。UNESCO全委会对中国与UNESCO的关系发展起到重要作用，负责两者间的会议、项目、活动以及宣传两者的合作，提供有参考价值的思想、观点、知识、经验等事宜，并且保持与UNESCO驻京办的事务联系。UNESCO全委会为中国政府建言献策，而在建言献策的背后，就是中国教育研究为其提供支撑。

除官方与UNESCO相关的教育领域的机构以外，中国积极申报的相关机构也为中国教育研究的影响力作出卓越贡献，这样的贡献不再局限于UNESCO内部，甚至可以波及全世界教育领域。例如2017年在UNESCO第39届全体大会上通过决议，落户上海的教育类联合国二类机构“教师教育中心”。通过“教师教育中心”，来自世界各地的教师与教育官员将参加国际研修班，体会到中国的教育研究影响力，中国教师教育的影响力也将随之扩散。教育类与UNESCO相关的各专业类机构将教育研究的影响力应用于实际培训中，具体到让每一位国际教师、教育官员及专家，切实体会到中国教育研究的影响力。

二、参与形式多样化

在中国积极参加UNESCO项目合作的过程中，主要以四种不同的形式参加教育项目或活动：(1)委派中国专家到课题组，为课题研究献智，充分宣介中国教育经验；(2)中国相关机构参与UNESCO政策制定，在保持中国教育特色的基础之上，提出符合UNESCO发展事项的政策建言，积极参与全球教育治理；(3)中国各类教育机构与UNESCO建立合作伙伴关系，推进教育项目展开；(4)选拔优秀人才到UNESCO实习或任职，提升中国在全球教育治理过程中的发言权。

三、政策建言国际化

继习近平主席提出“人类命运共同体”理念之后，随后的“一带一路”倡议与UNESCO的组织使命有很多契合点，奥德蕾·阿祖莱(Audrey Azoulay)女士在正式担任UNESCO总干事后第一次对中国进行正式访问时提出，希望中国能够继续支持UNESCO的活动，加大中国与UNESCO之间的合作。在过去几十年里，基于多元文化，中国大力发展教育，最终在妇女儿童教育、高科技、人工智能等方面均取得成功，中国经验可以帮助非洲等世界其他地区。中国与UNESCO是相互成就的，2016年中国教育部制定《推进共建“一带一路”教育行动》，强调充分借助UNESCO等国际组织的力量，推动沿线各国围绕实现教育发展目标形成协作机制。UNESCO在实现其优先发展事项中也需要中国的支持。以非洲教育为例，2005年11月，中国在北京举办了“中非教育部长论坛”，非洲国家的教育部长和驻华使馆的官员等应邀出席，会议签署了《2005年中非教育部长论坛北京宣言》。会议期间，周济部长与章新胜副部长分别会见了来华参会的各位非洲教育部长，并与卢旺达教育、科学、技术及科研部国务部长签署了《中华人民共和国教育部与卢旺达共和国教育、科学、技术及科研部合作协议》《中华人民共和国教育部与卢旺达共和国教育、科学、技术及科研部关于合作在卢旺达共和国建立孔子学院的谅解备忘录》以及《中华人民共和国教育部与卢旺达共和国教育、科学、技术及科研部合作安排卢旺达政府奖学金来华留学生项目谅解备忘录》。①

近年来，中国政策建言严格依据国际组织的总目标，同时结合本国国情，使政策建言更加国际化，易于得到国际组织的认可，能够被世界人民接受。

国际化使得中国与UNESCO在教育目标上保持一致，在实现目标的过程中，中国与国际组织共同合作，将教育研究的理论应用于实践，从而在实践中体现教育研究的影响力。

第四节　中国教育研究在中国与东南亚国家联盟合作中的影响

一、东南亚国家联盟概述

东南亚国家联盟(Association of Southeast Asian Nations, ASEAN)简称东盟，其成员国由1967年成立之初的4个成员国发展到现在的10个成员国，即印度尼西亚、马来西亚、菲律宾、新加坡、泰国、文莱、越南、老挝、缅甸及柬埔寨。东盟作为东南亚地区的一个国际组织，在机构管理上，以首脑会议作为东盟最高决策机构，由东盟各国轮流担任主席国，每年举行两次，是东盟十国进行区域间合作的最主要机制。除此之外，还包括外长会议、常务委员会、经济部长会议、其他部长会议、秘书处、专门委员会及民间和半官方机构。在合作领域方面，《东南亚国家联盟宪章》在使东盟十国从一个松散的区域合作组织转变为一个以宪章为基础的更具长远发展的合作共同体，使未来的东盟以同一个目标、同一个身份和同一个声音共同应对未来挑战之际，也明确规定了东盟共同体将由经济共同体、安全共同体和社会文化共同体三大部分组成。《东南亚国家联盟宪章》围绕三大共同体提出了15个目标，涉及政治、经济、文化、教育、环境、安全等领域。其中，在教育领域提出"通过加强教育、终身学习及科学技术领域的合作，开发人力资源，提高人民素质，强化东盟共同体意识"。②

---

① 中华人民共和国教育部. 2005年中非教育部长论坛北京宣言[EB/OL]. [2020-10-11]. http://www.moe.edu.cn/jyb_sjzl/moe_364/moe_1588/moe_1616/tnull_25574.html.

② 参考https://asean.org/.

在对外关系方面，东盟积极开展多方位外交，自1978年始，每年与其对话伙伴(美国、日本、澳大利亚、新西兰、加拿大、欧盟、韩国、中国、俄罗斯和印度)举行对话会议。1991年，中国与东盟开始建立对话关系，1997年东盟与中、日、韩等共同启动东亚合作，东盟与中国(10+1)对话会正式开始。

二、中国与东盟间的教育合作发展

教育作为东盟社会文化共同体的一个重要组成部分，由于东盟各成员国间的政治体制不同、经济发展水平不同，与各对外伙伴国之间建立的教育实践与合作在交流内容、特点、形式和发展水平上存在很大区别。中国与东盟之间的教育交流和合作主要集中在高等教育和职业教育领域，在研究中国教育研究对东盟的影响力过程中，分析中国与东盟在高等教育与职业教育领域的交流内容、形式、层次以及中国教育研究在东盟发展高等教育和职业教育领域中的话语权尤为重要。

2002年中国与东盟签署的《中国与东盟全面经济合作框架协议》为双方在经济、科技、文化、教育等领域开展实质性合作提供了良好的平台与环境，但中国与东盟教育交流进入黄金期则是从2008年举办首届“中国-东盟教育交流周”开始的。中国与东盟教育交流在内容上主要集中在四大方面，即宏观层面的合作战略研究、区域层面的合作交流机制研究、人才培养模式研究以及留学生教育；在交流方式上主要包括互派访问组团、举办各类论坛研讨会、开展交流周、互派教师、学生(留学生与交换生)及青年志愿者等。“中国-东盟教育交流周”作为中国与东盟近年来在教育领域的主要交流机制，从2008年在中国贵州举办首届“中国-东盟教育交流周”至今已有近10年历史，所涉及的活动达50余项，无论是在交流规格、交流范围还是交流层次上其影响力都在不断扩大，从最初较为单一的教育交流平台发展为国家级别的人文交流平台，从中国主导日益发展为东盟主动全面参与并逐渐发展为辐射全球的教育交流平台，从最初每届参会人数仅400人不断扩大到3000余人。[①]

中国与东盟国家在教育领域的交流特点主要表现为区域性和务实性。就区域性特征而言，尽管“中国-东盟教育交流周”的交流模式由在中国贵州开展为期一周的主会场教育交流发展为全年不同时段在中国和东盟多地举办交流活动，以增强双边教育

---

① 祁亚辉.教育合作：巩固和拓展中国-东盟命运共同体的人文基础[J].东南亚纵横，2015(10)：22—27.

交流，但广西、贵州等省市所具备的地区优势仍在中国与东盟教育交流中发挥着重要的作用。除此之外，其研究成果大多为当前的教育实践服务，还未上升到理论层面，这就意味着中国教育研究的话语权在交流实践中还未发展成为双边在职业教育与高等教育交流领域中不可或缺的一部分，在中国与东盟的交流实践中，中国教育研究的文化立场、理论体系、话语体系以及研究范式还未建立。就务实性特征而言，表现在合作交流的务实性与理论研究的务实性。其中，高等教育领域中的教育交流主要依附于中国与东盟各国的留学生和交换生交流项目而展开，关于这一领域的理论研究更关注交流项目本身在合作机制方面的完善，即学历学位互认、学分认定等方面；在职业教育领域交流中，中国学者被邀请参与东盟国家主办的学术论坛，例如中国同济大学和北京师范大学的相关学者曾多次连续参与以东盟国家为主成立的亚洲职业教师教育区域合作协会（RAVTE）组织及其相关学术活动等。中国与东盟国家在职业教育领域的交流主要集中于双边院校间的合作、中国主办的职业教育论坛以及与中国企业间的合作等方式。①

在中国与东盟教育交流中，中国居于主导地位，借助"中国-东盟教育交流周"与东盟国家签订各项教育合作备忘录以推动中国与东盟进行更深入的合作，成立"中国-东盟职业教育论坛"推动中国职业教育对东盟国家的影响力，创办《东南亚纵横》《中国-东盟研究》等期刊对东盟各国尤其是越南、老挝等国家进行全面的研究。②

三、 中国教育研究影响力窥见

中国与东盟的教育交流合作仍处于教育资源交流与分享阶段，即中国主动建立平台研究东盟国家的教育发展并进行相应的交流学习，而国内学者对双边交流所进行的理论研究仅仅限于对实践经验的完善，研究范围和层次具有明显的局限性，缺乏相应的理论层面研究，中国教育研究所发挥的影响力有限，中国教育学者在职业教育和高等教育方面的研究成果在中国与东盟教育交流中使用率不高。就中国与东盟国家现有教育体系和教育层次而言，双方交流主要处于教育事业发展的实践层面，是一种知识要素在中国与东盟各国之间的移动与共享过程。③ 从理论研究方面来看，中国本土

---

① 高伟浓，何美英. 中国-东盟高等教育交流合作的新发展[J]. 东南亚纵横，2011(7)：3—9.

② 许利平. 战略伙伴关系框架下的中国-东盟合作[J]. 当代世界，2013(10)：36—39.

③ 唐晓萍. 中国-东盟教育合作的预期、方式及规则分析[J]. 高教论坛，2008(1)：3—6，12.

学者基于中国与东盟近年来较为务实性的教育交流实践进行多维度的理论探讨，研究视角主要是以区域交流合作为主，例如对留学生教育、学位学历互认等进行理论研究以提出具有针对性的策略和建议，推动中国与东盟高校、学术机构之间进行深入的交流。面向未来，必须关注中国教育研究自身所持有的文化立场、理论思想、话语体系及研究范式在国际教育交流中的显示度及其影响力。

李梅等学者认为，在21世纪提升中国教育研究国际影响力已经成为中国由一个教育大国和教育研究大国走向教育强国和教育研究强国的必由之路，需要转向重视中国经验和教育研究成果的国际展现，乃至形成双向交流与对话的理想途径。①

中国与东盟十国的教育交流主要集中在老挝、缅甸、文莱等国，经历了由区域合作为主到基于区域合作不断加强中国各地与这些东盟国家的教育交流，在交流范围上不断扩展，但在交流水平上始终处于中国主导的教育资源共享与交流层面，这也是影响中国教育研究并未与中国与东盟教育交流同步发展的重要因素。而且“中国-东盟教育交流周”作为中国与东盟近年来主要的教育交流机制，中国在职业教育和高等教育领域的实践经验对于东盟国家尤其是越南、老挝、缅甸等国家越来越具有吸引力。②

随着“中国-东盟教育交流周”规模的日益扩大，中国本土学者对双边教育以及全球性教育问题进行理论研究，形成特有的理论研究视角，研究结果不仅仅反映双边交流中的共同问题，而且发现国际教育交流实践中存在的共同问题与趋势③，在研究规范、研究方法、研究主题与话语体系方面发挥中国教育研究在东盟国家中的影响力。发挥中国教育研究及其在东盟国家中的影响力，这既需要中国本土学者进行研究理论转变，也需要提高中国与东盟教育交流的层次与深度，使中国教育研究能够借助中国与东盟不断发展的教育交流平台发挥其影响力，使中国教育实践及中国教育研究对东盟国家有所影响，对世界教育知识体系有所影响和贡献。④

---

① 李梅，丁钢，张民选，杨锐，徐阳. 中国教育研究国际影响力的反思与前瞻[J]. 教育研究，2018(3)：12—19，34.

② 马早明. “一带一路”背景下中国与东盟高等教育合作的策略选择[J]. 华南师范大学学报(社会科学版)，2017(1)：70—72.

③ 李涛. 文化软实力视阈下中外文化交流思考——以中国-东盟教育合作为例[J]. 江西社会科学，2013(9)：230—234.

④ 周谷平，罗弦. 推进中国-东盟高等教育合作的意义与策略——基于“一带一路”的视角[J]. 高等教育研究，2016(10)：37—41.

第五节　中国教育研究在中国与上海合作组织交流中的影响

一、上海合作组织概述

1996年中国、俄罗斯、哈萨克斯坦、吉尔吉斯斯坦、塔吉克斯坦五国元首在上海举行会晤以保障地区安全，并由最初的“上海五国”会晤机制发展到现在的上海合作组织(The Shanghai Cooperation Organization，SCO，简称“上合组织”)。其成员国包括中国、俄罗斯、哈萨克斯坦、吉尔吉斯斯坦、塔吉克斯坦、乌兹别克斯坦、巴基斯坦及印度。上海合作组织是中国第一个在其境内成立并以中国城市命名的国际组织，其宗旨和原则集中体现了以“互信、互利、平等、协商、尊重多样文明、谋求共同发展”为基本内容的“上海精神”。上海合作组织把安全、经济、人文作为三大合作领域，不断丰富合作层次，创新合作方式，逐渐形成了以安全、经济与人文并重，以官方与民间并举的全面合作机制。尽管上海合作组织始终将加强成员国之间的信任与友好关系以维护和保障地区的安全与稳定放在首位，但随着地区安全的稳定发展，各成员国紧紧围绕安全、经济与人文三大主线在政治、经济、文化、教育、科技、青年交流等领域开展了富有成效的多边和双边合作。①

二、中国与上海合作组织间的教育交流

在教育领域，尤其是从2006年上海合作组织成员国共同签署《上海合作组织成员国间教育合作协定》(以下简称《协定》)并举行首次教育部长会议以推动教育领域一体化建设以来，主要围绕两大基本机制开展：一是官方层面的教育部长会议及依据《协定》成立的教育专家工作组会议；二是民间层面的“教育无国界”教育周及在此期间举

① 上海合作组织. The Shanghai Cooperation Organisation[EB/OL]. [2020－10－11]. http://eng.sectsco.org/about_sco/.

行的大学校长论坛。其教育合作也主要体现为两大方面：一是促进教育交流，二是推动教育互认。在教育交流中，成员国教育机构和组织中各类学生和科研教学工作者的交流，各国教育改革经验和信息交流，成员国教育机构和组织间建立直接联系，各方联合举办教育领域多边合作的学术会议、座谈会、研讨会和圆桌会议等。①

2008 年，上合组织首次举办"教育无国界"教育周。"教育无国界"教育周与大学校长论坛由成员国教育部门的官员、大学校长和一些社会团体代表组成，主要目的为成员国间互相交流意见、扩大学术交流，推动上合组织各成员国联合教育项目和计划的顺利开展。中国于 2016 年首次举办上合组织成员国"教育无国界"教育交流周，并开展了上海合作组织大学人才培养圆桌会议、上合大学教师及专家研讨交流等。②

三、 中国教育研究影响力窥见

中国作为上海合作组织的成员国之一，抓住有利条件不断深化与上合组织的教育合作。中国在第六届"教育无国界"教育周暨上海合作组织大学第三届校长扩大会议上，宣布成立上海合作组织大学研究中心，负责上海合作组织大学发展战略的调研、分析，以提出合理化建议等研究性工作，这为中国教育研究提供了很好的影响机制。从话语体系方面讲，中国承办 2011 年欧亚经济论坛及其分会——欧亚教育合作会议、中外校长研讨会，并在会议上详细介绍和展示了中方项目院校的协调机构和工作机制，就上海合作组织大学中外项目院校双边协定、硕士研究生培养方案、互换学生程序、学生名额、教学语言及编班授课等问题提出了意见和建议，分享中国高等教育人才培养领域的研究经验。③

（一）上海合作组织大学概况

2007 年，俄罗斯总统普京在上海合作组织比什凯克元首峰会上倡议成立"上海合作组织大学"，在上海合作组织 5 个成员国（中国、哈萨克斯坦、吉尔吉斯斯坦、俄罗斯、

---

① 徐海燕．上海合作组织的十年教育合作[J]．重庆教育学院学报，2012(9)：102—116.

② http://www.usco.edu.cn.

③ 郑刚．上海合作组织框架内开展教育合作与交流的思考[J]．河北师范大学学报(教育科学版)，2013(10)：45—50.

塔吉克斯坦)的82所高校校际合作基础上,搭建具有共同教学大纲的教育机构网络,为各成员国在区域学、能源学、生态学、纳米技术、信息技术、教育学和经济学七大领域培养社会经济建设和各领域交流合作所需要的优秀人才。目前,中国所涉及的项目院校达20所(北京大学、清华大学、华中科技大学、首都师范大学、北京外国语大学、黑龙江大学、新疆大学、大连外国语大学、琼州学院、兰州大学、山东大学、东北师范大学、华北电力大学、中国石油大学、哈尔滨工业大学、兰州理工大学、吉林大学、长春理工大学、大连理工大学、新疆师范大学)。[①]

(二) 基于中国高校人才培养模式积极创办上海合作组织大学(中国)

上海合作组织大学虽然名为"大学",但其作用却不同于一所大学。[②] 上海合作组织大学作为一所没有任何实体性质的网络化大学,并非传统意义上的大学,可能会在某种程度上影响其地位,也可能会直接影响到其实际所发挥的作用。但中国根据中国教育体系特点及上海合作组织大学发展规划,进行上海合作组织大学办学管理模式、人才培养模式等运行实施,使上海合作组织大学日益成为上合组织教育领域合作的重要组成部分,在培养上合组织急需的人才方面起着其他教育领域合作项目无法替代的作用。

上海合作组织大学的办学目的和任务主要包括5个方面:一是增进上海合作组织成员国间的互信和睦邻友好关系;二是推动上海合作组织在教育、科研和技术领域里的一体化进程;三是为需求更多基于以推进教育、科研、文化间的多样合作;四是为当代青年人接受高质量的现代化高等教育,为教师和科研人员开展学术交流提供更多的机会;五是促进上海合作组织成员国间在政治、经济贸易、科学技术和文化领域里的合作以发挥更大的成效。上海合作组织大学基本原则包括:开展学生、教师和科研人员的交流工作;扩大教学和科研合作;采用现代先进的教学方法和技术;建立上海合作组织成员国间及与其他国家间对等承认上合大学文凭的机制。

在高等教育人才培养上,"上海合作组织大学"和"教育无国界"交流周作为上合组织在教育交流领域最具影响力的交流机制,不断壮大各成员国高校的参与数量,人才培养层次方面由最初的硕士研究生培养向本科生、博士生层面延伸,并以人才培养合

---

① http://www.usco.edu.cn.

② http://www.usco.edu.cn.

作为基础推动高校教师之间的科研合作，逐渐形成一种以人才联合培养为核心的集教育、教学、科研等为一体的全方位合作模式。在架构整个高等教育人才培养过程中，依据商定的联合培养方案培养高水平人才，开展本科生、硕士研究生、副博士研究生、博士研究生、教师、科研和行政管理人员的交流活动，联合组织及开展科学研究和科研项目，举办国际研讨会、学术研讨会等活动。在联合培养方案中规定招生、教学、阶段考试和毕业考试、教学大纲和教学计划的协调和同步实施的方法、学习期限等，并颁发上海合作组织大学的学历证书。在大学机构设置方面，以协调委员会（由各国教育机构主管教育合作的领导组成）、监察委员会（由上海合作组织成员国的社会各界代表组成）、上海合作大学校办以及各培养方向的上海合作组织大学项目院校专家委员会共同维护管理。其中，上海合作大学校办是保障教学、科研和日常管理工作的常设机构，由上海合作组织各成员国负责教育的专家构成。各培养方向的上海合作组织大学项目院校专家委员会由各项目院校代表构成，协助搞好各培养方向的教学和科研工作。

除此之外，上海合作组织大学项目院校还会联合举办以教育领域多边合作为主题、前沿的科学研讨会，专题讨论会，讲习班和圆桌会议，鼓励学生积极参加国际奥林匹克竞赛及其他竞赛、文化节庆活动、联合环保考察、旅游、体育等活动。通过项目院校相互合作，提高教学质量，互换有关教学机构、组织申报、评审通过、获国家批准的流程信息，以及相关教学大纲的信息，加强提高教学质量方面的合作，就许可证发放程序、国家教育机构或组织的审批程序及教学计划的审批程序等问题开展交流活动。①

中国相对于其他上海合作组织成员国而言，教育体系在与其他成员国趋同的基础上仍存在较大差异。在上海合作组织大学的实施运行中，关于合作双方的课程对接、学分互认等一些技术性问题有待于协调解决，在合作机制方面还有待进一步完善，在院校项目认同感和积极性方面有待于进一步加强和提高。但机遇总是与挑战并存，我们与上合组织其他成员国间建立的教育交流机制是我们展示中国教育的最好平台，我们应在这诸多教育实践平台之上深化教育问题或专业问题研究，以此不断加强中国教育研究在上海合作组织中的影响力。②

上海合作组织成员国之间的教育合作作为上海合作组织发展进一步拓展的领域，在上合组织自 2001 年成立以来短短 20 年的发展历程中，成为凝聚上海合作组织紧密

---

① http://www.usco.edu.cn.

② http://www.usco.edu.cn.

交流的纽带。国之交在于民相亲,民相亲在于心相通。上海合作组织秘书长拉希德·阿利莫夫在北京中国人民大学-圣彼得堡俄罗斯研究中心举办的"欧亚大讲堂"上发表演讲时表示,在过去的15年,上海合作组织已成为一个团结而且非常有影响的国际组织。[①] 上海合作组织为所有不同的价值观,不同文化间的对话,不同文明间的对话,建立一个很好的平台,以获得共同的、互利的成果。纵观上合组织在教育领域的发展历程,尽管上合组织所进行的教育合作是为上合组织各领域全面合作提供人力资源保障,但随着教育合作不断向科研方向发展,研究上合组织在教育领域的合作历程及特点有利于我们更好地把握在上合组织中增强中国教育研究应努力的方向。随着合作规模和水平的持续扩大与提高,各成员国间越来越倾向于科研、教学等方面的进一步交流与合作,中国势必要抓住机遇,利用上海合作组织大学(中国)这一极佳平台,努力将中国高等教育人才培养领域的相关研究形成完善的、带有中国特色的人才培养模式,在上合组织教育交流领域发挥中国高校人才培养研究的影响力。

---

① http://www.usco.edu.cn.

第十二章

中英数学教师交流及其影响

中英数学教师交流(China-England Mathematics Teacher Excharge, MTE)是中外教育交流中独具特色、有深远意义的中国教育国际交流实践经验,值得进行系统研究。本章基于中英数学教师交流的4份纵向评估报告以及中英课程团队提供的相关材料,分析中英数学教师交流对英国数学教育的影响。研究发现,中英数学教师交流对英国的数学教学有一定的积极影响,特别是在新知识概念的形成、教师专业知识的共享和实践知识的产生方面。此外,作为中英两国之间在教学资源上进行双向交流与合作的平台,MTE计划已被证明是共享教育资源的一种创新方式。随着该计划的改进和发展,其对西方国家及其他地区数学教育的影响将继续增长。

在2000年第一轮国际学生评估项目(Programme for International Student Assessment, PISA)测评中,英国学生取得了比较优异的成绩,其数学、阅读和科学三个领域都排在前10名。然而,从2003年的第二轮PISA测评开始,英国学生的成绩大幅下滑,特别是2009年和2012年的测试结果,明显低于其他优异教育系统国家的学生水平(见表12-1)。

表12-1 英国15岁学生的PISA2000—2012测试排名

领域 排名	数学	阅读	科学
PISA2000	8	7	4
PISA2003	/	/	/
PISA2006	24	17	14
PISA2009	28	25	16
PISA2012	26	23	21

注:根据OECD数据整理;表中"/"表示英国没有参与PISA2003排名。

尽管自21世纪以来，英国开展了教育改革，但有学者认为，英国在21世纪初的教育改革措施往往被认为是继20世纪80年代教育改革以来的延续，与PISA测试结果并无直接联系。[①] 因为在2000年和2003年这两轮测试中，英国实际上并没有对PISA测试给予高度关注，这一点从2003年英国没有参与测试排名可以看出，因而也没有针对PISA采取实质性的改善措施。英国开始重视PISA测评是在2006年的测试之后。数据显示，英国参加测试的学生水平明显不高，2009年继续呈现的下滑趋势使得英国也遭受到了"PISA冲击"(PISA Shock)。因此，英国开始采取相应措施，以改善其教育水平落后于其他优秀教育系统的境况。

2010年，英国教育部在《教学的重要性》(*The Importance of Teaching*)白皮书中明确指出，要想实现创建一流的教育体系目标，让学校学生享受世界一流教育，首要的做法是学习其他国家或地区的先进经验。[②] 在2009年的PISA测试中，共有20个国家或地区的学生的成绩高于英国，其中排名前5的全部来自东亚地区(上海地区、新加坡、香港地区、韩国、台湾地区)。特别是上海在阅读、数学和科学三个学科均获得最高分。上海和英国15岁学生在数学上的差距是108分，相当于提前了2.5学年。英国也看到了上海学生在2009年和2012年两次数学测试中的优异表现，于是将对外学习和借鉴的视线投向了中国上海。

第一节　中英数学教师交流项目概况

上海学生在2009年和2012年这两次大型测试中的出色表现，引起了英国对上海优秀教育系统学习的兴趣。考虑到在国际比较方面取得优异成绩的国家和地区使用的数学教育方法能够影响英国数学课程的改革，英国开始向以上海、新加坡为代表的东亚教学方法展开学习。

---

① 陈法宝. PISA测评对英国基础教育改革动向的影响——例论"中英数学教师交流项目"[J]. 基础教育，2016,13(5)：107—112，90.

② Department for Education. The importance of teaching: The schools white paper 2010[EB/OL]. [2019-05-13]. https://www.gov.uk/government/publications/the-importance-of-teachingthe-schools-white-paper-2010.

2013年，英国教育部委托原英国国家教学和领导学院①(National College for Teaching and Leadership, NCTL)开展中国数学和科学国际项目(China Maths and Science International Programme)，作为英中教育双边合作项目的一部分。中国数学和科学国际项目包括2013年1月英国教育专业领导者②代表23个教学学校联盟③(Teaching School Alliances, TSA)在上海举办的为期一周的考察访问。2013年1月与2014年1月，英方先后两次派遣了由50名数学与科学教师组成的访问团，前来上海师范大学接受短期培训。2014年1月，全国学校领导学院，包括来自48个教学学校联盟的50位全国教育和专家领导者进行了一次特殊访问。④ 2014年2月，英国教育部副部长伊丽莎白·特拉斯在访华期间，提议进一步实施培训项目。为了更好地借鉴上海的数学教学，提升英国学生的数学水平，特拉斯副部长建议拓展项目内涵，由单一的培训拓展至工作互派，即上海派出数学教师至英国学校任教，英国亦派出教师到上海学校学习。随后，2014年4月23日，在北京举行的中英高级别人文交流机制第二次会议上，英国教育部与上海市教育委员会签署了《中英数学教师交流的谅解备忘录》(*Memorandum of understanding between Chinese and British on Mathematics Teachers exchange*)，双方就推进两国数学教师的交流达成协议。作为中英高级别人文交流机制的一部分，该项目完全由英方提供费用，成为中国第一个与发达国家政府之间的教师互派交流项目⑤，这个项目由上海市教育委员会、上海师范大学、英国国家教学和领导学院、英国卓越数学教学中心(National Centre for Excellence in the Teaching of Mathematics)共同实施。由此，英国与上海签署的中英数学教师交流项目

---

① 原名为国家学校领导学院(National College for School Leadership, NCSL), 2013年3月29日英国教育部把教学理事会(Teaching Agency, TA)和NCSL合并为国家教学和领导学院(National College for Teaching and Leadership, NCTL)，由英国教育部资助，接替由教师培训署的有关校长培训职能，专门负责全国中小学校长培训工作。NCTL现已不存在，该机构于2018年3月31日被英国教育部和教学管理局(Teaching Regulation Agency)取代。

② 英国政府在《教学的重要性》中明确指出，只要取得教育标准办公室(Ofsted)专业资格的优秀中高级领导者，不论其是来自教学学校内部还是来自教学学校以外的学校，都可以成为教育专业领导者(Specialist Leaders of Education, SLE)。教育专业领导者要肩负起支持其他学校同样职位的个人和团队工作的任务，帮助他们在专业领域获得卓越领导力。

③ 英国符合标准的学校申请成为教学学校，这些教学学校又以团队的形式组建教学学校联盟(Teaching School Alliances, TSA)，通常包括：起领导作用的教学学校；接受教学学校帮扶的学校，以及一些在培训和发展方面起引领作用的战略合作伙伴，比如大学、学院等。

④ NCSL. Report on the international Math Research Programme, China 2014 [R]. Nottingham, UK: NCSL, 2014.

⑤ 黄兴丰. 来自上海：中英数学教师交流与合作[J]. 小学数学教师，2017(Z1)：26—31.

(England-Shanghai Mathematics Teacher Exchange Program, MTE)拉开帷幕。从项目开展至今,中英双方已经顺利完成了 5 轮数学教师交流(具体情况如表 12 - 2 所示)。

表 12 - 2 中英数学教师交流项目具体情况(2014 年 9 月—2019 年 1 月)

项目	时间	英国数学教师人数(学段)	上海数学教师人数(学段)
第一轮	2014 年 9 月	71(小学)	/
	2015 年 11 月—2015 年 3 月	/	59(小学)
第二轮	2015 年 9 月	68(初中)[①]	/
	2015 年 11 月	/	34(小学)+34(初中)[②]
第三轮	2016 年 11 月	71(小学)	34(小学)
	2017 年 1 月	/	36(小学)
第四轮	2017 年 9 月	70(小学)	/
	2017 年 11 月—2018 年 1 月	/	34(小学)+36(小学)
第五轮	2018 年 11 月	70(小学)+16(中学)	/
	2019 年 1 月	/	71(小学)+16(中学)

资料来源:基于中国项目团队提供的内部材料。

中英数学教师在交流期间分别在双方学校开展执教、浸入式的数学课堂观察和学生的学习与互动,与双方教师、学生以及学校管理者进行多方面的深入交谈,参加多种形式的学校教研活动。从 2014 年至 2019 年初,双方互派教师人数达 719 人;在英国聆听上海教师授课,参加上海教师组织教研活动和相关培训的英国教师超过 40 000 多人次。英国政府先后投资数千万英镑用于双方数学交流项目[③],预计到 2023 年,英国将实

① 英国小学有 6 个年级,分两个学段,第一个学段是 1—2 年级,称为 KS1;第二个学段是 3—6 年级,称为 KS2;中学也有 6 个年级,分两个学段,其中 7—9 年级是第三个学段,称为 KS3; 10—11 年级为第四个学段,称为 KS4。这四个学段构成了英国的义务教育。但英国学生入学一般比上海要小两岁,而且从教学的内容来看,英国的 7 年级相当于上海的 5 年级,8 年级相当于上海的 6 年级。上海的九年制义务教育阶段实行的是五四制,即 1—5 年级在小学,6—9 年级在初中。因此,参加交流的数学教师由小学拓展至中学。

② 原因同上,此次参加交流的上海小学数学教师全部前往英国中学交流,在英国学校任教 7 年级,初中教师则任教 8 年级。

③ Boylan, M, Wolstenholme, C, Maxwell, B, et al. Longitudinal evaluation of the Mathematics Teacher Exchange: China-England [R/OL]. Final report, 2019: 44. https://assets.publishing.service.gov.uk/government/uploads/system/uploads/attachment_data/file/773320/MTE_main_report.pdf

现总计 9 300 所中小学校的教师参加此项目。[1] 在英格兰方面，英国教育部委托 NCETM 实施由 Debbie Morgan（小学部负责人）和 Carol Knights（中学部负责人）领导的计划。在中国方面，上海市教委委托上海师范大学实施由张民选教授和黄兴峰博士领导的项目。

这里基于谢菲尔德哈勒姆大学（Sheffield Hallam University）对 MTE 进行的纵向评估，并结合中国项目团队提供的相关内部材料，分析 MTE 项目对英格兰数学教育的影响。通过分析这 4 份报告和材料，讨论 MTE 对新知识概念形成的影响，尤其是上海的"掌握"教学方法对该计划的影响。然后，从教师专业发展的各个方面分析该计划对教师专业知识共享的影响。最后，讨论该计划对促进实践知识的影响，包括英国数学教科书的改革和英国教师制度的演变。

第二节　中英数学教师交流项目对英国数学教育的影响

中英数学教师交流项目旨在通过吸取上海的数学教学经验，促进英国中小学数学教学的根本转变。为了测评项目的成效，英国委托谢菲尔德哈勒姆大学对该项目进行了第三方跟踪评估，截至 2017 年 12 月，英国谢菲尔德哈勒姆大学陆续发布了 4 份评估报告。英国对中英数学教师交流项目开展这样的评估，其主要目的有两个：一是科学评估上海数学教师交流和数学教学方法对英国数学教学的影响；二是为项目的考察以及对后续项目的改进提供参考。其中前 3 份报告为阶段性评估，也为英国在引进中式数学教学模式的未来决策和措施提供依据，一方面能够看到英国中小学数学教师的交流成果，另一方面也能做出及时反思和改进以确保该项目的持续性发展，避免出现生搬硬套忽略国情的弊端。

2016 年 7 月发布的第一份报告《中英数学教师交流项目纵向评估（中期研究报告）》[*Longitudinal evaluation of the Mathematics Teacher Exchange*: *China-England* (*Interim research report*)]，将评估重点放在了英国参加交流的 48 所先锋小学[2]的交

---

① Boylan, M, Wolstenholme, C, Maxwell, B, et al. Longitudinal evaluation of the Mathematics Teacher Exchange: China-England[R/OL]. Final report, 2019: 65. https://assets.publishing.service.gov.uk/government/uploads/system/uploads/attachment_data/file/773320/MTE_main_report.pdf.

② 先锋小学（Lead primary schools）是指英国带头实施中英数学教师交流项目的小学。

流实施和变化情况的初步调查。评估中搜集的数据来自参与中英交流项目的“数学中心”①及先锋小学、国家卓越数学教学中心和教育部的相关人物访谈，项目参与学校的教师问卷、“数学中心”网络成员学校的教师问卷，在英国执教的上海教师的面对面或电话访谈等。该报告采用了纵向综合方法，围绕12个相互关联的维度展开，即在项目推进的每一个重要阶段都进行针对性的评价。此次评估主要得出了三个重要结论：双方教师倾向于具有实质操作内容的交流，并愿意在交流之后将学习内容带到自己的课堂；对于上海的数学教学，英国的不同学校持有不同的看法，总体分为非常接受、逐步接受和保持观望的态度；交流项目带来了学生对数学学习的自信和投入。同时，此次报告还总结了英国实施上海数学教学模式的障碍，这为项目后续的开展提供了一定的借鉴。

2017年12月，英国谢菲尔德哈勒姆大学发布了《中英数学教师交流项目纵向评估（第二期研究报告）》[*Longitudinal evaluation of the Mathematics Teacher Exchange: China-England（Second Interim research report）*]，第二期报告主要采用量化与质性研究相结合的方法。就质性研究而言，报告通过观察、访谈主要分析48所先锋小学的变化；就量化研究而言，报告详细描述了倾向得分匹配法的准实验设计和6年级学生学习数学态度问卷调查来评估对学生成绩和学习态度的影响。这些为纵向分析学校实践变化如何影响学生态度以及与数学教和学相关的其他影响因素提供了基础。这份研究报告发现，每年获得学生层面的数据具有很好的一致性，与匹配的对比学校②数据比较，项目进展情况良好。《中英数学教师交流项目纵向评估（第三期研究报告）》[*Longitudinal evaluation of the Mathematics Teacher Exchange: China-England（Third Interim research report）*]侧重于在项目第二年（2015—2016年）期间对最初的第一批先锋小学的43名小学教师进行后续采访的调查和分析。③ 此外，为了更加全面地对中英数学教师交流成效进行定性评估，英国于2017年采访了实施上海数学教学法的部分小学的5名管理人员，访谈内容主要围绕中英数学教师交流以

---

① 英国在一个地区内设立了若干“数学中心”（Math Hub），这些中心都是数学教学及学生数学成就比较好的学校，它们与本地区的若干所学校有联络，对这些联络学校的教师专业学习和经验分享负有相应的责任。“数学中心”学校（Math Hub School）和它所联络的学校一起组成“数学中心”网络（Math Hub Networks）。

② 对比学校（Contrast school）是指英国940所具有相似特点的小学，这些学校与48所参加中英数学教师交流项目先锋小学的匹配比例为20∶1。

③ Boylan, M, Wolstenholme, C, Maxwell, B, et al. Longitudinal evaluation of the Mathematics Teacher Exchange: China-England [R/OL]. Third interim research report, 2017b. https://assets.publishing.service.gov.uk/government/uploads/system/uploads/attachment_data/file/666450/MTE_third_interim_report_121217.pdf.

来,英国学校在学校组织形式、教师教学专业发展、学生课堂组织形式以及学生学习数学的态度等方面发生的变化。

第四份报告题为《中英数学教师交流项目纵向评估(最终报告)》(*Longitudinal evaluation of the Mathematics Teacher Exchange*: *China-England-Final Report*),是针对前三份报告呈现的结果进行总结性的报告,概述了英国学习掌握教学的创新性以及如何将中英数学教师交流活动嵌入英国学校之中。此次评估表明,英国教师领导者参与中英数学教师交流项目的学习以及更广泛的掌握教学的创新,促使英国的学校发生变化,也影响了英国教师专业学习的内容。此外,该评估也表明,参与中英数学教师交流项目对英国第一批项目学校的学生(KS1)的数学成绩产生了积极影响,而对KS2阶段的学生数学成绩的影响暂无定论。因此,英国对该项目持有一种谨慎态度——对目前的项目和实施掌握教学的计划不能一概而论,需要收集进一步的证据,从而衡量投入是否物有所值,是否能够达到成功变革数学教育的预期。

根据4份报告来看,虽然中英数学教师交流项目实施时间仅仅5年,但已引起英国学校的实践发生变化,上海教师在英国的公开课和数学教研活动等方式一定程度上改变了英国的教育传统和教学观念,并促使英国对参与交流的学校和更广泛的英国数学教学实践进行反思。中英数学教师交流项目作为两国教学资源的双向交流与合作平台,从一定意义上来说,也是一种实现教育共享的创新方式,它使得教育超越空间的界限,优势教育资源实现共享。下面主要就中英数学教师交流在知识概念的形成、知识的分享方式以及实践性知识方面产生的影响进行论述。

一、 中英数学教师交流在形成新的知识概念方面的影响——上海的“掌握教学”理论

英国谢菲尔德哈勒姆大学于2017年发布的第三份评估报告[*Longitudinal evaluation of the Mathematics Teacher Exchange*: *China-England* (*Third Interim research report*)]对中英数学教学差异进行了总结(见表12-3)。

在这份报告中,英国将上海的这种数学教学模式定义为上海“掌握教学法”(Shanghai Mastery approach)。“掌握学习”理论在1968年由美国著名心理学家和教育家布卢姆(Benjamin Bloom)首次提出。掌握学习坚持认为,学生必须在掌握先决知识方面达到精通的水平,然后才能继续学习后续信息。如果学生没有掌握测试技巧,

他们会在学习和复习信息方面获得额外的支持，然后再次进行测试。这个循环一直持续到学习者完全精通，然后他们可能继续进行下一个阶段。布卢姆认为，掌握学习是一组基于小组的、个性化的教学策略，其前提是：如果给学生足够的时间，他们将在给定的领域中获得高水平的理解。① 掌握学习的观点是：只要有适当的资源、支持、时间和教学，除了具有特定认知障碍的人之外，每个人都可以在数学上取得成功。

表 12-3　课堂实践的差异

	中国上海	英国
教学方法和目的	全班互动式教学；涵盖多个小步骤的快节奏；注重提问；开展小型班会；变式教学；数学交流；强调准确的数学语言。	教师授课（快节奏）；个人小组练习（慢节奏）；从教学目标出发；如果召开班会，在课程结束时进行。
课程内容和目的	聚焦课程中的具体内容；小步骤教学；确保掌握之后再教授新课；从数学内容或问题出发；为概念理解和解题步骤的熟练度而教学；确保整个班级一起前进。	课程内容最大化；学习目标差别化；螺旋式课程；实现各个层次的进度目标；学习目标和活动差别化，低水平的学生学习进度较慢，加快高水平学生的学习速度。
教材、模型和资源	教科书与变式教学相结合；使用多样化的数学模型和视觉图像；仔细筛选实例和练习题。	各种资源和材料；向低年级学生展示可操作的物体（指物理材料，如方块和立方体，用来提升学生对数学概念和程序的理解）。

资源：Boylan et al. Longitudinal evaluation of the Mathematics Teacher Exchange: China-England[R/OL]. Third Interim Research Report, 2017b: 75. https://assets.publishing.service.gov.uk/government/uploads/system/uploads/attachment_data/file/666450/MTE_third_interim_report_121217.pdf.

英国概括的"掌握教学"既是布卢姆的"掌握学习"观念的深化，也不同于布卢姆的"掌握学习"。博伊兰(Boylan)等学者认为，以美国为代表的西方的"掌握学习"是教育和文化规范的产物；期望所有人都能学习，而老师的角色是设计课程并使用能确保实现这一目标的实践。② 上海"掌握教学"的基础是所有学生都可以成为数学学习者，这指导了课堂实践和数学教学的组织。课堂上的互动式教学旨在培养精通概念理解和解决问题的步骤。上海市教师精心设计数学模型、典型问题并注重练习材料，以确保学生的共同

① Bloom, B S. All our children learning: A primer for parents, teachers and other educators [M]. New York, NY: McGraw-Hill, 1981.

② Boylan, M, Wolstenholme, C, Maxwell, B, et al. Longitudinal evaluation of the Mathematics Teacher Exchange: China-England[R/OL]. Interim research report, 2016: 15. https://assets.publishing.service.gov.uk/government/uploads/system/uploads/attachment_data/file/536003/Mathematics_Teacher_Exchange_Interim_Report_FINAL_040716.pdf.

进步，通过加深对小学和需要额外学习的学生的理解和日常干预来扩大学习范围。[①]

此外，中英数学教师交流项目组通过比较和研究，发现了上海掌握教学中的三大平衡关系，即记忆和理解、具体与抽象、教师讲授和学生探究的关系。[②] 牛津大学数学教育系的安·沃森教授在观摩了中英数学教师数学交流项目的活动之后，接受BBC电台的采访(The Compass, January 19,2017)，肯定了中国数学学习中"记忆"的价值，以及"记忆"与"理解"之间的平衡关系。中英项目组一致认为，第一，记忆和理解并不是二元对立的学习方法，应当在教学实践中发挥各自的长处，促进学生的有效学习；第二，在教学中要坚持体现数学概念从具体到抽象的发展过程，既不能在具体的水平停滞不前，也不能突然拔高到抽象的水平，要通过多元的表示方式实现自然而流畅的过渡；第三，应当通过师生互动的方式，把教师的讲解和学生的探究融合在解决问题的过程中，实现教师的主导价值和学生的主体功能在课堂中的统一。对此，MTE针对上海掌握教学法总结出了"五大理念"(见图12-1)。

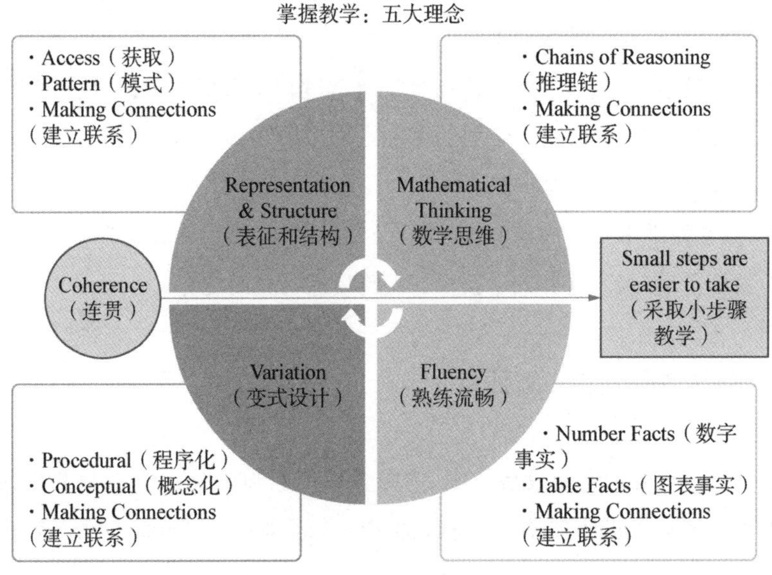

图12-1　英国概括上海掌握教学的五大理念

资料来源：英国国家数学教学卓越中心 https://www.ncetm.org.uk/resources/50042

① Boylan, M, Wolstenholme, C, Maxwell, B, et al. Longitudinal evaluation of the Mathematics Teacher Exchange: China-England[R/OL]. Interim research report, 2016: 15. https://assets.publishing.service.gov.uk/government/uploads/system/uploads/attachment_data/file/536003/Mathematics_Teacher_Exchange_Interim_Report_FINAL_040716.pdf

② 黄兴丰.中英数学教师交流的成就与影响(未出版手稿).

这五大理念分别为：第一，连贯性，指的是将新的知识与已经理解的概念联系起来，并确保一旦理解和掌握，新的知识将在下一步学习中再次使用，所有步骤都是小步骤。第二，表征和结构，是指课程中使用的表征揭示了所教授的数学结构，强调数学知识之间的联系，采取动作、图形、符号等不同的方式来表征数学概念；目的是让学生可以在不依赖于表征的情况下进行数学计算。第三，数学思维，是指如果要深刻理解教授的知识，那么这些知识不仅要为学生所接受，而且必须由学生来处理，即与他人一起思考、推理和讨论；它强调学生数学思维能力的发展，通过观察、归纳、猜想、验证的过程，促进学生合情推理和演绎推理能力的共同发展。第四，熟练流畅，即快速有效地回忆事实和程序，以及在不同背景和数学表征之间移动的灵活性；它重视基本知识和技能的理解和掌握，反对死记硬背和机械练习。第五，变式设计，是指通过提供呈现概念的示例以及不呈现概念的示例，改变概念最初呈现给学生的方式。此外，在教学设计中还应仔细变换练习题，避免机械重复，并鼓励学生思考，促进学生对数学概念本质的认识和问题解决能力的发展。结构和表征、数学思维、变式与流畅这四点构成了上海数学教学实践中的"四个关键要素"。

本着掌握教学的理念，上海学校在数学教学过程中形成了实践经验和有效策略。在制度上，通过数学教师分科教学的制度和在职专业发展的途径，促进教师对数学知识的深刻理解，提高数学教师的专业水平；在理念上，上海教师相信学生拥有学习数学的基本能力，在教学中坚持面向全体，同时又关照个别差异，从而能够较为全面地提高上海数学教育质量，因而这种数学教育的经验具有明显的优势。

二、 中英数学教师交流对教师专业知识分享方式方面的影响

在以学校为基础的专业发展方面，中国学校不断地强化以学校为基础的专业发展[①]，而且数学教师在获得资格后的前 5 年内进行为时 340—560 小时的学习[②]；学校

---

① Huang, R, Peng, S, Wang, L, et al. Secondary mathematics teacher professional development in China [M]//F. K. S. Leung & Y. Li, (Eds.), Reforms and issues in school mathematics in East Asia: Sharing and understanding mathematics education policies and practices. Rotterdam, Netherlands: Sense Publishers, 2010: 129 - 152.

② NCSL. Report on the international Math Research Programme, China 2014 [R]. Nottingham, UK: NCSL, 2014.

组织教学研究组(Teaching Research Groups, TRG)[①],由专家教师提供指导[②]。中英数学教师交流项目开展之前,英国教师的专业发展机会有限[③],数学教师之间相对独立,其课堂也几乎无其他教师涉足。而在观察到上海数学教师的持续和嵌入式专业发展之后,英国学校认为,采用上海的做法为教师专业学习和发展创造了需求和机会。在第三份报告中,提到了来自34个学校的教师专业发展成果得到了增强,其中学科和教学内容知识得到了提高。大多数学校都参与了一些活动,例如领先的TRG,在研讨会和会议上进行介绍,以更广泛地分享他们的学习成果。[④]

教师的专业发展具有社会性,在此视角下审视教师的学习,应当强调学习和发生学习的社会实践之间的复杂关系,而不应该把教师学习的对象简单地看作是抽象的、去情境化的知识,把学习简单地看作是从个人传递给个人的过程。知识应当在社会化的实践中逐步建构。学习应当渗透在特定社会和自然环境之中,是社会化的过程。[⑤] 因此,近来越来越多的学者认为,实践共同体是教师专业发展的重要途径。[⑥]

(一) 中英数学教师交流促进了教师实践共同体的发展

在中英数学教师交流项目开展之后,英方连续4年分派不同的教师来上海学校交

---

① Huang, R, Peng, S, Wang, L, et al. Secondary mathematics teacher professional development in China [M]. // F. K. S. Leung & Y. Li, (Eds.), Reforms and issues in school mathematics in East Asia: Sharing and understanding mathematics education policies and practices. Rotterdam, Netherlands: Sense Publishers, 2010: 129 - 152; Yang, Y. How a Chinese teacher improved classroom teaching in teaching research group: A case study on Pythagoras theorem teaching in Shanghai [J]. ZDM Mathematics Education, 2009, 41(3),279 - 296. https://doi.org/10.1007/s11858-009-0171-y.

② Ding, L, Jones, K, Pepin, B, et al. How a primary mathematics teacher in Shanghai improved her lessons on "angle measurement" [C]. Proceedings of the Eighth British Congress of Mathematics Education, 2014: 113 - 120.

③ Boylan, M, Wolstenholme, C, Maxwell, B, et al. Longitudinal evaluation of the Mathematics Teacher Exchange: China-England [R/OL]. Interim research report, 2016: 45. https://assets.publishing.service.gov.uk/government/uploads/system/uploads/attachment_data/file/536003/Mathematics_Teacher_Exchange_Interim_Report_FINAL_040716.pdf.

④ Boylan et al. Longitudinal evaluation of the Mathematics Teacher Exchange: China-England [R/OL]. Third Interim Research Report, 2017b: 14. https://assets.publishing.service.gov.uk/government/uploads/system/uploads/attachment_data/file/666450/MTE_third_interim_report_121217.pdf.

⑤ Lave, J, Wenger, E. Situated learning: Legitimate peripheral participation [M]. Cambridge, UK: Cambridge University Press, 1991.

⑥ 张平,朱鹏.教师实践共同体:教师专业发展的新视角[J].教师教育研究,2009,21(2),56—60;李子建,邱德峰.实践共同体:迈向教师专业身份认同新视野[J].全球教育展望,2016,45(5),102—111.

流，他们每 2 人一组结成英国教师实践共同体，由英方 NCETM 开展行前培训与准备。在上海期间(2 周)，英国教师走进上海学校和课堂，与学生一同听课、讨论，与上海教师一同参加上海学校组织的教研活动，讨论上海数学教学的经验，反思自身数学课堂教学的优势和不足。在上海教师访问英国学校期间(2—3 周)，上海教师给英国学生授课，接受来自英国学校和数学中心的教师观摩，并在课后参加英国学校组织的教研活动，和英国教师共同协商确定课堂的教学设计，分享自己的教学经验和教学资源。上海教师在参加中英数学教师交流项目的同时，也被安排为两两结对，形成上海的教师实践共同体，共同讨论英国教师来上海访问的计划和安排，探讨英国数学课堂的教学设计和实施；一起在英国学校彼此观摩课堂教学，讨论课堂的改进，分享课堂教学的经验。由此可以看出，英国教师前来上海与上海教师形成“2＋2”教师实践共同体，从而形成了嵌套在原有共同体之上的跨文化的教师实践共同体。中英数学教师实践共同体的组织、管理和运行，详见表 12 - 4 所示。

表 12 - 4　中英数学教师实践共同体的组织、管理和运行

要点	英国教师来沪期间(2 周)	上海教师赴英期间(2—3 周)
1	上海项目组对上海所有参与学校和教师提出统一的要求。	英国项目组对各数学中心提出总体要求。
2	由每个学校确定英国教师来沪的研修活动日程安排。	由数学中心、英国参与学校和交流的教师确定上海教师在英交流的日程。
3	各校数学教研组组织和实施研修活动(每天至少两节公开课，包括听课、说课、评课等环节)。	各校组织研修活动，邀请本地区其他学校的教师前来观摩上海教师的课堂教学，并开展教学研讨。
4	参与交流的上海教师全程参与英国教师的研修活动，在“2＋2”实践共同体内与英国教师分享上海的数学教育经验。	参与交流的英国教师让出课堂，由上海数学教师执教，在“2＋2”实践共同体内与上海教师，设计课堂教学计划，协助上海教师实施课堂教学，并与前来观摩的教师共同分享上海的数学教育经验。
5	中英项目组成员到上海不同的学校，参加研修活动。	中英项目组成员到英国不同的学校，参加研修活动。
6	英国教师每天集中和英国项目组成员一起分享学习的体验。	上海项目组成员每天与上海教师通过社交软件，在线交流和分享各校的体验，解决出现的问题。
7	中英项目组成员相互沟通，协调各校研修活动的实施。	中英项目组成员相互沟通，协调各校研修活动的实施。
共享知识	变式设计、课堂互动、小步前进、及时补差、“动脑筋”、熟练和记忆、理解和掌握、概念的多元表征、课程连贯……	

资料来源：基于中国计划团队内部未发布的资料。

（二）中英数学教师交流促进了教研组形式的拓展

教研组，即教学研究组（TRG），是以往中国学校的教师教学的特色。早在1952年初，中国教育部就在《中学（暂定）条例草案》中规定：中学所有科目应设立教研组。中国数学教师的课堂教学向同部门教师开放，便于观察、学习、讨论和研究。作为中小学教师教学、科研、管理的基层组织，中国的教研组活动已有了半个多世纪的本土实践。

相比之下，以往英国课堂教学相对封闭，教师很少有听课和课外交流的机会。因此，英国在观摩和参与上海学校的教研组活动之后，开始在英国学校展开数学教师合作组来改进教学实践。[①] 但是，与上海学校内部的教研组形式有所不同的是，英国数学教研组的范围并不严格。2014年，英国成立了32个数学中心（Maths Hubs），其核心目标是帮助学校和大学引领英国数学教育的进步，通过一个领域内的领导数学和专业知识，发展和传播优秀的实践，为所有学生服务。截至2019年6月，英国一共建立了37个数学中心。每个数学中心都是由当地一所优秀的学校或大学领导，每一所牵头学校或学院都是通过教育部、国家教学和领导学院以及国家数学教学卓越中心的严格流程选出的。2014年至2019年期间，英国教育部资助英格兰37个数学中心各派出2名教师参加中英数学教师交流项目。每年37个中英教师实践共同体几乎辐射整个英格兰地区，共同推动英国数学教育的改革和发展。作为英国数学中心计划的一部分，英国“掌握教学法”的专家培训计划的一个重要原则是，参与者应与其他感兴趣的学校分享和合作，通过“掌握”数学教学方法来改善课堂实践。

英国学校目前140名“掌握教学法”的专家（每个数学中心区域有4名专家）中的每一位都设立了一个教研组，由他们自己的学校和周边地区学校的教师组成，开始探索、分享和完善“掌握教学法”的教学。[②] 这些数学教师形成互助小组，设计课程，吸引周边地区学校的数学教师前来一同观察组内课堂教学，然后在接下来的研讨会中，由教师反思教学并要求同侪提供反馈和改进课程设计。随着英国数学中心计划在数学教育领域的工作日益成熟，参与教师通过合作制作数学资源和指导，旨在帮助全国各地

---

① Boylan et al. Longitudinal evaluation of the Mathematics Teacher Exchange: China-England [R/OL]. Third Interim Research Report, 2017b: 14. https://assets.publishing.service.gov.uk/government/uploads/system/uploads/attachment_data/file/666450/MTE_third_interim_report_121217.pdf.

② National Centre for Excellence in the Teaching of Mathematics Search[EB/OL]. [2020-10-11]. https://www.ncetm.org.uk/search?q=TRG.

的教师了解掌握教学的原则，并开始自己实施方法。此外，英国国家数学教学卓越中心还开始收集学校如何成功实施“掌握教学”方法的实例。① 为了帮助教师和学校制定自己的计算政策，或补充现有政策，并帮助塑造学生的学习方式和学习计算方法。

由中英数学教师交流带来的英国数学教师教研组活动的开展和拓展，不仅能够增加同伴互助和交流，统一教学设计和计划，在交流和反馈的同时还促成教学反思。英国教师通过专业发展活动也增加了关于数学教学的非正式讨论，教师们更愿意分享教学心得和教学反馈，在一定程度上提升了英国数学教师的专业性。根据英国对 41 所参与学校进行的调查发现，其中有 34 所学校报告上海数学教师赴英对英国数学教师的知识水平带来了可观的变化，有 12 所学校提到了交流增强了英国数学教师的教学信心。②

三、 MTE 对促进实践性知识方面的影响

综合英国出台的 4 份评估报告和相关的访谈结果发现，自英国实施上海“掌握教学法”以来，英国的数学教育实践发生了较大的变化。下文主要针对项目对英国数学教科书的改革、数学专科制度的演进、英国数学课堂教学实践的影响以及对英国学生学习数学的情感态度和成绩影响四个方面展开论述。

（一）MTE 促进了英国数学教科书的改革

在教材方面，英国数学课堂与中国数学课堂还存在一个明显差异就是英国学校没有统一使用教科书。根据 2011 年国际数学与科学成就发展趋势研究（The Third International Mathematics and Science Study，TIMSS）的统计数据显示，英格兰地区的小学中，仅有 10%的教师在数学教学过程中使用教科书。③ 对此，有研究者指出④，英国教育改革并未涉及广泛使用高质量的教科书，也没有注意到其他国家使用合理的、

① http://www.mathshubs.org.uk.

② Boylan et al. Longitudinal evaluation of the Mathematics Teacher Exchange: China-England [R/OL]. Third Interim Research Report, 2017b: 14. https://assets.publishing.service.gov.uk/government/uploads/system/uploads/attachment_data/file/666450/MTE_third_interim_report_121217.pdf.

③ Mullis, I V S, Martin, M O, Foy, P, et al. TIMSS 2011 international results in mathematics[M]. Chestnut Hill, MA: TIMSS & PIRLS International Study Center, Boston College, 2012: 392.

④ Oates, T. Why textbooks count: A policy paper[M]. Cambridge Assessment, 2014: 4. http://www.cambridgeassessment.org.uk/images/181744-why-textbooks-count-tim-oates.

精心设计和统一实施的教科书。这是由很多原因造成的。首先，这很大程度上与西方国家倡导“以儿童为中心”和“个性化”的教育理念有关。这种理念认为，教学应该适合每个儿童的兴趣和能力，而不是使用所谓的教科书进行全班性统一教学。[①] 其次，这种反教科书的风气在英国盛行[②]，加上英国小学全科教师庞大的工作量降低了教育工作者投入编写教材的行列，从而导致教科书的质量参差不齐。此外，教科书的低使用率也使得出版商不愿意将资金投入学校教科书的市场，导致英国的教科书出版业出现市场失灵的情形。而且由于英国政府既不向学生提供免费教科书也不要求学校使用教科书，这就导致课堂使用的教科书良莠不齐，或者根本没有使用教科书。[③] 还有一点，由于不同学校和班级之间的学生成绩差异也很大，课堂教学很难使用统一的教科书进行教学。因此，在英国没有教科书就可以进行数学教学。[④] 而中国的数学教科书是经过精心设计的，在教学实践中逐步完善，与英国国家课程自 1988 年推出以来频繁变化的教材相比，中国的教科书每 10 年审核一次。通过与上海、新加坡等优秀教育系统地区的交流，英国发现，使用精心设计和测试的教科书对于成功实施“掌握教学”至关重要。对学生而言，清晰和精心设计的教学材料可以促进学生对知识的理解，也可以帮助学生自学。对于教师而言，一方面，教材的使用可以帮助教师规划课程计划，把握教学进度，有利于解决教师之间知识水平的差距而导致的教学水平差异问题；另一方面，教科书的使用可以减少教师的工作量并提高课程质量。基于此，英国政府决定扭转反教科书思维，加强教科书在数学教学上的比重，以及整顿积弱不振的教科书市场。

英国的教科书改革首先从提高教科书的质量入手，对引进的教科书进行审慎评估。2014 年 11 月，英国剑桥大学评估中心蒂姆·奥茨(Tim Oates)发表了一篇政策性论文《为什么教科书重要》(*Why Textbooks Count*)，为英国的教科书问题提供了一个深

---

① Gibb, N. How to get more high-quality textbooks into classrooms [J]. Department for Education, 2015. https://www. gov. uk/government/speeches/how-to-get-more-highquality-textbooks-into-classrooms.

② Marsden, W E. The school textbook: Geography, history and social studies[M]. London, UK: Woburn Press, 2001.

③ Gibb, N. How to get more high-quality textbooks into classrooms[J]. Department for Education, 2015. https://www. gov. uk/government/speeches/how-to-get-more-highquality-textbooks-into-classrooms.

④ Ollerton, M. Learning and teaching mathematics without a textbook[M]. Derby, UK: Association of Teachers of Mathematics, 2002.

刻的分析。蒂姆·奥茨分析了其他教育系统如上海、新加坡、芬兰等如何开发教科书作为改善数学教育的系统战略的一部分,以及如何改进英国的教科书。蒂姆认为,教科书是改进课程实施,在课堂上给学生呈现实际的数学课程的一个重要方面。对此,他呼吁出版商、政策制定者、教师和研究人员共同致力于教科书质量的提高。① 2016年7月,英国教育部首次宣布"掌握教学"计划的一部分资金用于帮助购买符合教育部制定标准的高质量数学教科书,要求英国出版商每一学年都要提交数学教科书,由英国教育部设立的专家小组根据标准进行审查。英国对教科书引进的审查标准十分严格,要求出版商必须提交50页的证据,主要包括以下9个要求:(1)符合"掌握"数学教学的高质量小学教科书的核心标准,为教师和学生提供全面的资源;(2)内容反映小学数学课程的广度,能够提供更为深入的基础概念研究;(3)内容要按照逻辑顺序;以小的逻辑步骤构建数学概念,注重细节和难点;(4)内容及其表征用于揭示和强化特定的数学概念;(5)使用正式的数学通用语和准确的数学词汇表达数学;(6)使用明确的数学思考教学概念,通过让学生参与活动和互动促进他们的学习;(7)练习旨在加深概念理解并加强步骤的熟练性;(8)教科书应包括能够定期评估学生对知识的理解和进步的材料;(9)教师指导用书要支持教师学科知识和教学实践的发展。按照规定,英国学校在引入"掌握"模式的全班数学教学时可以根据"掌握教学"计划申请高达2 000英镑的资助用于购买教科书,但在2017年7月,符合英国教育部标准的教材只有一套,即从新加坡引入的名为《学数学没问题》(*Maths No Problem*)的小学数学教科书,在英国35个数学中心试用。英国认为,这种教材基于"掌握教学"原则,显然能够对整个班级的数学教学提供支撑。2019年的最终报告显示,在调查的38所英国学校当中,使用"掌握"教材为学生主要教学资源的学校逐年增加,2015年只有5所,而到了2016年和2017年,这一数字都增长到了29所。②

对于2017年英国引进的教科书通过审查的只有一本《学数学没问题》,英国学校的教育领导也对教科书严重缺乏选择性表示担忧。因此,英国开始引进上海高质量的教科书。2017年8月,上海数学《一课一练》(英国版)在亚马逊网站上公开销售,该书

① Oates, T. Why textbooks count: A policy paper[M]. Cambridge Assessment, 2014: 20. http://www.cambridgeassessment.org.uk/images/181744-why-textbooks-count-tim-oates.

② Boylan, M, Wolstenholme, C, Maxwell, B, et al. Longitudinal evaluation of the Mathematics Teacher Exchange: China-England[R/OL]. Final report, 2019:83. https://assets.publishing.service.gov.uk/government/uploads/system/uploads/attachment_data/file/773320/MTE_main_report.pdf.

在英国获得畅销，甚至连美国的家长也在购买、使用和发表意见。[①] 2018 年初，《人民日报・海外版》报道了《2017 海外热议的中国五本书》，分别是《习近平谈治国理政》以及《阿里巴巴：马云和他的 102 年梦想》《上海数学：一课一练》《中国针灸学》《青铜葵花》。[②] 2018 年 10 月，由英国哈珀・柯林斯出版集团与上海世纪出版集团合作翻译出版的上海基础教育数学教材《数学》被命名为《真正上海数学》(*Real Shanghai Mathematics*)，这套由教师用书、学生用书与练习组成的小学一、二年级的数学教材在英国举行首发仪式，它的正式出版也标志着中国小学数学教材系统化和规模化地进入英国小学教育体系。上海数学教材进入英国一事，引起包括美英媒体在内的很多西方国家媒体的关注。一方面，有评论指出，英国政府引进中国教科书的初衷是希望此举能够提高英国学生的数学成绩，例如英国《卫报》发表的评论《中国数学教科书将在翻译后进入英国学校》(*Chinese maths textbooks to be translated for UK schools*)[③]和《纽约时报》网站发布的《英国为提高数学成绩求助中国教材》(*Britain Turns to Chinese Textbooks to Improve Its Math Scores*)[④]。另一方面，也有人针对此举感到忧虑，例如，一篇题为《为什么我们如此盲目追随中国的数学教学方法》(*Why are we blindly following the Chinese approach to teaching maths*)的报道指出，大多数的英国小学数学专家赞同高质量、经过深入研究的教科书是数学教育的重要组成部分这一观点，但他们也认为应该鼓励英国出版商出版各种不同类型的教科书，使学校能够选择适合其教学并适合学生的教科书。[⑤]

因此，除了引进高质量的教科书，另一方面，英国出版社开始自行出版适合英国数学教学的教科书。例如，英国霍德教育出版社(Hodder Education)和剑桥大学出版社根据对质量上乘的教材的详细特征如注重学科内容，包括高质量的实践活动，以及有效和持续的评估等进行国际分析，开发出了一些新的数学材料和英国 GCSE 材料[⑥]。

---

① https://www.amazon.cn.

② http://paper.people.com.cn.

③ The Guardian. Chinese maths textbooks to be translated for UK Schools[EB/OL]. https://www.theguardian.com/education/2017/mar/20/chinese-maths-textbooks-to-be-translated-for-uk-schools #comment-95230082.

④ New York Times. Britain Turns to Chinese Textbooks to Improve Its Math Scores. [EB/OL]. https://www.nytimes.com/2017/08/05/world/asia/china-textbooks-britain.html.

⑤ https://www.theguardian.com/teacher-network/2015/feb/10/chinese-teaching-primary-maths.

⑥ Department for Education and The Rt Hon Nick Gibb MP. Inter national Textbook Summit[EB/OL]. (2018-06-18). https://www.gov.uk/government/speeches/international-textbook-summit.

2018年，英国培生(Pearson)教育出版社出版的高质量的数学教材 *Power Maths Key Stage 1*，它包括教科书、练习册和教师用书，是英国基于对世界各地数学教学的广泛研究，并且邀请中国、新加坡等拥有多年有效"掌握"方法、有经验的顶级教育专家和英国的教师团队，根据英国的课程标准联合撰写的一套教材。这套教材符合英国课程的核心标准，已获得英国教育部的资助和推荐，因为它很好地体现了独特的"掌握教学"模式；提供丰富多样的解决问题的思维和方法，有助于激发学生学习数学的好奇心和兴趣；由英国教师共同参与，能够切实满足英国儿童的特定需求；帮助教师减少工作量并提供持续的专业发展；提供经济实惠和灵活的"套餐"满足学生的需求和预算①。

可见，英国数学教科书改革首先是引进和翻译，继而转为聘请新加坡和中国的教育专家合作编写，再到本国教师根据学生需求和课程标准自主研发，由借鉴到创新这样的一条改革路线。

(二) 中英数学教师交流促进了英国数学专科教师制度的演进

中国的数学教师大都是专科教师，即使并非都具有很高的学历，但他们对初等数学有着深刻的理解，对数学教学内容也有较好的认识。② 英国的小学教师是全科教师，不是专门从事数学教学，也大都没有数学相关专业的背景；而中学数学教师虽是专职教数学，但他们大学所学也并非数学专业，这与中国有很大的不同。③

英国35个数学中心作为由国家数学教学卓越中心协调的国家合作网络的一部分协同工作，分享经验和专业知识，在实现共同目标时进行协作。因而每个数学中心不仅仅是一所学校或大学，而更像是一个数学领导网络，包括学校、大学和来自整个中心区域的其他数学教育专业组织。这些数学中心在传授"掌握教学"专业知识和支持学校引入"掌握教学"方法方面，不断地培养了"掌握教学"专家教师队伍。从2015—2016年以来，每年各数学中心都有4名教师，即35个数学中心共有140名小学教师完成专业发展计划，成为"掌握教学"专家。这些教师中的每一位都会带领一个教学工作组，其中有来自数学中心区域内6所小学的参与教师开始自学教学。通过这种方式，

---

① www. pearsonprimary. co. uk/powermathssamplepac.

② Ma, L P. Knowing and teaching elementary mathematics: Teachers' understanding of fundamental mathematics in China and the United States[M]. Mahwah, NJ: Lawrence Erlbaum, 1999.

③ Huang, X F. 英国数学教育的现实与向往——兼与中国数学教育比较[J]. 比较教育研究，2016(8): 24—29.

预计到2019—2020学年结束时，英国将有700名小学“掌握教学”专家组成立并开始运作，他们将共同与其他8000多所小学合作。而各个学校和大学与当地数学中心合作可以获得免费或补贴的专业发展计划；获取有关所有本地数学教育活动的最新信息；参与当地数学教育领导者网络。如果教师、学校或学校团体需要寻求数学中心的支持，他们就可以联系离他们最近的数学中心寻求支持。同样，教师或学校如果有想要与数学中心分享的工作或专业知识，他们可以联系数学中心领导讨论其提案。[①]

（三）中英数学教师交流引起英国的数学课堂实践发生变化

根据英国发布的4份报告来看，中英数学教师的交流已经促进了英国数学课堂实践的变化。首先，中英数学教师交流项目开展以来，在课程节奏上，英国采用上海“掌握教学法”的学校已经放慢了课程内容的传授速度。英国教师们更多地采用“循序渐进”的方式，更加注重对数学的理解。课程速度放缓的一个原因是由于增加了数学模型和课堂展示。英国的报告显示，其中一个普遍变化是使用教学工具和具体材料的学生群体从低年级延伸到整个小学年龄段。因为教学材料不再被认为更适合低年级或特殊教育的学生群体，而被认为对整个小学阶段都很重要。

第二，在课堂组织教学方面，英国数学教师通过前来上海进行“浸润式”的课堂观察以及上海数学教师前往英国进行交流，英国学校开始通过各种互动教学促进学生对数学知识的理解，也调整了课程活动和结构。课程活动旨在课程中达到互动、教师提问、解答、个人或小组学习之间的平衡。例如，教师引入一个问题，师生围绕学生已经知道的知识、可以使用的知识以及不知道的知识进行相关讨论；然后教师示范一道题目，再由学生在4—6分钟的短时间内自我完成一道；最后师生一起完成[②]，对掌握程度加以评估之后才能进入下一难度级别的内容学习，以此重复以上课程结构。在教学干预方面，中英数学教师交流也促使大多数英国学校对干预措施加以改变，许多学校开展了某种形式的日常干预。一些学校也已经适应了上海教学的日常干预原则，在早晨、休息期间、放学后和班会期间提供个人或小组支持，以保持课程一致进度。[③] 上海

---

① http://www.mathshubs.org.uk/about-maths-hubs/.

② Boylan et al. Longitudinal evaluation of the Mathematics Teacher Exchange: China-England [R/OL]. Third Interim Research Report, 2017b: 32 - 33. https://assets.publishing.service.gov.uk/government/uploads/system/uploads/attachment_data/file/666450/MTE_third_interim_report_121217.pdf.

③ 同上，p. 40—42.

的数学课程比英国的课时要短，通常是35到40分钟而不是一小时。因此，英国大约三分之一的学校对课程时间表进行了调整，以适应上海模式。另外三分之二学校的做法是将课时安排与实际情况相结合，以更好地适用于英国课堂。①

第三，在家庭作业的设置方面，英国之前的做法是将练习放在一小时的课堂上完成，而在中英数学教师交流之后，一些学校改变原有做法，在家庭作业设置中包含了更多变式，并提出深入理解性的问题加强巩固。此外，英国学校在进行中英数学教师交流之前的座位安排是大多数学生都坐在教室且按照能力分组，或者是围坐在地的形式。而项目开展之后，英国课堂上的学生开始成对坐在一起，面对教室的前方。②

(四) 中英数学教师交流提升了英国学生学习数学的信心和成绩

根据第三份报告中的调查数据显示，自上海教师赴英以来，英国48所学校的大多数数学教师对英国学生在学校发生的变化持乐观的态度。在参与交流的43所先锋小学中，有37所先锋小学的数学教师表示，学生的进步超过预期。具体表现如下(表12-5)。

表12-5 英国43所小学的学生进步表现

学生进步的表现	超过预期的学校数	和预期一致的学校数	低于预期的学校数	没有回应的学校数
学生的知识和对数学的理解	29	11	0	3
学生的数学讨论	37	5	0	1
学生的课堂参与	33	7	0	3
学生对数学的信心和态度	37	4	0	2
学生的成绩	18	14	1	10

资源：Boylan et al. (2017b). Longitudinal evaluation of the Mathematics Teacher Exchange: China-England. Third Interim Research Report, p. 63. Retrieved from https://assets.publishing.service.gov.uk/government/uploads/system/uploads/attachment_data/file/666450/MTE_third_interim_report_121217.pdf.

---

① Boylan et al. Longitudinal evaluation of the Mathematics Teacher Exchange: China-England [R/OL]. Third Interim Research Report, 2017b: 43 - 44. https://assets.publishing.service.gov.uk/government/uploads/system/uploads/attachment_data/file/666450/MTE_third_interim_report_121217.pdf.

② 同上，p. 38—39.

由表 12 - 5 可见，首先，英国的教师认为，项目学校的儿童对数学学习有了更积极的态度和信心。

第二，这些学生对教师的依赖度在慢慢减少，但是学生的积极参与度在增加，他们开始自信地讨论数学，并学会了如何使用正确的数学词汇表达数学。例如，英国诺丁汉切特温德小学在应用两年的“掌握教学法”之后发生最显著的变化就是学生对数学的学习热情和学校数学教学的整体氛围得到很大提升。

第三，英国数学教师在了解到上海数学教师教学使用的工具和技术之后，也开始引进相关教学工具和技术，使其走进英国数学课堂，对儿童的数学学习带来了积极的影响。

英国学生身上体现的这种对数学的情感态度和认知的改变也将会引起英国学生的数学成绩的变化，项目学校的大部分教师和校长在接受访谈时表示，学生的数学成绩得到提高。

上述调查表明，英国学生的数学学习状况有了很大提升，但大多数教师的结论仅只是来自课堂上的观察，如学生的口头和书面表达能力，而没有基于测试成绩的数据进行支撑。因此，英国在最终报告中对英国参与交流项目的学校（KS1，KS2）的学生的数学成绩进行了评估。

最终报告对英国实施“掌握教学法”的学校的 KS1 和 KS2 学生的数学成绩以及数学学习的情感态度影响进行了 6 个阶段的分析。第一个是 2013 年至 2017 年基于学校层面的描述性分析，对参加中英数学教师交流项目的学校与对比学校的 KS2 学生数学学习进行统计比较。第二个是 2013 年至 2017 年基于学生层面的描述性分析，对参加项目的学校和对比学校的 KS1 和 KS2 学生的数学成绩进行统计比较。第三个是 2013 年至 2017 年的多层面影响分析，对参加项目的学校和对比学校的 KS1 和 KS2 学生的数学成绩进行比较。第四个是敏感性分析，主要对 KS1 和 KS2 数学成绩影响分析进行严格的审查。第五个是仔细审查单独的项目学校和对比学校样本的影响，分析每个项目学校的情况，并将每所项目学校学生的成绩与对比学校样本中学生的成绩进行比较。但结果表明，这五项分析均未发现学校参与中英项目提高 KS1 或 KS2 学生的数学成绩的证据。第六个是对实施“掌握教学”的探索性分析，收集 2014 学年至 2015 学年第一批 47 所项目学校当中的 37 所学校（35 所小学和 2 所中学）在 2016 学年至 2017 学年掌握程度的数据，审查掌握教学法的真实度与 KS1/KS2 数学成绩之间的关系。对 KS1 和 KS2 成绩进行的探索性分析发现，没有证据表明项目学校与对比学校的KS2学生的数学成绩存在显著差异，但在KS1发现了显著差异。2014年，KS1掌握教学实施率高的项目学校的学生与对比学校的学生相比，可以达到预期的KS1水平；2017年，KS1学生达到数学预期水平的概率是对比学校学生的1.49倍。在具有高KS1实施的“掌握”学校中的学生被观察到匹配对比学校中的学生达到预期的KS1数学水平的概率是1.39倍。此外，实施“掌握教学”的项目学校的学生之间的差异更大。2014年，与对比学校的学生相比，高度实施“掌握教学”的学生的数学成绩超过预期水平的1.42倍，到了2017年则达到了1.72倍。2014年，实施两年“掌握教学”的学校中的KS1学生比对比学校中的学生高出1.34倍，到了2017年增加到1.46倍，这表明高水平地实施“掌握教学”与KS1学生的数学成绩的增长成正关联。①

总之，最终报告表明项目学校实施掌握教学对学生的数学学习产生了一定的积极影响。值得注意的是，2015年和2016年对6年级学生数学学习态度进行的调查表明这一项目对他们学习数学的态度有积极影响，但2017年却没有明显发现数学教师交流对学生所产生的数学态度有任何改变，这似乎与教师观察到的积极影响的说法相矛盾。呈现出这一结果可能是因为2015年比2017年对学生态度调查做出回应的学生人数较多；另一方面，也可能由于学校层面的人员调动导致对项目的观点产生偏差。

第三节　中英项目的总结

中英数学教师交流项目是由发达国家出资，中国与发达国家之间首个教师交流项目，也是中国目前为止最大规模的中小学教师国际交流项目。英国先后发布的报告表明，中英数学教师交流项目对于英国学生的数学教育发展非常重要，实施“掌握教学”仍然是英国数学教育一个重要的组成部分。中英数学教师交流项目的顺利实施，也获得了英国教育界的好评，2018年初，英国政府宣布中英交流项目延长到2020年，英国

① Boylan, M, Wolstenholme, C, Maxwell, B, et al. Longitudinal evaluation of the Mathematics Teacher Exchange: China-England[R/OL]. Final report, 2019: 108. https://assets.publishing.service.gov.uk/government/uploads/system/uploads/attachment_data/file/773320/MTE_main_report.pdf.

将有更多的中小学数学教师和学生从中直接受益。

长期以来，世界教育一贯的方式是“西学东渐”，即发展中国家不断向发达国家学习和借鉴先进的教育理念和经验。随着改革开放，进入 21 世纪以来，中国的教育立足国情，不断借鉴和创新先进教育理论和实践，在课程改革中注重基础性和连贯性，不断贯彻和落实教育改革的举措，增强其自身稳定性，保障教师的专业发展，从而形成了今天具有中国特色的教育理念和经验。上海学生的出色表现是中国基础教育课程改革、教师全员培训、学校考试评价制度改革、教育信息技术广泛应用、教育资源投入大幅增加、学习环境显著改善以及国际视野不断扩大等因素合力作用的结果。中国在 PISA 等大型国际测试的优秀表现，使世界各国尤其是西方发达国家看到了中国教育的可取之处，进而使中国从向发达国家的单向学习转向双向的国际交流和经验分享，从强调“引进国外优质教育资源”到同时注重“开发利用国内优质教育资源”。中国数学教学走进英国课堂，充分向西方社会展现了中国教育的优秀实力，同时也极大地增强了我们自身对中国教育的自信。国际大规模学生成绩调查的结果显示，上海的基础教育学生学习能力和学习成绩不但在发展中国家位居前列，而且在很多方面已可与发达国家的学生成绩匹敌。上海基础教育面对世界教育发展和改革前沿，已经不再是世纪之交时的“始终跟踪”了，而是正在和世界并肩发展，我们既面对着与世界基础教育同样的瓶颈难题，也在为世界基础教育的发展贡献着上海经验。①

中英数学教师交流项目也让世界更深入地认识到上海教育的特点与优势。自中英数学教师交流项目开展以来，上海师范大学国际与比较教育研究院已按照此模式成功地承接了世界银行资助的肯尼亚、赞比亚、莱索托教育官员访问团、亚太经合组织资助的高级研修班、世界儿童基金会资助的创新性教学及教师培训项目。美国、芬兰、英国、阿根廷等各国部长，联合国教科文组织大会主席，世界银行全球教育总裁等教育部官员和各国专家纷至沓来。2019 年 5 月，上海与南澳洲就数学教师交流项目具体合作交换意见并签署了合作备忘录，以交换数学教师。② 这是继中英数学教师交流项目

---

① 上海市教育委员会. 改革教育质量评价，推动基础教育转型(改革义务教育教学质量综合评价办法结题报告)[R]. 2014.

② 上海师范大学. 上海师范大学与南澳洲签署数学教师交流合作备忘录(A memorandum of cooperation on the specific cooperation was signed between Shanghai Normal University and South Australia)[EB/OL]. (2019-05-31)[2020-10-15]. http://shsdb.cuepa.cn/show_more.php?doc_id=3175320.

后，上海师范大学再次与发达国家达成的一项由外方出资的教育合作交流协议。上海中英数学教师交流项目提炼的经验与创建的模式，打开了中国基础教育“走出去”的新渠道。随着时间的推移，该项目提炼的经验与创建的模式一定会为扩大中国教育事业的世界影响力做出更大贡献。我们坚信，在不断改革创新和发展的背景下，中国基础教育将为世界更多国家乃至发达国家提供中国智慧，贡献中国力量。

第十三章

中国教育研究国际影响力的专家评估与分析

从多维度、系统全面考察中国教育研究的国际影响力，需要加强同行专家评估的作用。本章选取8位国外教育专家、10位华人教育专家和11位内地教育专家等三类知名教育专家，从重要程度、当前表现、制约因素、提升路径和评价方式等方面进行中国教育研究影响力评估，反映了中外学者在增强原创性的知识生产和理论贡献，加强教育研究的国际交流与合作，以及加快科研激励与评价制度及机制改革等方面的共识与差异，拓展了对如何提升中国教育研究国际影响力的深度分析与理解。

从主体间性的认识出发，如哈贝马斯所说：一旦用语言交流建立起来主体间性，自我就处于一种人际关系当中，从而使他能够从他者的视角出发与作为互动参与者的自我建立联系，从参与者的视角做出反思。[①] 并且，我们希望这种反思不是从单方面的主体出发的反思行为，而是在主体间互动的前提下做反思，以达到一种互相理解、沟通的共生性、平等性和交流关系。因而，多维度、系统全面地考察中国教育研究的国际影响力，需要关注中国教育主题研究的国内外同行专家共同参与，深入到研究的内容、趋势、认知与评论等方面评估，反映在中国教育研究国际影响力方面中外学者的共识与差异，以拓展对中国教育研究国际影响力的深度分析与理解，进而促进中国教育研究国际影响力提升机制的构建。

第一节　数据来源及分析方法

专家评估可以采用个人判断、专家会议和头脑风暴等方法来进行，但由于涉及境内外的知名专家，会议与头脑风暴都受到时空上的限制，也由于个人判断主要是征求

① [德]哈贝马斯.现代性的哲学话语[M].曹卫东，等译.南京：译林出版社，2004：348.

专家的个人意见，个人可以做出自我的判断，并不受外界的影响，故本次采用问卷方式来寻求专家的评估意见。同时，为了避免专家个人对于中国教育研究国际影响力的判断可能受到身份、地域、文化的影响，我们取样于国外教育专家、海内外华人教育专家和中国内地教育专家这三类专家（简称为国外专家、华人专家和内地专家），以使对于此问题领域的理解更为准确而具互补性。

在2020年1月10日至28日期间，我们对8位国外教育专家、10位华人教育专家和11位内地教育专家（见表13-1）开展了线上评估。参与评估的专家均为教育学领域的知名学者，在教育研究方面均有建树，并且是教育学界具有影响力的学者。8位国外资深教育专家对中国教育及其研究具有较为全面的了解，并有与中国学术机构或个人开展合作的经历，以及参与指导中国学生的经历。10位华人知名教育专家均为教育领域具有学术影响力，以及学术活跃、个人的学术发展与中国教育研究的国际影响力关系密切。11位中国内地教育专家则均为国家层面承担学科评议方面的知名学者，基于其个人学术积淀与成就，对于中国教育研究发展和面临的挑战有着更为深切的感受与理解。

为遵循保密原则，我们对评估专家进行了匿名和相关信息的模糊处理。

表13-1 评估专家基本情况

国外专家数	国别（地区）	华人专家数	国别（地区）	内地专家数	国别（地区）
1	英国	1	加拿大	11	中国内地
1	美国	1	芬兰		
1	澳大利亚	1	日本		
4	加拿大	1	澳大利亚		
1	中国香港地区	4	美国		
		2	中国香港地区		

评估内容主要涵盖以下问题：如何衡量中国教育研究国际影响力的重要程度？如何看待当前中国教育研究国际影响力的表现？如何评价当前中国教育研究的国际影响力？如何评估中国内地高校或出版机构出版的教育学英文学术期刊？如何评价制约中国教育研究国际影响力的因素，以及提升路径？如何进行中国教育研究国际影响力评价？最后为提升中国教育研究国际影响力提供若干建议。

我们用 SPSS 23.0 软件对问卷题项上的应答数据进行描述性分析，得出各项的平均值，并进而比较三类专家评估各项的各自平均值。

第二节　专家视域中的中国教育研究国际影响力

一、中国教育研究的重要程度与当前表现

在本次评估中，面临的首要问题是如何衡量和评价中国教育研究国际影响力的重要程度和当前表现。

（一）重在成果的质量与贡献

从图 13－1 的情况来看，在回应以上各方面对于衡量中国教育研究国际影响力的重要程度如何的选项上，三类专家对“中国教育研究国际影响力”的重要程度都抱有肯定的态度，都特别强调中国教育研究成果在国际上发表质量的重要性，而且依次是中国教育研究成果在国际上受到重视的程度、对其他国家和地区教育政策与实践的启发

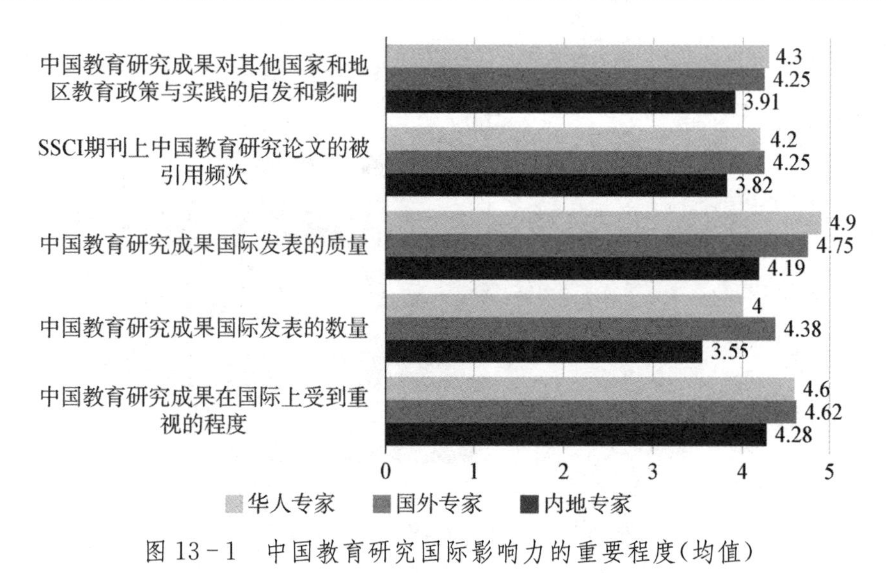

图 13－1　中国教育研究国际影响力的重要程度（均值）

和影响、论文被引用频次等。除了国外专家把中国教育研究成果国际发表数量重要程度放在了第三位(4.38),华人和内地专家都把发表数量放在重要程度评估分值最低的位置(4.00、3.55)。可见,由于中国教育主题研究的国际发表呈现持续快速增长的趋势,对论文质量及其贡献如何的问题已经引起关注。

(二) 促进国际对话与理解

与以上问题相衔接的是,对于当前中国教育研究国际影响力在具体各方面的表现上,三类专家的评价有着明显的落差。

数据显示,国外专家和内地专家对"中国教育研究为推进相关领域的理论发展作出了贡献"认可度一般。从图 13-2 中也可以看出,国外和内地专家关于这个选项是最低均值(3.63、3.10),但也许由于在 PISA 和 TALIS 国际大型教育测试中的优越表现,内地专家对"中国教育研究促进了国际学术界理解并重视中国的教育经验和实践"这一点,还是比较认同(4.00)。国外专家的评估相比其他两类专家都更倾向于肯定"中国教育研究促进了中外教育学界交流与对话"(4.50)和"提高了中国教育在国际教育体系中的竞争力"(4.50)。华人专家除了对"提高了中国教育在国际教育体系中的竞争力"和"提升了中国教育研究的国际知名度"这两个评估项持保留态度,但对"中国教育研究促进了国际学术界理解并重视中国的教育经验和实践"(4.40)的评价,与内地专家一样比较认同。

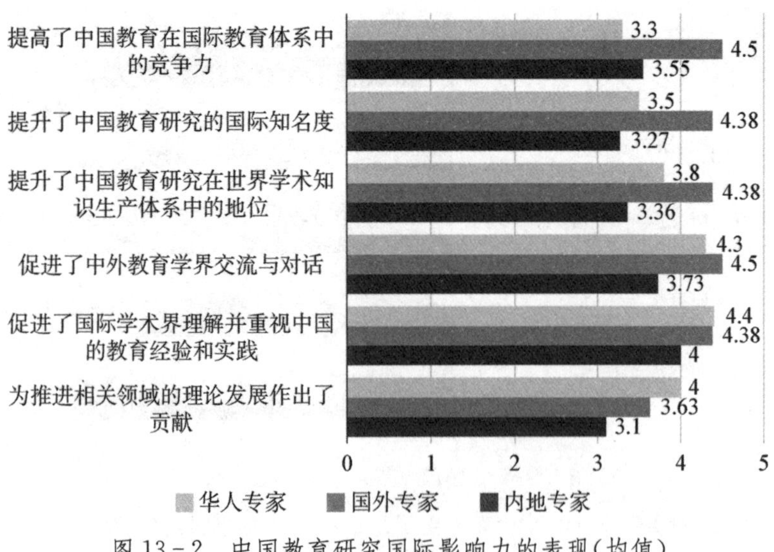

图 13-2　中国教育研究国际影响力的表现(均值)

(三) 数量与质量的关系

在本次评估中，比较了当前中国内地与海外的中国教育主题研究的国际影响力。从图 13-3 可以看出，在比较内地与海外的中国教育研究国际影响力方面，内地专家除了肯定成果发表数量多于海外(3.36)，其余方面如成果在国际上受到广泛的重视、成果发表质量、成果被引用频次、对其他国家和地区教育政策与实践产生了影响等，都认为是较低于海外的。华人专家则除了认为在成果发表数量上内地与海外基本持平(3.60)，其他方面的看法与内地专家相似。而国外专家却持有不同意见，他们认为当前中国内地中国教育研究的成果数量(4.63)和质量(3.88)都略高于中国内地以外地区。

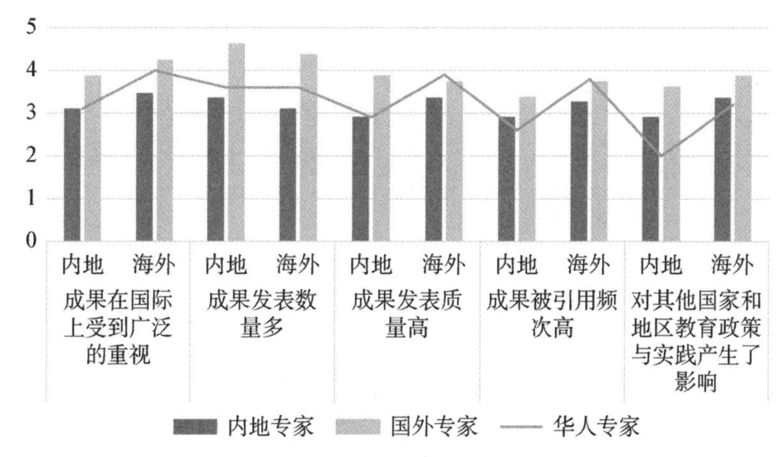

图 13-3 当前中国内地与海外中国教育研究的国际影响力(均值)

二、 中国内地教育学英文和中文期刊的评价

21 世纪以来，中国内地学者不仅在 SSCI 英文教育期刊上的发文增长迅速，而且在政府与大学等机构的支持下，我国自己创办的教育学英文期刊也已经成为我国教育学科发展的重要组成部分。自 2006 年起，我国陆续创办了 10 种教育学英文期刊(表 13-2)，大多与国际知名的施普林格(Springer)-自然出版集团及博睿(Brill)出版社等合作，办刊起点比较高。教育学英文期刊的发展作为中国教育研究走向世界的重要平台和载体，也构成了提升中国教育研究国际影响力的一个重要组成部分。

表 13-2 中国内地高校或出版机构出版的教育学英文学术期刊一览

期刊名	主办单位	创刊时间	出版周期	国际合作
Frontiers of Education in China	高等教育出版社	2006	季刊	Springer
Journal of Computer in Education	北京师范大学	2014	季刊	Springer
Smart Learning Environment		2014	季刊	Springer
Disciplinary and Interdisciplinary Science Education Research		2019	半年刊	Springer
Beijing International Review of Education		2019	季刊	Brill
ECNU Review of Education	华东师范大学	2018	季刊	Sage
International Journal of Smart Technology and Learning		2016	季刊	Inderscience
International Journal of Chinese Education	清华大学	2012	半年刊	Brill
Journal of Educational Technology Development and Exchange		2008	刊期不定	无
Entrepreneurship Education	浙江大学	2018	刊期不定	Springer

资料来源：根据期刊的相关网站整理。

那么，三类专家是如何看待由中国内地高校或出版机构出版的教育学英文学术期刊的呢？

首先是专家们阅读这些英文教育期刊的情况。

从图 13-4 来看，国外专家几乎全部都阅读中国内地高校或出版机构出版的教育学英文学术期刊。而内地专家和华人专家也都有过半人数阅读。对于不阅读中国内地高校或出版机构出版的教育学英文学术期刊的原因，认为“内地出版的英文教育学期刊质量不高”是内地专家不阅读的主要原因；认为“内地出版的英文教育学期刊质量不高”和“内地出版的英文教育学期刊未能聚焦主要的本土教育问题”则是华人专家不阅读的两个主要原因，个别在于无法获取期刊。

其次是阅读的中国内地出版的英文教育学期刊，我们列出了以上所列现有的 10 种期刊。

图 13-5 显示，在这 10 种期刊中，高等教育出版社出版的 *Frontiers of Education in China*，受国外和华人专家的关注度最高，其次为清华大学出版的 *International Journal of Chinese Education*，这一方面可能是因为这两份期刊办刊时间较早，另一方

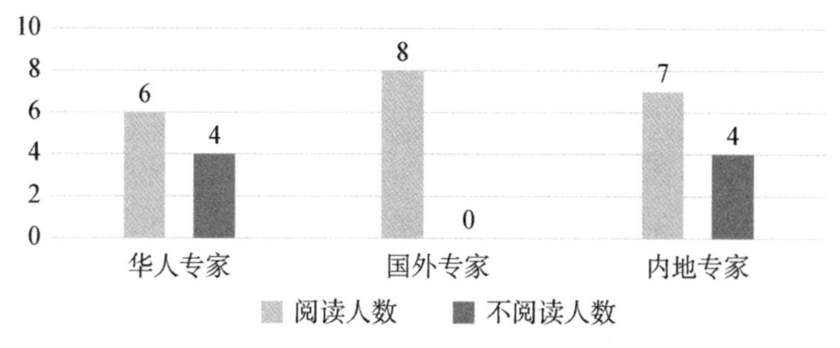

图 13-4　中国内地高校或出版机构出版的教育学英文学术期刊的阅读情况

面也因为在期刊名称上就非常明确聚焦中国教育研究的办刊宗旨。近年来由华东师范大学主办的 *ECNU Review of Education* 和北京师范大学主办的 *Beijing International Review of Education* 也开始受到了关注，其他期刊的受关注度相对较低，只有个别专家阅读。

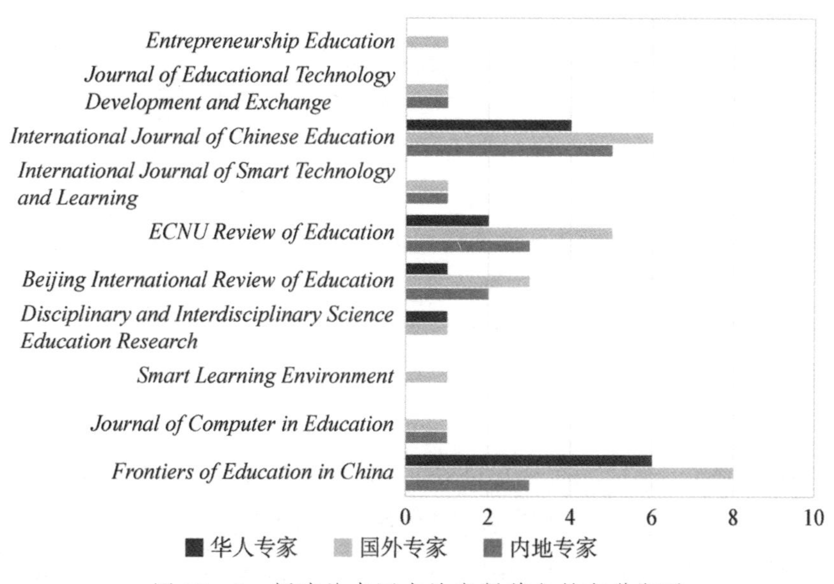

图 13-5　阅读的中国内地出版英文教育学期刊

再次，关于是否阅读国外英文教育期刊或中国中文教育期刊，如图 13-6 所示，内地学者普遍阅读英文教育期刊，外国学者普遍不阅读中文教育期刊。几乎所有内地专家都选择阅读国外英文教育期刊，而阅读国外英文教育期刊的主要原因是可以追踪学术前沿及追溯学术源流;只有个别专家因为“没有时间精力”和“英文期刊未能聚焦主要的中国本土教育问题”而没有阅读。大部分参与问卷的华人专家阅读中文教育期刊,他们选择阅读的主要原因有“对中国教育的关注”“了解和追踪中国内地教育学术研究的需要”和“中国教育政策和教育实践的重要性”;少数不阅读中文教育期刊的华人专家表示“无法获取”“学校没有购买中文数据库”和“中文期刊质量不高”是主要原因。大部分国外专家不阅读中文教育期刊,主要原因是语言问题;而少数阅读中文教育期刊的国外专家则表示“中国教育政策与实践的重要性”和“对中国教育研究的兴趣”是主要阅读原因。

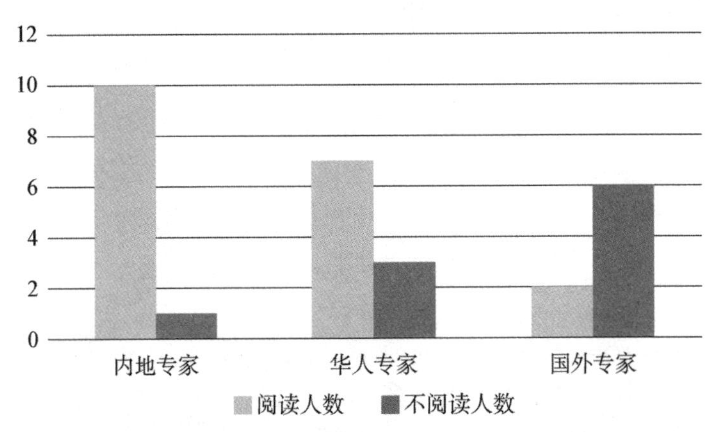

图 13-6　内地专家阅读国外英文教育期刊与华人、国外专家阅读中文教育期刊的情况

三、中国教育研究国际影响力的制约因素

通常在评估中,我们只有能够找到制约发展的因素,才能更好地寻找到促进发展的路径。这对于中国教育研究国际影响力的评估也同样适合。

图 13-7 中的数据表明,对于制约中国教育研究国际影响力的因素,内地专家认为最主要的几个原因依次是国际学术的认可和主流传播机制(4.36)、中外教育学研究范式的差异(4.00)及中国内地缺乏原创性的教育知识体系(4.00)等三个方面,且认为中国内地学者发表外文教育研究成果的能力相比其他制约因素是最弱的(3.55)。而国外专家则持相反意见,他们认为中国内地学者发表外文教育研究成果的能力(4.13)才是最主要的制约原因,其次是中外教育学研究范式的差异(3.88)、中外教育研究界

所关注主题和问题的不同(3.75)、中外教育研究界所关注主题和问题的契合程度(3.75),而国际学术的认可和主流传播机制(3.63)、教育学科作为人文社会学科固有的民族性和国情特征(3.25)和中国内地缺乏原创性的教育知识体系(2.88)并非主要的制约因素。华人专家认为最大的原因是中国内地的学术评价机制过于功利化(4.40),其他制约因素的看法则与内地专家比较一致,把中外教育研究界所关注主题和问题的契合程度这一制约因素放在最次要的位置(3.70)。

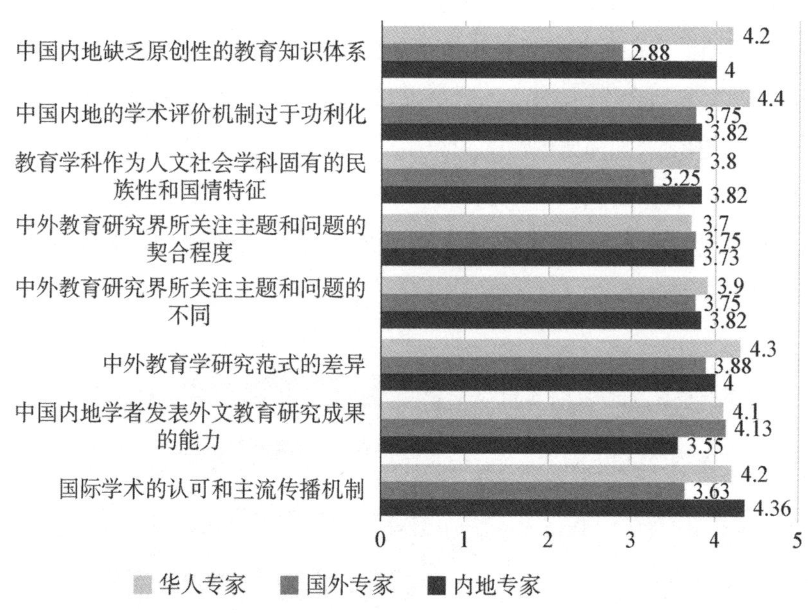

图 13-7 制约中国教育研究国际影响力的因素(均值)

四、中国教育研究国际影响力的提升路径

制约因素的明晰有利于理清提升中国教育研究国际影响力的路径评价。三类专家对问卷中提出的10种提升中国教育研究国际影响力的路径大体上都表示赞同,但侧重点有些许差别(图13-8)。

与制约因素的认识相应,内地专家认为如何突破国际学术的认可和主流传播机制,必须在加强原创性的知识生产和理论贡献(4.82)基础上,切实增强教育研究的国际交流与合作(4.73),由此需要完善科研激励与评价政策,增强科研人员自主性,减少量化评估(4.46),对于实施激励中国内地学者发表外文学术成果的政策(3.64)则给予比较低的评价。

与内地专家具有共识的是,华人专家也把加强原创性的知识生产和理论贡献(4.70)放在第一位,进而提高国际学术组织与学术刊物的参与程度(4.50)、增强教育研究的国际交流与合作(4.50)、完善科研激励与评价政策,增强科研人员自主性,减少量化评估(4.40)、吸引海归人才(4.40)等。但他们对通过加强中文教育著作外译(3.30)的路径认可度一般。

国外专家则认为最重要的提升途径是加强中文教育著作的外译(4.88)和增强教育研究的国际交流与合作(4.88),也就是说,先要让世界了解中国教育研究的重要成果,其次希望中国学者加强原创性的知识生产和理论贡献(4.63),并且在完善科研激励与评价政策,增强科研人员自主性,减少量化评估(4.50)、吸引海归人才(4.38)、提高国际学术组织与学术刊物的参与程度(4.38),以及增强国内出版英文教育期刊(4.13)等均予以了重视。

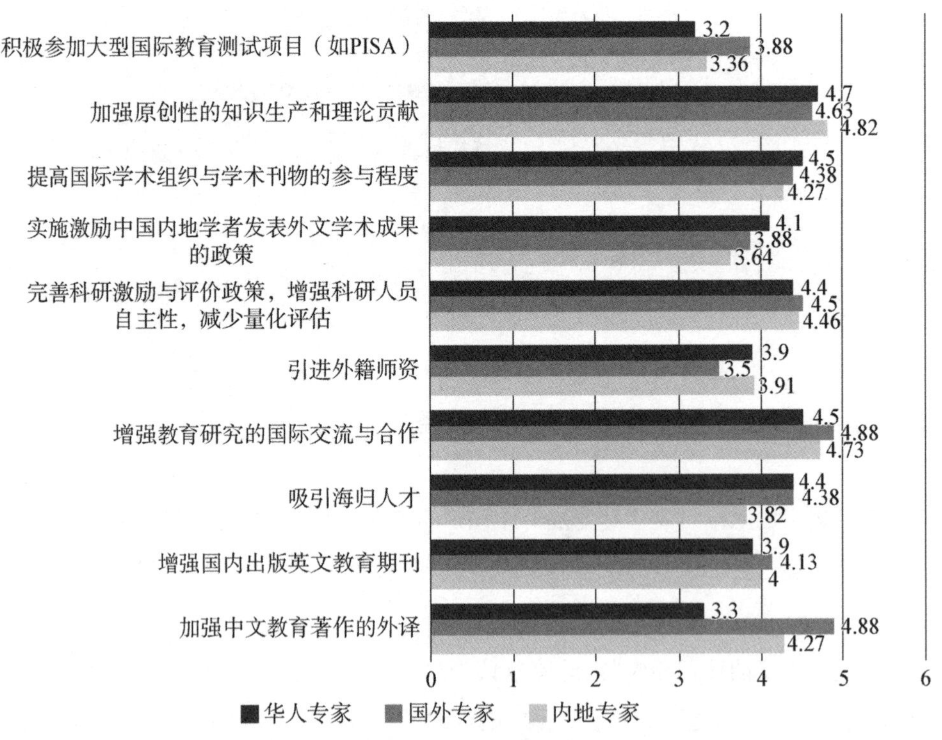

图 13-8 提升中国教育研究国际影响力的路径(均值)

五、 中国教育研究国际影响力的评估方式

至于应该如何采取评价中国教育研究国际影响力的方式，专家们的意见是相对一致的。从图 13－9 可以看出，在如何进行中国教育研究国际影响力评价方面，三类专家在国内外同行评价，以及量化分析、质性评价与国内外同行评价相结合的综合评价这两种方式，意见相对一致。在同行评价方面，更为看重国外同行评价；并在量化分析或质性评价方面，更加倾向于采用质性评价。这与国际上侧重于同行专家定性评价的趋向是基本一致的。

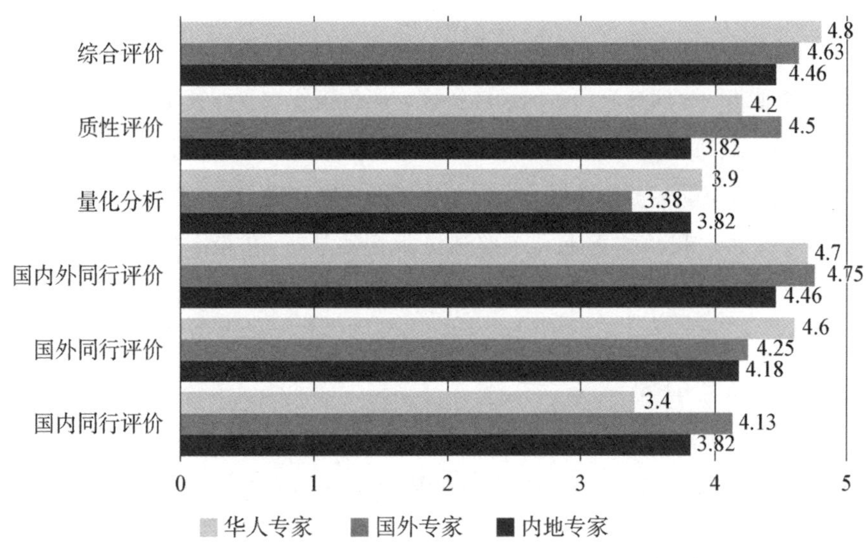

图 13－9　如何评价中国教育研究的国际影响力（均值）

六、 对于提升中国教育研究国际影响力的建议

最后，在对于提升中国教育研究的国际影响力有什么具体建议的开放题回应中，专家们对如何提升中国教育研究国际影响力给出了自己的意见。

（一）提升研究质量

内地专家特别强调基于中国教育实践的原创研究，加强教育知识生产的创新性是

至关重要的。提升国际影响，主要通过中国教育改革提升教育质量，这是个历史过程。因而有专家建议在“十四五”教育规划中启动提升中国教育研究国际影响力工程。华人专家则指出，要鼓励兴趣导向研究，激发原创学术成果；严格遵循学术研究规范，做好研究本身。应该淡化学科的边界，要加强高等教育与其他学科的交叉研究，否则很难有理论和实践上的突破。国外专家同样关注研究质量，持续进行高质量的研究工作，以突破概念界限并建立在中国文化的优势上。追求快速结果的强烈压力文化不利于高质量研究的创建，要确保中国学术保持专业、自主。

（二）促进国际合作

华人专家特别指出，中国教育研究学者的研究（学术论文）需要构建在国际学术对话的环境中。就相同主题组织跨国学者进行研究，发表报告或组织期刊专刊。邀请国际学者来内地进行短期交流和参加国际会议。招收国际教育研究生。注重学科建设，巩固学术共同体。而有的国外专家则强调，国际学者交流包括中国和非中国作者的联合出版物。而加强国际参与要更好地交流中国的独特之处，进一步评估中国学术的基础是它对全球共同利益的贡献大于期刊出版物的数量，在学术界和公众之间建立信任。

（三）推进人才培养

有华人专家尖锐地指出，提升研究人员的水平，要从培养未来的学者做起。如果不改变当前的博士培养模式，只靠引进国外培养博士，这也是有问题的。另外，大学很多教师因为种种原因，不能真正投入到研究中去，申请项目、追求论文数量、急功近利对论文的质量影响很大。国外专家则认为，与其邀请高水平的国际学者来主导英文期刊，不如将资金用于支持已获得博士学位并回国的年轻学者，促进他们的学术发展。学术奖金应该多用在国内人才培养，而不是通过支付国外著名专家来“购买”。

第三节　问题与讨论

通过对国内外专家评估意见的综合分析，我们可以从以下三个方面来讨论如何提升中国教育研究的国际影响力。

一、如何增强原创性的知识生产和理论贡献

中国内地成果国际发表数量增长趋势，让人印象深刻。有研究证明，“进入21世纪以来，SSCI上发表的中国教育研究论文数量在不断增加，……2018年发表在SSCI上的中国教育研究总量已接近2000年的5倍”。[①] 而其中，中国内地的增长幅度最大，速度最快，2017年发文数是2000年发文数的22.1倍，首次在发文数量上超过国外，是其1.9倍。[②] 至2018年9月已经达到了全球中国教育研究发文数量的39.38%。[③] 正是在这样的背景下，提升成果的质量问题成为焦点。而从图13-2中三类专家对“中国教育研究在世界学术知识生产体系中地位”的表现均给予了较低评价的情况来看，中国教育理论发展与知识推进方面尚待发力。

其中，一个无法回避的问题，即“国际学术的认可和主流传播机制”是不是主要的制约因素，国外专家与内地专家、华人专家的评价大相径庭。然而，通过前期的研究，我们已经可以更为清晰地认识到这样的事实：一方面，当前世界知识生产体系的不平等结构和中国的客观现实决定了中国教育研究在提升国际影响力的道路上不可能也不应追求一蹴而就[④]；另一方面，从已有研究论文可见，中国教育研究对西方理论的过度依赖，以至于解释路径基本上来源于西方学者的理论。这不仅缘于本土理论知识创新上的不足，而且国际学术界对中国教育研究的关注更多是出于对中国教育实践的兴趣，中国教育的实践或教育现象常常被用来验证西方理论。[⑤]

这些情况在中国举办的教育学英文期刊也是如此，“受困于国内学术评价体系和期刊评价体系对由西方学者掌握的国际期刊的大力推崇，使得我国当前教育学研究中西方学术话语导向非常明显”。因而“我们还需要进一步强化教育学英文期刊发展的质量要求，提升主编团队的国际影响力，淡化期刊的单位机构属性，加强同行评议，改

---

① 王独慎，丁钢. 中国教育研究的国际发表概貌与特征[J]. 教育发展研究，2019，39(3)：1—9.

② 李梅. 中国教育研究的国际发文及其学术影响力——基于2000—2018年SSCI期刊论文的研究[J]. 教育发展研究，2019，39(3)：10—16.

③ 王独慎，丁钢. 中国教育研究的国际发表概貌与特征[J]. 教育发展研究，2019，39(3)：1—9.

④ 李梅，丁钢，张民选，杨锐，徐阳. 中国教育研究国际影响力的反思与前瞻[J]. 教育研究，2018(3)：12—19，34.

⑤ 王独慎，丁钢. 中国教育研究的国际发表概貌与特征[J]. 教育发展研究，2019，39(3)：1—9.

变期刊的刊期不定等粗放发展方式，以保证我国教育学英文期刊的长效发展”。[①] 中国这些人文社会科学英文期刊旨在通过提供一个平台，将中国的研究介绍给外部世界，并在研究中促进多角度的观点，特别是来自周边社会的观点，来挑战全球分层的知识结构。但是为了更好地实现这一点，这些期刊需要在提高它们的国际影响力和对全球人文社会科学研究作出贡献之间取得平衡，并超越全球知识流动中的不对称。[②] 或者说，要提升中国教育研究的国际影响力，还需要站在全球教育发展的视角上考虑，不仅仅是中国教育研究提供了什么样的实践经验，而且是为全球教育知识体系的成长作出了什么样的理论贡献，并使内地出版的英文教育学期刊成为立足于中国教育实践、向世界传播中国教育知识与理论创新的重要阵地。

因此，中国教育研究如何立足于自身实践推进相关理论发展，以及逐步确立在世界学术知识生产体系中作为知识推进与生产的地位，使中国教育原创性和规范性的知识生产在世界学术知识生产体系中占有一席之地，显然已经成为提升中国教育研究国际影响力所必然面对的挑战。

进而，中国教育研究面对西方学术话语的强势，要克服本土理论知识创新上的不足，我们需要清醒地意识到概念是知识生产和理论体系的基石，我们希望从概念入手来建构具有中国原创性教育理论之时，就必须对这些规范性的知识生产范式保持充分的认知，发展适合于我们自身实践的概念构建方式，以及体系化的概念形成的理论。如此，才能使中国教育研究对全球教育学术知识体系产生具有广泛意义的理论贡献。

二、 如何增强教育研究的国际交流与合作

通过国际学术组织与学术刊物的参与，大型国际教育测试项目的参与，以及政府与民间之间的教育项目合作等，国际学术界不断增强了对中国的教育经验和实践的理解与重视。

饶有意味的是，对于积极参加大型国际教育测试项目，内地专家、华人专家和国外专家几乎都不认为是主要的提升路径。客观而言，参与大型国际教育测试项目如

---

① 丁钢. 从全球视野看中国教育学 70 年[J]. 教育史研究，2019(4)：30—39.

② Li M Y, Yang R. Enduring hardships in global knowledge asymmetries: a national scenario of China's English-language academic journals in the humanities and social sciences [J]. Higher Education, 2020, 80 (2): 237 - 254.

PISA、TALIS等，为中国教育争得了国际声誉，传播中国教育经验，提升了中国基础教育实践的国际关注度，吸引了国外学者来研究中国教育。但是这些研究是否真正揭示了中国基础教育的经验，以及能否在此经验上的知识创新取决于研究者对中国历史和现实的体认，这可能也会受到国际学术界对中国经验的期待(包括成见)的影响。而且与原创性的知识生产和理论贡献的重要性相比，也许这才是三类专家并不认为其是提升中国教育研究国际影响力的主要路径的原因。

然而，从一项对于国外学者的访谈中可以看到，参与大型国际教育测试项目如PISA、TALIS，以及中英政府之间数学教师交换计划(MTE)等，推动了国际学术界与政府之间对中国教育经验和实践理解与重视的不断增强。受访者认为："中国教育学界在较长的历史时期里扮演着'创新接受者'的角色。近年来，伴随着学术成果质量的提升和研究主体国际化程度的提高，中国教育学界开始在一些局部扮演'创新提供者'的角色。……就空间维度而言，走向世界的中国教育研究显然不再局限于关注本土问题、服务于本土教育体系的发展。"[①]对于这种从创新接受者到局部创新提供者的角色变化，以及中国教育研究在空间维度上的拓展，显然提高了中国教育在国际教育体系中的竞争力与知名度，三类专家都是予以肯定的。

随着近年来中国教育学界基于参与国际大型教育测试项目和政府间的教育合作，在研究上的不断深入，如何进一步提升中国教育研究的国际知名度、中国教育在国际教育体系中的竞争力，对其他国家和地区的教育政策与实践产生影响力，将是中国教育研究拓展局部到全局并影响服务全球教育体系所面临的挑战。

三、 如何加快科研激励与评价制度及机制改革

中国教育研究的国际影响力不能仅仅从国际交流与合作，以及国际发文等方面去看，也需要改革我们自身的科研评价机制，使科研人员获得进行原创性知识生产的内在活力。尤其是提高科研人员的自主性，防止学术评价机制过于功利化，减少量化评价；立足于本土师资的培养为基础，吸引海归人才、引进外籍师资。

由此，可以归纳为以下的框架(表13-3)。

① 吴寒天，李梅.走向世界的中国教育研究：基于国际学者视角[J].教育发展研究，2019，39(3)：25—32.

表 13-3　中国教育研究国际影响力提升框架

维度	内涵	挑战	权重
原创性的知识生产和理论贡献	为推进相关领域的理论发展作出的贡献	缺乏原创性的教育知识体系	50%
	中国教育研究在世界学术知识生产体系中的地位	国际学术的认可和主流传播机制	
	成果质量提升和研究主体国际化程度的提高	固有的民族性和国情特征	
	成果在国际上受重视程度(被引用频次等)	中外教育学研究范式的差异	
	国内出版的英文教育期刊质量	中外教育研究关注的主题和问题及其契合程度	
	中文教育学术著作外译	中国教育研究成果国际发表的质与量关系	
教育研究的国际交流与合作	国际学术组织与学术刊物的参与程度	发表外文教育研究成果的能力	30%
	大型国际教育测试项目的参与程度	中国教育研究的国际知名度	
	政府与民间之间的教育项目合作	中国教育在国际教育体系中的竞争力	
	国际学术界理解并重视中国的教育经验和实践	对其他国家和地区教育政策与实践的影响	
科研评价制度及机制	科研人员自主性	学术评价机制过于功利化,偏重量化评估	20%
	吸引海归人才	激励中国内地学者发表外文学术成果的政策	
	引进外籍师资	本土师资的培养	

表 13-3 中提出了两个层次的观察点,也提出了相应所在权重方面,之所以给予原创性的知识生产和理论贡献以 50%的权重,则是从专家们的评估中,也是从以往各项研究中得出的结论。

将近 20 年前,丹麦奥尔胡斯大学教授曹诗弟就曾提出:“拥有超过 2 亿的学生和 1 000 万以上的教师,如此庞大的中国教育体制塑造了中国人口中很大一部分人的日常生活。……整个国际社会都会对中国教育的进展表示浓厚的兴趣。但是,关于中国教育的各种论文能否让阅读者产生一种兴奋感,或者说,这类论文又能向大家揭示什么是关于中国社会未来状况的真知灼见呢?”[①]国际知名的中国教育专家、加拿大多伦

① 曹诗弟. 中国教育研究重要吗? [M]//丁钢. 中国教育: 研究与评论(第 2 辑). 北京: 教育科学出版社, 2002: 3—4.

多大学教授许美德更是指出:“如果要提起在教育领域为全球共同体贡献有价值的理念,那么中国又该具体承担何种责任? ……当全球共同体正在寻找新的教育方向时,中国能够或者应该与全球共同体分享什么?”“我想呼吁所有的中国教育学者都来考虑下面这个问题带来的挑战,这个问题便是: 面对‘文明间的对话’,你们能够作出什么样的贡献呢?”①

可以说,近20年来中国教育研究在国际上的重要程度及其影响力体现在成果发表的数量与质量或引用程度等方面,已经取得了巨大的进步,在大型国际教育测试项目尤其是PISA、TALIS的参与及优异的表现,中英数学教师交流计划等政府与民间之间的教育项目合作,以及国际学术组织与学术刊物的不同程度的参与,也引起了国际学术界对于中国教育经验和实践的关注和重视。然而,回应以上的许美德之问,我们还需要大力推进原创性的知识生产和理论贡献,形成对其他国家和地区教育政策与实践以及对于全球教育具有启发和影响的真知灼见与学术贡献,让中国教育研究为全球教育共同体贡献更有价值的理念与影响力。

---

① 许美德. 为什么研究中国教育? [M]//丁钢. 中国教育: 研究与评论(第3辑). 北京: 教育科学出版社, 2002: 1—15.

第十四章

研究的归纳与评估构成

本章首先对前述研究加以梳理、概括和补充，然后对中国教育研究国际影响力形成的基本因素进行分析，在此基础上提出评估构成。

第一节　研究的归纳

关于前述研究的梳理，我们将从如下方面来进行综合阐述。

一、 研究的基本结论

（一）转变以发表数量为目标的观念，注重知识创新和理论贡献

中国教育研究国际发表总量不断提高，中国教育研究在国际上的关注度增大，在国际学术界中的地位还有待提升。从数量上看，中国教育研究的国际发表进步非常快。尤其是内地的增长幅度很快，2017 年国际发文已经是 2010 年的 22.1 倍，首次在发文量上超过国外，是它的 1.9 倍，增长速度惊人，这与政策上的激励、教育学者的不懈努力以及中外教育研究深化合作等各方面都有关系。但是，中国教育研究在整个全球教育研究当中还是一个小领域。2000 年到 2018 年 9 月的数据显示，全球 SSCI 期刊上教育类的研究论文总量有 123 000 多篇，中国教育研究只有 5 592 篇，占 4.53%。也就是说，中国教育研究在国际上还是一个研究规模较小的问题领域。当然，成果数量并不是决定影响力的最关键因素，如果总量虽然占比小，但质量上属于世界一流水平，也足以证明中国教育研究具备较高的国际影响力。实际上，英文发表显示的中国教育研究的质量虽然达到了一定水平，且其质量仍在不断提升，但亟需形成高影响力的关键学者，产生具有普遍影响的理论成果和话语体系。

中国教育研究要提升其国际影响力，首先，要转变以发表数量为目标的观念，注重国际发表中的知识创新和理论贡献，建立理性的评价体制，引导学术研究转向精耕细作的发展方式。其次，要适时转变国内的学术评价和人才政策，重视学科建设和领域人才的培养，培育有创造力的学术群体，使学者研究具有持续性和积累效应，形成较为稳固的学科化、领域化的研究中心。再次，要提高对本土文化的体认和对西方理论话语的自觉反思，将教育实践与历史文化认同凝练、提升为本土化的理论知识。

(二) 合著是数量增长和质量提升的关键因素，对影响力具有促进作用

作为知识生产的一种形态，国际及区域合作合著成为我国内地在中国教育主题英文发文数量增长和质量提升的关键因素之一，国际中国教育研究的关键作者的合著网络具有同机构、跨机构、跨国界的多种合作特点，合著对于提高影响力具有明显促进作用。关键作者的合著模式表现出“单中心”高密度合著型、“双中心”交互合著型以及“独著为主，合著为辅”三种类型。不同的合著模式和合著网络，代表关键作者各自的知识生产模式。国际中国教育研究关键作者的合著关系具有如下特征：一是学术合著网络具有稳定性和阶段性，国际中国教育研究的关键作者形成了较为稳定的合著子网络。二是学术合著关系呈现多样化特点。学术合著的主要模式为师生合著、师师合著、生生合著，广义的师师合著包含同事、团队成员以及跨机构的学术同行。三是学术合著网络与社会关系网络的相关性。基于社会关系而形成的学术合作关系，有利于学术知识的交流与创新，同时学术合作也拓展社会网络中的人际交往与互动。四是学术合著网络促进高产、影响力扩散以及跨域合作。从两方面进行辩证分析，一方面国际层面合作发表本身也是一个国际合作的趋势，但另一方面需要关注独立发表的可能，这意味着一种能力的提升。

(三) 中国特色教育实践受到关注，亟待形成新的研究方向与理论建树

中国教育研究，从参与到国际的知识对话以及知识贡献来看，大部分国际上中国教育研究主题与国际教育的研究主题还是相对吻合的、有共同关注。中国特色社会文化相关和中国特色教育实践的研究主题受到关注与重视，需要进一步引领新的研究方向和加强理论建树。在阐释和建构中国教育的研究价值时，需要增强对有中国特色的教育实践的描述分析以及对中国教育独特研究价值的发掘，需要更多地关心这些论文如何塑造中国教育的形象，如何吸引更多的研究力量关注中国教育，如何让中国教育

学产生实质性的学术影响，乃至如何开展"知识外交"（knowledge diplomacy）、借助教育学知识的生产凝聚国际共识等问题，让中国教育研究价值的建构方式实现从成绩到经验，从问题到方案，从数据到理论的转变。以我国课程改革研究为例，中国的课程改革受到国际学界关注，但中国课改研究在领域内部还没有起到引领新的研究方向或成为领域当中的关键文献，国际课程改革研究的主要知识基础在西方，中国课程改革研究还需要拿出足以成为国际研究共同体探索相关问题之基点的理论建树。

（四）中国教育研究的影响力通过英文期刊的推动而日渐上升

中国教育学英文期刊走进了全球知识网络，通过国际化办刊，在提升中国教育研究国际影响力中扮演了重要角色，标志着中国学者不仅是教育知识的生产者，也是知识生产平台的建构者。中国教育学英文期刊通过两种方式显现了中国教育研究的国际影响力：一是中国教育学者自身的国际影响力正在通过高被引论文体现出来，中国教育研究者是具有一定研究水准的，其国际影响力并不逊色于国外学者；二是"中国教育"通过中国教育学英文期刊成为重要议题，而引发国际学者、学术共同体开展更多的中国教育研究。通过这些教育学英文期刊，中国教育作为重要议题在全球学术共同体内得以引起关注，乃至成为研究兴趣点，中国教育理论与实践的相关研究通过这些期刊得以出版并影响其他国家的教育研究者。中国教育研究的影响力通过英文期刊的推动而日渐上升。虽然困难重重，但挑战与机遇并存，这些期刊终将伴随中国教育研究国际影响力的提升而被权威检索机构收录，为中国学者、中国机构和中国教育研究走向全球学术共同体作出独有的贡献。

（五）中国教育研究在国际组织中发挥着重要的影响力

与不同国际组织在教育实践、教育专业知识等方面的深入交流与研究，发挥了中国教育研究在国际组织中的重要影响力。作为学术交流与合作的重要平台，国际组织在教育研究、教育规划、教育政策的国际交流与合作方面的作用和功能日渐发展。中国在与这些国际组织建立各方面联系之际，既影响着中国在国际组织中的地位与参与能力，也通过国际组织发挥着来自中国的影响。在与 OECD 的合作过程中，中国已经实现了角色的转变，从单方面接受 OECD 决策信息受其影响这样的地位转变为主动输出信息，使自身成为评价标准的一部分。21 世纪以来大型国际教育研究项目尤其是教育测评研究和比较项目日益增多，中国政府和学者积极参与其中，发挥了中国教育研究的影响力，PISA 和 TALIS 作为教育国际比较研究项目，向全世界展示了各国基础教育阶段学生和教师的特征。上海的学生和教师的优异表现向所有人展示了上海乃至中国教育的独特经验，而中国教育也因此走入国际教育的核心视野。中国与世界银行的新型战略伙伴关系的核心已转变为“双方合作研究”与世界银行的“知识中介”角色的战略伙伴关系，而不再是过去的贷款方与借款国、资助者与受资助者的单一关系，上海 SABER 测评项目的实施也反映出了这一转变。在与 UNESCO、东盟、上海合作组织等的深度教育合作中，中国教育研究的国际影响力都有力地得以呈现。尤其是上海中英数学教师交流项目提炼的经验与创建的模式，打开了中国基础教育“走出去”的新渠道。

二、进一步的思考

（一）推进科学实证研究与人文精神探索的深度融合

通过内容分析发现，在中国教育研究的国际发表中量化方式比较占优，其实这也与教育学科内部的争论有关：教育学科是属于社会科学还是属于人文学科呢？在社会科学中注重量化，当然也有学科领域是不主张量化的。从教育研究现在的发展倾向来看，更倾向于社会科学的方向，量化方面的研究比重日渐增加。但是在哲理上教育更应该属于人文学科，因为教育是对精神价值和人的发展的追求。在量化研究当中，如果缺乏系统理论阐释，往往流于表面事实的呈现。而且国际发文其实很多都是用中国教育的经验事实、数据、证据来证明国外模型及其理论，比较依赖国外的理论、设计、测量手段和模型。从研究方法的角度来说，国内教育学界普遍存在的一种看法是似乎只有运用了国际教育学界普遍认可的实证研究方法，特别是量化研究方法，才能够在国际期刊上发表文章，然而这一点却恰恰背离了教育学科本身的人文精神。事实上，教育学的研究既需要对重要的研究问题提供合理、明确的推理过程，进行各种验证性研究；同时也需要通过对个体和群体的教育经验进行分析，深化与诠释生活世界的教育意义。教育研究既需要数据的积累和现象的描述，还必须深入到研究的内容、趋势、认知与评论等方面，以形成量化与质性相结合的交互分析。在这个意义上，教育研究可以采取量化研究与质性研究相结合的混合研究方法，以提升教育研究的价值。同时还可以运用工程技术学、系统科学、信息科学等多样的研究方法。总之，科学实证研究与人文精神探索的深度融合将构成教育研究发展的必然趋势。

（二）创新对中国教育实践富有理论建设性的解释路径

从文献共被引分析结果与作者共被引分析结果非常一致可以看到，那些能够提出新的理论解释的研究更容易成为领域内高频共被引文献。然而，这些理论解释路径多出自西方学者，研究所采用的分析框架多来自西方理论。如共被引频次最高的作者首先是组织部门，包括教育部门和国际组织（Ministry of Education；OECD；UNESCO）。这些部门所发布的文件和各项调查提供了中国教育现状，是国际学术界了解中国教育的重要途径。其次，20 世纪西方心理学、社会学理论家，如布迪厄、班杜拉、维果斯基，杜威的名字也出现在知识图谱和高被引文献当中，说明他们的理论长盛不衰。维果斯基的理论还具有一定的突显性，说明其理论又被重新开掘。方法论学者和统计学专家也是共引较多的作者，如迈尔斯（Miles MB）、巴顿（Patton MQ）、克雷斯韦尔（Creswell JW）和科恩（Cohen J）。此外便是各领域影响较大的专家，如高等教育领域的阿特巴赫、管理心理学家霍夫斯泰德、学习心理学领域的比格斯等。在高产和高被引的关键作者之中，也不乏华人作者的名字，如李辉和杨锐等。这些华人教育学者是在本土接受过本科乃至研究生教育，出国留学并供职于境外学术机构的学术人才。由此可知，国际学术界对中国教育研究的关注度较高，但更多是出于对中国教育政策和实践的兴趣，而中国教育思想和理论的国际可见度不高。而研究中对中国教育现象的解释路径却基本上来自西方学者提出的理论，甚至是 20 世纪的理论。这说明中国教育研究对西方理论的过度依赖，一方面是中国本土理论知识的创新不足，另一方面也反映了西方学术话语的强势。因此，中国教育研究应该从自身的文化特性出发去解释教育现实，为世界教育知识体系贡献力量，这样才能从根本上提升中国教育研究的国际影响力。

（三）大力推进中国教育研究成果的国际传播

从中国教育研究的传播、外译及其影响来看，国家社科基金于 2010 年开始设立中华学术外译项目，该项目主要立足于学术层面，通过资助我国哲学社会科学优秀成果以外文形式在国外知名出版机构出版，进入国外主流发行传播渠道，从而增进国外对当代中国以及中国传统文化的了解，推动中外学术交流与对话，提高中国哲学社会科学的国际影响力。项目自 2016 年开始改为每年一次集中受理申报评审。在 2010 年立项之初，教育学并未列居其中。而从 2010 年至 2018 年批准立项的整体情况来看，在全部 846 个项目中，教育学共有 23 项，仅占总数的 2.7%（表 14－1）。由此可见，当前我国教育学科的学术外译项目相对不足，推动教育学研究向外传播的支持力度亟待加强。

表 14-1　2010—2018 年国家社科基金中华学术外译项目教育学立项分类名单

类型	申请成果名称	资助文版
学术期刊	中国教育学前沿	英文
	中国教育：研究与评论（以辑出文章出版《叙事与口述》《历史与现实》《知识与传统》和《性别与教育》等四辑）	英文
研究报告	中国教育	英文
	中国教育发展报告(2013)	英文
学术专著	中国教育政策的形成与变迁——1978—2007 的教育政策话语分析	英文
	嵌入村庄的学校：仁村教育的历史人类学探究	英文
	历史的背影：一代女知识分子的教育记忆	英文
	知识转型与教育改革	英文
	回归突破——“生命·实践”教育学论纲	英文
	中国教育的文化基础	法文
	中国科举文化	英文
	区域综合改革：中国教育改革的转型与突破	英文
	留学生与中国教育近代化	英文
	中国教育思想史	英文、俄文
	基础教育发展的中国之路	俄文、乌兹别克文、越南文
学术文集	教育学的探究	英文
	蔡元培教育文集	英文
	钟启泉教育文集	英文
	黄济、李秉德、鲁洁、王逢贤教育文集	英文
	陈鹤琴教育箴言	英文

(四) 教育学学科战略地位亟需提升

此外，教育学的相对位置可由教育学一级学科学位授予数占学位授予总数的比例加以反映。该比例能够在一定程度上反映教育学科的学科地位。2011—2018 年，教育学博士学位授予数占全国博士学术学位授予总数的比例保持在 1%左右，且呈现出下降趋势；教育学硕士学位授予数占全国硕士学术学位授予总数的比例基本稳定在2%左右。相比之下，教育学博士与教育学硕士专业学位授予数占全国专业学位授予总数的比例相对较大，这表明教育专业学位研究生的发展现状相对较好。置于国际教育学科发展的背景下来审视，由于各国教育体制不同，特别是学位类型有很大的区别，这里尽可能以各国教育学科相近、可比的指标来表征中国(不含港澳台地区)教育学科与美、加、英、德、日、韩、澳7国教育学科在规模、结构和质量上的数据表现(表14-2)。相比国外发达国家教育学科的规模体量，中国教育学科当前处于较低水平。即使是教育学学位授予的绝对数量，也没有明显高于那些高等教育体系远小于我国的国家(德国、日本和韩国等)。相较于国外教育学科在国家学科结构中所占的位置，中国教育学科也显著不如美国、加拿大、澳大利亚和韩国等国家。

表14-2　美、加、中等8国教育学学位授予数占该国学位授予总数比值(2018年)

单位：%①

国别	教育学学位授予数占比	教育学硕士学位授予数占比	教育学博士学位授予数占比
美国	16.36	18.56	6.65
加拿大	9.98	10.53	5.58
英国	4.44	4.57	3.51
德国	2.41	2.62	1.49
日本	4.72	5.23	2.41
韩国	15.60	17.20	6.58
澳大利亚	10.29	10.83	5.48
中国	5.07	5.48	0.86

而且，从学科发展的角度来看，中国目前虽已有几所高校的教育学科跻身世界高

① (1)含专业学位。(2)中国为教育学一级学科的学位授予数外，其他国家数据均采用Education条目下的学位授予数。(3)数据来源：美国数据取自National Center for Education Statistics (NCES)，https://nces.ed.gov/；加拿大数据取自Canadian Association of University Teachers (CAUT)，https://www.caut.ca/；英国数据取自Higher Education Statistics Agency (HESA)，https://www.hesa.ac.uk/；德国数据取自Statistische Bundesamt，https://www.destatis.de/；日本数据取自文部科学省，http://www.mext.go.jp/；韩国数据取自http://kess.kedi.re.kr/；澳大利亚数据取自http://education.gov.au/；中国数据取自《中国学位与研究生教育信息分析报告》及历年《中国学位与研究生教育发展年度报告》。

水平行列，但绝大多数高校的教育学科仍亟待加强和改进。换言之，“双一流”所提出的“一流”要求乃是教育学科面临的直接挑战。上述状况直接关乎院校对于校内教育学科的资源配置和制度设计。而在各级各类教育走向普及化和高质量发展的新时代，教育学关于人才培养的知识体系构建，以及教育学的发展水平直接关涉各级各类教育办学与教学育人的水平与质量，教育学学科在整个学科体系特别是哲学社会科学体系中具有重要的战略地位。在此背景下，教育学如何彰显一流，也成为提升中国教育研究国际影响力背后的重要驱动力，值得我们思考。

三、 亟需推进的方面

确立中国教育研究国际影响力持续提升机制的必要性无疑是显而易见的，而从机制上把握影响力提升的关键问题，从全球化和学术话语等角度思考并建立中国教育研究国际影响力的提升机制，并从发展方向、政策自主和实践路径及其反哺作用等方面促进中国教育研究国际影响力持续提升机制的形成，我们还需要进一步从以下方面推动制度完善。

(一) 创造良好的学术制度与环境

构建促进长期扎根本土教育研究的学术制度与评价政策。第一，改革过于量化的科研评价、学术晋升制度。第二，鼓励跨学科跨机构跨地域跨国科研合作：在科研项目申报、科研调查与实施、科研经费分配和使用、科研成果评价中鼓励合作合著，各类评价中打破只认第一作者、项目负责人的评价方式，认可团队和合作者的作用和贡献。第三，推动在期刊和项目评审中的规范使用双向匿名评审制度。第四，推进大规模各层级教育统计数据库的建立和公开，推进研究伦理和研究规范的统一与普及。

(二) 培育高水平教育学科点和本土知识生产中心

形成更高水平、可以实质参与国际对话的高水平教育研究基地，鼓励学者个体和团队自发形成的某个领域知识生产群体和中心。打破机构或学者个体身份（重点研究基地、国家级学术头衔）的终身制，实行动态调整的评价制度。培育关键作者群体：鼓励、促进、扶持海归人员，以及中青年群体成长为关键作者群体。促进中国教育研究队伍的壮大，包括教育研究队伍的规模、学历组成、年龄结构、领域结构、地域结构、合作网络、研究团队等。

（三）推进中国教育研究成果的国际传播

推进中国教育研究成果在国际学术会议、高水平国际期刊、英文专著等方面的可见度、引用率和引用范围；保障英文期刊的可持续发展与支持。对已有英文期刊进行第三方独立评价，根据评价结果进行分类分期支持。确保英文期刊可持续发展和质量提升。大力加强学术著作外译，并通过同行和出版社遴选优秀著作，支持原创性、理论性著作翻译出版。进而鼓励和支持出版英文原版专著。同时需涵盖传播中国教育研究国际影响力的多样载体。第一种载体是出版物。包括外文学位论文、著作、期刊、研究报告、新媒体等。第二种载体是学术活动及其发言。如国际会议、讲座、报告、研讨会。第三种载体是大型国际比较教育研究项目、人员交流与实践。如 PISA，TALIES，中英数学教育教师互派和培训等。

第二节　维度、因素、指标及其评价框架构成

从当下的世界格局与中国发展进程来判断中国教育研究的国际影响力，深入而全面评价中国教育研究及其国际影响力，分析原因、发展趋势，可为中国教育研究的国际影响力研究提供参考和借鉴，以期为以后相关研究提供借鉴和更宽阔的研究视域。

在中国教育研究国际影响力多元维度与关系探寻中，我们在每个研究维度所涉及的各个方面的深入展开和挖掘，尤其对于 21 世纪以来通过国际教育合作形成的中国教育研究进行整合性的考虑。由此在对多维度的研究过程中加以整合，揭示基本的影响因素，并从指标上探寻一个综合性的评价影响力系统。

我们建构中国教育研究国际影响力形成的因素框架的参照基准是中国教育研究发展的具体情境，对适合中国国情且具有影响力增长因素进行拓展，着力点在于厘清影响力持续增长的动力和阻力因素相互作用的逻辑关系，把多维度的影响因素、发展情境和结构演进整合在一个系统性的框架之中，进行影响因素框架的架构。

要确定哪些因素影响中国教育研究国际影响力，首先需要确立影响的维度。

归纳整体的研究，我们从知识生产的5个方面来确立中国教育研究国际影响力的维度，即知识产品数量；知识产生的影响（受关注程度）；知识输出与传播；知识生产主体规模及其位置与角色；知识产品的质量与价值，以及原创性与贡献（理论、政策、实践）。

由此，将中国教育研究国际影响力形成的基本因素归类于5个方面的维度。

维度一，知识产品数量：因素涵盖研究论文总量；

维度二，知识产生的影响（受关注程度）：因素涵盖高被引论文期刊、高被引论文、总被引频次、篇均被引频次、研究论文发表数量＋被引；

维度三，知识输出与传播：因素涵盖外译专著、英文著作、中国自办英文期刊；

维度四，知识生产主体规模及其位置与角色：因素涵盖关键作者及其国际化程度、关键作者在学术网络中的中心性、合作合著；

维度五，知识产品的质量与价值，以及原创性与贡献（理论、政策、实践）：因素涵盖中国自办英文期刊的质量和规范、对中国教育实践与经验的理解与重视、中国本土教育研究的规范性和原创性及其知识与理论贡献、中国本土教育学者的国际知名度、国际学术组织与学术刊物的参与程度、大型国际教育测试项目的参与程度、政府与民间之间的教育项目合作、中国教育研究主题与国际教育研究主题的关系及其前沿推进、文献共被引与作者共被引及其解释路径、典型案例。

衡量和判断中国教育研究国际影响力需要采取多元化方法，不能采用单一的方法和原则、标准。

一方面，需要有主观和客观相结合的方法。另一方面，需要采用量化和质性相结合方法。

研究既需要从定量的角度，采用计量统计、可视化、社会网络等方法来考察研究的影响力，也要从综合和整体的质性角度来考察影响力，而不只限于其量化表征。

关于中国教育研究国际影响力的评价，鉴于中国教育研究的学术发表及其影响力在国际上呈现上升趋势[①②]，我们采用文献计量学方法和引文空间图谱考察了中国教育研究的国际发表概貌，从多个角度对发文特征进行深入分析，重点探讨本土教育研

---

① 李梅，丁钢，张民选，杨锐，徐阳. 中国教育研究国际影响力的反思与前瞻[J]. 教育研究，2018，39(3)：12—19，34.

② 李梅. 中国教育研究的国际发文及其学术影响力——基于2000—2018年SSCI期刊论文的研究[J]. 教育发展研究，2019，39(3)：10—16.

究在国际知识体系中的地位和未来发展方向。[①] 也采用知识图谱和社会网络分析，考察研究中国教育的关键作者及其学术合作关系特征，探索知识网络与社会网络之间的关系。[②③] 而为了全面展现国内外中国教育研究的国际影响力的整体状况及其内在复杂的变化，定性与定量相结合的研究也有了进一步的展开，如运用内容分析、半结构访谈等研究方法，对21世纪以来中国内地教育学者国际发表中在研究内容、研究方法，以及理论创新性等方面的特点进行分析[④]，进而深入到国外学者、华人学者对中国教育研究现状、特征、制度和文化等诸多方面的观察和思考。[⑤⑥]

因此，我们在研究中对量化评价与质性评价作了较为充分的衡量，并在此基础上提出如下的相关评估指标。

量化评价：采取可以测量的指标对于研究成果和研究主体等的影响力进行评价。测量指标如下：

研究论文数量之和；

期刊影响因子；

篇被引次数；

所有成果被引次数之和；

某区域(学者、研究领域)论文总被引次数/总论文数；

h指数；

出版量、下载量、引用率；

刊文量、下载量、引用率、作者结构、期刊影响因子；

规模、教育经历、h指数；

机构分布、地域分布、人员结构；

合著比例、合作网络。

质性评价：对知识产品的质量与价值进行评价。属于主观和定性的描述性评价，

---

① 王独慎，丁钢. 中国教育研究的国际发表概貌与特征[J]. 教育发展研究，2019，39(3)：1—9.

② 徐阳，丁钢. 中国大陆中国教育主题研究的国际影响力：基于合著网络的分析[J]. 现代大学教育，2020(5)：17—26，100.

③ 李梅，苏淑丽. 国际英文期刊中国教育研究论文的关键作者及其合著网络[J]. 现代大学教育，2020(5)：35—44.

④ 吴寒天. 国际舞台上的中国教育研究：基于大陆学者国际期刊高被引论文的分析[J]. 现代大学教育，2020(5)1：27—34，111.

⑤ 吴寒天，李梅. 走向世界的中国教育研究：基于国际学者视角[J]. 教育发展研究，2019，39(3)：25—32.

⑥ 李琳琳. 走向世界的中国教育研究：华人学者的视角[J]. 现代大学教育，2020(5)：45—52.

主要评价指标如下：

国内外同行评价（专家调查、访谈和与评估）；

内容分析；

案例研究。

至此，可以把评价的维度、因素、指标及其相关权重整合为如下中国教育研究国际影响力的评价框架（表 14－3）。

表 14－3 中国教育研究国际影响力评价框架*

方法	维度	因素	指标	权重
量化评价（60%）	知识产品数量	研究论文总量	研究论文数量之和	10%
	知识产生的影响（受关注程度）	高被引论文期刊	期刊影响因子	2%
		高被引论文	篇被引次数	5%
		总被引频次	所有成果被引次数之和	5%
		篇均被引频次	某区域（学者、研究领域）论文总被引次数/总论文数	5%
		研究论文发表数量＋被引	h 指数	5%
	知识输出与传播	外译专著	出版量、下载量、引用率	5%
		英文著作	出版量、下载量、引用率	3%
		英文期刊（我国自办）	刊文量、下载量、引用率、作者结构、期刊影响因子	5%
	知识生产主体规模及其位置与角色	关键作者及其国际化程度	规模、教育经历、h 指数	5%
		关键作者在学术网络中的中心性	机构分布、地域分布、人员结构	5%
		合作合著	合著比例、合作网络	5%
质性评价（40%）	知识产品的质量与价值，以及原创性与贡献（理论、政策、实践）	英文期刊（我国自办）的质量、规范； 对中国教育实践与经验的理解与重视； 中国本土教育研究的规范性、原创性及其知识与理论贡献； 中国本土教育学者的国际知名度； 国际学术组织与学术刊物的参与程度； 大型国际教育测试项目的参与程度； 政府与民间之间的教育项目合作	国内外同行评价（专家调查、访谈和与评估）	20%

续 表

方法	维度	因素	指标	权重
		中国教育研究主题与国际教育研究主题的关系及其前沿推进	内容分析	5%
		文献共被引与作者共被引及其解释路径	内容分析	5%
		典型案例	案例研究	10%
合计				100%

* 以上的权重也可以化为百分制计分，就中国教育研究影响范围和重要性而言，可以划分为从影响很小甚至没有影响、具有影响、影响较大、影响很大、具有非凡的影响 5 个质量等级。

第三节　结语

综上所述，我们可以更加清晰地认识到这样的事实：一方面，当前世界知识生产体系的不平等结构和中国的客观现实决定了中国教育研究在提升国际影响力的道路上不可能也不应追求“一蹴而就”。另一方面，从大量已经发表的研究论文中可以发现，中国教育研究对西方理论的过度依赖，以至于解释路径基本上来源于西方学者的理论，甚至是 20 世纪的理论。这不仅在于本土理论知识创新上的不足，而且国际学术界对中国教育研究的关注更多是出于对中国教育实践的兴趣，中国教育的实践或教育现象常常被用来验证西方理论，也反映了西方学术话语具有的强势地位。

那么，聚焦的一个问题就是如何去增强原创性的知识生产力的贡献，这是一个最为核心的问题。知识总量的多少并不能说明自身的影响力，也就是说我们怎么样立足自己的实践来推进理论的发展，能够在世界的知识生产体系当中争取占有一席之地，显然已经成为提升中国教育研究国际影响力所需面对的必然挑战。

知识生产是建立在已有知识的基础上的，知识生产能够产生理论，而理论体系则是由一个个理论概念相互联结的概念框架构成的。要从理论概念上加强创新，在理论概念创新上不断地从量变产生部分质变的积累中推进理论体系的根本性质变。如此，才能使中国教育研究对全球教育学术知识体系发展作出具有广泛意义的理论贡献。

概念作为知识生产和理论体系的基石。理论是由知识生产出来的概念及其集合，理论体系即是由一系列概念和命题组成的体系。由此，我们需要清醒地意识到概念是知识生产和理论体系的基石，我们希望从概念入手来建构具有中国原创性教育理论之时，就必须对这些知识生产范式保持充分的认知，发展适合于我们自身实践的概念构建方式以及体系化的概念形成的理论。

概念作为理论工具。概念既可以给以往的概念赋予新意，也可以在以往概念原有含义的基础上加以改造，激活内在的活力。当然，更可以从实践经验的各种关联中生成新的概念。而概念之所以成为理论工具，就在于概念不是既定的事实或者教条，而是需要运用在经验研究中可以用来解释和阐明一些相关性和适用性的关键问题。同时，概念不仅仅是术语，而是具体的能够提供给我们对于事物价值和意义的认识。换言之，概念进而成为实践探索的工具，在这种探索中建构理论。

理论概念的转化。教育理论概念的建立也是来自经验研究，即某种特定的社会现象和实践。概念之间不是彼此孤立的，而是在彼此互动中关联和互涉并被用来解释和阐明教育现象的。所以，不能把概念当成事实去理解，任何理论概念都不是静态的，理论是一种运用概念进行思考的过程，因此总是处于不断分析和再实践的过程中，由此不断地重构自身。概念与理论的构成就是这样一种关系。作为理论概念转化的过程，转化是迭代的，即其以经验实践的需求不断改进以逐渐逼近符合需求的理论。

我们要彰显中国在自己的实践过程中蕴含的理念，让理论把经验转化为真正的知识来指导实践。要提升中国教育研究的国际影响力，还需要站在全球教育发展的视角上进行考虑，不仅仅是为中国教育研究提供了什么样的实践经验，而且是为全球教育知识体系的成长作出了什么样的理论贡献，同时，中国教育研究如何立足于自身实践推进相关理论发展，以及逐步确立在世界学术知识生产体系中作为知识推进与生产的地位，使中国教育原创性和规范性的知识生产在世界学术知识生产体系中占有一席之地，这不仅仅是中国教育学者的责任，也是我们对全世界的责任。

参考文献

中文文献

[1] 阿里夫·德里克,曾艳兵.后现代主义、东方主义与“自我东方化”[J].东方论坛.青岛大学学报,2001(4):32-38.

[2] 曹东云,谢利民.新课改以来课程与教学研究知识增长方式的探究——基于 CiteSpace 知识图谱的分析[J].江西师范大学学报(哲学社会科学版),2014,47(3):104-109.

[3] 曹诗弟.中国教育研究重要吗?[M]//丁钢.中国教育:研究与评论(第 2 辑).北京:教育科学出版社,2002:3-4.

[4] 陈法宝.PISA 测评对英国基础教育改革动向的影响——例论“中英数学教师交流项目”[J].基础教育,2016,13(5):107-112,90.

[5] 陈珺.国际学术期刊论文成果推销话语研究[D].杭州:浙江大学,2017:24-25.

[6] 陈立明.现代世界体系的发展与完善[J].中央社会主义学院学报,2017(1):109-113.

[7] 陈兴德,潘懋元.“依附发展”与“借鉴-超越”——高等教育两种发展道路的比较研究[J].高等教育研究,2009,30(7):10-16.

[8] 陈瑜林.我国教育学学术群体知识图谱研究[J].广州广播电视大学学报,2016(03):45-54.

[9] 陈悦,陈超美,胡志刚,等.引文空间分析原理与应用——CiteSpace 实用指南[M].北京:科学出版社,2014.

[10] 程介明.上海的 PISA 测试全球第一到底说明了什么[J].探索与争鸣,2014(1):74-77.

[11] 程军,姜博.2012—2014 年中国教育学期刊国际影响力现状及思考——基于《中国学术期刊国际引证年报》的统计分析[J].中国高教研究,2015(7):41-47.

[12] 崔允漷.关于“中国课程走出去”的思考[N].人民政协报,2017-07-26(10).

[13] 戴维民.中国学术期刊国际影响力分析[J].复旦学报(社会科学版),2004(1):111-118.

[14] 丁钢,周勇.全球化视野与中国教育研究[M]//丁钢.中国教育:研究与评论(第 10 辑).北京:教育科学出版社,2006:1-37.

[15] 丁钢.中国教育的国际研究[M].上海:上海教育出版社,1996.

[16] 丁钢.从全球视野看中国教育学 70 年[J].教育史研究,2019(4):30-39.

[17] 丁长康,钟勇为.我国近十年课程研究热点与反思——基于 CiteSpace 的分析[J].现代教育管理,2015(3):89-93.

[18] 董彦邦,贾佳.中国大学学术生产力、学术影响力和学术卓越性的特点分析:基于台湾“世界大学科研论文质量排行榜”的视角[J].高教探索,2016(9):44-51.

[19] 杜建,张玢,唐小利.基于作者引用与合作关系的学术影响力测度研究进展[J].图书情

报工作,2013,57(8):135-140.
[20] 樊珂,周斌.国内自出版研究述评[J].北京印刷学院学报,2019,27(12):5-10.
[21] 范如霞,曾建勋,高亚瑞玺.基于合作网络的学者动态学术影响力模式识别研究[J].数据分析与知识发现,2017,1(4):30-37.
[22] 弗林特,刘鹏.亚洲的地缘政治竞争与不可避免的战争:世界体系视角下的历史教训[J].印度洋经济体研究,2017(1):1-24.
[23] 付宇珩,李一平.资本主义世界体系结构性危机中的"一带一路"倡议——基于亚洲秩序变迁与中国现代国家构建经验的反思[J].当代亚太,2017(4):4-38,152-153.
[24] 高瑞,安心.近十年高等教育学博士学位论文选题分析——以2000—2009年高等教育学博士点的282篇学位论文为样本[J].中国高教研究,2010(9):43-46.
[25] 高瑞,安心.近十年英国高等教育研究论文选题特点——以2001—2010年《高等教育季刊》论文为样本[J].中国高教研究,2011(6):70-72.
[26] 高伟浓,何美英.中国-东盟高等教育交流合作的新发展[J].东南亚纵横,2011(7):3-9.
[27] 高志,张志强.个人学术影响力定量评价方法研究综述[J].情报理论与实践,2016,39(1):133-138.
[28] 耿艳辉.影响因子的局限性研究综述[J].中国科技期刊研究,2014,25(8):1052-1057.
[29] [德]哈贝马斯.现代性的哲学话语[M].曹卫东,等译.南京:译林出版社,2004:348.
[30] 韩庆祥,陈远章.以中国元素的凸显提升国际话语权[J].求是,2015(01):62.
[31] 韩涛,谭晓.中国科学研究国际合作的测度和分析[J].科学学研究,2013(8):1136-1140,1135.
[32] 贺德方.中国高影响力论文产出状况的国际比较研究[J].中国软科学,2011(9):94-99.
[33] 黄兴丰.来自上海:中英数学教师交流与合作[J].小学数学教师,2017(Z1):26-31.
[34] 黄兴丰.英国数学教育的现实与向往——兼与中国数学教育比较[J].比较教育研究,2016(8):24-29.
[35] 黄兴丰.中英数学教师交流的成就与影响(未出版手稿).
[36] 经济合作与发展组织(OECD).国际学生评估项目上海研究中心,等译.面向明日世界的学习:国际学生评估项目(PISA)2003报告[M].上海:上海教育出版社,2008.
[37] [美]克兰.无形学院——知识在科学共同体的扩散[M].刘珺珺,顾昕,王德禄,译.北京:华夏出版社,1988.
[38] 兰国帅,程晋宽,虞永平.21世纪以来国际学前教育研究:发展与趋势——学前教育领域四种SCI和SSCI期刊的知识图谱分析[J].教育研究,2017,38(4):125-135.

[39] 兰国帅. 21 世纪以来国际教育技术研究热点与前沿——基于 18 种 SSCI 期刊的可视化分析[J]. 开放教育研究,2017(2): 92-101.
[40] 雷文,商丽浩. 中美国际教育研究的交互视域: 近十年教育期刊论文分析[J]. 教育发展研究,2005(8): 64-66.
[41] 李承先,陈学飞. 话语权与教育本土化[J]. 教育研究,2008(6): 14-17,23.
[42] 李冲,李霞. 国际高等教育研究的总体态势与中国贡献——基于 10 种高等教育 SSCI 高影响因子期刊载文的可视化分析[J]. 中国高教研究,2018(8): 60-67.
[43] 李存娜,吕聪聪. 中国英文人文社科期刊的国际化研究[J]. 清华大学学报(哲学社会科学版),2015(4): 168-183.
[44] 李弘祺. 中国教育史英文著述评介[M]. 台北: 台湾大学出版中心,2005.
[45] 李杰. 科学计量与知识网络分析: 方法与实践(第 2 版)[M]. 北京: 首都经济贸易大学出版社,2018: 337.
[46] 李琳琳,冯燕. 国际中国教育研究的知识谱系: 主题与前沿分析[J]. 教育发展研究,2019,39(3): 17-24.
[47] 李琳琳. 走向世界的中国教育研究: 华人学者的视角[J]. 现代大学教育,2020(5): 45-52.
[48] 李梅,丁钢,张民选,杨锐,徐阳. 中国教育研究国际影响力的反思与前瞻[J]. 教育研究,2018,39(3): 12-19,34.
[49] 李梅,苏淑丽. 国际英文期刊中国教育研究论文的关键作者及其合著网络[J]. 现代大学教育,2020(5): 35-44.
[50] 李梅. 中国教育研究的国际发文及其学术影响力——基于 2000—2018 年 SSCI 期刊论文的研究[J]. 教育发展研究,2019,39(3): 10-16.
[51] 李若溪,Fytton Rowland, Jack Meadows. 中国学术期刊国际传播的观察与思考——旅英华人学者访谈实录分析[J]. 中国科技期刊研究,2008,19(1): 4-8.
[52] 李盛兵. 中国成为世界教育中心八问——与菲利普·阿特巴赫教授的对话[J]. 教育发展研究,2018,38(17): 1-5.
[53] 李双,彭敏. 国际职业教育知识图谱研究——基于 SSCI 数据库(2009—2018 年)的计量分析[J]. 西南大学学报(社会科学版),2018,44(6): 59-70,190.
[54] 李涛. 文化软实力视阈下中外文化交流思考——以中国-东盟教育合作为例[J]. 江西社会科学,2013(9): 230-234.
[55] 李甜. SSCI 收录的有关中国教育的研究成果的统计分析(1978—2008)[D]. 上海: 华东师范大学,2009.
[56] 李政涛,文娟. 教育学中国话语体系的世界贡献与国际认同[J]. 北京大学教育评论,2018,16(3): 62-72,188.

[57] 李政涛. 走向世界的中国教育学：目标、挑战与展望[J]. 教育研究，2018，39(9)：45 - 51.
[58] 李子建，邱德峰. 实践共同体：迈向教师专业身份认同新视野[J]. 全球教育展望，2016，45(5)：102 - 111.
[59] 刘茜，王健，王剑，周国民. 引文位置时序变化研究及其认知解释[J]. 情报杂志，2013，32(5)：166 - 169，184.
[60] 刘茜，王健，王剑. 基于引文动机的文献老化研究[J]. 情报探索，2015(10)：1 - 4.
[61] 刘强，丁瑞常. SSCI 对我国学者学术研究的影响：以教育学科为例[J]. 比较教育研究，2014，36(7)：87 - 92.
[62] 刘璇，段宇锋，朱庆华. 基于合著网络的学术人才评价方法研究[J]. 情报杂志，2014，33(12)：77 - 82.
[63] 刘雪立. 全球性 SCI 现象和影响因子崇拜[J]. 中国科技期刊研究，2012(2)：185 - 190.
[64] 刘杨. 中国英文社科学术期刊"走出去"集约化路径研究——以 Frontiers 系列社科学术期刊为例[J]. 中州大学学报，2016(6)：58 - 64.
[65] 刘宇，李武. 引文评价合法性研究——基于引文功能和引用动机研究的综合考察[J]. 南京大学学报(哲学・人文科学・社会科学版)，2013，50(6)：137 - 148，157.
[66] 鲁洁. 试论中国教育学的本土化[J]. 高等教育研究，1993(1)：33 - 35.
[67] 陆根书，刘萍，陈晨，刘琰. 中外教育研究方法比较——基于国内外九种教育研究期刊的实证分析[J]. 高等教育研究. 2016，37(10)：55 - 65.
[68] 陆璟，朱小虎. 如何看待上海 2009 年 PISA 测评结果——中国上海中学生首次参加国际测评结果反响述评[J]. 上海教育科研，2011(1)：17 - 19.
[69] 路爱国，伊曼纽尔・沃勒斯坦. 世界体系的结构性危机与世界的未来[J]. 世界经济与政治，2005(4)：7 - 10，4.
[70] 罗晓静. OECD 教育公平政策探析[D]. 上海：华东师范大学，2010.
[71] 马费成，张勤. 国内外知识管理研究热点——基于词频的统计分析[J]. 情报学报，2006，25(2)：163 - 171.
[72] 马万华，麻雪妮，耿玥. "千人计划"学者回归的动因、学术优势与挑战[J]. 清华大学教育研究，2013，34(1)：94 - 97.
[73] 马早明. "一带一路"背景下中国与东盟高等教育合作的策略选择[J]. 华南师范大学学报(社会科学版)，2017(1)：70 - 72.
[74] 裴丽，李琼. 2000—2016 年我国教师身份认同研究的国际化进展：分布特征及研究主题——基于 69 篇 SSCI 期刊文献的分析[J]. 外国中小学教育，2017(10)：47 - 57，46.
[75] [美]乔纳森・科尔，[美]斯蒂芬・科尔. 科学界的社会分层[M]. 赵佳苓，顾昕，黄绍林，译. 北京：华夏出版社，1989：49.

[76] 祁亚辉. 教育合作：巩固和拓展中国-东盟命运共同体的人文基础[J]. 东南亚纵横，2015(10)：22-27.
[77] [意]乔万尼·阿里吉. 亚当·斯密在北京：21世纪的谱系[M]. 路爱国，黄平，许安结，译. 北京：社会科学文献出版社，2009.
[78] 秦亚青. 国际关系理论的核心问题与中国学派的生成[J]. 中国社会科学，2005(3)：165-176，209.
[79] 邱均平，周春雷. 发文量和h指数结合的高影响力作者评选方法研究——以图书情报学为例的实证分析[J]. 图书馆论坛，2008，28(06)：44-49.
[80] 全球化智库. CCG发布《中国留学发展报告(2017)》蓝皮书[EB/OL]. 人才50人论坛. 搜狐网. [2019-03-10]. https://www.sohu.com/a/211332807_800517.
[81] 任胜利. 2014年我国英文版科技期刊发展回顾[J]. 科技与出版，2015(2)：9-13.
[82] 上海师范大学. 上海师范大学与南澳洲签署数学教师交流合作备忘录[A memorandum of cooperation on the specific cooperation was signed between Shanghai Normal University and South Australia] [EB/OL]. (2019-05-31)[2020-10-15]. Retrieved from http://shsdb.cuepa.cn/show_more.php? doc_id=3175320.
[83] 上海市教育委员会. 改革教育质量评价，推动基础教育转型(改革义务教育教学质量综合评价办法结题报告)[R]. 2014.
[84] 邵峰. 2030年的国际社会[EB/OL]. (2017-07-13)[2018-03-27]. http://iwep.cssn.cn/xscg/xscg_lwybg/201707/W020170717723183505319.pdf.
[85] 沈英，刘明. 基于SSCI统计数据(2001—2008)对中国教育学研究国际地位与现状的分析[J]. 外国教育研究，2010(1)：33-36.
[86] 世界银行. 世界银行与中国-简介-成果[EB/OL]. (2021-03-29)[2021-07-01]. https://www.shihang.org/zh/country/china/overview#3.
[87] 孙晓娥，边燕杰. 留美科学家的国内参与及其社会网络强弱关系假设的再探讨[J]. 社会，2011，31(2)：194-215.
[88] 孙元涛. 论中国教育学的学术自觉与话语体系建构[J]. 教育研究，2018(12)：30-39.
[89] 唐晓萍. 中国-东盟教育合作的预期、方式及规则分析[J]. 高教论坛，2008(1)：3-6，12.
[90] 涂阳军，渠晴晴. 中国教育学学科离世界一流还有多远——基于1998—2016年SSCI教育学学科被引数的比较研究[J]. 比较教育研究，2018，40(1)：63-69.
[91] 涂阳军. 中国人文社科学术影响力分析：基于1998—2016年CSSCI，SSCI和A&HCI论文被引数[J]. 中国社会科学(内部文稿)，2018(3)：69-105.
[92] [美]托马斯·库恩. 科学革命的结构[M]. 金吾伦，胡新和，译. 北京：北京大学出版社，2003：9-12.

[93] 万丽华,王雅敏.高校论文引用奖励政策的负效应及对策研究[J].科学管理研究,2016(5):46-49.
[94] 王独慎,丁钢.中国教育研究的国际发表概貌与特征[J].教育发展研究,2019,39(3):1-9.
[95] 王海涛,谭宗颖,陈挺.论文被引频次影响因素研究——兼论被引频次评估科研质量的合理性[J].科学学研究,2016,34(2):171-177.
[96] 王湖滨.上海 PISA 2012 结果的外媒反映述评[J].上海教育科研,2014(2):36-39,9.
[97] 王蕙.Hofstede 的文化维度理论的局限性[J].西安工业大学学报,2013,33(1):58-62.
[98] 王生升,李帮喜.是周期性更迭还是历史性超越?——从世界体系变迁透视"一带一路"的历史定位[J].开放时代,2017(2):82-94.
[99] 王文智.中国课程改革研究的国际学术影响力——以 SSCI 和 A&HCI 收录期刊为例[J].教育发展研究,2019,39(3):33-40.
[100] 王文智.中国基础教育研究的国际影响审视:主题、价值表述与被引[J].复旦教育论坛,2021,19(1):14-23.
[101] 王小明.我国高校教学质量研究:轨迹、热点及未来走向——基于高等教育十四种核心期刊的 Citespace 可视化分析[J].教育学术月刊,2018(1):91-103.
[102] 王新明,丁敬达.科研论文的著者合作模式研究综述[J].现代情报,2018,38(8):172-177.
[103] 王逸舟.磨合中的建构:中国与国际组织关系的多视角透视[M].北京:中国发展出版社,2003:39.
[104] 韦定广.创造与贡献:世界体系视域中的"中国道路"[J].社会科学,2010(6):12-19.
[105] 文娟,李政涛.当代教育研究中的全球视野、跨文化能力与中国特色[J].全球教育展望,2013(7):43-51.
[106] 吴刚.奔走在迷津中的课程改革[J].北京大学教育评论,2013,11(4):20-50.
[107] 吴寒天,李梅.走向世界的中国教育研究:基于国际学者视角[J].教育发展研究,2019,39(3):25-32.
[108] 吴寒天.国际舞台上的中国教育研究:基于大陆学者国际期刊高被引论文的分析[J].现代大学教育,2020(5):27-34,111.
[109] 吴康宁."有意义的"教育思想从何而来——由教育学界"尊奉"西方话语的现象引发的思考[J].教育研究,2004(5):19-23.
[110] 吴玫,李盛兵.我国高等教育研究国际化的现状分析:基于五份国外学术期刊发表论

文的统计[J]. 广东工业大学学报(社会科学版),2011(4): 1 - 5.

[111] 吴苑华. 重归以中国为中心的新世界体系: 弗兰克的“世界体系”论辨析[J]. 马克思主义研究,2012(5): 105 - 110.

[112] 肖磊,靳玉乐. 中国新课程改革的检视: 异域学者的观点[J]. 课程·教材·教法,2013(6): 8 - 15.

[113] 徐海燕. 上海合作组织的十年教育合作[J]. 重庆教育学院学报,2012(9): 102 - 116.

[114] 徐辉. 论比较教育视野下的世界体系分析[J]. 比较教育研究,2007(8): 11 - 16.

[115] 徐瑞哲. 就“上海掌握数学模式”互派 548 人,中英数学教师交流项目创最大规模“浸入”62 校[EB/OL]. [2019 - 08 - 26]. https://www.jfdaily.com/news/detail? id=118554

[116] 徐晏卓. 变动中的亚洲秩序与中国影响力分析[J]. 上海交通大学学报(哲学社会科学版),2017,25(3): 34 - 43.

[117] 徐阳,丁钢. 中国大陆中国教育主题研究的国际影响力: 基于合著网络的分析[J]. 现代大学教育,2020(5): 17 - 26,100.

[118] 徐泽民. 发展社会学理论: 评介、创新与应用[M]. 北京: 中国人民大学出版社,2014.

[119] 许利平. 战略伙伴关系框架下的中国-东盟合作[J]. 当代世界,2013(10): 36 - 39.

[120] 许美德. 为什么研究中国教育? [M]//丁钢. 中国教育: 研究与评论(第 3 辑). 北京: 教育科学出版社,2002: 1 - 15.

[121] 许心,蒋凯. 高校教师视角下的人文社会科学国际发表及其激励制度[J]. 高等教育研究,2018(1): 43 - 55.

[122] 闫温乐,陈建华. 校长专业标准视野下的学校发展规划[J]. 现代教育管理,2018(3): 36 - 41.

[123] 闫温乐. 比较教育视阈下世界银行教育系统测评研究[J]. 比较教育研究,2021(5): 86 - 94.

[124] 阎光才. 教育研究中量化与质性方法之争的当下语境分析[J]. 教育研究,2006(2): 47 - 53.

[125] 阎光才. 学术共同体内外的权力博弈与同行评议制度[J]. 北京大学教育评论,2009,7(1): 124 - 138.

[126] 阎光才. 学术影响力评价的是非争议[J]. 教育研究,2019(6): 16 - 26.

[127] 杨敏. 一位美籍华人学者谈我国高等教育与科学研究工作[J]. 高等教育研究,1982(1): 73 - 75.

[128] 杨蕴玉. 一次重要的会见[M]//中华人民共和国联合国教科文组织全国委员会. 中华人民共和国联合国教科文组织全国委员会史迹,2006.

[129] 姚计海,王喜雪. 近十年来我国教育研究方法的分析与反思[J]. 教育研究,2013(3):

20 - 24.

[130] 姚乐野.中国人文社会科学国际学术影响力发展报告：2006—2010[M].北京：中国社会科学出版社，2015：6 - 7.

[131] 姚云，康瑜.中国教育科研成果如何走向世界——基于对SSCI数据库分析的启示[J].比较教育研究，2007，28(1)：43 - 48.

[132] 伊曼纽尔·沃勒斯坦.世界体系的结构性危机：我们将何去何从？[J].刘海霞，译.国外理论动态，2011(9)：24 - 28.

[133] [美]伊曼纽尔·沃勒斯坦.现代世界体系(第二卷)[M].郭方，刘新成，张文刚，译.北京：社会科学文献出版社，2013.

[134] [美]伊曼纽尔·沃勒斯坦.现代世界体系(第一卷)[M].郭方，刘新成，张文刚，译.北京：社会科学文献出版社，2013.

[135] 伊万·韦特曼.OECD：给中国高等教育的政策建议[N].中国教育报，2004 - 10 - 15.

[136] 俞可.以教育构筑人类命运共同体[N].中国教育报，2015 - 09 - 30(007).

[137] 俞玮奇，曹燕.21世纪以来国际学界教育政策研究的热点、趋势与走向——基于2000—2017年SSCI数据库"教育政策"主题词知识图谱的可视化分析[J].比较教育研究，2018，40(8)：61 - 69.

[138] 翟崑.超越边缘化：世界体系论下的东盟共同体[J].人民论坛·学术前沿，2016(09)：33 - 43.

[139] 张斌贤，李曙光.文献综述与教育学博士学位论文撰写[J].学位与研究生教育，2015(1)：59 - 63.

[140] 张东海，袁凤凤.高校青年"海归"教师对我国学术体制的适应[J].教师教育研究，2014，26(5)：62 - 67.

[141] 张贵洪."引领性参与"：中国与国际组织关系亟待转型[N].中国社会科学报，2017 - 08 - 10(004).

[142] 张建新.大国崛起与世界体系变革——世界体系理论的视角[J].国际观察，2011(2)：37 - 44.

[143] 张民选，陆璟，占胜利，朱小虎，王婷婷.专业视野中的PISA [J].教育研究，2011(6)：3 - 10.

[144] 张民选.国际组织与教育发展[M].上海：上海教育出版社，2010：46，95，128 - 161.

[145] 张楠，王光明.国际教育学高被引论文学术特征研究——基于25种教育学SSCI收录期刊的知识图谱与内容分析[J].中国科技期刊研究，2018，29(2)：171 - 178.

[146] 张平，朱鹏.教师实践共同体：教师专业发展的新视角[J].教师教育研究，2009，21(2)，56 - 60.

[147] 张维迎. 引进外资不等于歧视民族企业[EB/OL]. 商务周刊[2019 - 10 - 20]. http://news. cnnb. com. cn/system/2006/10/20/005195645. html.

[148] 张忠华,贡勋. 教育学"中国化"、"本土化"和"中国特色"的价值取向辨析[J]. 高校教育管理,2015(6): 46 - 53.

[149] 赵鼎新. 社会科学研究的困境: 从与自然科学的区别谈起[J]. 社会学评论,2015(4): 3 - 18.

[150] 赵延东,周婵. 我国科研人员的科研合作网络分析——基于个体中心网视角的研究[J]. 科学学研究,2011,29(7): 999 - 1006.

[151] 赵越,肖仙桃. 基于生命周期理论的科研人员学术生涯特征及影响因素分析[J]. 知识管理论坛,2017,2(2): 136 - 144.

[152] 郑刚. 上海合作组织框架内开展教育合作与交流的思考[J]. 河北师范大学学报(教育科学版),2013(10): 45 - 50.

[153] 郑瑞萍. 中国人文社会科学学术期刊国际化的理论与实践探析[J]. 社会科学管理与评论,2010(3): 44 - 49.

[154] 郑永年. 中国的知识重建[M]. 北京: 东方出版社,2018: 22.

[155] 中国科学技术信息研究所. 2018 中国国际科技论文产出状况[EB/OL]. 武夷山. 科学网博客. [2019 - 02 - 03]. http://wap. sciencenet. cn/blog-1557-1143946. html.

[156] 中华人民共和国国务院新闻办公室. 联合国教科文组织赞扬中国积极作用[EB/OL]. (2014 - 03 - 21). http://www. scio. gov. cn/zhzc/2/2/Document/1367062/1367062. htm.

[157] 中国教育和科研计算机网. 2005 中非教育部长论坛北京宣言[EB/OL]. (2005 - 11 - 28). https://www. edu. cn/edu/shiye/news/200603/t20060323_151274. shtml.

[158] 中国教育和科研计算机网. 信息技术点亮农村教育这片蓝天[EB/OL]. (2017 - 09 - 11). https://www. edu. cn/infro/xy/jj/201709/t20170911_1553338. shtml.

[159] 钟秉林,赵应生,洪煜. 国际高等教育研究的现状及其对我国的启示——基于国外期刊高等教育研究论文量化分析[J]. 教育研究,2010,31(1): 29 - 38.

[160] 周谷平,罗弦. 推进中国-东盟高等教育合作的意义与策略——基于"一带一路"的视角[J]. 高等教育研究,2016(10): 37 - 41.

[161] 周玲,夏力. 中外高校教师教学发展研究热点及演化比较分析——基于科学知识图谱的实证分析[J]. 当代教育与文化,2017(5): 99 - 105.

[162] 周荣,喻登科. 知识网络研究述评: 结构、行为、演化与绩效[J]. 现代情报,2018,38(4): 170 - 176.

[163] 周银珍. "人类命运共同体"理论指导下的中国国际话语权重塑研究[J]. 云南民族大学学报(哲学社会科学版),2018,35(3): 22 - 30.

[164] 朱佳妮."学术硬着陆"：高校文科青年海归教师的工作适应研究[J]. 复旦教育论坛，2017,15(3)：87－92.

[165] 朱军文,刘念才. 高校科研评价定量方法与质量导向的偏离及治理[J]. 教育研究，2014(8)：52－59.

[166] 朱军文,刘念才. 科研评价：目的与方法的适切性研究[J]. 北京大学教育评论,2012,10(3)：47－56.

[167] [波兰]兹纳涅茨基. 知识人的社会角色[M]. 郏斌祥,译. 南京：译林出版社,2012：102－111.

[168] 宗秋荣,程方平. 高等教育使命、经费和管理国际会议述要[J]. 教育研究,2005(6)：94－96.

外文文献

[1] Abbasi A, Wigand R T, Hossain L. Measuring social capital through network analysis and its influence on individual performance [J]. Library & Information Science Research, 2014,36(1)：66－73.

[2] Abbott, K W, Sindal, D. Why states act through formal international organizations [M]. // Dihel, P. F. (Ed.), The Politics of Global Governance: International Organizations in an Interdependent World. Boulder, London, 2005.

[3] Adams, J. Collaborations: The Fourth Age of Research [J]. Nature, 2013, 497 (7451)：557－560.

[4] Alatas, S F. Academic dependency and global division of labour in the social sciences [J]. Current Sociology, 2003,51(6),599－613.

[5] Altbach P G. Comparative higher education: Knowledge, the university, and development [M]. Greenwood Publishing Group, 1998.

[6] Altbach P G. Gigantic peripheries: India and China in world knowledge system [J]. Economic and Political Weekly, 1993,28(24)：1220－1225.

[7] Altbach P G. Globalization and the university: Realities in an unequal world [M]// International handbook of higher education. Springer, Dordrecht, 2007：121－139.

[8] Altbach P G. The Foreign Student Dilemma. Special Theme [J]. Bulletin of the International Bureau of Education, 1985, n236－237 gtr 3－4.

[9] Altbach, P G., Knight, J. The Internationalization of Higher Education: Motivations and Realities [J]. Journal of Studies in International Education, 2007,11(3－4),290－305.

[10] Arild Tjeldvoll, Maoyuan Pan. A Founding Father of Chinese Higher Education Research [M]. Norway: Norwegian University of Science and Technology, 2005.

[11] Arnove, R. Comparative education and world-systems analysis [J]. Comparative Education Review, 1980,24(1): 48 - 62.

[12] Barabâsi A L, Jeong H, Néda Z, et al. Evolution of the social network of scientific collaborations [J]. Physica A: Statistical Mechanics and its Applications, 2002,311 (3 - 4): 590 - 614.

[13] Beauchamp, C, Thomas, L. Understanding teacher identity: an overview of issues in the literature and implications for teacher education [J]. Cambridge Journal of Education, 2009,39(2),175 - 189.

[14] Beaver, D, Rosen, R. Studies in Scientific Collaboration [J]. Scientometrics, 1978,1 (1): 65 - 84.

[15] Beaver, D, Rosen, R. Studies in Scientific Collaboration [J]. Scientometrics, 1979,1 (3): 231 - 245.

[16] Ben-David, J. The Scientist's Role in Society: A Comparative Study [M]. Prentice-Hall, Englewood Cliffs, 1971.

[17] Bereket Habte Selassie. The World Bank: Power and Responsibility in Historical Perspective[J]. African Studies Review, 1984, 27(4):35 - 46.

[18] Bhatia V K. Analysing Genre: Language Use in Professional Settings [M]. London/New York: Longman, 1993.

[19] Bloom, B S. All our children learning: A primer for parents, teachers and other educators [M]. New York, NY: McGraw-Hill, 1981.

[20] Borgatti S P, Ofem B. Overview: Social network theory and analysis [J]. Social Network Theory and Educational Change, 2010: 17 - 29.

[21] Bornmann L, Daniel H D. What do citation counts measure? A review of studies on citing behavior [J]. Journal of Documentation, 2008,64(1): 45 - 80.

[22] Boylan, M, Wolstenholme, C, Maxwell, B, et al. Longitudinal evaluation of the Mathematics Teacher Exchange: China-England [R/OL]. Final report, 2019. https://assets. publishing. service. gov. uk/government/uploads/system/uploads/attachment_data/file/773320/MTE_main_report. pdf.

[23] Boylan, M, Wolstenholme, C, Maxwell, B, et al. Longitudinal evaluation of the Mathematics Teacher Exchange: China-England [R/OL]. Third interim research report, 2017b https://assets. publishing. service. gov. uk/government/uploads/system/uploads/attachment _ data/file/666450/MTE _ third _ interim _ report _

121217. pdf.

[24] Bozeman B, Corley E. Scientists' collaboration strategies: implications for scientific and technical human capital [J]. Research Policy, 2004,33(4): 599 - 616.

[25] Bozeman B, Fay D, Slade C P. Research collaboration in universities and academic entrepreneurship: the state of the art [J]. The Journal of Technology Transfer, 2013, 38(1): 1 - 67.

[26] Bray M. Confronting the shadow education system: what government policies for what private tutoring? [M]. UNESCO Publishing: IIEP Paris, 2009.

[27] Brown P H, Park A. Education and poverty in rural China [J]. Economics of Education Review, 2002,21(6): 523 - 541.

[28] Castells M. Toward a sociology of the network society [J]. Contemporary Sociology, 2000,29(5): 693 - 699.

[29] Chan D W. General, collective, and domain-specific teacher self-efficacy among Chinese prospective and in-service teachers in Hong Kong [J]. Teaching and Teacher Education, 2008,24(4): 1057 - 1069.

[30] Chan D W. Subjective Well-Being of Hong Kong Chinese Teachers: The Contribution of Gratitude, Forgiveness, and the Orientations to Happiness [J]. Teaching and Teacher Education, 2013,32: 22 - 30.

[31] Chan D W. Adjustment Problems and Multiple Intelligences among Gifted Students in Hong Kong: The Development of the Revised Student Adjustment Problems Inventory [J]. High Ability Studies, 2003,14(14): 41 - 54.

[32] Chan D, Lo W. Running Universities as Enterprises: University Governance Changes in Hong Kong [J]. Asia Pacific Journal of Education, 2007,27(3): 305 - 322.

[33] Chase-Dunn, C. Comparing world-systems: Toward a theory of semiperipheral development [J]. Comparative Civilizations Review, 1988,(19): 29 - 66.

[34] Cheng R H M. Moral education in Hong Kong: Confucian-parental, Christian-religious and liberal-civic influences [J]. Journal of Moral Education, 2004,33(4): 533 - 551.

[35] Chirot, D, Hall, T. World-system theory [J]. Annual Review of Sociology, 1982,8: 81 - 106.

[36] Choi P L, Tang S Y. Teacher commitment trends: Cases of Hong Kong teachers from 1997 to 2007[J]. Teaching and Teacher Education, 2009,25(5): 767 - 777.

[37] Chou C, Hsiao M. Internet addiction, usage, gratification, and pleasure experience: The Taiwan college students' case [J]. Computers & Education, 2000,35(1): 65 - 80.

[38] Connelly R, Zheng Z. Determinants of school enrollment and completion of 10 to 18 year olds in China [J]. Economics of Education Review, 2003,22(4): 379 - 388.

[39] Correa C A, Perry M, Sims L M, et al. Connected and culturally embedded beliefs: Chinese and US teachers talk about how their students best learn mathematics [J]. Teaching & Teacher Education, 2008,24(1): 140 - 153.

[40] Cortright, J. New growth theory, technology and learning: A practitioners' guide [EB/OL]. [2018 - 03 - 05]. http://citeseerx. ist. psu. edu/viewdoc/download; jsessionid = 37E739D4F6924EAA9B0D9BFED053CCFA? doi = 10. 1. 1. 195. 2364& rep=rep1&type=pdf.

[41] Coulby D, Zambeta E. World yearbook of education: Globalization and nationalism in education [M]. Routledge, 2005.

[42] Crystal, D. English as a Global Language [M]. Cambridge: Cambridge University Press, 2003: 7.

[43] de Wit H, Hunter F. The future of internationalization of higher education in Europe [J]. International Higher Education, 2015(83): 2 - 3.

[44] Dello-Iacovo, B. Curriculum reform and 'Quality Education' in China: An overview [J]. International Journal of Educational Development, 2009,29(3): 241 - 249.

[45] Deng Z Y. Confucianism, modernization and Chinese pedagogy: An introduction [J]. Journal of Curriculum Studies, 2011,43(5): 561 - 568.

[46] Department for Education. The importance of teaching: The schools white paper 2010 [EB/OL]. [2019 - 05 - 13]. https://www. gov. uk/government/publications/the-importance-of-teachingthe-schools-white-paper-2010.

[47] Dillon S. Top Test Scores from Shanghai Stun Educators [EB/OL]. (2010 - 12 - 07). [2020 - 03 - 10]. https://www. nytimes. com/2010/12/07/education/07education. html.

[48] Ding, L, Jones, K, Pepin, B, et al. How a primary mathematics teacher in Shanghai improved her lessons on "angle measurement"[C]. Proceedings of the Eighth British Congress of Mathematics Education, 2014: 113 - 120.

[49] Feniger Y, Lefstein A. How not to reason with PISA data: an ironic investigation [J]. Journal of Education Policy, 2014,29(6): 845 - 855.

[50] Fisher K E, Erdelez S, Mckechnie L. Theories of information behavior [M]. Information Today, Inc. , 2005: 54 - 57.

[51] Friedmann, H, Wayne, J. Dependency theory: A critique [J]. Canadian Journal of Sociology, 1977,2(4): 399 - 416.

[52] Gallagher M, Hasan A, Canning M, et al. OECD Reviews of Tertiary Education: China [M]. Paris: OECD, 2009: 7,17.

[53] Galtung J. A structural theory of imperialism [J]. Journal of Peace Research, 1971,8(2): 81 - 117.

[54] Garfield E. Citation indexes for science. A new dimension in documentation through association of ideas[J]. International Journal of Epidemiology, 2006,35(5): 1123 - 1127.

[55] Garfield E. The history and meaning of the Journal Impact Factor [J]. JAMA-Journal of the American Medical Association, 2006,295(1),90 - 93.

[56] Gazni, A, Sugimoto, C R, Didegah, F. Mapping World Scientific Collaboration: Authors, Institutions, and Countries [J]. Journal of the Association for Information Science & Technology, 2013,64(12): 323 - 335.

[57] Gibb, N. How to get more high-quality textbooks into classrooms[J]. Department for Education, 2015. https://www. gov. uk/government/speeches/how-to-get-more-highquality-textbooks-into-classrooms.

[58] Goldfinch, S, Dale, T, Derouen K. Science from the Periphery: Collaboration, Networks and "Periphery Effects" in the Citation of New Zealand Crown Research Institutes Articles, 1995—2000 [J]. Scientometrics, 2003,57(3): 321 - 337.

[59] Granovetter M. Economic action and social structure: The problem of embeddedness [J]. American Journal of Sociology, 1985,91(3): 481 - 510.

[60] Haas, P M. When does power listen to truth? A constructivist approach to the policy process [J]. Journal of Europe Public Policy, 2004, 11(4):569 - 592.

[61] Hair, J F, William, C B, Barry, J B, et al. Multivariate data analysis [M]. Englewood Cliffs, NJ: Prentice Hall, 2010.

[62] Hair, J F, Black, W C, Babin, B J, et al. Multivariate Data Analysis, 6th ed. [M]. Upper Saddle River, NJ: Pearson Prentice Hall, 2006.

[63] Haiying Feng, Beckett, G H, Huang, D W, et al. From "Import" to "Import — Export" Oriented Internationalization: The Impact of National Policy on Scholarly Publication in China [J]. Language Policy, 2013,12(3): 251 - 272.

[64] Hannum E. Political change and the urban-rural gap in basic education in China, 1949 - 1990[J]. Comparative Education Review, 1999,43(2): 193 - 211.

[65] Henriksen, D. The Rise in Co-authorship in the Social Sciences (1980 - 2013) [J]. Scientometrics, 2016,107(2): 455 - 476.

[66] Henry M, Lingard B, Rizvi F, Taylor S. The OECD, Globalization and Education

Policy [M]. UK: Elsevier Science Ltd, 2001.
[67] Higher Education [EB/OL]. (2011 - 11 - 20)[2019 - 08 - 14]. http://www.qaa.ac.uk/ImprovingHigherEducation/pages/.
[68] Hirsch J E. An index to quantify an individual's scientific research output [J]. Proceedings of the National Academy of Sciences, 2005,102(46): 16569 - 16572.
[69] Ho H Z, Senturk D, Lam A G, et al. The Affective and Cognitive Dimensions of Math Anxiety: A Cross-National Study [J]. Journal for Research in Mathematics Education, 2000,31(3): 362 - 379.
[70] Hobson A J, Maxwell B. Supporting and inhibiting the well-being of early career secondary school teachers: extending self-determination theory [J]. British Educational Research Journal, 2017,43(1): 168 - 191.
[71] Hoeffel C. Journal impact factors [J]. Allergy, 1998,53(12): 1225.
[72] Hu F. Migration, remittances, and children's high school attendance: The case of rural China [J]. International Journal of Educational Development, 2012,32(3): 401 - 411.
[73] Hu W, Adey P. A scientific creativity test for secondary school students [J]. International Journal of Science Education, 2002,24(4): 389 - 403.
[74] Huang, R, Peng, S, Wang, L, et al. Secondary mathematics teacher professional development in China[M]. //F. K. S. Leung & Y. Li, (Eds.), Reforms and issues in school mathematics in East Asia: Sharing and understanding mathematics education policies and practices. Rotterdam, Netherlands: Sense Publishers, 2010: 129 - 152.
[75] Huang Q Y. Debunking the "Shanghai Secret" [EB/OL]. [2020 - 08 - 10]. https://www.ozy.com/opinion/debunking-the-shanghai-secret/6222.
[76] Hung M, Chou C, Chen C, et al. Learner readiness for online learning: Scale development and student perceptions [J]. Computers & Education, 2010, 55(3): 1080 - 1090.
[77] Hyland, K. Academic Publishing: Issues and Challenges in the Construction of Knowledge [M]. Oxford: Oxford University Press, 2016: 42.
[78] Ip P, Rao N, Bacon-Shone J, et al. Socioeconomic gradients in school readiness of Chinese preschool children: The mediating role of family processes and kindergarten quality [J]. Early Childhood Research Quarterly, 2016,35: 111 - 123.
[79] Jang S. Research on the effects of team teaching upon two secondary school teachers [J]. Educational Research, 2006,48(2): 177 - 194.
[80] Jessica Kehayes. Learning from the "Shanghai Secret" [EB/OL]. [2020 - 08 - 10].

https://asiasociety.org/global-cities-education-network/learning-shanghai-secret.

[81] Jisun Jung, Hugo Horta. The Contribution of East Asian Countries to Internationally Published Asian Higher Education Research: The Role of System Development and Internationalization [J]. Higher Education Policy, 2015,28(4): 419-439.

[82] Jonker, K, Tijssen, R. Chinese Researchers Returning Home: Impacts of International Mobility on Research Collaboration and Scientific Productivity [J]. Scientometrics, 2008,77(2): 309-333.

[83] Jonkers, K. Mobility, Migration and the Chinese Scientific Research System [M]. London & New York, Routledge, 2008.

[84] Katz J S, Martin B R. What is research collaboration? [J]. Research Policy, 1997,26(1): 1-18.

[85] Kim, H, Hong, I, Jung, W-S. Measuring National Capability over Big Science's Multidisciplinarity: A Case Study of Nuclear Fusion Research [J]. PLoS ONE, 2019, 14(2): 1.

[86] Knight J. Concepts, rationales, and interpretive frameworks in the internationalization of higher education [M]. The SAGE handbook of international higher education, 2012: 27-42.

[87] Knight J. Internationalization remodeled: Definition, approaches, and rationales [J]. Journal of Studies in International Education, 2004,8(1): 5-31.

[88] Knight J. Moving from soft power to knowledge diplomacy [J]. International Higher Education, 2015(80): 8-9.

[89] Kuhn T S. The Structure of Scientific Revolutions [M]. Chicago: The University of Chicago Press: 1970: 52.

[90] Lam C C, Alviar-Martin T, Adler S A, et al. Curriculum integration in Singapore: Teachers' perspectives and practice [J]. Teaching & Teacher Education, 2013,31(1): 23-34.

[91] Lam S, Cheng R W, Choy H C, et al. School support and teacher motivation to implement project-based learning [J]. Learning and Instruction, 2010,20(6): 487-497.

[92] Lam, Chi-Ming. Confucianism and critical rationalism: Friends or foes? [J]. Educational Philosophy and Theory, 2017,49(12): 1136-1145.

[93] Lau E Y, Li H, Rao N. Parental Involvement and Children's Readiness for School in China [J]. Educational Research, 2011,53(1): 95-113.

[94] Lave, J, Wenger, E. Situated learning: Legitimate peripheral participation [M]. Cambridge, UK: Cambridge University Press, 1991.

[95] Law W. Understanding China's curriculum reform for the 21st century [J]. Journal of Curriculum Studies, 2014,46(3): 332 - 360.

[96] Lee, S, Bozeman, B. The Impact of Research Collaboration on Scientific Productivity [J]. Social Studies of Science, 2005,35(5): 673 - 702.

[97] Lewis R, Romi S, Katz Y J, et al. Students' reaction to classroom discipline in Australia, Israel, and China [J]. Teaching and Teacher Education, 2008,24(3): 715 - 724.

[98] Lewis R, Romi S, Qui X, et al. Teachers' classroom discipline and student misbehavior in Australia, China and Israel [J]. Teaching and Teacher Education, 2005,21(6): 729 - 741.

[99] Li H, Shu H, McBride-Chang C, et al. Chinese children's character recognition: Visuo-orthographic, phonological processing and morphological skills [J]. Journal of Research in Reading, 2012,35(3): 287 - 307.

[100] Li J, Li Y. Patterns and Evolution of Coauthorship in China's Humanities and Social Sciences [J]. Scientometrics, 2014,102(3): 1997 - 2010.

[101] Li L, Wegerif R. What does it mean to teach thinking in China? Challenging and developing notions of 'Confucian education' [J]. Thinking Skills and Creativity, 2014,11: 22 - 32.

[102] Li M, Bray M. Cross-border flows of students for higher education: Push-pull factors and motivations of mainland Chinese students in Hong Kong and Macau [J]. Higher Education, 2007,53(6): 791 - 818.

[103] Li M, Yang R, Wu J. Translating transnational capital into professional development: a study of China's Thousand Youth Talents Scheme scholars [J]. Asia Pacific Education Review. 2018,19(2): 229 - 239.

[104] Li M Y, Yang R. Enduring hardships in global knowledge asymmetries: a national scenario of China's English-language academic journals in the humanities and social sciences [J]. Higher Education, 2020,80(2): 237 - 254.

[105] Liu J. Does Cram Schooling Matter? Who Goes to Cram Schools? Evidence from Taiwan [J]. International Journal of Educational Development, 2012,32(1): 46 - 52.

[106] Lovelss T. Attention OECD-PISA: Your Silence on China is Wrong [EB/OL]. [2020 - 11 - 10]. https://www.brookings.edu/research/pisas-china-problem-continues-a-response-to-schleicher-zhang-and-tucker/.

[107] Lovelss T. PISA's China Problem Continues: A Response to Schleicher, Zhang, and

Tucker [EB/OL]. [2020 - 11 - 10]. https://www.brookings.edu/research/pisas-china-problem-continues-a-response-to-schleicher-zhang-and-tucker/.

[108] Lu J. On the indigenousness of Chinese pedagogy [A]. In Hayhoe R. & Pan J. (Eds.) Knowledge across cultures: A contribution to dialogue among civilizations [C]. Hong Kong: University of Hong Kong, Comparative Education Research Centre, 2001: 249 - 253.

[109] Lu J, Gao D S. New directions in the moral education curriculum in Chinese primary schools [J]. Journal of Moral Education, 2004,33(4): 495 - 510.

[110] Luckstead, J, Choi, S, Devadoss, S, et al. China's catch-up to the US economy: Decomposing TFP through investment-specific technology and human capital [J]. Applied Economics, 2014,46(32): 3995 - 4007.

[111] Luo R, Shi Y, Zhang L, et al. Malnutrition in China's Rural Boarding Schools: The Case of Primary Schools in Shaanxi Province [J]. Asia Pacific Journal of Education, 2009,29(4): 481 - 501.

[112] Luo R, Tamislemonda C S, Song L. Chinese parents' goals and practices in early childhood [J]. Early Childhood Research Quarterly, 2013,28(4): 843 - 857.

[113] Ma, L P. Knowing and teaching elementary mathematics: Teachers' understanding of fundamental mathematics in China and the United States [M]. Mahwah, NJ: Lawrence Erlbaum, 1999.

[114] Macdonald, D. Curriculum change and the post-modern world: Is the school curriculum-reform movement an anachronism? [J]. Journal of Curriculum Studies, 2003,35(2): 139 - 149.

[115] Malinen O, Savolainen H, Xu J. Beijing In-Service Teachers' Self-Efficacy and Attitudes towards Inclusive Education [J]. Teaching and Teacher Education, 2012, 28(4): 526 - 534.

[116] Marc S Tucker. Surpassing Shanghai: An Agenda for American Education Built on the World's Learning Systems [M]. Harvard Education Publishing Group, 2011.

[117] Marginson S. Higher education in East Asia and Singapore: rise of the Confucian Model [J]. Higher Education, 2011,61(5): 587 - 611.

[118] Marginson S, Rhoades G. Beyond national states, markets, and systems of higher education: A glonacal agency heuristic [J]. Higher Education, 2002,43(3): 281 - 309.

[119] Marsden, W E. The school textbook: Geography, history and social studies [M]. London, UK: Woburn Press, 2001.

[120] Marshall, K. The World Bank: From Reconstruction to Development to Equity [R]. Routledge, London, 2008: 131.

[121] McBride-Chang C, Shu H, Zhou A, et al. Morphological awareness uniquely predicts young children's Chinese character recognition [J]. Journal of Educational Psychology, 2003,95(4): 743 - 751.

[122] McBridge-Chang C, Tong X L, Shu H, et al. Syllable, Phoneme, and Tone: Psycholinguistic Units in Early Chinese and English Word Recognition [J]. Scientific Studies of Reading, 2008,12(2): 171 - 194.

[123] Melin, G. Pragmatism and Self-Organization: Research Collaboration on the Individual Level [J]. Research Policy, 2000,29(1): 31 - 40.

[124] Merriam, S B. Qualitative research: A guide to design and implementation [M]. San Francisco, CA: Jossey-Bass, 2009.

[125] Mingyuan Gu. Education in China and Abroad: Perspectives from a Lifetime in Comparative Education [M]. Hong Kong: Comparative Education Research Centre, the University of Hong Kong, 2001.

[126] Minxuan Zhang. Developing Shanghai's Teachers [M]. Washington DC: NCEE, 2016.

[127] Mok K H. Marketizing higher education in post-Mao China [J]. International Journal of Educational Development, 2000,20(2): 109 - 126.

[128] Morgan, C, Shahjahan, R. The legitimation of OECD's global educational governance: Examining PISA and AHELO test production [J]. Comparative Education, 2014,50 (2): 192 - 205.

[129] Morony S, Kleitman S, Lee Y P, et al. Predicting achievement: confidence vs self-efficacy, anxiety, and self-concept in Confucian and European countries [J]. International Journal of Educational Research, 2013,58: 79 - 96.

[130] Mullis, I V S, Martin, M O, Foy, P, et al. TIMSS 2011 international results in mathematics[M]. Chestnut Hill, MA: TIMSS & PIRLS International Study Center, Boston College, 2012: 392.

[131] Narula, R, Zanfei, A. Globalization of innovation: The role of multinational enterprises [M]//Fagerberg, J. , Mowery, D, Nelson, R. The Oxford Handbook of Innovation. Oxford: Oxford University Press, 2003: 318 - 345.

[132] NCEE. Made in China: Challenge and Innovation in China's Vocational Education and Training System [M]. Washington DC: NCEE, 2014.

[133] NCSL. Report on the international Math Research Programme, China 2014 [R].

Nottingham, UK: NCSL, 2014.
[134] Newman, M E J. Coauthorship Networks and Patterns of Scientific Collaboration [J]. Proceedings of the National Academy of Sciences (PNAS), 2004, 101(S1): 5200 - 5205.
[135] Newman, M E J. The Structure of Scientific Collaboration Networks [J]. Proceedings of the National Academy of Sciences (PNAS), 2001, 98(2): 404 - 409.
[136] Nisen M. Why Shanghai's Amazing Test Scores Are "Almost Meaningless" [EB/OL]. (2013 - 12 - 03)[2020 - 03 - 01]. http://www.businessinsider.com/shanghai-pisa-test-scores-2013-12201.
[137] Ng S S, Rao N. Chinese Number Words, Culture, and Mathematics Learning [J]. Review of Educational Research, 2010, 80(2): 180 - 206.
[138] Oates, T. Why textbooks count: A policy paper [M]. Cambridge Assessment, 2014: 4. http://www.cambridgeassessment.org.uk/images/181744-why-textbooks-count-tim-oates.
[139] OECD. Strong Performers and Successful Reformers in Education [R]. Paris: OECD, 2012.
[140] Ollerton, M. Learning and teaching mathematics without a textbook[M]. Derby, UK: Association of Teachers of Mathematics, 2002.
[141] Ortega J L. Influence of co-authorship networks in the research impact: Ego network analyses from Microsoft Academic Search [J]. Journal of Informetrics, 2014, 8(3): 728 - 737.
[142] Park J. Metamorphosis of Confucian Heritage Culture and the possibility of an Asian education research methodology [J]. Comparative Education, 2011, 47(3): 381 - 393.
[143] Patterson R. US Diasporas and their impacts on homeland technological and socio-economic development: How does Sub-Saharan Africa compare? [J]. Perspectives on Global Development & Technology, 2005, 4(1): 83 - 123.
[144] Penfield, T, et al. Assessment, Evaluations, and Definitions of Research Impact: A Review [J]. Research Evaluation, 2014, 23(1): 21 - 32.
[145] Peng H, Tsai C C, Wu Y T. University students' self-efficacy and their attitudes toward the Internet: the role of students' perceptions of the Internet [J]. Educational Studies, 2006, 32(1): 73 - 86.
[146] Prakash R, Beattie T S, Javalkar P, et al. Correlates of school dropout and absenteeism among adolescent girls from marginalized community in north

Karnataka, south India [J]. Journal of Adolescence, 2017,61: 64 - 76.
[147] Price, D S. Little Science, Big Science and Beyond [M]. New York: Columbia University Press, 1983: 1 - 51.
[148] Rao N, Sun J, Zhou J, et al. Early Achievement in Rural China: The Role of Preschool Experience [J]. Early Childhood Research Quarterly, 2012,27(1): 66 - 76.
[149] Robertson R. Globalization: Social theory and global culture [M]. Sage, 1992.
[150] Rudowicz E, Tokarz A, Beauvale A. Desirability of Personal Characteristics Associated with Creativity: Through the Eyes of Polish and Chinese University Students [J]. Thinking Skills & Creativity, 2009,4(2): 104 - 115.
[151] Ruth Hayhoe, et al. Portraits of 21st Century Chinese Universities: In the Move to Mass Higher Education [M]. Hong Kong: Comparative Education Research Centre, The University of Hong Kong, Springer, 2011.
[152] Ruth Hayhoe. China's Universities 1895—1995: A Century of Cultural Conflict [M]. New York: Garland Press, 1996.
[153] Ruth Hayhoe. Portraits of Influential Chinese Educators [M]. Dordrecht: the Netherland Springer, 2007.
[154] Saha S, Saint S, Christakis D A. Impact factor: a valid measure of journal quality? [J]. Journal of the Medical Library Association, 2003,91(1): 42 - 46.
[155] Salas V B. International Remittances and Human Capital Formation [J]. World Development, 2014,59: 224 - 237.
[156] Saxenian A L. From brain drain to brain circulation: Transnational communities and regional upgrading in India and China [J]. Studies in Comparative International Development, 2005,40(2): 35 - 61.
[157] Schleicher A. Are the Chinese cheating in PISA or are we cheating ourselves? [EB/OL]. [2020 - 12 - 13]. http://oecdeducationtoday.blogspot.fr/, 2013 - 12 - 13.
[158] Sellar S, Lingard B. Looking East: Shanghai, PISA 2009 and the reconstitution of reference societies in the global education policy field [J]. Comparative Education, 2013,49(4): 464 - 485.
[159] Shen L, Wang M, Shen R. Affective e-learning: Using "emotional" data to improve learning in pervasive learning environment [J]. Journal of Educational Technology & Society, 2009,12(2): 176 - 189.
[160] Shields G M, Shields M P. The emergence of migration theory and a suggested new direction [J]. Journal of Economic Surveys, 1989,3(4): 277 - 304.

[161] Stein, L. Dependency theories and underdevelopment [J]. Journal of Economic Studies, 1979,6(1): 64 - 85.

[162] Stone, D. , Wright, C. The World Bank and Governance: A Decade of Reform and Reaction[R]. Routledge, London, 2007.

[163] Straussfogel, D. A Systems Perspective on World-Systems Theory [J]. Journal of Geography, 1997,96(2): 119 - 126.

[164] Submissions Guidance [EB/OL]. (2011 - 11 - 20)[2020 - 03 - 11]. http://www.hefce.ac.uk/research/ref/subs/.

[165] Sun R C F. Teachers' experiences of effective strategies for managing classroom misbehavior in Hong Kong [J]. Teaching & Teacher Education, 2015, 46: 94 - 103.

[166] Swales J. Genre Analysis: English in Academic and Research Setting [M]. Cambridge: Cambridge University Press, 1990: 166 - 196.

[167] Tam A C. The role of a professional learning community in teacher change: a perspective from beliefs and practices [J]. Teachers and Teaching, 2015,21(1): 22 - 43.

[168] Tan, C. The culture of education policy making: curriculum reform in Shanghai [J]. Critical Studies in Eucation, 2012,53(2): 153 - 167.

[169] Tong X, McBride-Chang C, Shu H, et al. Morphological awareness, orthographic knowledge, and spelling errors: Keys to understanding early Chinese literacy acquisition [J]. Scientific Studies of Reading, 2009,13(5): 426 - 452.

[170] Torbeyns J, Schneider M, Xin Z, et al. Bridging the gap: Fraction understanding is central to mathematics achievement in students from three different continents [J]. Learning & Instruction, 2015,37: 5 - 13.

[171] Truss E. Britain's schools need a Chinese lesson: A visit to Shanghai's classrooms confounds our every expectation about Asian maths teaching [EB/OL]. (2014 - 03 - 04). https://www.telegraph.co.uk/education/10673512/Britains-schools-need-a-Chinese-lesson.html.

[172] Tsai C C. Beyond cognitive and metacognitive tools: The use of the Internet as an "epistemological" tool for instruction [J]. British Journal of Educational Technology, 2004,35(5): 525 - 536.

[173] Tsai C C. Conceptions of learning science among high school students in Taiwan: A phenomenographic analysis [J]. International Journal of Science Education, 2004,26(14): 1733 - 1750.

[174] Tsai C C. The interpretation construction design model for teaching science and its applications to Internet-based instruction in Taiwan [J]. International Journal of Educational Development, 2001,21(5): 401 - 415.

[175] Tsai C, Kuo P C. Cram School Students' Conceptions of Learning and Learning Science in Taiwan [J]. International Journal of Science Education, 2008,30(3): 353 - 375.

[176] Tucher M. Response to the Brookings Institution Attack On PISA [EB/OL]. (2013 - 12 - 26) [2021 - 12 - 21]. http://ncee. org/2014/01/tom-loveless-on-hukou-in-china.

[177] Van Meeuwen P, Huijboom F, Rusman E, et al. Towards a comprehensive and dynamic conceptual framework to research and enact professional learning communities in the context of secondary education [J]. European Journal of Teacher Education, 2020,43(3): 405 - 427.

[178] Vanbergen E. OECD education report: case study China [EB/OL]. [2019 - 12 - 25]. http://www. telegraph. co. uk/education/10490471/OECD-education-report-case-study-China. html.

[179] Verger, A, Edwards Jr. D B, Altinyelken, H K. Learning from all? The World Bank, aid agencies and the construction of hegemony in education for development [J]. Comparative. Education, 2014, 50(4): 381 - 399.

[180] Wagner, C S, Leydesdorff, L. Network Structure, Self-Organization and the Growth of International Collaboration in Science [J]. Research Policy, 2005,34(10): 1608 - 1618.

[181] Wallerstein I M. World-systems analysis: An introduction [M]. Duke University Press, 2004.

[182] Wallerstein, I. World-systems analysis [EB/OL]. [2020 - 04 - 10]. https://dio. org/10. 1177/2056846013114.

[183] Wang L, Byram M. 'But when you are doing your exams it is the same as in China' — Chinese students adjusting to western approaches to teaching and learning [J]. Cambridge Journal of Education, 2011,41(4): 407 - 424.

[184] Wang M, Shen R, Novak D, et al. The impact of mobile learning on students' learning behaviours and performance: Report from a large blended classroom [J]. British Journal of Educational Technology, 2009,40(4): 673 - 695.

[185] Wong J L N. Searching for good practice in teaching: a comparison of two subject-based professional learning communities in a secondary school in Shanghai [J]. Compare, 2010,40(5): 623 - 639.

[186] World Bank. Review of World Bank Conditionality[R]. The World Bank Group, Washington, D C, 2015: 12.

[187] World Bank. How Shanghai Does It [EB/OL]. (2018 - 12 - 22). http://dx.doi.org/10.1596/978-1-4648-0790-9.

[188] World Bank. SABER Students For 11 Countries Report [R]. World Bank, Washington, DC, 2018: 05.

[189] Wu H T, Zha Q. A new typology for analyzing the direction of movement in higher education internationalization [J]. Journal of Studies in International Education, 2018,22(3): 259 - 277.

[190] Wu Y T, Tsai C C. Development of elementary school students' cognitive structures and information processing strategies under long-term constructivist-oriented science instruction [J]. Science Education, 2005,89(5): 822 - 846.

[191] Wu Z J. Interpretation, autonomy, and transformation: Chinese pedagogic discourse in a cross-cultural perspective [J]. Journal of Curriculum Studies, 2011,43(5): 569 - 590.

[192] Xiaoyan Liang, et al. How Shanghai Does It: Insights and Lessons from the Highest-Ranking Education System in the World [M]. Washington DC: World Bank Publications, 2016.

[193] Xie M. Living with internationalization: the changing face of the academic life of Chinese social scientists [J]. Higher Education. 2018,75(3): 381 - 397.

[194] Xiong, Tao. Essence or practice? Conflicting cultural values in Chinese EFL textbooks: a discourse approach [J]. Discourse: Studies in the Cultural Politics of Education, 2012,33(4): 499 - 516.

[195] Yan E, Ding Y. Applying centrality measures to impact analysis: A coauthorship network analysis [J]. Journal of the American Society for Information Science and Technology, 2009,60(10): 2107 - 2118.

[196] Yang R. The Global Significance of China's Development in Education: Retrospect and Prospect in the 40th Anniversary Year of Reform and Opening Up [J]. Frontiers of Education in China, 2018,13(4): 467 - 485.

[197] Yang R, Xie M, Wen W. Pilgrimage to the West: modern transformations of Chinese intellectual formation in social sciences [J]. Higher Education, 2019,77(4):815 - 829.

[198] Yang R. Educational Research in Confucian Cultural Contexts: Reflections on Methodology [J]. Comparative Education, 2011,47(3): 395 - 405.

[199] Yang R. Internationalisation, Indigenisation and Educational Research in China [J]. Australian Journal of Education, 2005,49(1): 66 - 88.

[200] Yang R. Reassessing China's Higher Education Development: A Focus on Academic Culture [J]. Asia Pacific Education Review, 2015,16(4): 1 - 9.

[201] Yang R. Internationalisation, Indigenisation and Educational Research in China [J]. Australian Journal of Education, 2005,49(1): 66 - 88.

[202] Yang, Y. How a Chinese teacher improved classroom teaching in teaching research group: A case study on Pythagoras theorem teaching in Shanghai [J]. ZDM Mathematics Education, 2009,41(3): 279 - 296.

[203] Yi H, Zhang L, Luo R, et al. Dropping out: Why are students leaving junior high in China's poor rural areas? [J]. International Journal of Educational Development, 2012,32(4): 555 - 563.

[204] Yin H, Lee J C. Be Passionate, but Be Rational as Well: Emotional Rules for Chinese Teachers' Work [J]. Teaching and Teacher Education, 2012,28(1): 56 - 65.

[205] Yin, R K. Case study research: Design and methods (4th ed.) [M]. Los Angeles, CA: Sage, 2009.

[206] Zhan S, Bray M, Wang D, et al. The effectiveness of private tutoring: students' perceptions in comparison with mainstream schooling in Hong Kong [J]. Asia Pacific Education Review, 2013,14(4): 495 - 509.

[207] Zhan W, Ning W. The moral education curriculum for junior high schools in 21st century China [J]. Journal of Moral Education, 2004,33(4): 511 - 532.

[208] Zhang Y, Kao G, Hannum E, et al. Do Mothers in Rural China Practice Gender Equality in Educational Aspirations for Their Children [J]. Comparative Education Review, 2007,51(2): 131 - 157.

[209] Zhang M X. Shanghai Responds to School Ranking Cheating Allegations [EB/OL]. (2013 - 12 - 21) [2020 - 12 - 21]. http://blogs.edweek.org/edweek/global_learning/2013/12/shanghai_responds_to_school_ranking_cheating_allegations.html.

[210] Zhao M, Glewwe P. What determines basic school attainment in developing countries? Evidence from rural China [J]. Economics of Education Review, 2010,29(3): 451 - 460.

[211] Ziegler, J, Goswami, U. Reading acquisition, developmental dyslexia, and skilled reading across languages: A psycholinguistic grain size theory [J]. Psychological

Bulletin, 2005,131(1): 3 - 29.

[212] Zitt, M, Bassecoulard, E, Okubo, Y. Shadows of the Past in International Cooperation: Collaboration Profiles of the Top Five Producers of Science [J]. Scientometrics, 2000,47(3): 627 - 657.